ジェンダーの法史学

近代ドイツの家族と
セクシュアリティ

三成美保

勁草書房

はしがき——本書の目的と構成

　本書は、「ジェンダー法史学」を構築する試みの1つである。「ジェンダー」が日本でも研究視角としての意義を認められてすでに久しいが、法学領域では「ジェンダー・アプローチ」の積極的利用は容易に進まなかった。法史学では、いっそうそれがきわだっている。しかし、2003年12月に早稲田大学においてジェンダー法学会創立記念大会が開催されるなど、「ジェンダー法学」はようやく本格的に学際的な歩みをはじめた。ジェンダー・バッシングはなお続いているが、学問としての「ジェンダー法学」はその歩みを止めるわけにはいかない。

　本書では、「ジェンダー法学」と歴史学・社会学の学際的な架橋を試みる。そのさいあえて、現代的な問題関心に答えうるテーマを選択した。今後の「ジェンダー法史学」のささやかな一里塚ともなれば幸いである。

　本書の構成は、以下の通りである。

　まず、第1部「ジェンダー秩序と法秩序」は、日本における「ジェンダー研究」の展開をふりかえり、「ジェンダー法学」成立の背景をたどる（第1章）。そして、「ジェンダー法史学」構築のうえで有効な枠組みとして、「ジェンダー秩序」の類型化を試みる（第2章）。

　第2部「近代的ジェンダー・バイアスの生成」では、ヨーロッパ近代秩序としての「公私二元構成」とその問題点を整理し（第3章）、3側面のジェンダー・バイアスを検討する。「法と道徳の分離」については姦淫罪（第4章）、「人道主義」については嬰児殺（第5章）、そして「公共圏（市民的公共性）」の成立については読書協会（第6章）を手がかりとする。

　「理性の時代」であった啓蒙期には、来るべき新しい時代への期待がつのった。前近代を特徴づけたさまざまな要素は、ことごとく否定されていく。「法の世俗化」の流れに即して、「法と道徳＝宗教の一致」は迷妄の産物として葬り去られ、見せしめとしての残酷な刑罰や人権抑圧的な拷問は「人道主義」の名のもと過去の遺物となる。理性を駆使して新しい社会のあり方を論じる「公衆」たちは、王侯の身体儀礼に体現された伝統的公共性に別れをつげ、自ら「公共圏」に結集した。このような新しい動向は、従来、近代の夜明けを招来した

ものとして高く評価されてきた。しかしながら、こうした啓蒙期の動きが、否定されていく身分制下の「不自由・不平等」とは異なる「性」にもとづく新しい「不自由・不平等」をもたらしたことはほとんど気づかれないままであった。市民革命によってはじまる「近代」は、「ひと」と「市民」の「自由・平等」を保障したが、それは、「男性」と「男性市民」の「自由・平等」にすぎなかった。「女性」と「女性市民」は政治的空間から遮断され、市場社会では「二流労働者」化し、「親密圏」のコアたる「家族」のなかに閉じこめられたのである。「法と道徳＝宗教の分離」も、「人道主義」の勝利も、あるいはまた、「公共圏」の形成も、ヨーロッパ近代市民社会に特有のジェンダー・バイアスを準備し、固定化することに寄与したといえよう。

　第3部「法秩序のなかの家族と生殖」は、「親密圏」という基本的に法が及ばないとされた領域において、じつは、国家と法が積極的に関与したさまを考察する。まず、「近代家族」概念を整理し（第7章）、規範的家族像の「逸脱者」とされた「未婚の母」と「婚外子」に関する法制の歴史的変遷をたどる（第8章）。さらに、家族保護を憲法にかかげたワイマール共和国からナチスにいたるまでの婚外子法改革論を検討し（第9章）、ナチス断種法のジェンダー・バイアスを明らかにする（第10章）。

　「近代家族」モデルにそぐわない親密関係を、法はいかに排除しようとしたのか。また、そのさいの正当化根拠として「近代的ジェンダー規範」がどのように巧妙に利用され、いかなる女性たちがその規範を自明のごとく受け取ったのか。「未婚の母」と「婚外子」に対する法制を取り上げて検証したい。人間のもっともプライベートな領域に属する「生殖」もまた、前近代の教会による管理とは異なる文脈で、公的管理下に入った。ナチスは国家による生殖管理を徹底したことで悪名高いが、ナチスの実践は多くの点で、現代に生きるわれわれにも深刻な反省を迫るであろう。

　以上、3部にわたって検討するテーマは、いずれも、より本格的な考察が必要である。しかし、まずは問題提起として、法史学における「ジェンダー・アプローチ」の有効性を示し、その必要性を説いてみたい。

　なお、本書は、1999〜2001年度科学研究費基盤研究（C）（2）による研究成果にもとづくものであり、出版にあたっては、2004年度科学研究費研究成果促進学術書出版助成をうけた。

【目　次】

はしがき

──第1部　「ジェンダー秩序」と法秩序──

第1章　「ジェンダー研究」の展開と「ジェンダー法学」の成立

第1節　「ジェンダー法史学」の意義と目的 ……………………………2

(1)　「構造的差別」としての「性差別」　2

(2)　「フェミニズムの第2の波」と「ジェンダー」の発見　5

第2節　「ジェンダー法学」の成立と「ジェンダー法史学」……………11

(1)　ジェンダー諸概念の整理　11

(2)　日本における展開──「法女性学」から「ジェンダー法学」へ　22

(3)　「ジェンダー・パースペクティブ」の意義　29

第2章　「ジェンダー秩序」の2類型

第1節　「ジェンダー秩序」の類型化仮説 …………………………………35

(1)　「ジェンダー秩序」──前近代と近代　35

(2)　仮説としての2類型　36

第2節　「キリスト教的＝身分制社会型」ジェンダー秩序と「公私二元的＝市民社会型」ジェンダー秩序 …………………………………42

(1)　「キリスト教的＝身分制社会型」ジェンダー秩序　42

(2)　「公私二元的＝市民社会型」ジェンダー秩序　51

──第2部　近代的ジェンダー・バイアスの生成──

第3章　ヨーロッパ近代の公私二元構成

第1節　「公」と「私」──概念の変遷…………………………………58

(1)　「公」と「私」──ジェンダー論的公私二元論の位相　58

(2)　近代における「市民社会」と「親密圏」　62

第2節　「公／私」関係の歴史と展望 ……………………………………69

目　次　　　iii

(1) 歴史のなかの「公」と「私」　69

(2) 「公／私」領域の境界変容——今後の課題　75

第4章　「法と道徳の分離」にみるジェンダー・バイアス
——姦淫罪とその廃止

第1節　「風俗犯罪」と姦淫罪 ……………………………………80

(1) 「風俗犯罪」の変容　80

(2) セクシュアリティの管理と「姦淫罪」の成立　82

第2節　近世バイエルンの姦淫罪……………………………………90

(1) バイエルンにおける姦淫罪　90

(2) 姦淫罪事件の実態　94

第3節　姦淫罪の廃止と「性の二重基準」の確立 ………………101

(1) 啓蒙期の姦淫罪　101

(2) 「性の自由」のジェンダー・バイアス　104

第5章　「人道主義」のジェンダー・バイアス
——嬰児殺論をめぐって

第1節　嬰児殺論の位相…………………………………………110

(1) 「人道主義」の勝利としての刑罰緩和　110

(2) 2つの前提　113

第2節　啓蒙期の嬰児殺言説 …………………………………117

(1) 1770年代の言説　117

(2) 学術論文における言説　119

第3節　「人道主義」の勝利とジェンダー ……………………124

(1) 言説と実態のズレ　124

(2) 公論から立法へ　131

第6章　「公共圏」のジェンダー・バイアス
——啓蒙期の読書協会

第1節　「公共圏」としての啓蒙空間 ………………………137

(1) 啓蒙主義とコミュニケーション　137

(2) ドイツ啓蒙主義の特徴　139

第2節　男たちの「公共圏」……………………………………………142
(1)　「公共圏」のメディア──結社と雑誌　142
(2)　男たちの読書協会　147

第3節　コミュニケーションのジェンダー・バイアス……………163
(1)　読書協会の「非政治的」性格と結社ネットワーク　163
(2)　コミュニケーションの階層差とジェンダー・バイアス　166

──第3部　法秩序のなかの家族と生殖──

第7章　法秩序としての「近代家族」

第1節　近代家族法システム　……………………………………170
(1)　家族法システム　170
(2)　近代家族法システムのなかの家父長制　173

第2節　「近代家族」論争と近代的家父長制……………………177
(1)　「近代家族」の指標　177
(2)　「家」と「近代家族」　188
(3)　近代的家父長制　192

第8章　「逸脱者」としての「未婚の母」と「婚外子」

第1節　婚外子法制の現状………………………………………197
(1)　ヨーロッパ諸国における婚外子法改正の動向　197
(2)　本章の課題　199

第2節　前近代ヨーロッパにおける婚外子法制の展開……………203
(1)　ローマ法と教会法　203
(2)　婚外子の権利と父の義務──近世法と自然法　206

第3節　「未婚の母」の変化──啓蒙期法典編纂　………………212
(1)　フランス民法典　212
(2)　プロイセン一般ラント法における「未婚の母」と婚外子の保護　215

第4節　19世紀前半のプロイセン婚外子法改革とジェンダー………225

(1) 自由主義的な法改正の試み　225

(2) 1854年プロイセン非嫡出子法とその立法過程　228

(3) 判例にみるジェンダー・バイアス　239

第9章　「家族の保護」と「子の保護」の競合
——ワイマール～ナチス期の婚外子法改革論

第1節　ドイツ民法典婚外子法 ……………………………………248

(1) 法律婚の保護と婚外子の保護　248

(2) ドイツ民法典婚外子法と社会背景　250

(3) 婚外子の「実態」調査とフェミニズムの対応　257

第2節　ワイマール～ナチス期の婚外子法改革論 …………………261

(1) ワイマール期の婚外子法改革論　261

(2) ナチス期の婚外子法改革論への影響　268

(3) 婚外子法改革論とジェンダー・バイアス　270

第10章　生殖管理のジェンダー・バイアス
——ナチス優生政策と断種法

第1節　ナチス優生学の歴史的位相 ………………………………273

(1) 優生思想のタブー化と内面化　273

(2) ナチス優生学の評価——「巨悪」から「日常」へ　275

第2節　ナチス優生法制の背景と比較 ……………………………279

(1) 国際社会のなかのナチス優生法制　279

(2) ナチス生殖管理法制の構造　286

第3節　ナチス断種法の手続と実態 ………………………………293

(1) 断種法の根拠と手続　293

(2) 運用の実態　298

(3) 「自己決定」と人間像　301

主要文献目録　303

あとがき　323

索引　327

第Ⅰ部 「ジェンダー秩序」と法秩序

第1章 「ジェンダー研究」の展開と
「ジェンダー法学」の成立─────────

第1節 「ジェンダー法史学」の意義と目的

(1) 「構造的差別」としての「性差別」

[1] 「性」と差別
◆諸規範と「性差別」

社会のなかには多様な規範が機能する。宗教・道徳・慣習・法は代表的な規範である。これらの諸規範は、しばしば「性」にもとづく差別を内包している。宗教儀礼からの女性の排除、性道徳の性差、女性の財産権の制限、婚姻・出産に関する女性の決定権の否定などは、歴史的に多くの社会で認められる。

ジェンダーを語る以前から、社会規範を論じるなかで、わたしたちはすでにしばしば「性」にもとづく差別（「性差別」）を論じてきた。とりわけ日本は、儒教道徳の伝統や近代「家」制度の伝統を無視して歴史や法を語れなかったために、女性差別に対する学問的関心は早くから世界のなかでも抜きんでて高かった。明治以来、女性史や家族論の豊かな伝統があるのはそのためである[*1]。

各規範に内包される「性差別」はたがいにいかなる関係をもつのだろうか。社会科学がその問いに正面から取り組むことはほとんどなかったといってよい。「性差別」は、数ある差別の一現象にすぎないとの位置づけにとどまった。法的「性差別」を論じる文脈で、宗教や道徳、慣習にみられる「性差別」にも

───────────────

*1 ヨーロッパでは，家族は長く歴史研究の対象とされてこなかった．家族史も女性史もともに 1960 年代以降に発達した新しい研究分野である．拙稿［1988］「西欧前近代の家族に関する研究の現状」（『法制史研究』38）を参照．ヨーロッパ女性史のもっとも注目すべき成果が，ジョルジュ・デュビィ／ミシェル・ペロー監修（杉村和子／志賀亮一監訳）［1994-2001］『女の歴史』全5巻10分冊（藤原書店）．関連書として，M. ペロー編（杉村和子／志賀亮一監訳）［2001］『新版・女性史は可能か』（藤原書店），G. デュビィ／M. ペロー編（小倉和子訳）［1996］『『女の歴史』を批判する』（藤原書店），網野善彦他［2001］『歴史のなかのジェンダー』（藤原書店）．

言及するといったぐいである。規範の主たる担い手がしばしば男性であり、女性が周縁化されてきた歴史的事実は等閑に付されてきた。

あらゆる社会規範の中核に、「性差別」に関する見えざる規範があったと想定することははたして無謀だろうか［資料１－①］。「性差

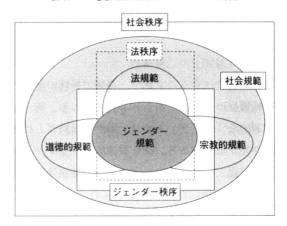

【資料１－①】社会規範とジェンダー規範

別」の見えざる規範（ジェンダー規範）を可視化したのが、「ジェンダー研究」Gender studies である。それは、1980年代に生まれた新しい学問潮流であり、「性」にもとづく差別構造が社会的・文化的に生成されるという前提にたって、「性差別」の社会的・法的機能を考察しようとする。

◆「性差別」の特異性

「性」にもとづく差別は、他の差別とは、次のような点で異質な側面をもつ。

①数の均等性

同一の民族・国民・身分・階級・階層・共同体等のなかに男女がほぼ等分に含まれる。女性は、数のうえで決して「マイノリティ」ではない。にもかかわらず、社会的価値としては「マイノリティ」として周縁化されてきた。

数が均等であるにもかかわらず差別が恒常化するには、それなりの「しかけ」が社会全体にはりめぐらされている必要がある。「性差別」の温存に必要であったのは、かならずしも優位者としての男性による一方的な暴力的支配だけではない。歴史や社会のなかのジェンダー・バイアスは、女性自身が自己の周縁性を疑問視しないことにより、長期にわたって安定的に維持されてきた。ジェンダー・バイアスの主体的・強制的な受容が、女性を劣位にとどめた主要な要因の１つであることを見逃すことはできない。

②「性差別」の巧妙性

生産活動においても再生産（生殖）においても、しばしば女性には一定の積極的な役割が振り当てられている。他の周縁集団とは異なり、女性は同一共同

体・身分内の男性によって存在意義を抹殺・否定されることはない。女性はさまざまな保護も享受するため、差別がきわめて見えにくく、自覚もされにくい。

③「性差別」の二重構造

歴史的には多くの文化で、各層で男性が優位にたつと同時に、全階層を貫く男性優位の構造が認められる。すなわち、同一社会（共同体）において、社会貫通的な「性差別」と身分・階層・階級ごとに固有の「性差別」との二重構造が存在するのである。社会貫通的なジェンダー規範は、通常、支配層のジェンダー規範と一致するが、下位身分や従属階級、被支配民族のジェンダー規範と鋭い対抗関係にたつこともあった。身分・階級・民族固有のジェンダー規範は、それらの集団固有の序列構造や伝統的文化を表象する道具立てとして積極的に利用されたり、反対に、激しい攻撃対象にさらされたのである[2]。

[2]　本章の課題

「性差別」は、けっして社会構造の周縁に位置するエピソードではない。それは、多様な社会規範と密接にむすびつき、社会構造を規定する本質的要因の1つである。「性」にもとづく差別は、「構造的差別」にほかならない。

現代の「性差別」イメージをそのまま歴史のなかに安易に拡大投影してしまうことと、現代の「性差別」を根本から問い直さないことは、表裏一体の関係にたつ。社会や文化が多様であり、それをささえる規範が多様であるように、各社会・各文化ごとに固有の性差別の構造があったのではないか。差別の程度やしくみ、あるいはそのあらわれ方、差別の社会的機能、差別の正当化根拠などは、社会・文化・身分ごとに異なっていたのではないか。いま求められているのは、原点への問いかけである。まさにこの点にこそ、法史学が「性差別」の解明に取り組む意義がある。「構造的差別」としての「性差別」の社会的機能や意味内容を改めて問い直さねばならない。

本章では、「構造的差別」としての「性差別」を法史学の観点から考察するた

---

[2]　帝国主義と民族運動との対抗関係のなかで，性差別は民族文化を表象するものとして重要な役割をもった．たとえば，ライラ・アハメド（林正雄／岡真理／本合陽／熊谷滋子／森野和弥訳）[2000]『イスラームにおける女性とジェンダー──近代化論争の歴史的根源』（法政大学出版局）．

めに必要な基本的諸概念を整理し、本書全体の枠組みを明らかにしておきたい。

(2) 「フェミニズムの第2の波」と「ジェンダー」の発見

[1] フェミニズム

◆フェミニズムの2つの波

【資料1—②】フェミニズムの2つの波

	フェミニズムの第1の波	ウーマン・リブ	フェミニズムの第2の波
時期	1780年代～1920年代	1960～1970年代	1960年代～
特徴	参政権・高等教育を要求 母性保護に尽力	「個人的なことは 政治的である」	「ジェンダー」の発見 ジェンダー研究の進展
潮流	リベラル・フェミニズム （穏健派／急進派） ソーシャル・フェミニズム	リベラル・フェミニズム ソーシャル・フェミニズム ラディカル・フェミニズム その他の諸潮流	
備考	参政権の実現 ドイツ（1919） イギリス（1918/1928）	フリーダン 『女らしさの神話』 （1963）	国際女性年（1975） 女性差別撤廃条約（1979） ジェンダー主流化（1995）

1960年代後半、欧米諸国でフェミニズムが再生した。フェミニズム・ルネサンス以降のいわゆる「フェミニズムの第2の波」がジェンダー概念を再定式化したことはよく知られる。フェミニズムは19世紀を通じて女性参政権や高等教育権の獲得をめざしてきたが、20世紀初頭にそれらが達成され、運動はしだいに低迷した。沈滞をうちやぶったのが、「ウーマン・リブ」Women's Liberation（1960-70年代の女性運動をさす）とよばれる新しい女性解放運動である。1970年代後半以降、19世紀以降のフェミニズムとの連続性と相違を意識的に示すために、ウーマン・リブ以前のフェミニズムは「第1の波」、ウーマン・リブ成立以後は「第2の波」とよびならわされている*3［資料1—②］。

◆フェミニズムの多様化

日本におけるフェミニズム／ジェンダー研究成果の現在の到達点を示す『岩波女性学事典』（2002年）のなかで、江原由美子は、「フェミニズム」を「女性解

---

*3 「第1の波」は，ヨーロッパでは18世紀末～20世紀初頭，アメリカでは1840年代～1920年代のフェミニズムをさす.

第1章 「ジェンダー研究」の展開と「ジェンダー法学」の成立

放思想、あるいはその思想に基づく社会運動の総称」とし、日本でそのような意味で「フェミニズム」という語が用いられるようになったのは 1980 年代以降とする*4。「総称」という一言は重い。「フェミニズム」には多様な理論と運動が含まれ、それぞれの社会の文化的歴史的背景に即して、理論と運動は異なる展開をとげてきた*5。また、運動を内包した結果、つねに最新の実践的課題をつきつけられ、その都度、フェミニズムの新潮流が生まれるとともに、既存潮流も変化していった*6。

「フェミニズム」は、一義的定義をすることができない、つねに変容をとげる歴史的諸潮流の複合体を意味する「総称」である。広義の共通点を求めるとすれば、「主体としての女性の形成」を追求する点であろう。しかし、「主体としての女性の形成」をめぐってすら、歴史的に方向性は大きく二分されてきた。フェミニズムはその起源から、「女性」という「性」の「再構築」と「脱構築」という課題のなかで揺れ動いてきたのであり、いずれの課題も重要な実践的意味をもっていた*7[資料 1―③]。

「フェミニズムの第 2 の波」も一様ではない*8。1970 年

【資料 1―③】フェミニズムの 2 方向

2 つの方向性	標語	主張内容
差異のフェミニズム	再構築	「男性」とは異なる「女性」の「女性的特性」に政治的意味をもたせ、「女性」という「性」のアイデンティティ回復を目指す
平等のフェミニズム	脱構築	「女性」というカテゴリーを解体し、性差別がもたらす抑圧構造を否定しようとする

*4　井上／上野／江原／大沢／加納編 [2002]『岩波女性学事典』(岩波書店) 399 ページ.
*5　多様なフェミニズムについて、簡便には，江原由美子／金子淑子編 [1997]『フェミニズム』(新曜社) 所収の諸論文および巻頭の見取図参照.
*6　公的機関との関わり方も一様ではない．アメリカでは議会への圧力団体化したフェミニズムもあれば、「穏健な動員」とよばれる運動もある．政党・国家機関で責任あるポストを獲得した北欧諸国，公的機関とほとんど関わりを持たずに草の根運動的な広がりをみせるイギリスに対し，日本では「女性学」にはじまる学術的伝統が強い.
*7　2 つの方向性のなかで、しばしば、女性たち自身に「平等か，差異か」という選択肢がつきつけられた．2 つの方向性は，本来的には対立しあうものではない．「差異」は「同一性」の対語であり，「平等」の反対語は「不平等」であるからである.
*8　ヤスミーヌ・アーガス [1998]「主体としての女性――1960-80 年代のフェミニズム」(フランソワーズ・デボー編『女の歴史Ⅴ――20 世紀 2』藤原書店) は，第 2 波フェミニズム前半期の欧米で展開した法と政治の改革をめぐる状況を簡明に描いている.

代（ウーマン・リブ期）と 1990 年代以降とでは、ジェンダーに関する諸概念も、問題へのアプローチ手法もともに大きく異なる*9。典型的には、1990 年代以降のグローバル化とポストモダン進展のなかで、それまでのジェンダー研究自体にはらまれていたさまざまなバイアス（白人女性中心主義・異性愛主義・西洋中心主義など）が深刻な反省にさらされるようになった。現在、研究の深化・充実とともに新たな問題領域が発掘され、新たな問題領域がさらに諸概念を洗い直し、ジェンダー研究の射程はますます広がりつつある。

◆「ウーマン・リブ」の展開

ウーマン・リブは欧米や日本など先進諸国で展開された。アメリカでは、ベティ・フリーダン『女らしさの神話*10』The Feminine Mystique（1963 年）の出版と全米女性組織 NOW の結成（1966 年）が画期をなす。フリーダンは、自分を含めた中産階級の主婦が感じる空しさゆえの不安感を「名前のない問題（得体のしれない悩み）」と提起して、大きな反響をよんだ。彼女はまもなくアメリカ最大の女性組織である NOW を結成して、初代会長に就任する*11。

フランスでは、1949 年にシモーヌ・ド・ボーヴォワール『第二の性』が刊行され、のちのフェミニズムに多大な影響を与えることになる。しかし、重要な転換点となったのは 1968 年、Mouvement de Libe'ration des Femmes＝MLF（女性解放運動）の開始である。これはアメリカのウーマン・リブにならってジャーナリズムが命名したものであるが、運動はフランス独自の発展を遂げた。ドイツでも画期はやはり 1968 年である。学生運動のなかから新しいフェミニズムが生まれた*12。

[2]　フェミニズムの 3 大潮流とその成果

◆3 つの主潮流

「第 1 の波」のとき、フェミニズムはすでに 2 大潮流に分かれていた。①リベ

---

*9　1970 年代と 1990 年代のヨーロッパにおける女性学の相違については，メアリ・エヴァンズ（奥田暁子訳）[1998]『現代フェミニスト思想入門』（明石書店）を参照.

*10　邦訳名は，ベティ・フリーダン（三浦冨美子訳）[2004]『新しい女性の創造, 改訂版』（大和書房，第 1 版は 1965 年刊）.

*11　有賀夏紀 [1988]『アメリカ・フェミニズムの社会史』（勁草書房）195 ページ.

*12　主要国におけるフェミニズムの展開について，簡便には，井上洋子／古賀邦子／富永桂子／星乃治彦／松田昌子 [1998]『ジェンダーの西洋史』（法律文化社）を参照.

【資料1―④】フェミニズムの諸潮流

<table>
<tr><th colspan="3">諸潮流</th><th>主張内容</th><th>重要事項・キーターム</th><th>備考</th><th></th></tr>
<tr>
<td rowspan="4">第1の波</td>
<td rowspan="2">リベラル・フェミニズム</td>
<td>第1波</td>
<td rowspan="2">性別にもとづき他者と異なる扱いを受けることはないという個人の権利の実現をめざす</td>
<td>男女平等（参政権・高等教育の権利）
個人主義</td>
<td>穏健派＝性別役割分担の原則的肯定
急進派＝自由恋愛・中絶の権利</td>
<td rowspan="4">フェミニズム主流派</td>
</tr>
<tr>
<td>第2波</td>
<td>男女平等（政治的決定権の獲得・労働条件の改善）
個人主義
生殖における自己決定権</td>
<td>公的領域への女性進出を重視
性別役割分担の廃止
平等主義を志向</td>
</tr>
<tr>
<td rowspan="2">ソーシャル・フェミニズム</td>
<td>第1波</td>
<td>女性抑圧の根源は資本主義にある</td>
<td>男女平等（女性労働者の地位改善）</td>
<td>女性問題はマルクス主義の中心は組み込まれていない
社会主義的女性解放論</td>
</tr>
<tr>
<td>第2波</td>
<td>労働と家族という2つの場における女性搾取が女性抑圧の根源である</td>
<td>資本主義的家父長制
家事労働論争（1960年代後半～70年代前半）
抑圧された諸集団（労働者男性）との連携重視</td>
<td>フェミニズムとマルクス主義の「不幸な結婚」
ラディカル・フェミニズムの家父長制論とマルクス主義の結合
非分離主義</td>
</tr>
<tr>
<td rowspan="4">第2の波</td>
<td colspan="2">ラディカル・フェミニズム</td>
<td>性抑圧はあらゆる抑圧の根源である</td>
<td>「性」は政治的意味をもつ地位カテゴリー
家父長制的システム
男女の本質的対立性（差異派・分離主義）</td>
<td>私的領域における抑圧（家父長制）こそ女性抑圧の根源
示威行動の積極的展開
新しい諸概念の構築
学問への多大な影響</td>
<td></td>
</tr>
<tr>
<td colspan="2">エコロジカル・フェミニズム</td>
<td>人間による自然支配と男性による女性支配には重要な関係がある</td>
<td>「近代科学・文化＝男性原理」と「環境・自然＝女性原理」の対比</td>
<td>1974年頃提唱（フランス）
反近代主義・母性主義・本質主義的傾向
エコフェミ論争（1980年代後半）</td>
<td></td>
</tr>
<tr>
<td colspan="2">グローバル・フェミニズム</td>
<td>国民国家をこえて地球規模で女性の従属的地位の解消をめざす</td>
<td>途上国低所得層女性の地位向上と状況改善</td>
<td>「国連女性の10年」（1975～85年）を契機に発展</td>
<td></td>
</tr>
<tr>
<td colspan="2">ポストモダン・フェミニズムその他</td>
<td>「女」であることの再定義～解体
「単一の真理」としてのフェミニズムの統一を否定</td>
<td>西洋中心主義の批判
女性間内部の差異性の強調
男性的思考（統合・明確化）の否定</td>
<td>多様な潮流の存在
レズビアン・フェミニズム
ポスト構造主義フェミニズム
ブラックフェミニズム</td>
<td></td>
</tr>
</table>

ラル・フェミニズムと②ソーシャル・フェミニズム（あるいはマルクス主義フェミニズム）である。主流を占めた①はさらに、いま言うジェンダー役割を維持しようとする穏健派とそれを破ろうとする急進派に分かれる*13。

*13　ドイツについては、田村雲供 [1998]『近代ドイツ女性史——市民社会・女性・ナショナリズム』(阿吽社)，姫岡とし子 [1993]『近代ドイツの母性主義フェミニズム』(勁草書房).

「第2の波」のとき、アメリカでこれら2大潮流に③ラディカル・フェミニズムが加わり、ヨーロッパ諸国や日本に急速に広まった。3者は、性差別の根源についての理解、抑圧者・抑圧構造に関する理解の点で、かなり大きな隔たりがある。また、これら3大潮流以外にも、多様なフェミニズムが展開している[資料1－④]。

◆リベラル・フェミニズム

3潮流のうち、もっとも長い歴史をもち、フェミニズムの原型ともなったのが、リベラル・フェミニズムである。これは、第2波フェミニズムにおいても主流派を占め、法や文化における性的平等の認識を支配した。

全米女性機構の中心勢力をなすリベラル・フェミニズムは、「性的平等」の権利を、「性別に基づき他者と異なる扱いをうけることはないという個人の権利」と定義する。それは、女・男のいずれもが「女」「男」という集団として扱われることを否定し、個人として権利を保障されるかどうかを問う姿勢につながる。したがって、平等が達成されるのは、集団であれ個人であれ、女性が男性と社会的に平等になったときではなく、女・男ともに、個人が自分自身の選択により自己の利益を最大限に追求することができる選択権を保障されたときとされる[14]。

◆ソーシャル・フェミニズム

ソーシャル・フェミニズムは、個人主義を基礎に置くリベラル・フェミニズムとは異なり、女性抑圧の根源を資本主義にもとめる考え方である。したがって、主体としての女性についても、「個人」としての女性を問題視するのではなく、「女性という集団」を論じようとする。他方で、平等化達成のためには体制変革が必要であると考え、抑圧された他の諸集団との連携を重視する。

◆ラディカル・フェミニズム

ラディカル・フェミニズムは、性抑圧をあらゆる形態の抑圧の根源とする考え方（性支配一元論）をとり、男性を抑圧者とみなし、女・男の利害は競合・敵対すると考える。リベラル・フェミニズムやソーシャル・フェミニズムが、女・男の協力関係を築こうとするのにくらべると、むしろ、女・男の分離を前提としたうえで、「女性という集団」の独自の存在意義を強調しようとする（差

＊14　Becker, M./Bowman, C. G./Torrey, M. [1994], *Feminist Jurisprudence Taking Women Seriously. Cases and Materials*, p. 20.

第1章　「ジェンダー研究」の展開と「ジェンダー法学」の成立　　9

異派・分離主義)。体制変革を求める点ではソーシャル・フェミニズムと共通するが、労働条件等の改善で満足するものではない。しばしば示威行動に打って出て、メディアや催し（ミス・コンテストなど）のジェンダー・バイアスを公然と批判した。

　ラディカル・フェミニズムは、さまざまな意味で第2波フェミニズムを決定づけた。とりわけ、ジェンダー研究やフェミニズム的な実践活動の発展は、ラディカル・フェミニズムの成果によるところが大きい。発想の根本的転換をせまるスローガンの提起（「個人的なことは政治的である[15]」The Personal is Political、「意識覚醒[16]」consciousness raising)、既存概念の組み替え（家父長制[17]）、新しい問題関心へのアプローチ（身体、セクシュアリティ)、実践への関心（女性に対する暴力、リプロダクティブ・ヘルス／ライツ[18]、フェミニスト・カウンセリング[19]）などがその代表的なものである。キャサリン・マッキノンに代表されるこれらの問題提起や実践的な課題にむけての理論化は、リベラル・フェミニズムにも受け入れられ、やがて司法や立法の改革につながっていくことになる[20]。

---

[15]　1970年のハーニッシュ論文により定着したスローガン．近代的公私二元論に対する根本的批判を含んでいた．Hanisch, C. [1970], The Personal in Political, in: id., *Notes from the Second Year*.

[16]　1960年代末にファイアストーンが創設したコンシャスネス・レイジング・グループにはじまるもので，ラディカル・フェミニズム分析の核心をなすにいたった方法をさす．シュラミス・ファイアストーン（林弘子訳）[1972]『性の弁証法——女性解放革命の場合』（評論社）．

[17]　ケイト・ミレット（藤枝澪子他訳）[1985]『性の政治学』（ドメス出版）．

[18]　「万人が保障されるべき性と生殖に関する健康と権利」をさす．1994年のカイロ行動計画（国連の国際人口・開発会議にて採択）に取り入れられた．

[19]　「フェミニスト・セラピー」ともいう．男性を中心とした心理発達モデルや治療法を批判し，女性の心理的破綻をフェミニズムの視点で理解・治療しようとする実践活動をさす．1969年にアメリカ心理学会（APA）外部でAPAメンバーのフェミニストが女性のための心理学会（AWP）を設立したのに端を発する．AWPメンバーは，1970年ころからフェミニスト・カウンセリングの実践を開始し，「アサーティブ・トレーニング」という自己主張をすることに主眼がおかれた．

[20]　ラディカル・フェミニズムの代表的論者であるキャサリン・マッキノンは「フェミニスト法学」創始者のひとりであり，「性差別」の法理論化と法廷闘争において決定的な寄与をなした．セクシュアル・ハラスメント，ポルノ規制，女性に対する戦争犯罪の糾弾などである．邦訳書として，キャサリン・マッキノン（奥田暁子／加藤春恵子他訳）[1993]『フェミニズムと表現の自由』（明石書店），同（村山敏彦訳）[1999]『セクシュアル・ハラスメント・オ

第2節 「ジェンダー法学」の成立と「ジェンダー法史学」

(1) ジェンダー諸概念の整理

[1] ジェンダー研究と法史学

◆ジェンダー研究の進展

「社会的・文化的性差」を「ジェンダー」と名づけて、ともすれば自明視されがちな「自然的・生物学的性差」（セックス）と緊張関係にたつとする認識が共有されるようになるとともに、ジェンダー研究が研究領域として自立した。いまや、ジェンダー研究はますます専門分化し、概念をより精緻化しつつ、進化をとげている。他方で、ジェンダー研究の影響は歴史学にも法学にもおよんでおり、ジェンダー史やジェンダー法学が登場している*21。

◆ジェンダー研究と法史学

このような状況のもと、法史学もまた、性差にもとづく規範構造の解明に無関心ではいられまい。法は、社会のなかで構築された強制力ある規範である。性差／性別役割の規範もまた社会のなかで構築される。ともに社会のなかで構築され、人びとに共有される規範である以上、法規範と性規範がたがいにいかなる関係をもつのかという問いを発することは無意味ではない。そのさい、法規範がそれぞれの文化の社会構造や他の諸規範といかなる関係にたつのか、いかなる歴史的条件によって法規範が変化するのかを問う学問領域である法史学は、いっそう自覚的に、性が作用する規範構造を明らかにする責務があるのではないだろうか。

ブ・ワーキング・ウィメン』（こうち書房），キャサリン・マッキノン／アンドレア・ドゥオーキン（中里見博／森田成也訳）[2002]『ポルノグラフィと性差別』（青木書店）．
*21　日本の歴史学研究ではじめて「ジェンダー」という語をもちいたのが，ジョーン・W・スコット（荻野美穂訳）[1992]『ジェンダーと歴史学』（平凡社）であった．脇田晴子／S. B. ハンレー編 [1994]『ジェンダーの日本史（上）（下）』（東京大学出版会）は英訳されて大きな反響をよぶ．近年では，「特集・ジェンダーの歴史学」[1999]（『思想』898）．学際的志向をもつ日本ジェンダー学会（年報『ジェンダー研究』）は，1997 年に設立された．ジェンダー法学会（年報『ジェンダーと法』）が 2003 年 12 月に発足したのにつづき，2004 年 12 月にはジェンダー史学会がスタートをきった．

[2] ジェンダー・セックス・セクシュアリティ

◆日本における「ジェンダー」概念の導入——イリイチのジェンダー概念

　日本で最初に「ジェンダー」Gender という語が翻訳導入されたのは、1984年、イリイチの著作を通じてである*22。イリイチの著作の主眼は、産業化の進展とともに、前近代における男女のジェンダー役割が否定され、「ユニセックス化」が進展することへの批判にあった。「概して男は、女のやるしごとをやれるものではない*23」というのが、イリイチの基本的な考え方である。ジェンダー役割の固定化を理想化するようなイリイチのジェンダー理解が、フェミニズムのジェンダー理解とはまっこうから対立することは明白であろう。このため、日本ではジェンダー概念をめぐって、その後多くの誤解が生じることになった。

◆ジェンダーがセックスを規定する

　「ジェンダー」はフェミニズムが発明した新しい造語ではない。それはもともと言語学用語であり、男性語・女性語の区別をさした。しかし、第2波フェミニズムのなかで、独自の意味をおびはじめる。「ジェンダー」は、「自然的・生物学的性差」をあらわす「セックス」sex の対語として、「文化的・社会的性差」を示す語として用いられはじめたのである*24。

【資料Ⅰ—⑤】
バトラー『ジェンダー・トラブル』（1990 年）

　「そもそもセックスとジェンダーの区別は、〈生物学は宿命だ〉という公式を論破するために持ちだされたものであり、セックスの方は生物学的で人為操作が不可能だが、ジェンダーの方は文化の構築物だという理解を、助長するものである。…セックスの不変性に疑問を投げかけるとすれば、おそらく『セックス』と呼ばれるこの構築物こそ、ジェンダーと同様に、社会的に構築されたものである。…ジェンダーは、それによってセックスそのものが確立されていく生産装置のことである」。（訳27-29ページ）

---

*22　I. イリイチ（玉野井芳郎訳）[1984]『ジェンダー——女と男の世界』（岩波書店）.
*23　イリイチ [1984]『ジェンダー』140 ページ.

「ジェンダー」と「セックス」の関係については、ある時点で認識が完全に変化した。初期には、「セックス」と「ジェンダー」を峻別し、「セックスがジェンダーを規定する」と理解された。しかし、このような考え方は生物学的な男女二分法を前提としており、それ自体がジェンダー・バイアスにからめとられている。生物学や精神分析学の研究により、「ひと」が生物として必ずしも男女に二分されるわけではないことが明らかになったからである*25。

1980年代以降、フェミニズムの「ジェンダー」概念は大きく変わる。「セックス」と「ジェンダー」の不可分の関係に着目したうえで「ジェンダーがセックスを規定する」と主張されるようになったのである。その先駆的研究とみなされ、「フェミニズムの新時代を、広くはっきりと告げた*26」のは、バトラー『ジェンダー・トラブル』（1990年）である*27［資料1―⑤］。

今日の精神医学では、「ジェンダー・アイデンティティ」gender identity（性同一性＝性における自己認知）は、①「中核的同一性」、②「性役割」、③「性的指向」sexual orientation の3要素からなるとされる*28［資料1―⑥］。ひとりの人間のなかで、「セックス」「ジェンダー」「セクシュアリティ」の3要素は不可分にむすびついており、社会のなかでさまざまに誘導・抑圧される結果、個人のストレスをよびおこす。ジェンダー研究は、こうした抑圧メカニズムの考察を重要な研究課題としてひきうけた。

その過程で、1990年代以降、フェミニズムの従来の枠組みに対して根本的な批判がつきつけられる。①異性愛主義に対する批判、②白人女性中心主義に対

---

*24　リサ・タトル（渡辺和子編訳）[1998]『新版フェミニズム事典』（明石書店）140ページ以下．ジェンダーとセックスの概念的区別を最初に行った研究者の一人として著名なのは，アン・オークレーである．江原由美子 [2000]『フェミニズムのパラドックス』（勁草書房）38ページ．

*25　1970年代半ばにマネーとタッカーによる性診療外来の治療から自然的性差の「連続性」が確認され，①「セックス」と「ジェンダー」には「ズレ」があること，②人間にとって決定的な性別は「セックス」ではなく「ジェンダー」であることが明らかにされた．J. マネー／P. タッカー（朝川新一訳）[1979]『性の署名』（人文書院），上野千鶴子 [1995]「差異の政治学」（岩波講座『現代社会学11：ジェンダーの社会学』岩波書店）4ページ以下．

*26　江原由美子／金井淑子編 [2002]『フェミニズムの名著50』（平凡社）394ページ．

*27　J. バトラー（竹村和子訳）[1999]『ジェンダー・トラブル――フェミニズムとアイデンティティの攪乱』（青土社）27-29ページ．

*28　土場学 [1999]『ポスト・ジェンダーの社会理論』（青弓社）47ページ以下，および，『岩波女性学事典』296ページ参照．

【資料 I−⑥】ジェンダー・アイデンティティ

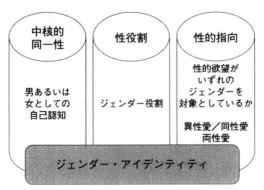

する批判である。①の正面にたったのはクィア理論であった。それは、多様な非異性愛の存在を認めて異性愛主義の偏向を問題化しようとした*29。②は、欧米によって植民地化されたアジア・アフリカにおけるフェミニズムの進展をうけて展開する。たとえば、買売春をめぐって、それを「セックス・ワーク」とよび女性の職業選択権の1つとして保障しようとする欧米フェミニズムと、買売春にともなう人身売買や、経済格差にもとづく欧米男性によるアジア・アフリカ女性への性的搾取などを糾弾しようとする第3世界フェミニズムとでは真っ向から利害が対立した*30。こうして、フェミニズム自体がパラダイム転換を余儀なくされたのである。

◆セクシュアリティ

歴史のなかの「セクシュアリティ」sexuality に光をあてたのは、フーコー『性の歴史*31』である。「セクシュアリティ」の語義は必ずしも自明ではなく、訳語も統一されていない。斉藤光によれば、「セクシュアリティ」という語自体が、強い歴史性を帯びている。英仏では「セクシュアリティ」という語は 19 世

---

*29 たとえば，動くゲイとレズビアンの会 [1998]『実践するセクシュアリティ』,『クィア・スタディーズ'97』[1997]（七つ森書館）,伊藤公雄 [1996]『男性学入門』(作品社)，同 [1993]『〈男らしさ〉のゆくえ——男性文化の文化社会学』(新曜社)．また，井上輝子他編 [1995]『日本のフェミニズム別冊——男性学』(岩波書店) をも参照．

*30 若尾典子 [1997]『闇のなかの女性の身体』(学陽書房)，同 [1997]「女性の身体と自己決定」(岩波講座『現代の法 11：ジェンダーと法』)，田崎英明 [1997]『売る身体／買う身体——セックスワーク論の射程』(青弓社)．

*31 ミシェル・フーコー（渡辺守章訳）[1986]『性の歴史・知への意思 I〜III』(新潮社)．

紀に生まれた新語であり、19世紀末に「セックス」とは異なる現在の意味を帯びるようになる＊32。そのさい、「セックス」が、「生き物という存在に根ざす、雌雄的な、基本的に可視的形態的差異を中心として意味が構成」されるものであるとすれば、「セクシュアリティ」は、「人間の強力な、情動的な、そしておそらく身体的快楽と関係する、心身内的な他者存在指向の傾向性を中心として、それと関連する行為を含む」ものとされた＊33。上野千鶴子は、より簡明にこう定義する。それは、「性にかかわる欲望と観念の集合」であり、「人間の性行動にかかわる心理と欲望、観念と意識、性的指向と対象選択、慣習と規範などの集合をさす＊34」。

　これらの研究が示唆するのは、「セクシュアリティ」は、社会によって規定されるものであり、「身体」と「他者」との関わりをその本質に含むということである。この語が19世紀末に可視的身体的差異としての「セックス」とは異なる語義を獲得したことは、「セクシュアリティ」抑圧・隠蔽装置の強制力がゆるんだことの証であろう。「セクシュアリティ」研究は、いまや、「近代」が封印してきた歴史に焦点をあてるという観点から、社会学や歴史学分野を中心に多彩なかたちで進められている＊35。

　日本の法学・法史学は、これまで、家族法（貞操義務）や刑事法（姦通罪・買売春）の文脈で個別的に「セクシュアリティ」関連事項を論じてきた。今後は、個別法規範をつらぬく「セクシュアリティ」規範の総体を検証して抽出し、社会秩序統制手段としてそれがいかに稼働したのか、また、そこに歴史的変化

＊32　斉藤光 [1996]『セクシュアリティの社会学』227ページ. 他に, 田崎英明 [2000]『ジェンダー／セクシュアリティ』(岩波書店), 岩波講座 [1996]『現代社会学10——セクシュアリティの社会学』(岩波書店) を参照.

＊33　斉藤 [1996]『セクシュアリティ』226ページ以下. 斉藤によれば, 日本語では, 前近代まで「性」は「人の生まれつき」「ものの自然の成り立ち」「心」を意味し, 近代以降の意味における「性」は「淫」や「色」と表現された. 「性」が現在の意味を獲得するのは, 「sex＝『性』という訳語のトンネル」[斉藤, 同上, 232ページ] を通じてであり, ほぼ明治30年代以降のことである. 斉藤光 [1996]「overview セクシュアリティ研究の現状と課題」(岩波講座『現代社会学10』) 228ページ以下参照.

＊34　上野千鶴子 [2002]「セクシュアリティ」(『岩波女性学事典』) 293ページ.

＊35　ロナルド・ハイアム (本田毅彦訳) [1998]『セクシュアリティの帝国——近代イギリスの性と社会』(柏書房), ジョージ・L・モッセ (佐藤卓己／佐藤八寿子訳) [1996]『ナショナリズムとセクシュアリティ——市民道徳とナチズム』(柏書房), 赤川学 [1999]『セクシュアリティの歴史社会学』(勁草書房) など.

をどのように認めることができるのかを問うことが求められよう。

[3] 用語と概念

◆歴史的産物としての「性の二分法」

「ジェンダー法史学」は、ジェンダー研究の成果に多くを依拠し、そこで生みだされた諸概念を利用する。しかしながら、その出発点において「西洋近代」を批判する概念として定式化された「ジェンダー」を歴史分析概念として用いようとするときには、概念を整理しなおし、定義を明確にしておく必要がある。当初の「ジェンダー」概念が「セックス」の対概念とされたことにともない、「ジェンダー」が「男／女」の二分法を前提とする概念であるとの誤解がともないがちであるからである。歴史学は、「性」の多様な分類方法（男女差が社会的意味をもたないという場合も含めて）それ自体の秩序構築作用を取り上げ、その意味を解きほぐさねばならない。

【資料1—⑦】ジェンダーに関する用語

	定義	西洋近世	西洋近代
ジェンダー秩序	男女間権力関係にもとづく秩序維持システムの歴史的パターンあるいは構造モデル	キリスト教的＝身分制社会型ジェンダー秩序	公私二元的＝市民社会型ジェンダー秩序
ジェンダー体制	国家などの制度複合体、家族や職場などの単一制度といった特定制度に関わる構成された構造のなかのジェンダーに関わる要素	〈基幹的制度〉 ①身分制 ②宮廷社会 ③共同体 ④「家」	〈基幹的制度〉 ①近代国民国家 ②資本主義市場 ③公共圏 ④近代家族
ジェンダー関係	ジェンダーにもとづく社会的諸関係 ①ジェンダー（狭義） ②セックス（可視的身体的差異） ③セクシュアリティ	・男女二項対立 ・宗教的権威による対比の根拠づけ ・生産構造による宗教的対比の相対化 ①機能的性別分業 　（男は主、女は従） ②身体の蔑視 ③セクシュアリティ嫌悪	・男女二項対立の厳格化 ・合理主義／自然科学による対比の根拠づけ（「自然本性」） ①自然的性別役割分業 　（公＝男／私＝女） ②中間項は「異常・病気」 ③強制的異性愛主義
ジェンダー規範	ジェンダー秩序・ジェンダー体制・ジェンダー関係を規律する規範	①キリスト教的ジェンダー規範 ②身分制的ジェンダー規範	①公私二元的ジェンダー規範 ②市民社会型ジェンダー規範
ジェンダー・バイアス	ジェンダー秩序・ジェンダー体制・ジェンダー関係の構築・維持やジェンダー規範の運用にともなう性差の偏り	「女＝誘惑者」 「男＝家父長」	「性の二重基準」 「男＝理性／女＝感情」 「男＝家父長・合理的経済人」 「女＝性欲をもたない」

◆本書における用法

　日本におけるジェンダー研究の成果をふまえて、本書では、以下のように用語を整理しておきたい［資料1−⑦］。

　①ジェンダー（広義）

　「ジェンダー」（広義）はあらゆる「性差」（差異化も非差異化も含む）の総合的概念である。その趣旨は、あらゆる「性差」が「文化的社会的に規定される」と理解することにある。

　「ジェンダー」（広義）の主要な構成要素は3つである［資料1−⑧］。(i)「可視的身体的性差（生物としての性差）」に関わる「セックス」（「生物的性」にもとづく差異化・非差異化）、(ii)「性役割」や「性別本性」に関わる狭義の「ジェンダー」（「社会的性」にもとづく差異化・非差異化）、(iii)「人間の性行動に関する意識と規範の集合体」としての「セクシュアリティ」である。

　②ジェンダー秩序 gender order of a society

　広義のジェンダーに関わる秩序維持システムの歴史的類型あるいは構造モデルを「ジェンダー秩序[36]」とよぶ。それは固定的な制度ではなく、社会の単位をなす「制度」を「ジェンダー体制」として産出していくための「構造モデル」である。「ジェンダー秩序」は、特定社会における「（広義の）ジェンダー」を決定する社会秩序の総体（「性別に関わる社会の構造特性」）であり、ジェンダーに関する諸規範の総体と序列化（「社会的諸実践の規則性」）、ジェンダー規範にもとづく社会成員の行動様式や心性の決定（ジェンダーに関する社会成員の「ハビトゥス[37]」）を含む。

　③ジェンダー体制 gender regime

　「ジェンダー体制[38]」とは、「全体社会の下位単位に存在するジェンダー秩序

---

[36]　江原由美子による「ジェンダー秩序」の定義は以下のとおり．「コンネルに従って、『性別に関わる社会の構造特性』およびそれにもとづく『社会的諸実践の規則性』およびそこから生じるジェンダーに関する社会成員の『ハビトゥス』を『ジェンダー秩序』として概念化する」．江原由美子［2002］『ジェンダー秩序』（勁草書房）120ページ．R. W. コンネル（加藤隆雄／越知康詞訳）［1993］『ジェンダーと権力──セクシュアリティの政治学』（三交社）をも参照．Connell, R. W. [2002], *Gender*, Cambridge, pp. 53ff. 本書における「ジェンダー秩序」の類型化仮説については，第2章を参照．

[37]　習慣や慣習的行動など，個人の選択や行動，発想などを無意識のうちに規定する社会構造の総体を「ハビトゥス」とよぶ．「ハビトゥス」については，ピエール・ブルデュー（石田洋二郎訳）［1990］『ディスタンクシオン』（藤原書店）を参照．

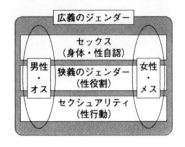

【資料1—⑧】ジェンダーの3要素

的な論理」を意味する。「下位単位」となるのが「制度」である。「制度」は、成員のカテゴリーや序列が特定され、固有の空間や時間、活動様式をもつ単位である。家族・職場・学校などが代表的な「制度」といえる。これらの「制度」がそれぞれ1つの「ジェンダー体制」とみなされるのは、社会全体のジェンダー秩序が各「制度」固有の目的やルールにしたがってアレンジされながら、ひとびとの行動を規律化する具体的な圧力となって現出するからである。他方、国家や市場、公共圏などは、官僚制・議会・選挙・学校・企業・結社・集会などの複数の「制度」が複合的に併存するいわば「制度複合体」である。しかし、これらの「制度複合体」についても、国益・福祉・民主主義など（国家）、利潤・環境・福利厚生など（市場）、公論・公開・非国家性など（公共圏）のように、それぞれ固有の目的やルールのもとにジェンダー秩序が貫徹する。したがって、家族などの「単一制度」と国家などの「制度複合体」の双方を「ジェンダー体制」の単位として想定することができる[*39]。

④ジェンダー関係 gender relations

広義のジェンダーおよびその3要素（狭義のジェンダー・セックス・セクシュアリティ）に関わる「差異化・非差異化」を軸とした社会的諸関係を「ジェ

[*38] コンネルは「特定の制度に関わる構造構成をさし示す概念」、「全体社会の下位単位に存在するジェンダー秩序的な論理」を「ジェンダー体制」とよび、「家族・国家・街頭」を典型とする。これに対して、江原は「制度」の「特定」を重視して、制度複合体としての「国家」および「制度」が顕著でない「街頭」を「ジェンダー体制」からはぶき、「家族」や「職場」を想定する。江原［2002］『ジェンダー秩序』185ページ以下．コンネル［1993］『ジェンダーと権力』160ページ．

[*39] 「制度複合体」を「ジェンダー体制」に含める点で、筆者は江原由美子氏（単一「制度」のみに限定）とは見解を異にする。江原［2002］『ジェンダー秩序』192ページ以下を参照．

ンダー関係*40」とよぶ。ひとつの「ジェンダー秩序」には、それを基礎づける固有の「ジェンダー関係」がある。しかし、個々の「ジェンダー体制」に応じて、「ジェンダー関係」は多様なバリエーションをもって展開する。

⑤ジェンダー規範 gender norms

「構造モデル」としての「ジェンダー秩序」が個々の「ジェンダー体制」に反映され、「ジェンダー関係」のバリエーションをうみだす重要なルートを形成するのが「ジェンダー規範」である。「ジェンダー規範」は明文化される場合もあれば、慣習上の不文の場合もある。「オス/メス」「男/女」以外の多様な「性」を許容する程度、および、「ジェンダー」と「セックス」の対応レベルに関する規範、あるいは、性役割や性別本性に関する規範がふくまれる。社会には複数の「制度」が複合的に併存するため、それに応じて複数の「ジェンダー規範」が併存する。

⑥ジェンダー・バイアス gender bias

ジェンダー秩序・ジェンダー体制・ジェンダー関係の構築・維持やジェンダー規範の運用にともなう性差の偏りを「ジェンダー・バイアス」とよぶ。

◆西洋近代社会と近代法

上記①〜⑥に照らしあわせると、西洋近代社会の「ジェンダー秩序」(「公私二元的＝市民社会型ジェンダー秩序)は、「狭義のジェンダー」の性差を「男」と「女」の対極でのみ許容し、「セックス」の性差に関して「オス」と「メス」という対極に位置する「性」以外を「異常」あるいは「病」とみなして排除する「ジェンダー規範」(強制的異性愛規範)をもつ社会であったと理解できる。

西洋近代社会が「ジェンダー」と「セックス」をともに「性」の対極にきわめて明快に分離する「ジェンダー関係」をもつ社会であったために、そこでは「ジェンダー」と「セックス」の「分離」を発見しやすく、その意味で、西洋近代社会が最初に「ジェンダー」研究の対象とされたことには十分な理由がある。しかしながら、「ジェンダー」と「セックス」をそれぞれ「男/女」と「オス/メス」に二分する西洋近代社会は、数多くの現存社会、あるいはあまた存

---

*40 フラックスは、「ジェンダー関係」を，ジェンダーを含む「複雑な社会的諸関係という集合体を把握し，それを，歴史的に可変な社会的諸過程の変遷という集合に関連づける」ために意図されたカテゴリーと定義した．有賀美和子 [2000]『現代フェミニズム理論の地平』(新曜社) 47ページ．

在した過去の社会のなかで、1つのきわだった特徴をもつ1社会にすぎない。

　国家制定法を中心とする近代法については、前近代法よりいっそうはっきりと、法とジェンダー規範との戦略的関連を認めることができる。近代法は、近代国民国家における「公私二元的＝市民社会型」ジェンダー秩序の安定的維持のための道具として活用された。近代の諸ジェンダー規範のなかでもっとも中核をなす「公私二元的ジェンダー規範」との機能的関係に着目したとき、近代法はおおよそ4つに分類できよう[41]。

　①「公私二元的」ジェンダー規範を追認し、それを直接的に反映する「ジェンダー規範反映型」、②「公私二元的」ジェンダー規範を内在させているが、表面上はジェンダー中立的にみえる「ジェンダー規範内在型」、③それ自体はジェンダー要因とまったく無縁な「ジェンダー規範中立型」、そして、④「公私二元的」ジェンダー秩序に代わる新しいジェンダー規範を意図的に生み出そうとする「ジェンダー規範創出型」である。

　「公私」の分離を前提としたうえで「私」的領域（親密圏）に介入する「近代家族法システム」（本書第7章参照）は基本的に①に属し、「ジェンダー主流化」を促す新しい諸立法は明らかに④に分類できる。これに対して、国家・市場・公共圏といった「公」的領域を規律する多くの法令は、②か③に入る。しかし、①〜④の関係は流動的である。たとえば、選挙法の場合、選挙権に関して①（女性参政権の否定）から②（女性参政権と男性参政権の序列化＝年齢差の設定）、そして③（性差別の完全撤廃）へと移行したが、諸外国では被選挙権についてポジティブ・アクション（積極的差別是正措置）が導入されて④の意義が大きくなっている。このことは、②・③に属する法令もまた運用と状況により、「公私二元的」ジェンダー規範を温存する可能性が大きいことを示唆する。法の本質的機能の解明には細心の注意を要するゆえんである。

[4] 「ジェンダー法史学」の構築

◆「ジェンダー法史学」の2つの意義

「ジェンダー秩序」「ジェンダー体制」「ジェンダー規範」「ジェンダー関係」

＊41　4分類は，吉田克己[2004]「近代市民法とジェンダー秩序」（三成美保編『ジェンダーの比較法史学——近代法秩序の再検討』平成14〜15年度科研費報告書）の立法類型分類から発想を得ている．なお，本報告書は近年中に大阪大学出版会より出版予定である．

【資料1―⑨】ジェンダー法史学の対象（近代の場合）

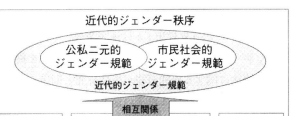

　「ジェンダー・バイアス」の歴史的意味を自覚的に考察する法史学を、ここでは、「ジェンダー法史学」と名づけたい［資料1―⑨］。「ジェンダー法史学」には、2つの含意がある。①研究手法としての「ジェンダー法史学」と、②研究ジャンルとしての「ジェンダー法史学」である。②の意味では、従来の家族法史研究の多くはすでに「ジェンダー法史学」の内容を先取りしており、考察テーマや領域は大幅に重なる。しかし、それら先学のすぐれた成果をいっそう発展させようとするときに、研究手法としての「ジェンダー法史学」（①）を利用することが可能である。

　いまやジェンダー研究は高度に洗練されつつあり、ジェンダーに関する諸概念に当初つきまとっていた西洋近代的なジェンダー・バイアスはすでに多くが検証ずみである。ジェンダー研究が編み出したさまざまな概念装置や分析手法を効果的に利用することは、もはや非歴史的なアプローチとは言えず、歴史学においても積極的な活用が進められつつある。

　「性」「性差」あるいは「男女（差）」という日本語ではなく、あえて「ジェンダー」という外来語を用いることには積極的意味がある。「ジェンダー」が、「性差」、「性差別」、「性役割」など、文化によって決定される「性」の諸現象を統括的に表現する語であり、「性」を「社会的構築物」として自覚的に定位する語であるからである。「性・性差」という語を用いたときには見えにくくなるさまざまな問題が、「ジェンダー」を抽出しようと努力するときには見えてくる。

◆「ジェンダー法史学」と女性史

「ジェンダー法史学」は、男女の関係性（ジェンダー関係）を考察する研究ジャンルである。したがって、「女性史」とは補完関係にあるが、一致するものではない。しかしながら、真の意味で「ジェンダー法史学」を構築するには、社会における女性の機能に関する研究蓄積が男性研究と同等の厚みをもつことが必要である。残念ながら、現在はまだその途上にある。このため、当面の「ジェンダー法史学」が「女性史」とほとんど変わらぬほど、意識的に「女性」にのみ焦点をあてがちになることは避けられない。その場合でも、女性自身の歴史を主体的に語ろうとする「女性史」とは問題意識が異なる。

「ジェンダー法史学」は、問題意識を異にする「女性史／女性学」を否定するものではなく、ましてやそれらにとってかわろうとするものでもない。「ジェンダー法史学」と「女性史／女性学」は積極的な共存関係にたつのである。

(2)　日本における展開——「法女性学」から「ジェンダー法学」へ

[I]　女性学・フェミニズム・ジェンダー

◆日本のウーマン・リブ

日本でははやばやと 1965 年にフリーダンの著書が翻訳出版されたが、フェミニズム運動の起爆剤とはならなかった*42。社会運動や学生運動が高揚した 1969-70 年に、女性たちが個人あるいは少数グループで行動をはじめ、1970 年に複数グループが共同して女性だけのデモを行った。この時点から新宿リブセンターが解散される 1975 年までの活動が、日本におけるウーマン・リブとみなされる*43。

しかし、中ピ連などの抗議行動が世間の注目をあびた結果、ウーマン・リブはマスコミに揶揄的に取り上げられがちとなった。地域での地道な活動は続けられたものの、ウーマン・リブは欧米諸国と比べて運動としての広がりに欠けたのである。その後、1970-75 年のウーマン・リブとはほとんど連続性をもた

---

*42　江原由美子／金井淑子編 [2002]『フェミニズムの名著 50』（平凡社）89 ページ.
*43　江原由美子「ウーマン・リブ」（『岩波女性学事典』）参照.日本では，1970 年にはじめてウーマン・リブ集会が開催された.溝口明代他編 [1992-94]『資料日本ウーマン・リブ史 I 〜III』（ウィメンズブックストア松香堂）.

ぬなかで、70 年代末に「フェミニズムの第 2 の波」は学問（「女性学」）として再生した*44。

◆時期区分

　1970 年代前半のウーマン・リブが未成熟に終わったあと、日本におけるフェミニズムの担い手は「活動家から研究者へ」と変化する。1978 年、国際女性学会東京会議が開催され、この年が「実質的に日本における女性学研究元年」となった*45。フェミニズムやジェンダー研究は、日本では伝統的アカデミズムの枠外に位置する研究活動として発展し、しだいに既存学問に対する矛先を強めていく。その展開は 4 期に分けられる*46 [資料1—⑩]。

　①第 1 期（1970 年代末〜1980 年代前半）に、まずは社会学で、のちには法学でも、女性学の成果が発表される。社会学では、1974 年の女性社会学研究会発足を皮切りに性役割に関する実証研究が蓄積された*47。第 2 波フェミニズム以前の 1950〜60 年代に国際社会に先駆けて 3 次にわたって展開した主婦論争の再評価もはじまる*48。

　②第 2 期（1980 年代半ば〜1980 年代末）に、「フェミニズム」という語とともに、多様なフェミニズム理論が導入された。とくに 1987 年以降「フェミニズム」本が急速に流通しはじめる*49。「フェミニズム」という語は、「女性学」や

———————————

*44　江原由美子 [1990]「フェミニズムの 70 年代と 80 年代」（同編『フェミニズム論争——70 年代から 90 年代へ』勁草書房）2 ページ以下.

*45　「女性学研究元年」以降，あいついでいわゆる女性学 4 団体が結成された．日本女性学研究会（1977 年），国際女性学会（1977 年），女性学研究会（1978 年），日本女性学会（1979 年）である．出版物として，冨士谷あつ子編 [1979]『女性学入門——女性研究の新しい夜明け』（サイマル出版会），岩男寿美子／原ひろ子 [1979]『女性学ことはじめ』（講談社現代新書）がある．

*46　3 期までの区分については，江原由美子 [2000]『フェミニズムのパラドックス——定着による拡散』（勁草書房）14, 17 ページ．女性政策からみた時代区分は，山下泰子 [2002]「女性政策をめぐる動き——国連・国・自治体——」（大沢真理編『改訂版 21 世紀の女性政策と男女共同参画社会基本法』ぎょうせい）42 ページ以下.

*47　鎌田とし子／矢澤澄子／木本喜美子編 [1999]『講座社会学 14：ジェンダー』（東京大学出版会）の総論に，社会学におけるジェンダー研究の展開がわかりやすくまとめられている．

*48　上野千鶴子編 [1982]『主婦論争を読む I・II』（勁草書房），原ひろ子 [1995]「主婦研究のすすめ」（井上輝子／上野千鶴子／江原由美子編『日本のフェミニズム 3——性役割』岩波書店）72 ページ.

*49　1983 年のものがもっとも初期のものにあたる．岩波講座 [1995]『現代社会学 11：ジ

【資料 I—⑩】日本におけるジェンダー研究の展開

期	年代	特徴	日本における学問的展開（法学・歴史学を中心に）
	1970年代初頭	日本におけるウーマン・リブ運動の展開	
第1期	1970年代末～ 1980年代前半	「女性学」創出期 ※法女性学の成立	「女性学研究元年」（1978年） 女性学4学会設立 金城清子『法女性学のすすめ』（1983年）
	1985年	女性差別撤廃条約の批准・男女雇用機会均等法成立	
第2期	1980年代半ば ～1980年代末	「フェミニズム理論」 導入期	落合恵美子『近代家族とフェミニズム』（1989年）
第3期	1990年代	「ジェンダー研究」 創出期 ※ジェンダー法学の形成	スコット『ジェンダーと歴史学』翻訳（1992年） 脇田／ハンレー編『ジェンダーの日本史』（1994年） 日本ジェンダー学会設立（1997年） 岩波講座『現代の法11：ジェンダーと法』（1997年） 『思想：特集・ジェンダーの歴史学』（1999年）
	1999年	男女共同参画社会基本法の成立	
第4期	2000年～	「ジェンダー研究」 専門分化期 ※ジェンダー法学の確立	金城清子『ジェンダーの法律学』（2002年） ジュリスト増刊『特集：ジェンダーと法』（2003年） ジェンダー法学会設立（2003年） ジェンダー史学会設立（2004年）

「女性解放論」など「女性」を冠した語にくらべ、射程の広がりをもつと受けとめられた。とりわけ、1980年代後半以降、フェミニスト社会学が「近代家族」論をはじめとして多大な成果をあげ*50、人文・社会科学の諸分野に大きな影響を与えた。

　③第3期（1990年代）にはいると、「ジェンダー研究」が広まる。「フェミニズム」には一定のアレルギーを示していた既存学会も、「ジェンダー」についてはある程度受容した*51。「ジェンダー」が男女の関係性を問題にしようとした

───────────
ェンダーの社会学』（岩波書店）の瀬地山論文231ページ以下参照.
*50　落合恵美子 [1989]『近代家族とフェミニズム』（勁草書房），同 [2000]『近代家族の曲がり角』（角川書店），上野千鶴子 [1990]『家父長制と資本制』（岩波書店），同 [1994]『近代家族の成立と終焉』（岩波書店），山田昌弘 [1994]『近代家族のゆくえ──家族と愛情のパラドックス』（新曜社），岩波講座 [1995]『現代社会学11：ジェンダーの社会学』（岩波書店），同 [1996]『現代社会学19：〈家族〉の社会学』（岩波書店）を参照.
*51　日本社会学会では，他の学会にさきがけて，1986・87・88年と3年連続で学会企画により，大会テーマ部会の1つに「ジェンダー」が取り入れられた．それは，「日本の社会学においてもジェンダーというテーマがようやくアカデミックな研究上の市民権を得ることになった」あかしとみなされる．鎌田／矢澤／木本 [1999]『ジェンダー』10ページ.

からである。男性のジェンダー研究者も登場するようになる。1970年代以降、日本の社会経済構造を批判的に検証する議論として登場した「企業社会」論もまた、ジェンダーの視点から批判されるようになる*52。

　④第4期（2000年以降）は、1999年の男女共同参画社会基本法制定以降である。フェミニズムへのバックラッシュや「フェミニズム離れ」がおこるなかで*53、ジェンダー研究の成熟と新しい展開が模索されるべき時期にはいり、ジェンダー研究は専門別の学問分野として自立しつつある。

[2]　ジェンダー法学の発展

◆法女性学

　法学では、1975年の「国際女性年」を機に男女差別の問い直しがなされたが、ジェンダーへの認識はまだほとんど見られない*54。画期をなすのは、金城清子『法女性学のすすめ——女性からの法律への問いかけ』の公刊（1983年）である*55。金城『法女性学』は、「国連女性の10年」を意識し、女性差別撤廃条約の批准を強く訴えかけるという問題提起の啓蒙書といえる。選書という体裁の

---

*52　大沢真理[1993]『企業中心社会を超えて——現代日本を〈ジェンダー〉で読む』（時事通信社）19ページ。なお、同[1994]「日本の社会科学とジェンダー——社会政策論と労働研究の系譜にそくして」（原ひろ子／大沢真理／丸山真人／山本泰編『相関社会科学2：ジェンダー』新世社）3ページ以下をも参照。

*53　浅倉むつ子／戒能民江／若尾典子[2004]『フェミニズム法学——生活と法の新しい関係』（明石書店）393ページ以下。ほかに、たとえば、以下の雑誌特集を参照。「特集＝フェミニズムへのバックラッシュ『憎まれて愛されて2000年』」[2000]（『インパクション』117）、「特集＝フェミニズムは終わらない」[2001]（『現代思想』29-6）、「特集＝フェミニズムは終わったか」[2001]（『大航海』39）など。

*54　1例が、「現代の女性——状況と展望」[1976]（『ジュリスト増刊』3）であるが、すでに欧米諸国で蓄積されはじめていたフェミニズム諸研究の成果はまだほとんどうかがえない。巻頭をかざる座談会で、鶴見和子は、「男性支配の社会、女性優位の文化」という定式化のもと、現在で言う「本質主義」的な発言をしており[6-8ページ]、神島二郎は、生理休暇と同一賃金を同時に要求する「いまの女」を「むちゃ無体な要求をする」と痛烈に批判している[10ページ]。司会の憲法学者小林直樹の「男女それぞれの役割分担を十分認めた上で、原理的平等を実現していく、ということは基本的に前提になる」[22ページ]との発言は、まだジェンダー概念が日本に根づいていない時代の制約を感じさせる。

*55　金城清子[1983]『法女性学のすすめ——女性からの法律への問いかけ』（有斐閣）。類似のものがなかったときの同書の出版の苦労については、同[2004]「ジェンダー法学の歴史と課題」（『ジェンダーと法』創刊号）4ページ、注3（12ページ）を参照。

なかに、のちのジェンダー法学が扱う諸問題がカタログのようにとりそろえられていた。しかし、「法女性学」という語は、金城をはじめ幾人かの研究者により用いられたとはいえ、「女性学」一般ほどの広がりはみられなかった*56。

◆ジェンダー法学の成立

フェミニスト法学の成果は個別実定法分野の専門研究にとどまった。たしかに、アメリカのフェミニスト法学の成果は、1990年代をとおしてアメリカ法学会を中心に紹介されており*57、セクシュアル・ハラスメントやセカンド・レイプ、プライバシー権としての妊娠中絶権といった新しい諸概念も導入されていた*58。しかし、金城『法女性学』ののち、「フェミニスト法学」を冠した文献・書物はほとんどあらわれなかった*59。1990年代半ばよりようやく「ジェンダー法学」が広まっていく*60。

─────────

*56 金城清子[1991／1996]『法女性学──その構築と課題』(日本評論社，1991年，第2版1996年)，山下泰子他[1996]『法女性学への招待』(有斐閣)など．

*57 アメリカ「フェミニスト法学」の日本への紹介・導入については，以下の論攷を参照．西川理恵子[1993]「法と女性──アメリカにおけるフェミニズム法学の展開」(『アメリカ法』1993年1号)，フランシス・エリザベス・オルセン(寺尾美子訳)[1997]「アメリカ法の変容(1955-1995年)におけるフェミニズム法学の役割(上・下)──日本のポストモダニズム的理解に向けて」(『ジュリスト』1118, 1119)，フランシス・エリザベス・オルセン(紙谷雅子訳)[1998]「フェミニスト法理論」(『アメリカ法』1998年1号)，ジョージ・ラサグレン(安部圭介訳)[1998]「アメリカ法に対するフェミニズムの影響：雇用差別の分野を例として」(『アメリカ法』1998年1号)，「シンポジウム：アメリカのフェミニズムと法：フェミニズムは法を変えられるか」[1998](『アメリカ法』1998年2号)，紙谷雅子[1998]「フェミニスト法理論：コメント，あるいは，『フェミニズムと法』」(『アメリカ法』1998年1号)，寺尾美子[2003]「ジェンダー法学が切り拓く地平」(『ジュリスト』1237)など．

*58 ロウ判決については，石井美智子[1994]『人工生殖の法律学──生殖医療の発達と家族法』(有斐閣)117ページ以下．また，アメリカにおけるセクシュアル・ハラスメントの判例展開については，福島瑞穂他[1998]『セクシュアル・ハラスメント[新版]』(有斐閣)を参照．

*59 むしろ最近になって，浅倉／戒能／若尾[2004]『フェミニズム法学』が出版された．それは「性差別と人権侵害への闘いのために法を必要としているすべての人たちへの支援となることを願って」(5ページ)書かれたものであり，ジェンダー視点が取り入れられている．

*60 辻村みよ子／金城清子[1992]『女性の権利の歴史』(岩波書店)，辻村みよ子[1992]『人権の普遍性と歴史性』(創文社)，同[1997]『女性と人権』(日本評論社)など．その他，各トピックについての代表的研究を例示する．買売春問題については若尾[1997]『闇のなかの女性の身体』，DV法については戒能民江編著[2001]『ドメスティック・バイオレンス防止法』(尚学社)，労働法としては浅倉むつ子[2000]『労働とジェンダーの法律学』(有斐閣)，家族法としては二宮周平／榊原富士子[1996]『21世紀親子法へ』(有斐閣)，実務の立場から

「性差別問題の法学理論的解明を課題とする学問領域」としての「フェミニスト法学」が、「米国をはじめとする諸国で独立して認知されているのに対して、日本ではまだほとんど認められていない」と嘆かれたのは、「ジェンダーと法」をはじめて書物の表題にかかげた岩波講座『現代の法』第 11 巻 (1997 年) の序文においてである*61。同書では、「法の近代性批判」が重要な課題として設定されている。「法の近代性批判」とは、「近代的な法システムは、公私二分論を採用することによって、物理的強制ではなく、より巧妙な方法によって、家父長制を事実上強化してきた*62」ことに対する批判である。しかしながら、「法の近代性批判」に答えうる法史学研究は、現在でもなお十分とは言いがたい。

「『ジェンダー法学』という新しい学問領域を切り拓き…研究と実務の世界の架け橋となること、そして、そまざまな場におけるジェンダー法学研究を進めていくことを、設立の目的」とするジェンダー法学会の学会誌『ジェンダーと法』創刊号 (2004 年 7 月) の巻頭言はこう語る。1990 年代後半以降、法学におけるジェンダー研究あるいはフェミニズム研究が意識的に行われるようになったものの、「法学および司法全体をみれば、ジェンダー研究は依然として周縁化されている*63」と。

◆ジェンダー法学の課題

1990 年代後半からの日本における法改正・新立法の動きは急であった。男女雇用機会均等法の改正 (1997 年) により、雇用に関する全ステージにわたる差別禁止が定められ、1999 年には日本で 17 番目の基本法として「男女共同参画社会基本法」が成立をみる。また、「配偶者からの暴力の防止および被害者の保護に関する法律」(通称 DV 防止法) も 2001 年に制定された。しかし、これらの法

は福島瑞穂 [1997]『裁判の女性学──女性の裁かれ方』(有斐閣)，角田由紀子 [2001]『性差別と暴力──続・性の法律学』(有斐閣) 等を参照.
*61　岩波講座 [1997]『現代の法 11：ジェンダーと法』(岩波書店). 同書の編集過程でタイトルが「女性と法」(1993 年)，「フェミニズムと法」(1995 年)，「ジェンダーと法」(1997 年) へと変化したことは，法学における関心の変化をよく反映している. 同書巻末の辻村みよ子「おわりに」339 ページ以下を参照. また，同 [2004]「ジェンダー法学教育の構想」(『ジェンダーと法』創刊号) 63 ページ.
*62　浅倉むつ子 [1997]「労働の価値評価とジェンダー支配の法構造」(岩波講座『現代の法 11：ジェンダーと法』) 104 ページ.
*63　戒能民江 (ジェンダー法学会理事長) [2004]「発刊にあたって」(『ジェンダーと法』創刊号)，ii～iii ページ.

第 1 章　「ジェンダー研究」の展開と「ジェンダー法学」の成立　　　27

制定でさえ、国際社会の動向にくらべるとなお大きな遅れをとっている。

日本社会の根強いジェンダー・バイアスを顕著に示すのが、国連が『人間開発報告書』で提示する指数の数値である。国連は、「ジェンダー主流化」をうちだした第4回世界女性会議（北京会議）にあわせて、「ジェンダー」視点を盛り込んだ新しい指標を開発した。それが、「ジェンダー開発指数」Gender-related Development Index=GDI[64] と「ジェンダー・エンパワーメント指数」Gender Empowerment Measure=GEM[65]である。

2003年統計では、「人間開発指数」Human Development Index=HDI[66]で、日本は測定可能な175か国中9位に位置し、「ジェンダー開発指数」では同144か国中13位に位置する。これに比し、「ジェンダー・エンパワーメント指数」の順位は低く、測定可能な70か国中44位とふるわず、しかも2002年（32位）より順位を落としている[67]。「ジェンダー開発指数」数値と「ジェンダー・エンパワーメント指数」数値の極端なアンバランスは、いわゆる先進諸国のなかできわだっている。

これらの指数が示すように、日本国民は男女とも平均寿命・教育水準・国民所得等で大差がなく、世界最高水準に達しているものの、政治・経済生活における意思決定への女性の関与はいちじるしく劣る。日本は、世界でもっとも「ジェンダー・バイアス」が根強い国の1つといえよう。法整備の点でも、夫婦別姓や婚外子相続権平等化の提案を盛り込んだ「民法の一部を改正する法律要綱案」（1996年）は、2005年2月現在、なお国会を通過していない。

こうした状況にかんがみ、いま切実に「ジェンダー法学」の理論的研究の確立と教材を含めた教育の拡充が求められている[68]。本書は、「ジェンダー法学」の基礎理論としての「ジェンダー法史学」の構築をめざすものである。

---

[64] GDI（ジェンダー開発指数＝HDIの各要素が男女間でどれほど平等に達成されているかをはかる指数：「ジェンダーの不平等を調整したHDI」といえる）.

[65] GEM（ジェンダー・エンパワーメント指数＝女性が積極的に経済や政治に参加し，意思決定に参加できるかどうかをはかる指数：女性の所得・専門職や技術職に占める女性割合・行政職や管理職に占める女性割合・国会議員に占める女性割合を用いて算出する）.

[66] HDI（人間開発指数＝「長寿を全うできる健康的な生活」・「知識」・「人並みの生活水準」の達成度をはかる指数：平均寿命・教育水準［成人識字率と就学率］・調整済み1人あたり国民所得によって算出する）.

[67] 内閣府編［2004］『平成16年度版男女共同参画白書』56～60ページ.

[68] 辻村［2004］「ジェンダー法学教育」68～69ページ.

(3) 「ジェンダー・パースペクティブ」の意義

[1] 「ジェンダー・パースペクティブ」導入による問題の発見

◆法史学と「ジェンダー・パースペクティブ」

　法史学に「ジェンダー・パースペクティブ」を導入する目的は、各社会における複数の「ジェンダー規範」を分析し、当該社会の「ジェンダー秩序」の特徴を明らかにすることに求められる。そして、その意義は、諸「ジェンダー規範」の分析をとおして、従来の法史学・歴史学研究で解明されてきた身分や階級、宗教・宗派や民族・人種といったさまざまな社会秩序構築要因と諸「ジェンダー規範」がどのような相互関係にたつのかを問うことができるということにある。

　「ジェンダー規範」はけっして独立した変数ではなく、しばしば、他の諸要因と密接な関係をもつ。「ジェンダー秩序」もまたそれ自体が完結した固定的な秩序体系であるわけではない。むしろ、「ジェンダー秩序」は、当該社会の社会秩序がもつ多面的な側面の1つとみるべきである。その意味で、本稿では性差別を「構造的差別」と理解するが、「性支配一元論」の立場はとらない。他の秩序体系と「ジェンダー秩序」との境界はあいまいで流動的であるという出発点から、むしろ相互の関係性を積極的に問うほうが生産的であると考える。

◆史料上の限界と克服の方向性

　「ジェンダー秩序」や「ジェンダー規範」の歴史的・法史学的考察にあたって何よりも深刻であるのが、史料の不備という問題である。女性は自分たちの歴史を男性ほど記録に書き残していない。また、立法・司法・行政が男性に独占された時代が大半を占めるため、いわゆる「公」的領域における女性の記録が極端に少ない。

　しかしながら、ジェンダー研究は史料操作の面でも、3つの方向性を示唆している。①従来の史料そのものに内在するジェンダー・バイアスを暴くこと、②従来の研究では顧みられなかった史料群を積極的に活用すること、③他学問領域との積極的な連携である。

◆史料に内在する「ジェンダー・バイアス」の摘出

　史料に内在する「ジェンダー・バイアス」を読み解こうとすれば、既存史料の「読み替え」を迫られる。既存史料を活用できるため、この種の言説分析に

は比較的容易に取り組むことができよう。では、具体的にはどうすればよいのか。

　日本で「ジェンダーの歴史学」が成立する直接的契機を与えたのは、スコット『ジェンダーと歴史学』とされる*69。同書第6章「統計は労働をどう描いたか――『パリ産業統計1847―1848年』」では、「統計は政治的言説として、政治的言説のなかで構成されている」とし、人口統計が「家族」像をいかに構築したか、「労働問題（貧困・道徳的退廃・家族関係など）」をめぐる論争にいかに決着をつけようとしたかが示されている。『統計』のなかで家族は「自然」と目され、女性労働者については、既婚者のほうが夫の保護下にあるから信頼性が高いとされた反面、未婚労働者は娼婦への転落の可能性を危惧されている。『統計』は革命家たちの急進主義的改革に対する反駁書として、データを駆使しながら「あるべき社会秩序」回復の可能性を論証するための道具であった。『統計』は、特定の政治的文脈のなかで作成にあたった穏健派ブルジョアジー男性のジェンダー規範が作成の項目立てや価値基準に反映されている格好の史料として読み直すことができる。

　法史料の好個の検討例としては、20世紀初頭のアメリカにおける母性保護判決に関する最近の研究をあげることができる*70。それらは、統計学の利用法や想定されている女性像などに強いジェンダー・バイアスが認められることを明らかにした。

　司法史料・立法史料はともにジェンダー言説の宝庫である。重要な規範形成システムである立法や司法（判例）の史的考察については、「ジェンダー・パースペクティブ」は他領域以上にいっそう効果的と思われる。「史料」となる歴史記述や統計の作成方法にひそむ「ジェンダー・バイアス」にまで踏み込んだ考

＊69　スコット［1992］『ジェンダーと歴史学』参照.

＊70　中里見博［1996-97］「合衆国最高裁判所における女性労働『保護』法理の成立（1）（2完）――最高裁判所のジェンダー分析に向けて」（名古屋大学『法政論集』166・167），同［1997］「合衆国最高裁判所における女性労働『保護』法理の展開――女性最低賃金法違憲判決のジェンダー分析」（名古屋大学『法政論集』171），笹沼朋子［1995-96］「アメリカ労働保護法の源流（1）（2完）――ミュラー判決及びブランダイス・ブリーフに対するフェミニズム的検討」（早大大学院『法研論集』75・76），同［1996］「アメリカ最低賃金法にみる平等原則――アドキンス判決の今日的意義」（早大大学院『法研論集』77），南野佳代［1996-97］「近代家族と女性労働者（1）（2完）――保護と身体化」（『法学論叢』139-6，142-1）．なお，南野論文に対する筆者の書評（『法制史研究』48，1999年）も参照.

30　　　　　　第1部　「ジェンダー秩序」と法秩序

察をすることは、今後不可欠の課題となろう。

◆近代社会科学に内在する「ジェンダー・バイアス」の克服

近代社会科学は、西洋近代社会において、教養市民（ブルジョアジー）男性が担う学問として成立した。歴史学・法学の場合でも、過去を問う視角や分析概念そのものに、人種や階級にまつわるさまざまなバイアスが付着していたことは否めない。むろん、そうした偏見は長い時間をかけてぬぐいさられてきたが、ジェンダー・バイアスの見直しはようやくはじまったばかりである。

もっとも典型的な例が、近代法における「ひと」のジェンダー・バイアスである。フランス人権宣言が「男権宣言」にすぎないと喝破したのは、同時代に生きたオランプ・ドゥ・グージュであったが、グージュの再評価が進んだのは1980年代以降のことである[71]。また、人権宣言のジェンダー・バイアスやフランス革命期の女性の法的地位については、辻村みよ子による一連の研究がある[72]。これらの研究が明らかにしているのは、法令等で用いられる一見性中立的なタームが当該社会のジェンダー・バイアスをたくみに織り込んでいることである。他方、日本古代史研究では、「なぜ女帝がいたのか」を問う視角そのものが、男帝を当然視する近代的ジェンダー・バイアスの産物であると指摘されている[73]。

近代以降の「ひと＝男性」のバイアスに無自覚であることと、古代の「女帝」を特別視して論じることとは表裏の一体をなす。ともに、政治的主体が男性であることを当然視する研究上の前提に起因するからである。歴史学・法学の研究はともに、①タームや思考方法のジェンダー・バイアスをつねに検証すること、②学問的な問いかけそのもののジェンダー・バイアスに自省的になることが必要とされよう。

◆新しい史料（資料）群の発掘と研究の学際化

女性が男性ほど多くの文字史料を残していないため、ジェンダー研究の新しい史料ジャンルとして積極的に利用されるようになったのが「図像」であ

---

*71 オリヴィエ・ブラン（辻村みよ子訳）［1995］『女の人権宣言——フランス革命とオランプ・ドゥ・グージュの生涯』（岩波書店）の訳者解説を参照.
*72 辻村みよ子［1992］『人権の普遍性と歴史性——フランス人権宣言と現代憲法』（創文社）ほか，氏の多くの研究書・論攷を参照.
*73 義江明子［2002］「古代女帝論の過去と現在」（岩波講座『天皇と王権を考える7：ジェンダーと差別』）．なお，筆者による書評（『法制史研究』53，2004年）をも参照.

る*74。しかし、これには危険も伴う。解釈が恣意的になりやすいからである。あるいは、ジェンダー研究は、伝統的な女性領域の分析を射程におさめるため、諸々の生活道具や慣行儀礼資料を重視する。これらの史料（資料）群の活用は、必然的に、歴史学研究の学際化を招く。

　新しい史料（資料）群の発掘が進められているとはいえ、ジェンダー研究はなおその多くを言説分析に頼る。この点では、利用される言説資料の範囲が拡大している。たとえば、これまではフィクションに属するという理由で排除されてきた文学作品が、歴史学や法学の分析対象史料（資料）に取り入れられつつある。また、大衆雑誌の量的・質的分析も豊かな成果を生みだしている。その意味でも、法史学における「ジェンダー・パースペクティブ」の導入は、法史学の学際化を促す重要な手がかりとなるであろう。

[2] 「ジェンダー秩序」を論じる意義

◆3つの積極的意義

　「ジェンダー秩序」はあくまでも社会秩序全体の一側面であるから、「ジェンダー秩序」の分析によりすべてがわかるわけではない。また、「ジェンダー規範」が直接には表面にでてこない研究領域がある。「ジェンダー秩序」の研究は、その意味で、排他的ではありえないのであり、必ずしも他の研究手法に優越する研究手法ともいえない。しかしながら、「ジェンダー秩序」を論じることには、3つの積極的意義がある。

　①新たな研究テーマの発見

　「ジェンダー規範」が他の秩序構築要因ほどには研究されてこなかったことから、「ジェンダー規範」をさがしだす作業は、未開拓の研究テーマを掘り出す可能性を秘めている。

　②既存研究の発展・補完

　既存研究においてもまた、「ジェンダー」に関する諸問題への研究上の感受性

---

*74　ナチス期の大量のポスター分析（クーンズ），近代天皇家の肖像画分析（若桑みどり）はその1例である。C. クーンズ（原田一美訳）[1999]「『もっと男らしい男，もっと女らしい女』――ナチ人種憎悪のイコノグラフィー」（『思想』898），若桑みどり[2001]『皇后の肖像――昭憲皇太后の表象と女性の国民化』（筑摩書房）。他に，近代天皇制のジェンダー分析について，田中真砂子／白石玲子／三成美保編[2005]『国民国家と家族・個人』（早稲田大学出版部）所収の長志津絵，北原恵の論攷を参照。

をもって考察が進められるならば、これまでの研究成果がいっそう発展・補完
されるであろう。もっとも、この場合、得られた結論がことさらに「ジェンダ
ー研究」の概念や手法を用いずとも到達しうる成果であることもしばしばある
と考えられる。しかしながら、「ジェンダー研究」は排他的研究手法ではないの
であり、得られた結論が伝統的研究上の延長にあるからといって、それを導き
出すために用いた「ジェンダー研究」の手法が無意味であるという反証にはな
らない。より早くより的確に結論を提示できるならば、それ自体で十分な意義
があると思われる。

　③研究枠組みのパラダイム・シフト

　この第3がもっとも決定的な意義である。「ジェンダー研究」は、既存研究の
発想や枠組み自体の再考を迫り、研究の新たな地平を提示しうる可能性があ
る。社会科学においては、先述の法的主体としての「ひと」や「市民」概念に
対する批判的検討[75]、主流派たる新古典派経済学上の「合理的経済人」モデル
に対する根本的批判[76]がよく知られる。

　◆可能性と限界

　「ジェンダー」への配慮が諸研究のあたりまえの視角になったときにはいず
れ、「ジェンダー」という語も「ジェンダー研究」の提唱も強いメッセージ性を
もたなくなるであろう。欧米諸国、とくにアメリカでは、「ジェンダー研究」は
主流とは言えないまでも、いまや、他の多くの諸研究と同等の一潮流として根
づき、「ジェンダー・センシティブ」な視角は多くの研究者に共有されてはじめ
ている[77]。そのうえで、「ジェンダー」概念の再考や「ジェンダー研究」の見直

＊75　辻村 [1992]『人権の普遍性と歴史性』など.

＊76　久場嬉子編 [2002]『経済学とジェンダー』(明石書店) 所収の第1章 (久場嬉子「ジェ
　ンダーと『経済学批判』」)，第3章 (山森亮「合理的経済『男』を超えて」) を参照.

＊77　ハーヴァードやイェールなどアメリカの著名なロー・スクールは，おもに 1980 年代か
　ら，それぞれ「フェミニスト法学」に関わる専門的な紀要を刊行している．最近ようやく歴史
　学や法学において，ジェンダー研究が学問的に認知されはじめた．1991 年，ベルリン自由大
　学にドイツ初の「ジェンダー史講座」が開設され，フレーフェルト Frevert, U. が担当した.
　また，『歴史とジェンダー』Geschichte und Geschlechter というシリーズが企画され，ジェ
　ンダー史の研究が進められている．いっぽう，法史学分野では，1997 年，ゲルハルト編集に
　より，女性の法的地位を論じた論文集が刊行された．Gerhard, U. [1986], *Verhältnisse und*
　Verhinderungen. Frauenarbeit, Familie und Rechte der Frauen im 19. Jahrhundert. Mit
　Dokumenten, Frankfurt/M. 1978 ; Frevert, U., *Frauen-Geschichte. Zwischen bürgerlicher*
　Verbesserung und neuer Weiblichkeit, Frankfurt/M. (U・フレーフェルト，若尾祐司／原

し・相対化がおこなわれているのであり、先述のように「ジェンダー」がいまだ根づいていない日本とはまったく事情が異なる。研究上の視角としての「ジェンダー・パースペクティブ」は豊かな可能性を開くものである。ただし、それが全能であるはずはなく、「ジェンダー研究」の生産的な部分と限界とは区別して論じられるべきであろう。

田一美／姫岡とし子／山本秀行／坪郷実訳 [1990] 『ドイツ女性の社会史——200年の歩み』晃洋書房), Gerhard, U. (Hg.) [1997], *Frauen in der Geschichte des Rechts*, München.

第2章 「ジェンダー秩序」の2類型

第1節 「ジェンダー秩序」の類型化仮説

(1) 「ジェンダー秩序」——前近代と近代

[1] 類型化仮説

「ジェンダー秩序」とは、特定社会における「(広義の) ジェンダー」(セックス・狭義のジェンダー・セクシュアリティ)を決定する社会秩序の総体(「性別に関わる社会の構造特性」)を意味し、ジェンダーに関する諸規範の総体と序列化(「社会的諸実践の規則性」)、ジェンダー規範にもとづく社会成員の行動様式や心性の決定(ジェンダーに関する社会成員の「ハビトゥス」)を含む(本書第1章参照)。したがって、社会ごとにそれぞれ「ジェンダー秩序」は異なる。

ヨーロッパ社会で「ジェンダー秩序」が大きく変化するのは、啓蒙末期から近代初頭(18世紀末～19世紀初頭)にかけてである。「ジェンダー秩序」を決定するもっとも重要な要因をもとにして、前近代を特徴づける「ジェンダー秩序」を「キリスト教的＝身分制社会型」ジェンダー秩序とよび、近代のそれを「公私二元的＝市民社会型」ジェンダー秩序とよんでおこう。

[2] 本章の課題

本章では、中世後期～近代のドイツを念頭に「ジェンダー秩序」を上記の2類型に分け、おのおのの「ジェンダー秩序」を特徴づける複数の「ジェンダー規範」について整理しておきたい。ただし、本書での類型化と特徴づけはあくまで仮説にとどまる。ジェンダー史やジェンダー法史学研究の今後の充実にあわせて概念をより精緻化する必要がある。ヨーロッパ社会内部の類型別議論や日本を含むアジアとの本格的比較は今後の課題としたい[1]。

---

[1] 以下，原則として，ドイツ(あるいは神聖ローマ帝国の版図)を念頭におく．

【資料2―①】「キリスト教的＝身分制社会型」ジェンダー秩序

「キリスト教的＝身分制社会型」ジェンダー秩序							
2つの時期	キリスト教的ジェンダー規範		身分制的ジェンダー規範				
	担い手	特徴	担い手	ジェンダー規範	ジェンダー関係の特徴		
					生殖・セクシュアリティ	家父長制	「家」
中世後期 14～15世紀	カトリック教会	ゆるやかなセクシュアリティ管理	（近世に準じるが、セクシュアリティ規制はゆるやか）				
近世 16～18世紀	世俗当局	セクシュアリティ管理の厳格化	3大世俗身分：非生産身分：貴族	家門重視	①性の二元主義（夫婦の貞淑な愛と婚姻外の性愛）②家門継承者獲得後は婚姻外の性は男女とも自由	①家父長制②夫婦ともに財産所有者	単婚小家族＋家臣団家産経営奉公人 ／ 領主権力単位
			生産身分：都市共同体市民	パートナーシップ重視	厳格な嫡出規範の重視	①家父長は家経営責任者②妻は家母として家父を補佐	単婚小家族＋生産奉公人家事奉公人 ／ 生産単位
			生産身分：村落共同体農民	農地相続人確保重視	①嫡出規範の形式的尊重②出産能力証明の重視		
			絶対主義国家	臣民規律化	①ジェンダー規範逸脱行為の摘発と処罰②共同体におけるうわさネットワークの活用		
2つの時期に共通する特徴	①キリスト教ヨーロッパ社会に普遍的（性差・身分差・地域差なし）に妥当②男性宗教（神・指導的聖職者）③女性嫌悪④私事性への介入		①各身分ごと・地域ごとにジェンダー規範は多様②上位身分のジェンダー規範は必ずしも下位身分に浸透せず③家父長制的構造にもとづく男性優位④貴族身分では夫婦は経済的に自立可能⑤生産身分（市民・農民）では生産活動に夫婦の協力が不可欠⑥全身分とも奉公人は男女から構成					
キリスト教的ジェンダー規範をどの程度まで尊重するかは、身分制的ジェンダー規範に従属する							

(2) 仮説としての2類型

[1] 「キリスト教的＝身分制社会型」ジェンダー秩序

◆時期区分

1300年から1800年までのジェンダー秩序は、キリスト教と身分制の影響が決定的であったという意味で「キリスト教的＝身分制社会型」ジェンダー秩序とよぶことができる。500年にわたるその時期は、1500年ころを境に2期に分かれる。①前期は中世後期に対応し、②後期は近世に対応する［資料2―①］。

◆2つの特徴

「キリスト教的＝身分制社会型」ジェンダー秩序の特徴は、大きく2つある。①ジェンダー要因に対する身分要因の優越、②キリスト教社会に普遍的な「キ

リスト教的ジェンダー規範」と身分ごとに異なる「身分制的ジェンダー規範」
の併存である。

①社会秩序形成にあたっては、性差（ジェンダー要因）よりも身分差（身分
要因）が優越し、性差は身分差に従属する。同一身分では男性が女性に優越す
るが、上位身分女性は下位身分男性に優越する。

②同一社会において複数の「ジェンダー規範」が複合的に併存する。複数の
ジェンダー規範とは、キリスト教ヨーロッパに普遍的な「キリスト教的ジェン
ダー規範」と、各身分ごとに固有の「身分制的ジェンダー規範」である。おそ
らく、同一身分内の階層によっても、地域的な経済構造の差異によっても規範
のあり方はかなり異なっていたと推測される。たとえば、絹織物業では女性進
出が著しい*2。しかし、詳細な検討は今後の課題としたい。

「身分制的ジェンダー規範」の特徴は、おおよそ次のとおりである。非生産身
分である貴族にあっては、性役割は生産活動によっては規定されず、妻は夫か
ら相対的に自立している。他方、市民や農民などの生産身分にあっては、男女
ともに生産労働に従事せざるをえなかった。性差は「機能的」性差にとどまり、
緊急時には妻が夫を代理することができた。性役割は、きわめて限定的であっ
たとはいえ、代替可能であったのである。

◆両規範の一般的関係

「キリスト教的ジェンダー規範」は、原則的規範としてはキリスト教世界全体
に普遍的に妥当すべきものとされ、教会法や世俗法にさまざまな形で取り入れ
られ、実定化した。にもかかわらず、「キリスト教的ジェンダー規範」をどの程
度まで尊重するかは身分ごとに多様であり、実際はしばしば「身分制的ジェン
ダー規範」に従属した。

日本に比べて、各身分ごとの自律性が比較的強いヨーロッパ社会では、上位
身分のジェンダー規範が下位身分へと伝播しにくかった。たしかに、裕福な市
民が貴族化（都市貴族）する現象はみられたが、一般市民は都市貴族の寡頭制
に抵抗しつづけたのであり（ツンフト闘争）、後述のように、セクシュアリティ
領域では「反・貴族」「非・貴族」が市民生活の支柱になることもあった。近世

---

*2　中世末には絹織物業では女性親方が存在する．しかし，近世以降，親方職から女性は排
除される．エーディト・エンネン（阿部謹也／泉眞樹子訳）[1992]『西洋中世の女たち』（人
文書院）．

ヨーロッパの「身分制的ジェンダー規範」は、上位身分の「ジェンダー規範」へと収斂せず、むしろ身分制を温存する機能を果たしたと考えられる。

◆**中世後期**

1300年を「キリスト教的＝身分制社会型」ジェンダー秩序の起点とするのには2つの理由がある。(i)「キリスト教的ジェンダー規範」が法的に体系化され、違反行為を独占的に管轄する裁判システムが確立し、キリスト教が共同体生活のなかに浸透しはじめる。(ii)「身分制社会」を構成する重要な単位がでそろう。

(i)「キリスト教的ジェンダー規範」の定立者はカトリック教会である。1140年ころに成立した「グラティアーヌス教会法令集」を契機に、教会法（カノン法）が神学から自立する。教父の教説や神学のなかで発展してきた「キリスト教的ジェンダー規範」は、「グラティアーヌス教会法令集」や教皇令、公会議決議など（16世紀には「教会法大全」として一括される）において実定化され、教会裁判の法源とされた。

13世紀に導入された教会裁判システムを通じて、カトリック教会は西ヨーロッパ全域にネットワークをはりめぐらせることに成功する。教会裁判は、当時の都市や農村でおこなわれていた世俗的な「裁判集会型法発見[3]」とはまったく異なる裁判システムであった。教会裁判所では、ローマ法と教会法を学んだプロの法律家が裁判に従事した。裁判管轄は、①聖職者が当事者として関与する事件や、②教会財産、③教義に反する行為（異端裁判）などの宗教事項のほか、④利子や⑤寡婦・孤児などの「社会的弱者」保護に関する事件、⑥婚姻・性道徳問題や、⑦当事者が望んだ世俗事件の解決にもおよんだ。「キリスト教的ジェンダー規範」に関してとりわけ重要なのは、⑥婚姻・性道徳問題である[4]。

---

[3] 「裁判集会型法発見」は，法名望家が共同体の法慣習を裁判集会において発見し，「判告」という形式で共同体成員に周知させるシステムである．原告・被告当事者あるいは共同体役人である「代言人」が公開法廷で口頭で互いの主張を展開した．分厚い書類はなく，判決はすぐに決定した．「裁判集会型法発見」にのっとる裁判がローマ法継受によりいかに変化したかについては，拙稿[1996]「裁判と学識——ローマ法継受とバーゼル市の裁判」（佐藤篤士／林毅編著『司法への民衆参加——西洋における歴史的展開』敬文堂）を参照．

[4] 婚姻問題をめぐる世俗裁判所と教会裁判所の権限争いについては，拙稿[1989]「宗教改革期におけるチューリヒ婚姻裁判所」（『阪大法学』39-2）を参照．

教皇を頂点とするカトリック教会の権威は 13 世紀をピークに急速に衰微する。しかし、それは教会の国制上の影響力が低下したことを意味するにすぎない。人びとの生活や信仰態度における教会の影響力はむしろ日常化する。共同体生活の地理的・精神的中核に教会が位置づけられて聖職者の説教を聞く機会が定例化し、ゲルマン法伝統にはなかった「遺言」が普及して「死後の救済」をもとめささやかな財を教会に寄進する行為も一般化したことはそれをよく物語る*5。もっとも、物理的制裁力に欠ける教会裁判所によるセクシュアリティ管理は徹底せず、きわめてゆるやかなものにとどまった。

　(ii) 14〜15 世紀のドイツ国制は、神聖ローマ帝国と領邦国家（ランデスヘルシャフト）が二元的構造をとり、帝国にも領邦国家にも身分制議会が成立するいわゆる「等族国家」の段階にあたる。封建制は、13 世紀に「最盛期」をむかえるとともに、「秩序解体作用」を発揮して封建的分裂がすすんだ*6。他方、11・12 世紀以来成立していた遠隔地商業を担う大都市ネットワークの間隙を埋めるように、近隣の局地市場むけの中小都市が叢生する*7。農村では、都市共同体にならって、村落共同体が成立していく。市民と農民を含むいわゆる「臣民」がともに共同体に組織化されたのが 1300 年以降であり、この段階で 1800 年ころまで続く「身分制社会」が確立した*8。

　◆近世

　「キリスト教的＝身分制社会型」ジェンダー秩序は、近世（1500-1800 年）になるとそれまでとは異なった様相をおびはじめる。(i)「キリスト教的ジェンダー規範」の担い手として世俗当局（君主・共同体）の役割が急速に増大し、規範逸脱行為に対する制裁が強化される。(ii)「身分制社会」の基本的枠組みは変化しなかったが、大領邦国家では「領邦絶対主義」が展開し、「身分制的ジェ

─────────────
*5　拙稿 [1994]「死後の救済をもとめて──中世ウィーン市民の遺言から」（関西中世史研究会編『西洋中世の秩序と多元性』法律文化社）を参照.
*6　世良と堀米の封建制論争を参照. 世良晃志郎 [1977]『封建制社会の法的構造（新版）』（創文社），同 [1991]『西洋中世法の理念と現実』（創文社），堀米庸三 [1976]『ヨーロッパ中世世界の構造』（岩波書店）.
*7　中世都市については，林毅 [1972]『ドイツ中世都市法の研究』（創文社），同 [1980]『ドイツ中世都市と都市法』（創文社）をはじめ，氏の一連の研究を参照.
*8　臣民の動向をふまえた国制史的時期区分として，ペーター・ブリックレ（服部良久訳）[1990]『ドイツの臣民──平民・共同体・国家 1300〜1800 年』（ミネルヴァ書房）を参照. とくに 21, 149 ページ.

第 2 章　「ジェンダー秩序」の 2 類型　　39

ンダー規範」の新しいエージェンシーとなる。

　(i) 宗教改革 (1517年) 以降、キリスト教世界がカトリックとプロテスタント
に分裂して宗派対立にともなう宗教戦争がつづくなか、「キリスト教的ジェン
ダー規範」の保護者として世俗当局の影響力が強まる。カトリック教会が定め
た7秘蹟 (洗礼・堅信・ゆるし・聖餐・叙階・婚姻・癒し) から「婚姻の秘蹟」
をはずしたプロテスタント当局がまず「婚姻＝道徳行為」の世俗的監督にのり
だす*9。カトリック陣営もまた、対抗宗教改革のなかでキリスト教的規範への
逸脱行為に対する取り締まりを強化した。中世後期には処罰されなかった行為
が「犯罪」となり、すでに「犯罪」であった行為に対する刑罰が重くなる。本
書との関係で言うならば、16世紀以降、売春や婚前交渉が「犯罪」となり、「嬰
児殺」は厳罰化する。

　(ii)「ローマ法の継受」は、ドイツやフランスなどヨーロッパ大陸諸国で生じ
た現象*10で、古典期ローマ法 (1～3世紀) の集大成である「ローマ法大全」を、
大学法学部の学問にとどめず、裁判実務や立法に積極的に反映していこうとい
う動きである。ドイツの法生活への影響はおもに3点ある。①「普通法」とし
ての効力の獲得、②法生活の学問化、③君主立法権の正当化である。

　①外来法であるローマ法は、各地域や共同体で実際に用いられていた伝統的
な法 (ゲルマン法) とのあいだでさまざまな軋轢を生みだした。その結果、ロ
ーマ法は、共同体法 (都市法・農村慣習法) や地域慣習法に規定がない部分で
「補充的」に利用されるようになる。大陸全土に共通する一般的な「補充法」と
して機能したローマ法は、「普通法」ius commune とよばれて、実際の効力を獲
得した。

　②ローマ法は高度に学問的な外来法であった。それは、伝統的な法に学問的
根拠を与えたり、立法化に寄与した。帝国の立法例としてもっともよく知られ
るのが「カール5世の帝国刑事法典」(「カロリナ」) (1532年) である。また、15
世紀後半に発明された活版印刷術をもちいて、16世紀には法学文献が印刷され

＊9　拙稿 [1989]「チューリヒ婚姻裁判所」を参照.
＊10　フランツ・ヴィーアッカー (鈴木禄弥訳) [1961]『近世私法史——特にドイツにおける
発展を顧慮して』(創文社) を参照. イギリスでは，スコットランドがローマ法を継受したも
のの，イングランドは継受を拒否し，コモン・ローという独自の法を発展させた. 大陸法と
英米法の分化については，小山貞夫 [1992]『絶対王政期イングランド法制史抄説』(創文社)
第1篇参照.

はじめる。宗教改革以降、領邦君主がこぞって大学を創設しはじめ、法学部の数が増え、法学識者が立法・司法で活躍するようになるのもローマ法継受の産物であった。

③帝政期の「勅法」という遺産をもつローマ法は、君主の立法権を正当化する歴史的・法的根拠とみなされた。立法権と司法権しかもたない神聖ローマ帝国の立法にも、また、帝国にはない行政権ま

【資料2―②】

「近代」と「近代化」の意味内容

①工業化・生活の中への機械の導入
②国家の合理的編成・「紀律化」
③初期ブルジョワ社会・産業資本主義の成立と発展
④合理的・科学的思惟の発達と「文明化」
⑤個人の解放・自由化と民主主義化、親密圏の成立
⑥内面的自立・社会的主体の定着
（笹倉［2002］『法哲学講義』284ページ）

で掌握する領邦君主の立法にも「ローマ法の継受」は大きな影響を与えた。プロイセン、オーストリア、バイエルンなどの有力領邦国家においては領邦絶対主義が展開する。これらの国家では君主の立法権が肯定された。君主の立法権にもとづく近世的な法定立様式が「法命令*11」である。「法命令」の典型たる「ポリツァイ条令」は、「臣民」を規律化するために発布された新しいタイプの法令である。それは帝国でも領邦国家でも発令され、動揺しつつある身分制社会を固定化する役割を担った*12。

［2］ 「公私二元的＝市民社会型」ジェンダー秩序

◆「近代」という時代

西洋学では、「国民国家／国民形成」と「資本主義的市場経済」が達成されつ

---

*11　前近代ドイツには，3つの法定立様式がある．「判告」「協約」「法命令」である．「判告」は裁判集会で明らかにされる法であり，農村慣習法が典型的である．「協約」は法共同体成員の合意にもとづく法形成で，都市法やラント平和令が該当する．中世までの主要な法定立様式であったこれら2者に比し，「法命令」は近世を特徴づける法定立様式であった．「法命令」は，君主や当局が臣民に対して発布する命令であり，ポリツァイ条令が典型である．3つの法定立様式については，W. エーベル（西川洋一訳）［1985］『ドイツ立法史』（東京大学出版会）を参照．

*12　近世ドイツの絶対主義およびポリツァイ条令については，神寶秀夫［1994］『近世ドイツ絶対主義の構造』（創文社），フリッツ・ハルトゥング／ルドルフ・フィーアハウス（成瀬治編訳）［1982］『伝統社会と近代国家』（岩波書店），ゲルハルト・エステライヒ（坂口修平／千葉徳夫／山内進編訳）［1993］『近代国家の覚醒――新ストア主義・身分制・ポリツァイ』（創文社）を参照．

つある段階が「近代」とよばれる＊13 ［資料2−②］。「公私二元的＝市民社会型」
ジェンダー秩序は、西洋近代社会を特徴づけるジェンダー秩序である。それ
は、18世紀後半の形成期から、1960年代以降に根本的な批判をこうむるまで、
ほぼ2世紀にわたって西洋社会のさまざまなシステムを規定した。

◆2つの特徴

　「公私二元的＝市民社会型」ジェンダー秩序のもとでは、「公」的領域（国家・
市場・公共圏）と「私」的領域（「家族」をふくむ親密圏・個人的プライバシー）
を二分するジェンダー規範（「公私二元的ジェンダー規範」）と政治、経済、非
政治・非経済といった3次元にわたる「市民社会」に適合的なジェンダー規範
（「市民社会的ジェンダー規範」）が妥当する。「キリスト教的＝身分制社会型」
ジェンダー秩序と対比したとき、つぎの2点が特徴となる。①ジェンダー要因
の顕在化、②「公私二元的ジェンダー規範」の貫徹・浸透である。

　①「不自由・不平等」を構成原理とする身分制秩序の否定・崩壊とともに、
「自由・平等」が近代市民社会の構成原理となる。かつて性差（ジェンダー要
因）をおおいかくしていた身分要因がとりのぞかれた結果、ジェンダー要因は、
前近代より強く前面にあらわれるようになった。

　②「公」的領域における「自由・平等」を達成するために、「公」的領域にな
じみにくい要素は「私」的領域に封じ込められてしまう。「公」的領域と「私」
的領域の「非対称性」に「不自由・不平等」が内在していた。2つの領域を自由
意思で往復できるのは、原則として「公」的領域の主体（市民男性）のみであ
った。「私」的領域を本分とする女性は、既婚・未婚を問わず、「公」的領域で
は「二流市民」として遇されたのである。「公私二元的ジェンダー規範」は「市
民社会」の全領域を貫き、下位階層へも浸透する。

第2節　「キリスト教的＝身分制社会型」ジェンダー秩序と
　　　　　「公私二元的＝市民社会型」ジェンダー秩序

(1)　「キリスト教的＝身分制社会型」ジェンダー秩序

［Ⅰ］　「キリスト教的ジェンダー規範」

◆基調としての「女性嫌悪」

　「キリスト教的ジェンダー規範」は、きわめてアンビヴァレントな側面をもつ。「パートナーシップ」や厳格な一夫一婦主義は、夫婦の対等性を保障する手だてとなりうるが、他方で、使徒や教父たちによって発展させられた女性イメージはきわめて否定的であり、かれらの「女性嫌悪」（ミソジニー misogyny）がうかがえる*14。

　「女性嫌悪」の重要な根拠とされたのが「創世記」における「蛇の誘惑」である。「野の生き物のうち最も賢かった」蛇は、まず「女」を誘惑し、次いで「女」が「男」を誘惑した。のちの解釈で「蛇」は「悪魔」の僕とされ、中世絵画には「蛇」を女性像で描くものもあらわれる*15。「女」は「本性」的に悪魔の誘惑に弱く、「男」を誘惑し

【資料2―③】男女の「原罪」（創世記）

①「女」の創造
主なる神は言われた。「人が独りでいるのは良くない。彼に合う助ける者を造ろう」。…主なる神はそこで、人を深い眠りに落とされた。人が眠り込むと、あばら骨の一部を抜き取り、その跡を肉でふさがれた。そして、人から抜き取ったあばら骨で女を造り上げられた。

②蛇の誘惑と「女」と「男」
蛇は女に言った。「決して死ぬことはない…」。…女は実を取って食べ、一緒にいた男にも渡したので、彼も食べた。二人の目は開け、自分たちが裸であることを知り、二人はいちじくの葉をつづり合わせ、腰を覆うものとした。

③「女」への罰
「お前のはらみの苦しみを大きなものにする。お前は、苦しんで子を産む。お前は男を求め彼はお前を支配する」。

④「男」への罰
「お前は女の声に従い、取って食べるなと命じた木から食べた。お前のゆえに、土は呪われるものとなった。お前は、生涯食べ物を得ようと苦しむ」。

て堕落させる性的存在として警戒されたのである。妊娠・出産機能を担う「母性」もまた、決して肯定的な評価をうけておらず、「原罪」に対する罰として位置づけられた。家父長制は顕著で、男が生産労働、女が産育という役割分担が認められる［資料2―③］。

◆婚姻とセクシュアリティ

　キリスト教は、「性／セクシュアリティ」をきびしく管理する宗教である。セ

＊13　笹倉秀夫［2002］『法哲学講義』（東京大学出版会）284ページ.

＊14　Kuhn, A. (Hg.)/Ketsch, P. [1984] *Frauen im Mittelalter, Bd. 2 : Frauenbild und Frauenrechte in Kirche und Gesellschaft, Quellen und Materialien*, Düsseldolf, S. 26ff. カレン・アームストロング（高尾利数訳）［1996］『キリスト教とセックス戦争――西洋における女性観念の構造』（柏書房）84ページ以下.

＊15　若桑みどり［2000］『象徴としての女性像――ジェンダー史から見た家父長制社会における女性表象』（筑摩書房）156-157ページ.

クシュアリティの主たる管理者は、中世後期には教会、近世には世俗当局へと変化するが、セクシュアリティ管理の根拠はキリスト教規範に求められた。男女のセクシュアリティがともに管理されたのであり、キリスト教徒にはセクシュアリティの自由はない。唯一認められた性的関係が「婚姻」であった。それは、婚姻の3目的と関わる。

キリスト教は3つの婚姻目的を設定した。①生殖、②姦淫防止、③相互扶助（「パートナーシップ」）である[16]。

①厳格な一夫一婦制のもと、婚姻の目的は「生殖」におかれ、「生殖」目的以外の性的関係はすべて禁止される。快楽を求める性交も避妊も禁じられ、同性愛と獣姦は「ソドミー」（反自然的な罪）として厳禁された。性交を行って良い日や体位までもが教会で説教され、「性」はおよそプライバシーではありえない[17]。

②教会の独身至上主義にもとづけば、婚姻は独身を貫けない世俗信徒がとる姦淫防止策とみなされる。性的関係は婚姻内に限定され、婚姻外の性交はすべて罪となる。婚前交渉、姦通、買売春はいずれも禁じられたのである。

③「創世記」のくだり——神がアダムの「助け手」としてエヴァを造った——にもとづき、夫婦間では相互扶助が義務づけられた。

独身至上主義にたつ教会は、性交を基本的に否定しながら、きわめて「私事性」の強い性交に強く介入しようとした。キリスト教は本来的に、家族形成やセクシュアリティの「私事性」に著しく関与する宗教であったと言えよう。セクシュアリティは、男女ともに抑圧・管理されたのであり、「性の二重基準」はほとんど明確にはあらわれない。その意味では、男性にセクシュアリティの自由（自己管理・決定権）を認めた近代市民社会は、「私事性」をキリスト教会の手から、家長たる男性の手に回復したと評価することも可能である。

◆セクシュアリティ管理の変化

中世後期のカトリック教会によるセクシュアリティ管理は、十分に奏功していたとは考えにくい。管理を徹底するには教義上さまざまな困難があり、共同

---

[16] クラウスディーター・ショット（拙訳）[1995]「啓蒙主義における婚姻目的をめぐる議論」（『法学雑誌』41-3）.

[17] M.G. ムッツァレリ（山辺規子訳）[2003]「中世・近世ヨーロッパにおける女性観と食物——歴史における一つの関係論」（『家政学研究』49-2）.

体社会もまた厳格な管理を望まず、君侯貴族は一円支配を可能とする実力をそなえていなかったからである*18。こうしたゆるやかなセクシュアリティ管理は近世に変化する。16世紀中葉に婚姻手続が改められ、16世紀以降、売春や婚前交渉が「犯罪」となり、「嬰児殺」は厳罰化する。絶対君主や都市共同体などの世俗当局は、セクシュアリティ管理を「公益」に資するものとみなし、積極的に関与しはじめるようになる。

[2] 「身分制的ジェンダー規範」
◆貴族──「家門重視型」ジェンダー規範

中世・近世を通じて、貴族のジェンダー規範は、「家門重視型」といえる規範である*19。「家名と家産の存続・拡大」(「家」戦略)という利害に、キリスト教的規範は完全に従属した。婚外性愛は「家」戦略を背後で支えるものとして機能し、しばしば政治的実力をともなった。「家門重視型」の貴族的ジェンダー規範の特徴としては、おおよそ次のような点をあげることができる。

①上位貴族になるほど、姻戚関係は全ヨーロッパ的に拡大する。このため、貴族に関するジェンダー規範の地域差は臣民よりは小さい。

②男性を主とし、女性を従とする家父長制的構造が強固である。しかし、女性が男性世界から排除されたわけではない。たしかに、王位継承権や爵位相続権、城や領地の相続権は男性優位である。しかし、女性もまた財産権をもち、城主になりえたし、身分制議会への選挙権も有する場合があった。公式の地位

---

*18　本書第4章参照.
*19　デュビーによれば，貴族は，家産の分散をふせぐために息子たちの婚姻を戦略的に制限し，他方で，資力のおよぶかぎり，娘たちを結婚させようとした．多くの貴族子弟が聖職者になることを強いられたが，内縁の妻と子(自然子)を持つことは黙認されていた．また，騎士として育てられた息子たちが，戦場や試合で命を落とすこともまれではなかった．正式相続人は一人であるほうが望ましいが，相続予定者に何らかの事故があったときのスペアとして，つねに息子たちをストックしておく必要があった．このため，独身を強いられた男性たちだけでなく，正式の妻子を持つ貴族もまた，多くの婚外子(姦生子)を産ませていた．売春婦との性的関係は非難されたが，「美しい」高貴な女たちとの交情は懺悔聴聞のりっぱな言い訳となった．貴族社会では，多様な婚外子が出生していた様子がうかがえる．他方，上位貴族と結婚させるべき娘は処女性をきびしく幽閉管理されたが，周辺にいる家臣や婚外出生の娘たちの処女性はさほど尊重されなかった．彼女たちは，しばしば，「高貴な身分」のまま「未婚の母」になったのである．ジョルジュ・デュビー(篠田勝英訳)[1984]『中世の結婚』(新評論)174ページ以下，424ページ以下.

第2章　「ジェンダー秩序」の2類型　　45

や権力へのアクセスを決定した要因は、正統な血統と血統を裏打ちする財政的基盤であった。性差はそれらの要因に従属する付随的要因にとどまる。

③政治への女性の関与は必ずしも否定されていない。国王との人的関係のありようが政治や利権へのアクセスを決定したのは男性の場合も同様であるが、人的関係の取り結び方に性差が認められる。王国の行財政と国王の「家政」が分離していない状態では、生殖や性愛を介して国王と人的紐帯をむすぶ女性が、男性側近以上に強い発言権をもつ場合があった。

しかし、女性たちの政治的発言権は、「妻」や「母」、「女」としてのジェンダー役割とはほとんど無縁である。19世紀のヴィクトリア女王がジェンダー役割を肯定して、「妻」たる女王の役割をメディアに露出したのに対し、エリザベス1世は独身を貫いて性差を超越しようとした[20]。「性」が「自然本性」として克服不能だとの認識がまだなかった16〜17世紀には、政治的戦略でしかない婚姻を拒否するという選択もまた1つの政治的戦略として成り立ったのである。他方、外国人王妃は、しばしば他国の政治的利害の体現者とみなされて、政治的攻撃にさらされた。ジャン・ボダン『悪魔狂』(1580年) は、フランス宮廷に巣くう「悪魔」たちを排除しようとする政治的意図に満ちた書であったが、念頭におかれたのはカトリーヌ・ド・メディチと彼女を取り巻くイタリア人顧問男性たちである[21]。

④貴族社会には、「夫妻の『貞淑』な愛と婚外のエロティックな愛という際立った二元主義[22]」が作用する。貴族の場合、婚姻の動機は、家格の維持・上昇と財産の増大にあった。夫婦はともに愛人をもったが、それは婚姻関係を傷つけることはなかった。貴族子弟の性的放埓は社会的経験として許容され、ただ、貴族の結婚候補者となる女性だけが婚前についてのみ純潔を強要された。「婚外出生は、子どもの父が高い身分であるならばプラスに評価された。これ

---

[20] ヴィクトリア女王のジェンダー分析については，ドロシー・トムプソン（古賀秀男／小関隆訳）[2001]『階級・ジェンダー・ネイション——チャーチズムとアウトサイダー』（ミネルヴァ書房）を参照.

[21] 平野隆文 [2004]『魔女の法廷——ルネサンス・デモノロジーへの誘い』（岩波書店）.

[22] Mitterauer, M./Sieder, R. [1991], *Vom Patriarchat zur Partnerschaft. Zum Strukturwandel der Familie* (4. Aufl.), München, S. 159 (M. ミッテラウアー／R. ジーダー，若尾祐司／若尾典子訳 [1993]『ヨーロッパ家族社会史——家父長制からパートナー関係へ』名古屋大学出版会，138ページ).

は、貴族の性格的特質と社会的地位が受け継がれるとする血統思想の結果であった*23」。

⑤貴族の「家」は、領地とそこに緊縛された農民を管理する「領主権力単位」である。貴族夫婦とその子どもたちを中心とする単婚小家族を核に、多くの家臣団や家産経営奉公人（執事など）が集まった単位であった（「全き家*24」）。

◆都市——「パートナーシップ重視＝都市共同体型」ジェンダー規範

ヨーロッパ全域にほぼ同質の文化を築いた貴族とくらべ、都市は地域差や国制上の差が大きい*25。しかし、おおむね次のような共通点は指摘できる。

「市民」（近代的「市民」とは異なるいわゆる「旧市民（＝市民権保持者）」）の政治的・経済的権利は都市共同体が享有する「特権」の反映であり、「市民」個人の権利ではない。しかし、都市共同体は互いに「平等」な「市民」の「協約」（都市法）を基礎とする法共同体であるため、「市民」相互の自律性は担保される。「市民」は原則としてみな「家長男性」である。都市共同体の正式構成員でない非自律的な職人・徒弟・奉公人・日雇い等は基本的に結婚から排除され、単身を余儀なくされた。市民＝家長男性は、生産＝消費単位としての「家」を率いる家政責任者として、「家」を統率する。しかし、家政運営のために「家母」（妻）の助力を必要とするため、夫婦の「パートナーシップ」がことのほか重視される。したがって、前近代の都市市民（手工業者親方層*26）にみられたジェンダー規範を「パートナーシップ重視＝都市共同体型」と名付けることができる。

ドイツの場合、都市共同体については市民権・ツンフト権（営業権）、家関係では夫婦財産システム・親の職業の世襲性・家メンバー（奉公人や妻子）への家父長の懲戒権、セクシュアリティに関しては市民権＝ツンフト権の前提としての嫡出原理・売買春管理・性犯罪取り締まりなどから、次のようなジェンダ

---

*23　Mitterquer/Sieder [1991], *Vom Patriarchat zur Partnerschaft*, S. 159（ミッテラウアー／ジーダー [1993]『ヨーロッパ家族社会史』139 ページ）.

*24　オットー・ブルンナー（石井柴郎／石川武／小倉欣一／成瀬治／平城照介／村上淳一／山田欣吾訳）[1974]『ヨーロッパ——その歴史と精神』（創文社）第 6 章参照.

*25　ヨーロッパ都市には、都市国家を形成したアルプス以南型と都市と農村の分離が顕著なアルプス以北型が区別され、後者についても、たとえばドイツでは、自然成長的な大都市（帝国都市）と建設都市たる中小都市（領邦都市）とでは国制上の地位を異にする.

*26　都市貴族・手工業親方・職人・徒弟・都市周縁民とでは性差の機能は異なっていたと推測される.

第 2 章　「ジェンダー秩序」の 2 類型　　　47

ー・モデルを想定することができよう。

①市民権＝ツンフト権の行使は、原則として男性家長に限定される。女性は都市共同体の「公職」から排除される。

②「家」は、夫婦と未成年子および夫婦とは血縁関係にない若干名の奉公人から構成される（「単婚小家族＋奉公人」からなる「家」）。生殖コントロールが否定されているため、妻は1～2年ごとに妊娠するが、育つ子は少なく（とくに男子が育ちにくい）、妻も産褥で死亡する率が高い。結果的に、幼少者では女性割合が高いが、生殖年齢に達してのちは女性割合が急速に低下する（「多産多死社会」）。奉公人をのぞいた家族数は平均5人程度であり、大家族ではない。奉公人数はツンフト（同職組合）によってあらかじめ上限が決められており、引き抜きも禁じられている。経済活動はいっさいがツンフト規約に服するため、「営業の自由」はない。すなわち、市民＝家長男性の「自由競争」は禁じられているのであり、組合仲間の結束と協調が重視される（ホモソーシャルな関係）。

③家政経営における家父と家母の「パートナーシップ（協力関係）」が重視される*27。たしかに、男性家父長の支配と優越が認められるが、家政において家母もまた一定の役割を担っている。親子の絆よりも夫婦の絆が強く保護され、「パートナーシップ」が財産法制にも表現されている。手工業は小売業を兼ねるが、商品は「家」単位で生産され、「家」は生産と消費の単位である。家長は家政＝生産責任者として、奉公人を管理指導する。家母は家政協力者であり、家長不在時には代理権を行使できる。小売業を女性が担当する場合もあった。家母は家長からは独立した「鍵の権力」をもつ。都市では、財産は夫婦によって形成されるとの前提が早くから確立し、一般的財産共有制が中世後期以降導入されており、配偶者相続権も認められている*28。このため、家長死亡後、一時的に家母が家長代理をつとめ、しばしば奉公人のなかから新しい夫を選んだ。子の相続権は均分相続を原則とするが、しばしば男子は経営手段としての家屋敷を相続し、女子はその分を金銭で弁済された。親方の息子が親方になる

---

*27　ミヒャエル・ミッテラウアー（若尾祐司訳）[1994]「前工業時代における性別分業」（同，若尾祐司／服部良久／森明子／肥前洋一／森謙二訳『歴史人類学の家族研究』新曜社）を参照.
*28　拙稿[1993]「近世チューリヒ市の夫婦財産制」（前川和也編『家族・世帯・家門──工業化以前の世界から』ミネルヴァ書房）を参照.

ときには優遇されたが、父の職種をそのまま継承したわけではかならずしもない。男女とも若いうちは教育がてら奉公人として他家で奉公し、結婚資金をみずから蓄え、同身分から配偶者を自分で見つけた（ライフサイクル・サーヴァント）*29。

　④夫婦間の性差を強調する社会的しくみは機能していない。夫婦の年齢、役割分担、初婚年齢、配偶者選択、奉公人経験などについて性差が貴族や近代市民ほど顕著ではなく、女性が父権に服して意思表明の機会を奪われるという構図が一般化していない。セクシュアリティは男女ともに都市当局と教会によって管理されており、性的自由はない。都市は、貴族や農村への対抗意識から、市民の「名誉」の重要な柱として積極的にキリスト教的ジェンダー規範を利用した。「嫡出規範（婚外子の法的権利を否定・制限する）」をもっとも徹底させたのが都市である*30。それは、かれらが、特権的な貴族とは異なり、婚姻以外の性的関係を持続的に維持する経済力をもたなかったことにもよる。

　⑤「家」は父子間継承を原則とするものではなく、夫婦単位でそのつど構成されるものとみなされる。夫婦の一方が欠ければ、再婚によってすぐに補充された。離婚を認めるプロテスタントでも裁判離婚制をとるため、離婚は自由化されていないが、死別後の再婚は容易に行われる。性的不能は裁判離婚事由であるが、不妊それ自体は裁判離婚事由とはされず、子がないことが家母としての地位を奪うことはない*31。母性愛も規範化されていない。むしろ、子が生育する経済的条件が考慮されるため、婚外子に対しても父の扶養義務が強調される。

　⑥近世ドイツ都市の犯罪については性差が認められ、人身犯罪と財産犯罪は男性の犯罪領域であり、共犯でも女性は「幇助者」としての位置づけである。女性特有の犯罪領域は、風俗犯罪（性道徳違反）と嬰児殺・魔女犯罪である（本

＊29　若尾祐司 [1986]『ドイツ奉公人の社会史——近代家族の成立』（ミネルヴァ書房）.
＊30　シュルツによれば，15世紀末に，いくつかのライン諸都市では，婚外出生の女性を妻に迎えた親方をツンフトから排除しないが，社会的に差別するという制裁を加えるようになったが，それは都市の経済的利益に食指をのばし，自己の婚外子を都市内部に送り込もうともくろむ聖俗貴族への警戒という面をもっていた．クヌート・シュルツ（拙訳）[1995]「中世後期都市のツンフト権・市民権における嫡出規範」（『摂南法学』14）158, 160ページ.
＊31　拙稿 [1989]「チューリヒ婚姻裁判所」43ページ以下，福地陽子 [1956]「カトリック教婚姻非解消主義の生成と発展」（『法と政治』[関西学院大] 7-4）.

書第4章参照)。キリスト教的な女性観をひきつぎ、女性を道徳的悪弊にそまりやすい存在とみなす傾向が認められる。

◆農村の共同体農民——「農地相続人確保重視＝村落共同体型」ジェンダー規範

①共同体成員資格・農地相続資格は男性に限定される。農地相続については地域ごとに慣習が異なる。本来的には分割相続であったが、領主が地代納付者を早期に確定するためにイニシアティブをとり、一子相続制や隠居制を導入することもあった[32]。保有農地に対する家長男性の権利は、領主の上級所有権に従属したのである。

②農村の場合、「嫡出規範」はかならずしも徹底しなかった。オーストリアやスイスのなかには、農地の継承者を確保するために、子を産むことができるかどうかを確認する「試し婚」が行われていた地域があり、そこでは、「未婚の母」は「恥」であるどころか、出産能力を証明済みの女として期待された。未婚の母となった娘が子とともに親元に同居するケースも見られる。

また、「試し婚」がなくとも、農村の若い男女の配偶者選択過程で、婚外子は一定の割合で出生していた。農村では、妊娠すれば結婚することが多く、結婚してまもなく生まれる子も多かったのである。厳密に言えば、婚前妊娠児は「非嫡出」とみなされるべきであったが、教区簿冊にはしばしば「嫡出」と記された。また、母が婚外子の父とは別の男性と結婚することもしばしば見られた。しかし、農村で許容されたのが「自然子」であったことには留意しなければならない。

③農村では、女性に出産能力が期待されたが、同時にまた、労働能力も期待された。したがって、母が育児に専念することは想定されていないし、そのようなゆとりもなかった。「多産多死社会」であったため、一人一人の子に深い愛情を注ぐ条件がなかったと考えられる。農村の経済構造に由来する婚外子出生率の高さや子に対する愛情の薄さは、19世紀になってもすぐにはなくならなかった。それは、市民男女にとっては、非西欧社会にみられるような農村の「悪弊」にほかならず、「悪弊」の除去は、市民女性によって農民女性を対象として行われるボランティア啓蒙活動の重要な目標とされたのである。

---

[32] K. クレッシェル／W. ヴィンクラー（田山輝明訳）[1984]『西ドイツの農家相続——法制度の歴史と現状』（成文堂）参照.

(2) 「公私二元的＝市民社会型」ジェンダー秩序

[1] 「公私二元的ジェンダー規範」

◆公私の性別分業

「公私二元的ジェンダー規範」とは、「公」的領域のうち「国家」と「市場」を男性、「私」的領域のうち「親密圏」のコアたる「家族」を女性が担うという性別分業の規範をさす。ルソー『エミール*33』に典型的にあらわれているように、啓蒙的知識人は、男女の性差を自然的な「本性」として観念した。そして、この「本性」論は、当時の自然科学知識を借りて合理化され、「公」的領域と「私」的領域の性別分業として展開していくことになる。

同時に、「家族」内部における夫への妻の恭順は、生産労働や伝統には根拠をもたず、もっぱら「性差」に根拠をもった点が特徴的である（近代的家父長制）。優越的地位にある「公」的領域を男が担い、従属的地位にある「私」的領域を女が担うという意味で、この分業は「非対称」である。「近代家族」のもとでは、「自由・平等」を原理とする「公」的領域にはなじまない「恭順」にもとづく権威＝服従関係が作用し、「公」的領域の主体でもある家長が家族員に対して懲戒権を行使することができた（公私二元論については本書第3章、近代家族については本書第7章を参照）。

「公／私」をめぐる性別分業論は、18世紀末から19世紀にかけて書かれた文献の随所にあらわれる*34 [資料2—④]。とりわけ、自由と平等にもとづいた「ひと」や「市民」の権利を語るときには、それは当然の前提とされた。たとえば、フランス民法典起草者ポルタリスは、民法典の政治的意味を強調した箇所で、

---

*33 ルソー（樋口謹一訳）『エミール』全3巻（白水社，1986年）．なお，ルソーのジェンダー・バイアスについては，その言葉は用いられていないが，早くから水田珠枝氏の指摘がある．水田珠枝［1973］『女性解放思想の歩み』（岩波書店）45ページ以下．なお，エリザベート・バダンテール（鈴木晶訳）［1998］『母性という神話』（筑摩書房）199ページ以下，イヴォンヌ・クニビレール／カトリーヌ・フーケ（中嶋公子／宮本由美他訳）［1994］『母親の社会史——中世から現代まで』（筑摩書房）180ページ以下をも参照．

*34 Hausen, K. [1976], Die Polarisierung der 'Geschlechtscharaktere'. Eine Spielung der Dissoziation von Erwerbs und Familienleben, in : Conze, W. (Hg.), *Sozialgeschichte der Familie in der Neuzeit Europas*,Stuttgart, S. 368. 川越修［1990］「19世紀ドイツにおける女性論」（川越修／姫岡とし子／原田一美／若原憲和編著『近代を生きる女たち——19世紀ドイツ社会史を読む』未来社）20ページ以下．

【資料2―④】18世紀末～19世紀初頭の文献にあらわれた性差論

(Hausen [1976], Polarisierung, S. 368 をもとに作成)

		男性		女性	
役割		外・遠方・公的生活		内・近辺・私的生活	
行動様式	能動性	活力・力・意思力・毅然さ・勇敢さ・冷静さ	受動性	弱さ・従順・献身・移り気・謙虚さ	
特性	行為	自立的・努力・目的志向的・活動的・獲得する・与える・完遂能力・暴力・敵意	存在	従属的・こまごまとした・勤勉・守る・受け取る・自己抑制・順応・愛情・善意・同情	
	理性的	精神・理性・悟性・思慮・知識・抽象化・判断	感情的	感情・情緒・感覚・感受性・受容性・宗教性・理解	
美徳		威厳		羞恥心・純潔・礼儀・親切・思いやり・美・気品	

「市民＝男性」を前提に論じている*35［資料2―⑤］。

　性別分業や両性の自然的「本性」論に対する批判が当時からなかったわけではない。フランス人権宣言の「ひと」と「市民」に「女」と「女市民」が含まれていないと批判したのは、政治的には穏健派に属したオランプ・ドゥ・グージュであった。彼女の『女権宣言』はよく知られる*36。また、イギリスではメアリ・ウルストンクラーフトがルソーを痛烈に批判した*37。しかし、このような批判は少数派にとどまった。

[2]　「市民社会的ジェンダー規範」

◆3つの市民社会

「公私二元的ジェンダー規範」は、本来はブルジョアジーの生活様式に合致した規範である。貴族のような「家政」管理を必要とせず、共同体臣民のように生産活動を「家」単位でおこなう必要もなかった官僚や資本家などの新しいタイプの市民は、「家」と「政治・経済」の分離を望んだ。「家」から分離された

＊35　金山直樹 [2001]「フランス民法という世界――革命と近代法の誕生」（石井三記／寺田浩明／西川洋一／水林彪編『近代法の再定位』創文社）52-53 ページ.

＊36　オリヴィエ・ブラン（辻村みよ子訳）[1995]『女の人権宣言――フランス革命とオランプ・ドゥ・グージュの生涯』（岩波書店）.

＊37　メアリ・ウルストンクラーフト（白井堯子訳）[1980]『女性の権利の擁護』（未来社）.

「市民」の活動領域が「市民社会」である。それは、機能上、3つの次元に分けることができる。「政治的市民社会」（国家）、「経済的市民社会」（市場）、「非政治的・非経済的市民社会」（公共圏）である。これら3つの「市民社会」すべてに「公私二元的ジェンダー規範」が貫徹した。他方で、「市民社会」の裏面たる「親密圏」の主体である女性もまた、「公私二元的ジェンダー規範」に拘束された。「市民社会的ジェンダー規範」とは、「公私二元的ジェンダー規範」が3つの「市民社会」ごとにヴァリエーションをなしたものであるが、それらは相互に密接にむすびついている。

> 【資料2—⑤】ポルタリスの「ひと」
> 「良き民事法は、政府を基礎づけることはないが、政府を支えるものである。…
> 　我々の目的は、習俗を法律に結びつけ、いかに言われようとも、かの好ましい家族精神を国家精神へと伝播させることにあった。人々の感情は範囲が広がるに従って希薄になるので、人々の間に習慣上の絆を形成するためには一つの自然な足場が必要なのである。私的な力だけが、公的な力を保障することができる。そして、人は家族という小さな祖国を通じて大きな祖国に引きつけられる。良き父、良き夫、良き息子が、良き市民となるのである。ところで、自然に由来するすべての正直な愛情を認め、かつ守ることは、何よりも民法という制度がしなければならないことである」。
> （金山〔2001〕「フランス民法という世界」52-53ページ）

「公私二元的ジェンダー規範」は、1880年代以降、「大衆」の「市民」化とともに、大衆によってもまた受容されていく。「公私二元的ジェンダー規範」はその後1世紀にわたって機能しつづけ、1960年代にはじまる「フェミニズムの第2の波」によって根本的批判をうけるようになる。しかし、この秩序の根本的克服をめざすスローガン（ジェンダー主流化）が国際社会で確認されたのはようやく1995年北京会議においてであった。

◆「国民国家構築的ジェンダー規範」

「政治的市民社会」を近代的な「国民国家」として構築するために機能したジェンダー規範を仮に「国民国家構築的ジェンダー規範」とよんでおこう。それは、「国際社会における国民国家の地位・権益を確保する目的で、あるいは、国民国家秩序を安定させる目的で、国民に性別役割を振り当て、国民のセクシュアリティを管理するために創出・活用されたジェンダー規範」をさす。活用主体として、おもに主導権を握ったのは、①国家や自治体などの「公」権力であるが、②市場や③公共圏の諸グループもまた、国民国家にポジティブな意味を見いだせるかぎりで関与・協力した。

「国民国家構築的ジェンダー規範」が、「立法・行政・司法」、「教育」、「軍隊」、「衛生・福祉」などの「国家・行政」領域で積極的に活用されたことは現在の研究成果からも十分に推測できるが、規範の全容解明は著しく遅れている。国家的な「公」的領域からの女性排除が歴史的にはあまりにも自明視されたためにかえって、女性排除のしくみも女性活用システムもともに研究関心としては等閑に付されたと言わざるをえない。

例外は、女性排除が明瞭であるとともに、第1波フェミニズムの獲得目標であった「参政権」である。これについては、憲法学を中心に「ジェンダー・パースペクティブ」にもとづく成果がはやくから存在する[38]。しかし、それらはいずれも国政への参加権にとどまり、国政よりも早く選挙権が認められることが多かった地方レベルの分析は不十分である。他方、立法システムそのもののジェンダー分析はほとんどまったく手つかずといえる。たとえば、政党・議員たちの活動や発言あるいは目標設定、立法への圧力運動の展開、法案作成過程における種々の資料調査など、立法過程で通常、考察対象とされる事項について、それらのジェンダー・バイアスを分析するという視角がほとんどもたれていない。

「行政」については、官僚制・名誉職自治・民間ボランティアの3面を総合的に検討する必要がある。ジェンダーの観点からは、とりわけ、民間ボランティア部門での女性の活用が注目されるが、これは「公共圏」のジェンダー・バイアスを反映するものでもある。女性の「本性」に適合的な活動（主婦育成教育や労働者女性の道徳向上など）がボランティア活動として利用されたからである。「司法」については、ジェンダー法学が現代の司法について精力的に明らかにしているように、広狭の法曹、訴訟当事者のジェンダー・バイアスは言うまでもなく、判決・判決理由のジェンダー・バイアスが考察課題となる。さらに、法廷外の紛争解決を強制的・自発的に選択する度合いなどもまた重要である。

「国民教育」の場となるのは、初等教育（義務教育）、中等・高等教育、軍隊訓練であるが、これらの機能については教育史の分野で蓄積が進みつつある。「ジェンダー・パースペクティブ」から注目されているのは、教員採用・構成の

---

*38 辻村みよ子 [1997] 『女性と人権——歴史と理論から学ぶ』（日本評論社）は，参政権をめぐる歴史を各国比較している．

性差、教育カリキュラム編成のジェンダー・バイアス（体育・家政科）、性別学校教育システム（男子校・女子校）、女性を排除した軍隊教練の「国民」養成機能などである。「兵役・国防」から女性は長い間、基本的に排除されていた。しかし、「戦争」に関与しなかったわけではない。20世紀初頭の欧米諸国における女性参政権の実現は、最初の総力戦となった第一次世界大戦で女性が「銃後の守り」として男たちがいなくなったあとの国家活動を支えたことへの報償であった。「衛生・福祉」政策は、国民の「セクシュアリティ」および「リプロダクティブ・ヘルス／ライツ」（性と生殖）を管理する隠れ蓑として利用された。「公娼制」にともなう性病管理、人口政策・優生政策、婚外子保護策、中絶・避妊法制などに「国民国家構築的ジェンダー規範」が貫徹されていた。この分野へのフェミニズムの対応は、内部分裂した。

　以上のように、「国家・行政」に関わる多くの分野でジェンダー・バイアスが抽出可能であり、「国民国家構築的ジェンダー規範」の具体像を今後いっそう明らかにすることが肝要となろう。

◆「資本主義的ジェンダー規範」

「経済的市民社会」に関するジェンダー規範は、「資本主義的ジェンダー規範」ともいうべきものである。「市場」では、ブルジョアジーとプロレタリアートという階級対立が顕著であったが、同時に、ジェンダー差別も明白で、階級とジェンダーは密接に結びついていた。「経済的市民社会」では、だれからの「ケア」も必要とせず、「利己的・自律的」に判断・行動する「ひと」が本来的主体として設定された。このような「ひと」を新古典派経済学は「合理的経済人」と呼んだ[39]。「ケア」を必要とする者（子ども・老人・病弱者）、あるいは、「ケア」をその本性上の役目とする者（女性）は、「経済的市民社会」から排除されるか、あるいは、「二流市民」として扱われる。市場の利益を生まない「ケア労働」は、「利他的」で「愛情」を本性とする女性が無償で担うべき「アンペイド・ワーク」とされたのである。「資本主義的ジェンダー規範」とは、「男性に対して『ケア』を必要としない健康な経済人であることを要求し、女性に対して無償で『ケア労働』（育児・介護・家事）を提供するよう要求する規範」にほかならなかった。

---

[39]　山森亮［2002］「合理的経済『男』を超えて」（久場嬉子編『経済学とジェンダー』明石書店），久場嬉子［2002］「ジェンダーと『経済学批判』」（同上）を参照.

◆「公共圏内ジェンダー規範」

　「公共圏内ジェンダー規範」は、「公論形成主体を男性に限定し、結社活動や社交様式を性別に決定する規範」である。この規範の作用下では、本来的に「公」的領域の主体たりえない女性は、夫や父の地位によって社交の範囲が決定されがちとなる。また、女性の結社活動は母性や教会に関わるボランティア活動に限定された。これに対して、公共圏において男性は「公論」形成を操作し、政治的、経済的市民社会における活動を補完するような人的関係を築こうとしたのである。

第2部　近代的ジェンダー・バイアスの生成

第3章　ヨーロッパ近代の公私二元構成————

第1節　「公」と「私」——概念の変遷

(1)　「公」と「私」——ジェンダー論的公私二元論の位相

[1]　「公」と「私」

◆「公／私」理解のズレ

　東欧革命を契機とする 1990 年代の国際的な「市民社会論ルネサンス*1」に
やや遅れて、1990 年代半ば以降、日本でもにわかに「公共性」と「市民社会」
に関する議論が活性化した*2。たとえば、「人間と国家との中間媒介領域を活
性化・健全化・成熟化することを思考と実践の基本課題」とする「公共哲学」
は、21 世紀への転換点にあたるいま、「公／私」「国家／個人」という二項対立
的思考を超えて、未来開拓的な方向を模索するべきだと唱えられている*3。

　「公／私」の二項対立を克服するにあたって、おもに 2 つの方向性が模索され
ている。①国家と個人とのあいだにある中間領域（市民社会）の積極的な位置
づけ、②「公／私」の関係性を展望するための歴史的・文化的比較である。従
来、「公／私」は、しばしば「公的領域／私的領域」、「公共圏／親密圏」、「公共

---

*1　代表的論者として，マイケル・ウォルツァー（石田淳ほか訳）[2001]『グローバルな市
民社会に向かって』（日本経済評論社）.
*2　山口定 [2004]『市民社会論——歴史的遺産と新展開』（有斐閣）序章参照.「公共圏／親
密圏」[2001]（『思想』925），「ポスト国家／ポスト家族，ジェンダー研究の射程」[2003]（『思
想』955），クレイグ・キャルホーン編（山本啓／新田滋訳）[2002]『ハーバーマスと公共圏』
（未来社），中里見博 [2003]「公共圏・親密圏・ジェンダー」（森英樹編『市民的公共圏形成の
可能性——比較憲法的研究をふまえて』日本評論社），野崎綾子 [2003]『正義・家族・法の構
造転換——リベラル・フェミニズムの再定位』（勁草書房），『ハンナ・アーレントを読む』
[2001]（情況出版），ユルゲン・ハーバーマス（細谷貞雄／山田正行訳）[1994]『公共性の構
造転換——市民社会の一カテゴリーについての探究 [第 2 版]』（未来社），「〈公私〉の再構成」
[2001]（『法哲学年報 2000』），マンフレート・リーデル（河上倫逸／常俊宗三郎編訳）[1990]
『市民社会の概念史』（以文社）など.
*3　佐々木毅／金泰昌編 [2001-2002]『公共哲学』全 10 巻（東京大学出版会）．とくに，『公
共哲学 1』iv ページ.

領域／家内領域」として対比されてきた。しかし、「公的領域／公共圏／公共領域」、あるいは、「私的領域／親密圏／家内領域」という語は、かならずしも同一のものをさしているわけではない。とりわけ、ジェンダー研究が用いる「公／私」区分と、伝統的な社会科学で用いられてきた「公／私」区分や近年の「市民的公共性」論で展開される「公／私」論とのあいだには、微妙な異同が認められる。

　伝統的な「公／私」論は、「国家性」を指標として公私の区別を行う（国家［政治］＝公、非・国家［経済・家族］＝私）。この二分法は近代諸社会科学の基礎ともなっており、「公／私」を「国家／市民社会」の対比で理解する考え方はこれに由来する*4。「国家／市民社会」の対比を前提として、法学では一般に、国家と個人の関係を規律する規範を「公法」とよび、「経済を障害なく運行させるための手段として、市民社会がみずから定めた準則」を「私法」とよんで区別しているのは周知のとおりである*5。

◆本章の課題──ジェンダー研究における「公／私」

　ジェンダー研究は、①については、「国家」と「個人」の中間領域に位置づけられる「家族」が家父長の「聖域」として国家から保護されたこと、②については、近代的な「公／私」領域区分に内在するジェンダー・バイアスがいかに女性を抑圧してきたかを明らかにした。近代市民社会では、「公」的領域を男性が担い、「私」的領域を女性が担うといった性別役割分担が貫徹されている。しかし、それだけではない。両者のあいだには、「公」を「主」として上位におき、「私」を「従」として下位におくという「非対称」な関係がある。ジェンダー研究は、「公／私」関係の「非対称性」を告発したことに大きな意義をもつ。近代の「自由・平等」原理がはらんでいた性差別構造を暴くことにつながったからである。

　「市民社会」論も「公共性」論も、「公／私」区分を自明のものとし、区分自体に作用するジェンダー・バイアスには無関心であった。ハーバーマスは『公

─────────
＊4　近代政治学は、「『公』についての学」とされ，近代経済学は「私的領域の学」として発展する．佐々木毅［2001］「政治学の観点から見た公私問題」（『公共哲学2：公と私の社会科学』）131ページ，間宮陽介［2001］「経済学の観点から見た公私問題」（同）87ページ．
＊5　加藤一郎［1966］「市民法の現代的意義」（岩波講座『現代法8：現代法と市民』岩波書店）7ページ．

第3章　ヨーロッパ近代の公私二元構成　　59

【資料3—①】
ハーバーマス『公共性の構造転換・第2版』
（原著1990年）

「本書が刊行されて以後フェミニズム関連の文献が増大したことによって、公共圏それ自体がもつ家父長制的性格についてのわれわれの感覚は研ぎ澄まされるようになった。つまり、公共圏は、当初は男性だけでなく女性も一緒につくりあげていた読書する公衆の枠をすぐさま突破して、政治的な機能をもつようになったのである。問題は、はたして女性が労働者や農民や「賎民」たち、つまり「非自立的」な男性と同じ仕方で市民的公共圏から排除されていたのかどうか、という点である。…
フェミニズムがこの2世紀のあいだそのために闘い、本書刊行後いっそう広範な影響を及ぼしつつある解放の動きは、低賃金労働者の社会的解放と同様、もろもろの市民権が普遍化していく傾向と軌を一にしている。だが、階級闘争の制度化とは違って、性関係の変化は経済システムだけでなく、小家族の内部空間という私的領域の核心部分に介入する。ここからわかってくるのは、女性はたんに偶発的な要因で男性に支配されていたのではなく、政治的公共圏の構造や政治的公共圏と私的領域との関係が性差を基準に規定されていたという意味で、女性の排除は政治的公共圏にとって本質的であったということである。抑圧された男性の排除とはちがって、女性の排除は構造をつくりだす力をもっていたのである」。
(Habermas〔1990〕, *Strukturwandel* (2.Aufl.), S.18-19〔訳書, ix〜xページ〕)

共性の構造転換』の第2版（1990年）において、「市民的公共性」論におけるジェンダー視点の欠落をみずから認めた[6]［資料3—①］。

ハーバーマス自身は、「女性の排除が政治的公共圏にとって本質的」であり、「構造をつくりだす力をもっていた」ことの実態や意味をそれ以上掘り下げて考察していない。しかし、かれの自省からは、目下の課題とされている「健全な公共圏の活性化・成熟化」という思考枠組みに対しても、そこにひそみがちな「無邪気なジェンダー・バイアス」への警告を読み取ることができよう。本章では、多様な「公／私」論を簡単に整理し、ジェンダー研究が明らかにした近代的公私二元論を示して、近代的ジェンダー・バイアスの問題性を明らかにしておきたい。

[2] 「公（公共性）」的領域の構造

◆「公（公共性）」の3指標

齋藤純一によれば、「公共性」にはつぎの3つの意味がある[7]。これを「公

---

*6 Habermas, J. [1990], *Strukturwandel der Öffentlichkeit. Untersuchungen zu einer Kategorie der bürgerlichen Gesellschaft*, Frankfurt/M., S. 18-19（細谷／山田訳 [1994]『公共性の構造転換［第2版］』ix-x ページ）.
*7 齋藤純一 [2000]『公共性』（岩波書店）viii-ix ページ. 齋藤純一編 [2003]『親密圏のポリティクス』（ナカニシヤ出版）をも参照.

【資料3―②】「公」と「私」

3つの「公」		定義	用例	特徴	3つの「私」		特徴
国家性	official	国家に関係するもの	公法・公有・公営	3つの「公」のうちもっとも限定的	非・国家性	private	市場 個人
共通性	common	すべての人びとに関係するもの	公共事業・公選	共通項を持たない他者を排除	非・共通性	individual	個人性 個別性
公開性	open	だれに対しても開かれているもの	情報公開・公開空地・公海	名宛人を特定しない	非・公開性	close	閉鎖性 秘匿性

（公共性）の3指標」とよんでおこう。それは、①「国家性」official、②「共通性」common、③「公開性」open である。これらの指標は完全に重なりあうわけではない。

　3指標のうち、もっとも限定的な指標が①「国家性」である。②「共通性」は res publica（「共通」的「公」）の伝統につらなり、「国家」存立の基本的条件ではあるが、人種や民族など国家を超えた要素も共有されうる。そのかぎりで、②「共通性」は、①「国家性」より広義であるが、共通項をもたない存在を他者として排除する契機を蔵しているため、誰に対しても開かれているわけではない。これに対して、③「公開性」は、名宛人を特定しないことを本質とするという点で、もっとも広い射程をもつ。

　「私」private の原義が「奪われた」deprived にあることは、「公」を優位におく発想の産物である。伝統的な「公／私」論も、「公共性」論的「公／私」論も、「公／私」関係を「公」の観点から規定する点で変わりはない。そこでは、「私」は自律的に概念規定されるのでなく、「公」の各指標との対比で決定される。その場合には、「私」はつぎのような3指標によって表現される。①非国家的な

【資料3―③】2種類の「他者」

2つの他者	内容	相互行為の規範	具体例
一般的他者	自己と同一の権利・義務を与えられた合理的主体	公的・制度的規範（基本的人権・権利能力の保障）	法の下の平等 参政権 契約の自由
具体的他者	人称性と身体性を備えた他者	私的・非制度的規範（ケア・愛情）	友人・恋人・家族

第3章　ヨーロッパ近代の公私二元構成

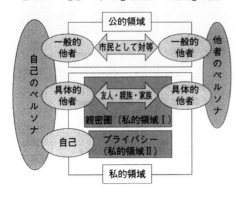

【資料3—④】「公／私」領域と「他者」関係

「私」private、②非共通的な「私」individual、③非公開的な「私」closeである［資料3—②］。

◆2つの他者関係

「ひと」が「公／私」いずれの人格（ペルソナ）で他者と相対するかにより、「他者」もまた2通りに分けられる。この「他者」を、ベンハビブおよび齋藤にしたがって、「一般化された他者（一般的他者）」あるいは「具体的（な）他者」とよぼう*8［資料3—③］。

2種の「他者」との関係で「公／私」領域を区分することができる。「公」的領域とは、「ひと」が「一般的他者」と共通の関わりをもつ次元であり、「一般的他者」から遮断され、「具体的他者」との関わりに限定される次元が「親密圏」である。他方、「具体的他者」からも遮断される次元が「個人的プライバシー領域」である。「親密領域（親密圏）」（私的領域Ⅰ）と「個人的プライバシー領域」（私的領域Ⅱ）がともに、「一般的他者」の立ち入りが拒まれる「私」的領域となる［資料3—④］。

(2) 近代における「市民社会」と「親密圏」

[1] 近代の「公／私」領域

◆市民と市民社会

「同一の権利・義務を有する合理的主体」は、西洋近代では「市民」とよばれる*9。この「市民」は、近代以前の身分概念（特権都市の市民権保持者）としての「市民」でも、近代以降の事実概念（都市居住者）としての「市民」でも

---

*8 セイラ・ベンハビブ［1997］「一般化された他者と具体的な他者――コールバーグ-ギリガン論争と道徳理論」（マーティン・ジェイ編／竹内真澄監訳『ハーバーマスとアメリカ・フランクフルト学派』青木書店），齋藤［2000］『公共性』.
*9 山口定は「市民」をつぎのように定義する。「自立した人間同士がお互いに自由・平等・公正な関係に立って公共社会を構成し、自治をその社会の運営の基本とすることを目指す自発的人間型」。山口［2004］『市民社会論』9ページ.

【資料3─⑤】3つの「市民社会」

3つの市民社会	具体的な場	主体像	主体の決定要因	吉田分類	法の作用
政治的市民社会	国家	政治的市民 国民（国家公民）	国籍 兵役・納税義務	市民社会β	公法：憲法
経済的市民社会	市場	経済的市民 資本家／労働者	資本 労働力(心身の健康)	市民社会α	私法：民法・商法
非政治的・非経済的市民社会	公共圏	自律した個人	個人の選択	市民社会γ	私法：民法

なく、「規範的人間型」（社会科学の理想型）としての「市民」をさす[10]。

「規範的人間型」としての「市民」すべてに「共通」に開かれている「公」的領域が「市民社会」である。「市民社会」は、機能上3つの次元を区別できる。①政治的市民社会（国家機構・政治団体［政党］）、②経済的市民社会（市場・経済団体［企業・組合］）、③非政治的・非経済的市民社会（公共圏）である。国家に対して「私」的自律性をもつ市場は、「公開性」という指標にてらすと、「公」的性格をもつ［資料3─⑤］。

◆市民社会三元モデル

「国家」と「市民社会」を対置する従来型の二元モデルにたいして、3つの「市民社会」を論じるモデル（市民社会三元モデル[11]）は、ハーバーマスの「システム──生活世界」の枠組みとも対応する[12]。ハーバーマスによれば、前近代に未分化であったものが、近代には2つの軸でそれぞれ二分される。1つの軸は「システム」と「生活世界」への分離、もう1つの軸は「公（共）」的なものと「私」的なものへの分離である。「システム」とは物質的再生産を専門とする分域であり、「公」的な近代国家と国家から自律的という意味で「私」的な資本主義経済への分離がおこる。他方、「生活世界」は再生産・社会化・連帯形成・文化伝承を専門とする分域であり、「公」的な「公共圏」と「私」的な「親密圏」

*10　山口［2004］『市民社会論』25ページ，松下圭一［1994］「市民的人間型の現代的可能性」（同『戦後政治の歴史と思想』ちくま学芸文庫）．
*11　山口定は「国家・市場・市民社会」という「三元論」をとなえるが（山口［2004］『市民社会論』151ページ），本書では，コーエンの5項モデルと吉田克己の3市民社会論をアレンジして「市民社会三元モデル」としておきたい．J.L. コーエン「市民社会概念の解釈」（ウォルツァー［2001］『グローバルな市民社会』）44ページ以下，吉田克己［1999］『現代市民社会と民法学』（日本評論社）を参照．
*12　ユルゲン・ハーバーマス（丸山高司他訳）［1987］『コミュニケーション的行為の理論［下］』（未来社）第6章．

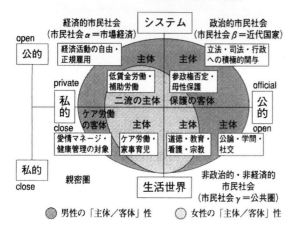

【資料3—⑥】市民社会三元モデル
——19世紀市民社会の構図

に分離する＊13（資料3—⑥）。

近年の「公共性」論や「市民社会」論は、その概念をめぐって諸説入り乱れるものの、基本的には「非政治的・非経済的市民社会／公共圏／Zivilgesellschaft」の積極的評価をめぐる議論にほかならない。今日、「市民社会」は変容しつつある。

「政治的市民社会」については、従来の基本単位である国民国家という枠を超える動きが見られるが、EUメンバーをめぐる争いにみるとおり特定領域を念頭に「共通性」を指標とする排除の契機をいまなお免れていない。「経済的市民社会」はますますグローバル化して、国際社会における経済格差をいっそう深刻化している。「非政治的・非経済的市民社会（公共圏 Zivilgesellschaft）」を独自領域として積極的に位置づけようとする構想は、国家と市場を核とする「システム」の巨大化により飽くことなく進展する「生活世界の植民地化」（ハーバーマス）をいかにおしとどめるかという切実な問題意識に発しているといえよう。それは、「市民」個人の「自律性」にもとづき、国家や市場にとらわれず、生活感覚を盛り込みながら広範な人間関係をいかに築くかという実践的な問題関心と深く結びついている。

◆「市民」とジェンダー

3市民社会の機能分化に即して「市民」にいくつかの属性を付することができる。いずれの局面の「市民」にもジェンダー・バイアスが付着する。

①政治的市民社会

国家や自治体などの「政治的市民社会」で意思形成主体となる「市民」（「政治的市民」）は、国民国家の国籍を保持する「市民」という意味では「国民」（国

＊13　ナンシー・フレイザー [1997]「批判理論を批判する——ハーバーマスとジェンダーの場合」（ジェイ『ハーバーマスとアメリカ・フランクフルト学派』）131, 138ページ．

家公民）とよばれる。「政治的市民」と「国民」は必ずしも一致しない。自治体レベルでは「政治的市民」に定住外国人を含むことがあり、広義の「国民」には参政権をもたない未成年者も含まれるからである。

「政治的市民社会」では、女性は長く保護客体であった。「政治的市民」としての「国民」に女性が法的に含まれるようになったのは、20世紀前半の女性参政権獲得以降である（ドイツでは1919年のワイマール憲法）。もっとも、参政権獲得後も政治的決定権へのアクセスは女性には容易に開かれず、それは「フェミニズムの第2の波」の重要課題となる。

②経済的市民社会

「経済的市民社会」で契約主体となる自律的個人を「政治的市民」に対比して「経済的市民」とよぶことができる。「経済的市民」は、資本家や大地主、教養市民をふくむ「有産市民男性（ブルジョアジー）」と労働者・下層農民をふくむ「無産市民男性（大衆）」に二分された。19世紀中葉まで大衆男性には参政権が認められず、両者のあいだには階級差が歴然であった。しかし、ブルジョアジー男性の徳目が「規範的人間型」の重要要素とみなされ、19世紀を通じて、大衆男性は学校教育や軍事訓練、職場規律により「規範的人間型」へと馴化されていく。その結果、19世紀末からは広範な「中産層（中間層）」が生まれる。

他方、資本主義市場においても女性はずっと重要な労働力でありつづけたにもかかわらず、「二流の労働者」であることをほとんど疑問視されなかった。それには2つの要因がある。（i）女性がこうむっていた二重の支配と（ii）「母性保護」の名目下で展開した「労働者のジェンダー化*14」である。

（i）大衆女性は、「経済的市民社会」でブルジョアジー男性から大衆男性以上にきびしい搾取（低賃金労働・補助労働に従事）をうけたばかりか、親密圏では大衆男性の「家父長制的支配」に服した。この「二重の差別」は連動していた。家父長制のもと、労働力を自由に処分できず、妊娠出産の決定権を持たぬ女性は、市場ではリスクの高い不安定な「二流の労働者」とみなされたのである。

（ii）「経済的市民社会」の根幹をなす「自由・平等」原則に国家（政治的市民社会）が介入したもっとも初期の典型が「母性保護」法制の導入である。19世

---

*14　姫岡とし子［2004］『ジェンダー化される社会——労働とアイデンティティの日独比較史』（岩波書店）.

第3章　ヨーロッパ近代の公私二元構成　　65

紀末以降、フェミニズム運動（第1の波）は、大衆女性を「本来的居場所」である家庭にもどそうと啓蒙活動を展開する一方で、「母性保護」をも要求した。「母性保護」法制は、たしかに女性を長時間労働や過酷な労働から解放した。しかし同時に、女性はその「本性」上保護を必要とする「二流労働者」であるとの前提もまた確立する。妊娠出産に対する特別な保護は必要である。しかし、近年までの「母性保護」論は、「母性保護」を男女のライフサイクルの特定段階に対する必要措置として位置づけるのではなく、「母性」を女性本性とみなしてあたかも「労働」と対立するかのような言説を構成してきた。結果として、「労働者のジェンダー化」を固定化するように作用したのである。

③非政治的・非経済的市民社会

ハーバーマスが「非政治的・非経済的市民社会」を「ツィヴィルゲセルシャフト」Zivilgesellschaft とよんだように、「自由・平等・自律性」に依拠する「シビルの法理*15」は「公共圏」でこそもっとも十全に作用する*16。「公共圏」は、原理的には国籍も階級も無関係な「個人の自律性」にのみもとづき、自由な「選択」によって人間関係がきずかれる領域である。「生活世界」に属するこの領域では、女性もまた一定の役割を果たしてきた。しかし、ここでも性別分業は顕著である。男性は「政治的市民社会」および「経済的市民社会」の活動を補完するような活動を担い、女性は「親密圏」における役割の延長上で活動する。すなわち、男性は、結社に集って公論を操作し、社交を通じて政治経済活動に有利な人脈を築き、女性は、道徳的啓蒙活動や教会活動、慈善や看護の結社にあつまるのが常であった。

④親密圏

同じ「生活世界」に属しても、「親密圏」には「シビルの法理」はおよばない。前提となる「他者」関係が大きく異なるからである。3つの「市民社会」でたがいに「一般的他者」として対峙し、一定の緊張関係にさらされる「公的主体」たる男性たちは、「親密圏」では「具体的他者」である女性たち（妻や母）から

---

*15 「個人の自律性」に依拠する法的枠組みを，水林彪は「シビルの思想」「シビルな法理」とよんだ．水林彪［2001］「日本『近代法』における民事と商事」（石井三記／寺田浩明／西川洋一／水林彪編『近代法の再定位』創文社）211ページ以下，同［2001］「『公私』観念の比較法史学的考察」（『法哲学年報2000』）．
*16 星野英一は，「狭義の市民社会」（公共圏）こそ「民法」の本来の領域であるとする．星野英一［1998］『民法のすすめ』（岩波書店）122ページ．

「ケア」（愛情）をうけて、ストレスを癒す。女性は「ケア対象者」が「親密圏」外に出ている時間を利用して「公共圏」にでむく。「公共圏」で女性は、国家や市場が直接的には関わらないけれども、両市民社会で望まれているようなボランティア活動を展開する。夫や子どもといった「具体的他者」に対する「ケア」の方法（健康管理・情緒管理など）が、ブルジョアジー女性から大衆女性に伝授されるのである。

　３つの「市民社会」を貫く「シビルの法理」は、「親密圏」で作用する「ケアの規範」と対になってはじめて機能する。３つの「市民社会」という「公」的領域全体もまた「親密圏」をふくむ「私」的領域と対で理解されねばならない。そしてまた、現在関心が高まっている「公共圏」自体が強いジェンダー・バイアスをいまもなおはらんでいることを見逃すことはできない。

[2]　他者関係と「親密圏」

◆他者関係の近代モデル——「公的主体」と「私的主体」

　「公／私」領域では男女の「主体性」が逆転する。「公的主体」である「自律的」男性は、健康であるにもかかわらず、家族のもとでは「ケア対象者」となる。「公」的領域で母性保護など「ケア対象者」とされる女性は、家族のなかでは「無償ケア労働提供者」として「主体」化される（「私的主体」）［前出・資料３—⑥］。

　「主体性」を重視する近代的価値観のもとでは、「他者」との「能動的関わり」が「性別分業システム」として肯定的に対比された。男性は「一般的他者」との能動的な関わりを期待され、女性は「具体的他者」との能動的な関わりを期待されたといえよう。「公的主体」たることを本分とする男性は、夫＝父として家族に対する総監督責任を負う最高責任者ではあるが、国家や市場が家族に期待した重要な諸課題を遂行する「私的主体」ではない。それはあくまで妻＝母の領分であって、ケア労働への女性の割り当ては、女性の「いるべき場所」をある意味では積極的に確保している。領域ごとの「主体性」の性差が顕著である人間関係モデルを「他者関係の近代モデル」とよんでおきたい。

◆「親密圏」の３関係

　いかなる人間関係を「親密」とみなすかも、また、「親密」関係の重視の程度も、時代や文化ごとに異なりうる。それは、しばしば、国家や経済状況、社会

【資料3―⑦】三つの親密関係

3種の親密関係	例	公的領域との関係
I	制度化され公的保護を受ける親密関係	家族・婚約	合法 法的保護
II	公的保護を受けないが隠蔽される必要もない任意の親密関係	広義の親族 友人 近隣	社会的許容～社会的無関心
III	隠蔽されるべきタブーとしての親密関係	同性愛・姦通	違法 社会的非難

慣習など「公」的領域の変化と連動する。近代市民社会においては、「私」的領域は「公」的領域より劣位におかれたとはいえ、「公」的領域と峻別される独自領域として自立したという意味では、一定の積極的意義を付与されたといえる。

近代社会における「私」的領域の二次元のうち、「親密圏」（私的領域 I）は、「一般的他者」のなかから「具体的他者」を選択・付与によって獲得するか、新たに産出（生殖）した結果、形成される。選択・産出をふくむ「具体的他者」との関わりの程度及び性格により、「親密圏」はさらに3つの関係に分けられる。①制度化された親密関係、②規制を受けない任意の親密関係、③タブー視される親密関係である［資料3―⑦］。

①制度化された親密関係

19世紀以降、政治性も生産性も失い、もっぱら「親密性」をレゾンデートルとされるにいたった「家族」は、近代社会に適合的な集団として定位され（「近代家族」の成立）、「制度」として「親密圏」のコアをなすにいたる（本書第7章参照）。「近代家族」は、3つの「市民社会」＝「公」的領域（国家の法政策／市場社会の雇用・営利システム／公共圏の言説・結社活動）からその存在を公認される。生産単位でも政治的単位でもない「近代家族」の存在意義は、「親密性」にもとづく「再生産とケア労働（育児・家事・介護）」以外にはない。

「公」的保護とひきかえに、本来的には制度化になじまない行為規範たる「愛」が「家族」においては強制された。そこでは、人間社会に存在する多様な親密関係のうち、「夫婦間異性愛と母性愛」という限定された「親密性」（単婚小家族）のみが「正当」な人間関係として保護された。非夫婦間異性愛から生じる不利益のほとんどは女性に負わされ（姦通や未婚の母の処遇にあらわれる「性の二重基準」）、「公」的領域の「ホモソーシャル」な関係を脅かしかねない男性間同性愛は封殺された（同性愛嫌悪＝ホモフォビア）。

②任意の親密関係

規制をうけない「任意の親密関係」には、親族関係や親しい友人、隣人との

関係がはいる。それは、個別・特定性と閉鎖性をもつ点では「親密圏」に属するが、成員の補充原理が「家族」ほど限定されておらず、閉鎖性はゆるやかである。その限りで、「任意の親密関係」は「公共圏」に通ずる部分をあわせもつ。ごく少数の住民の「対話の親密性」から出発し、広範な住民運動へと展開する例がこれに属する*17。「サロン」は、「私」的会話を愉しむものから、啓蒙期フランスで見られたように天下公論を論じるものまで千差万別である。

③タブーの親密関係

19世紀から近年まで、隠蔽されるべき「タブーの親密関係」の筆頭にあったのは、同性カップルと不倫（姦通）である。しかし、これらのタブー視は、1960年代以降、少数者差別撤廃の要請が高まるとともに、「隠蔽」を強いる抑制力がしだいに見直されつつある。

第2節　「公／私」関係の歴史と展望

(1)　歴史のなかの「公」と「私」

［1］　「公」と「私」の分離

◆「公／私」関係の歴史性

「公／私」分離の程度や「私」的領域の内実は、歴史的に変容する。西洋近代「公私二元」モデルでは、「親密圏」と「個人的プライバシー」が「私」的領域にはいる。しかし、前近代西洋社会では、そもそも「親密圏」も「個人的プライバシー」も独自の価値をもつ領域として自立していない。その限りで、近代的意味での「私」的領域は存在しない。

前近代の「家」は政治的・経済的基礎単位として強く「公」的性格をおびる。他方、「親密性」に求められるべき規範が近代とは異なる。異性間であっても、婚姻における「恋愛」や「性愛」は排除されるべきとされたが、夫婦相互の「パートナーシップ（相互扶助）」は重視された*18。母性愛は規範化されておらず、身分ごとに子との関わり方は異なった。「子」は「小さな大人」とみなされ、「子」として慈しまれるという考え方は希薄であったとされる*19。個人のプラ

---

*17　齋藤［2000］『公共性』96ページ.

*18　ルターの言説はその典型である.

イバシーは「告解」制度を通じて、個人の内面管理をつかさどる聖職者には暴露されていた。また、近世ドイツのポリツァイ条令は臣民の日常生活に深く干渉した。近世には隣人間での密告も奨励され、魔女裁判が近隣間の「ねたみ」や「そねみ」を犯罪にしたてあげたことはよく知られる*20。家の構造もプライバシー重視型とはほど遠い。

　前近代西洋社会においても「公／私」分離の認識は認められる。しかし、近代とは異なり、身分制や支配＝被支配の要因が密接にからむため、「公／私」関係は序列化されている。王侯貴族の「家」にまつわるできごとは、臣民にとっては「公」的意味をもつ（祝祭や農民の夫役提供など）。前近代西洋社会は、「公／私」の明確な分離にさほどの積極的意義を認めず、「公／私」のゆるやかで流動的な連続性を前提として、「公／私」を使い分けていたと考えられる。

◆リベラリズム——「家／家族」と「政治社会」の分離

　絶対王政下（stateとしての国家）では、政治社会と「家」とがアナロジーでむすびつけて語られ、絶対王政の家産制的構造が正当化された。リベラリズムはこれを批判して、「市民社会 societas　civilis＝政治社会 polis＝国家 civitas＝公共性 res publica」と「私」的な「家（オイコス）」を対置する古典古代モデルを用いて公私の分離を説き、絶対王政にかえて、社会契約にもとづき「市民社会」civil society として成立する「国家」に「公」権力を委ねようとした*21。

　中山道子によれば、ホッブズがなお「ローマ法的な家族」（「世代を越えた家父長の絶対的支配」）を前提とした政治社会を描いていたのに対し、ロックは、政治社会と家（族）を明白に分離した*22。ロックは「コモン・ロー的な家族」（婚姻によって形成される核家族）を出発点とし、家族は市民社会の形成に先行して存在し、国家が介入すべきでない私的な結合であるとみなした。そこに、ロックの「リベラリスト的政治観の本質」があり、ロックは、家族における夫の「自然」的優位と政治社会における「市民」の平等は矛盾しないと考えた。「公」的領域（市民社会＝政治社会＝国家）とその介入をうけない「（家父長制）

---

*19　フィリップ・アリエス（杉山光信／杉山恵美子訳）［1980］『「子供」の誕生：アンシャン・レジーム期の子供と家族生活』（みすず書房）.

*20　イングリット・アーレント＝シュルテ（野口芳子／小山真理子訳）［2003］『魔女にされた女性たち』（勁草書房）.

*21　福田歓一［2001］「公私問題の政治哲学的基本問題」（『公共哲学1』）11ページ.

*22　中山道子［2000］『近代個人主義と憲法学』（東京大学出版会）87ページ以下.

家族」の二分法は、こうして復権する。

　伝統的アリストテレス的なエコノミク観によれば、経済は「家（オイコス）」を基盤とするがゆえに「私」的性格をもつ。これに対して、国家経済学（アダム・スミス）は、経済活動を「家」から分離し、個人の自由で「私」的な活動領域とみなした。経済的領域における「私的自治」原則の貫徹と、「国家」による介入の原則的排除（レッセ・フェール）を唱えたのである。「家」は経済単位でなくなり、政治的領域とも「家」とも区別される独自の経済的領域をスミスは「市民社会」とよんだ。このように、リベラリズムは、「家／家族」を「政治社会」から遮断するとともに、「市場経済社会」からも分離した。そのかぎりで、それは、「近代家族」成立のイデオロギー的基盤の１つとなったのである。

[2]　「公共性」の変化

◆ヘーゲルの議論

　リーデルによれば、リベラリズムの伝統が強かったイギリスやフランスでは、近代以降も「市民社会」は「政治社会（国家）」と同義でありつづけたが、ドイツではそれとは異なる展開がおこった[23]。「市民社会」が「国家（政治的市民社会）」ではなく、「国家」に対比される「私」的な「経済的市民社会」に限定されるようになるのである。

　ドイツでは1780年頃より、societas civilis が「国家社会」Staatsgesellschaft と翻訳されるようになったが、まだ、19世紀的な意味での「経済的市民社会」は想定されていない。伝統的な「市民社会＝国家」観念を根本的に変えた代表的著作が、ヘーゲル『法哲学綱要』（1821年）である[24]。

　「共同体の倫理［人倫］」Sittlichkeit を「生きている善としての自由の理念」［§142］と考えるヘーゲルは、直接的・自然的な「共同体倫理」のあらわれである「家族」（正）から、「共同体倫理」の喪失態たる「欲求の体系」としての「市民社会」bürgerliche Gesellschaft ＝「市場経済社会」（反）をへて、「共同体倫理の体

＊23　Riedel, M. [1979], Bürgerliche Gesellschaft, in : *Geschichtliche Grundbegriffe*, hg. von Brunner, O./Conze, W./Koselleck, R., Bd. 2, Stuttgart（M. リーデル，河上倫逸／常俊宗三郎編訳 [1990]『市民社会の概念史』以文社）．

＊24　Hegel, G. W. F., *Grundlinien der Philosophie des Rechts oder Naturrecht und Staatswissenschaft im Grundrisse*, Stuttgart 1976.　ヘーゲル（長谷川宏訳）[2000]『法哲学講義』作品社を参照．

【資料3―⑧】ヘーゲル『法哲学綱要』

[i]「家族の対象が家族員だとすると、市民社会の対象は市民（ブルジョワ）である。この欲求の段階にきて、人間の名でイメージされる具体的な存在が登場する。ここにきてはじめて、しかも本格的に、人間らしい人間が問題となるのである」。[§190]

[ii]「個々人の最高の義務は、国家の成員たることである」。[§258]

[iii]「家族は、素朴な精神の共同体であって、愛という感情的な統一を基礎としてなりたつ」。[§158]

[iv]「男性は、分裂しつつ、自立した人格の独立と、自由で一般的な知と意志とを獲得するような、そういう精神的存在であり、自覚的に概念的思考を推し進め、客観的な最終目的を意志の対象とするような存在である。…女性は、統一を保持する精神的存在であって、具体的な個人としての生きかたと感情のうちに、共同体の倫理の知と意志が生かされている。男性が外界との関係で力強く活動的であるとすれば、女性は受動的で主観的である。

男は、国家や学問のうちに、さらにまた、外界やおのれ自身の闘争と労働のうちに、現実的で共同の場をもち、そうした分裂を経てはじめて、自立した自己統一をわがものとする。男にとっては、家族は安心してものごとを見つめ、心情の主観的な共同性を見いだせる場だが、女は、その家族を実質的な生活の場とし、家族の一体感を保持することこそ、共同体精神としてのおのれの使命だと考える」。[§166]（長谷川訳を利用）

系」としての「国家」（合）にいたるとの弁証法的な発展段階を論じた。国家経済学を参照したヘーゲルにより、「国家と市民社会の分離」とよばれる構図が体系化される。

ドイツ語の「市民（的）」bürgerliche には、フランス語で「公民」を意味する「シトワイヤン」citoyen と経済活動をおこなう個人を意味する「ブルジョワ（有産者）」bourgeois という区別がない。ヘーゲルのいう「市民社会」の成員は「ブルジョワ」である。主観的で特殊な欲求の達成を行動目標とする「ブルジョワ」を、「国家」という共同性において「共同の利益を最終目的として活動する」[§260]「シトワイヤン」へと育成するというのが、ヘーゲルの抱く壮大な教育構想であった。

「市民社会」が利己的な個人からなる共同体だとすると、「家族」は利他的な共同体として定義される。ヘーゲルは、「家族」を完成させる要素を、結婚、財産への配慮、子の養育（家族成員の自立＝家族の解体と新しい家族の形成）の3つとみなし[§160]、「家族」の自然性を「愛」に求め、あるべき性別分業を縷々説く[§158,166][資料3―⑧]。このように、ヘーゲルの想定した家族は、「近代家

族」の指標（本書第7章参照）をそなえたものであった。

「対等な個人」というフィクションのうえにたつヘーゲルの「市民社会」論に対し、「市民社会＝ブルジョア社会」の階級性にもとづく「非・自由／非・平等」を糾弾したのがマルクスである。19世紀末以降、労働者大衆が台頭するなかで、国家が経済的市民社会に積極的に介入することが要請されはじめる（社会法の形成）。国家機能の肥大化とそれにともなう「公」の自由抑圧的側面の強調（「労働者的公共性＝大衆的公共性」、「ファシスト的公共性＝国民的公共性」という2つの非リベラリズム的公共性モデルの登場＊25）をうけて、「公共性」に対する否定的評価が強まった。「公共性」の復権をはかったのが、現「公／私」論の重要な基礎となる「市民的公共性」論である。

◆あらたな「公共性」論の展開

「市民的公共性（公共圏）」論とは「公共圏」を「コミュニケーション空間」としてとらえる理論であり、アーレントやハーバーマスに代表される。両者の代表的著作は1960年ころに発表された。「フェミニズムの第2の波」が本格始動する直前にあたる。彼らのその後の議論とフェミニズムは必ずしも親和的ではなかった。アーレントはフェミニズムには否定的であった＊26。本章の冒頭で述べたように、ハーバーマスは、フェミニズム的視点をほとんどもつことができず、フェミニズムからの批判をうけて、公共性のジェンダー・バイアスを考慮していなかったことの限界を率直に認めたにとどまる。「市民的公共性」論は、一時期注目をあびたものの、社会的なうねりとはならなかった。しかし、1990年代以降、「公共性」論は新たな注目をあび、「市民的公共性」論もその文脈で再評価されている。

新たな「公共性」論では、しばしば2つの「公共性」が対比される。res publica（「共通」的「公」）とÖffentlichkeit（「公開」的「公」）、「統治法制的「公」」と「合意形成的「公」」、「国家収斂的「公」」（「ナショナル」な「公」）と「国境横断的「公」」（「グローバル」な「公」）などである＊27。これらの対比では、前

＊25　佐藤卓己［1996］「ファシスト的公共性——公共性の非自由主義モデル」（岩波講座『現代社会学24：民族・国家・エスニシティ』岩波書店）177ページ以下.

＊26　ボニー・ホーニッグ編（岡野八代／志水紀代子訳）［2001］『ハンナ・アーレントとフェミニズム——フェミニストはアーレントをどう理解したか』（未来社）序文, 第1章参照.『ハンナ・アーレントを読む』［2001］（情況出版）.

＊27　「公共圏／親密圏」［2001］（『思想』925）,『公共哲学4：欧米における公と私』.

者の「公」に内在する「他者の排除」に対して、後者の「公」の発展可能性が模索されるという図式になる。「公」を国家、とりわけ「国民国家」に限定しがちな従来の傾向に警鐘をならし、グローバル化がいっそう進むであろう21世紀社会で、異質性に根ざす個人や集団のアイデンティティを損なわずに互いのコミュニケーションをはかることはいかに可能かがいま問われている。

◆ジェンダー・パースペクティブの必要性

では、「国家性」を軸とする「公共性」から、「公開性」を軸とする「公共性」への比重の組み替えという現代的現象のなかで、ジェンダー・パースペクティブはいかに有効でありうるのか。「公開性」への要求は、「共通性 common／res publica」に内在する「排除」へのアンチテーゼである。「排除」にともなうジェンダー・バイアスに無関心であるかぎり、「公開性」のバイアスもまた払拭されない。

かつて第1波フェミニズムは、「国家性」を核とする「公」的領域への女性の参加権を求めた。第2波フェミニズムは、「共通性」に内在する「排除」の契機を喝破し、「リベラルな公私二元論」を批判した。すなわち、近代国家／近代市民社会は、「ひと」の名のもと、じつは家父長市民男性の自由・平等を保障した国家／社会にほかならず、「公共性」は彼らを主体として構築された。性別本性上、男性との「共通性」をもつべくもない女性は、家父長の支配下にある「家内領域（家族）」に閉じこめられてしまう。この結果、「親密圏」としての「家内領域」は、国家的介入が許されない家父長男性の「聖域」とされ、女性は著しく抑圧されたという批判である。

最新の研究では、「公共圏」への女性の関わり方や「親密圏」の公的コントロールなど、「公／私」が自明のものとして截然と分かれるのではなく、「公／私」の境界設定自体が歴史的所産として変動すること、境界を超えようとする力が「公」「私」双方からつねに働くことが明らかにされている*28。だれに対しても「公開」されている「公共圏」でたがいに「一般的他者」として対峙しあうはずの個人が、「親密圏」における「具体的他者」としての役割や性格を「公共圏」にも引きずりこんでいる可能性はないのか。「公共圏」における個人の「自律的活動」に「親密圏」での人間関係の補完を期待する国家や市場の関心や誘導はどこまで及ぶのか。こうした実相にまで考察を及ぼさなければ、「公共性」論は

＊28 「公共圏／親密圏」［2001］（『思想』925）所収の諸論攷を参照.

かなり素朴で無邪気な議論にとどまる恐れがある。

(2) 「公／私」領域の境界変容——今後の課題

[1] 「公的主体」と「私」的領域

◆「私」的領域の積極的評価

　ジェンダー論的「公／私」論はもともと「公／私」の「非対称性」を批判することに主目的をおいた点で、当初は「私」を下位におく視点を免れていない。しかし、それは「私」の積極的評価を可能とする議論でもある。「公／私」「公共圏／親密圏」の「境界」は、可変的で流動的である。「親密圏」は、「一般的他者」の介入を排除して形成されるが、別の見方をすれば、「一般的他者」から「具体的他者」を能動的に選択しあうことによっても形成される。つまり、「私」的領域の形成は、「公」を「剥奪」されて生じるばかりではなく、「公」的関わりを主体的に「否定」して「私」的な親密関係に転化する行為をも含む。

　「市民的公共性」論は、日本社会における「国家的公」の強さと「公共的公」の弱さという「公」の二面性を反省的に考察するという側面を強くもつ。伝統的な「公／私」未分離を否定的にとらえ、「公共的公」を分離抽出することに力点がおかれる。結果的に、伝統的社会科学の枠組みのなかで「公共性」を論じ、ジェンダー論で「私」的領域を論じるという役割分担がうまれてしまう。こうした性別役割分担にも似た分野別の課題設定をこえて、「親密圏」と「プライバシー」の両面にわたる「私」的領域を積極的に位置づける道筋を模索することは今後の重要な課題となろう。それはなによりも社会科学モデルとしての「個人」像や「主体」像の再構築を迫るからである。

◆「公的主体」像の比較

　ジェンダー研究は、能動的選択を行う主体のジェンダー・バイアスを告発した。近代西欧社会では能動的な「公的主体」が原則として男性（家長予定者）に限定されていたことを明らかにしたのである。しかし、比較の視点を入れたとき、「公的主体」像にも多様性があることが示唆される。たとえば、近代日本では男性もまた「家」に縛られ、自律的存在にはなりえなかった。

　近代日本の「家／近代家族複合型」モデル（本書第7章参照）の特徴は、「家」が「共同体」的伝統とつながり続け、「自発的結社」を主体とする西欧的な「公

共圏」の発展が妨げられた点にある。また、夫婦単位で結成される西欧型「近代家族」とは異なり、「戸主（「家」の長）」は最末端の行政の担い手となり、父子関係で継承される「家」は「（近代家族の）家長」の自律的な活動を阻む装置となった。近世日本における「私」的領域の極度の収縮*29や「公／私」の階層的相対性*30もまた、「家」制度を通じて近代日本にその影響力を残したと考えられる。牟田和恵は、近代天皇家族イメージを論じて、「公／私」の「境界」が「公」によって決定されると示唆したが*31、「境界」設定に作用する力関係自体もまた、歴史的・比較文化的考察の対象となるだろう。

[2]　「親密圏」3要素の変容
◆「任意の親密関係」の拡大

「任意の親密関係」は、生活世界における「公共圏」と「親密圏」の「境界」線上の「グレーゾーン」である。たとえば、複数の単婚小家族のあいだで維持される親族関係は、生活扶助や冠婚葬祭についてしばしば親密性が発揮されることを期待されるが、実際には疎遠となり、社会慣習上の儀礼的交際に転じる場合も少なくない。他方、友人や隣人との「親密」な関係は、成員の補充原理がさほど限定されていない限りで、「公共圏」に通ずる部分が大きい。「公共圏」で展開する広範な住民運動も規約等を定めた結社活動も、その発端はごく親しい友人・隣人間で共有された問題関心であることが多い。「任意の親密関係」の拡大は、「公共圏」拡大の鍵となりうるのである。

　「任意の親密関係」の意義増大は歴史的には新しい現象である。前近代社会の近隣・仲間関係は、近代的意味での「任意の親密関係」とは性質を異にする。それは制度化された「共同体社会」に組み込まれており、うわさネットワークを介して縦横に深いつながりをきずいて、治安維持や相互扶助などきわめ

＊29　水林彪［2002］「日本的『公私』観念の原型と展開」（『公共哲学3：日本における公と私』），同［2001］「『公私』観念の比較法史学的考察」（『法哲学年報2000』），同［1996］「わが国における『公私』観念の歴史的展開」（歴史と方法編集委員会『歴史と方法1：日本史における公と私』青木書店）．
＊30　渡辺浩［2001］「『おほやけ』『わたくし』の語義――『公』『私』，"Public" "Private"との比較において」（『公共哲学1：公と私の思想史』）．
＊31　牟田和恵［2002］「家族国家観とジェンダー秩序」（岩波講座『天皇と王権を考える7：ジェンダーと差別』）．本書に対する筆者の書評（『法制史研究』53，2004年）をも参照．

て重要な「公」的機能を担った。他方で、「結社」活動は皆無ではなかったが、その範囲は大幅に限定されていた（本書第6章参照）。男性が「公的主体」たりうるのは、入退会が自由意思のみには委ねられず、種々の「公」的特権とむすびついた「団体」（都市共同体・村落共同体・ツンフト［ギルド・同職組合］など）の成員であるかぎりにおいてであった。前近代社会では「任意の親密関係」が自立しておらず、それが「公共圏」につながる要素もなかったことになる。

　前近代における社会構成の特徴は、「家」と「タブー」が制度的に規制され、近隣・仲間関係も「共同体」秩序に寄与するものとされて、「個人」の「任意」領域がきわめて限定されていた点にある。ただし、規制の強制力は万全とはいえなかった。公権力は「家」内部にまでは及ばず、逸脱行為も共同体成員のだれの目にも明らかになるまでしばしば見逃された（本書第4・5章参照）。前近代的な「公／私」未分離は、「家」をとりまく近隣・仲間関係がかぎりなく「公」的性格をおび、「家」内部にもまた近隣・仲間が頻繁に出入りして「家」の閉鎖性を維持するという意識すらなかったことに起因する。近代になり、「私」的領域として「親密圏」が自立したのは、近隣・友人関係を「共同体」規制からはずして「公／私」の「グレーゾーン」として配置するとともに、「家族」が他とは異なる独自の親密領域として「閉鎖」化したせいである。

◆タブーの解体

　「タブーの親密関係」については、1960年代以降、「公共性」の要請が高まるとともに、「隠蔽」を強いる抑制力がつぎつぎと見直されつつある。典型が同性カップルの処遇である。同性カップルは、「公」的領域への抗議行動として自己のアイデンティティを主張し、「親密圏」における隠蔽されるべき「タブーの親密関係」から、隠蔽される必要のない「任意の親密関係」となりつつある。国家によっては同性カップルを「（準）家族」に組み込むまでになった。オランダの同性婚（2001年）、フランスのパックス法（1999年）、ドイツの生活パートナーシップ法（2001年）などがその例である。

　現代社会でますます強まる個人主義的傾向は、「親密圏」を構成する3要素の関係をも変えつつある。「タブーの親密関係」と「制度化された親密関係」を「任意の親密関係」へと解消する動きは、個人主義者からは「家族の再生」とよばれるが、「公」的領域からは「家族の危機」とよばれる。同性カップルの処遇変化に端的に示されているように、「公」的領域からは「家族の危機」への対応

として、「タブーの親密関係」や「任意の親密関係」を「制度化された親密関係」へと収斂させる圧力が働くのである。

◆家族の意義の相対化

こうした一連の動向により、「親密圏」における「近代家族」モデルの特権化は大きくゆらいでいる。「タブーの親密関係」・「任意の親密関係」・「制度化された親密関係」のあいだにあった差別・序列を廃する方向はそれ自体望ましい。しかし他方で、「タブーの親密関係」を「制度化された親密関係」へと取り込む法改正が果たして望ましいかどうか。判断は慎重を要する。

「親密圏」の制度的「コア」(「家族」)になるとは、「公」的領域、とりわけ国家によって管理・介入されることを意味する。「近代家族法システム」(本書第7章参照)を通じて、近代国家は「家族」を成員以外の「具体的他者」と「一般的他者」から「閉鎖」化するための法的仕組みを定立しただけでなく、「家族」の深部にまで介入した。居所登録や身分変動・財産移転の登録は言うに及ばず、義務教育・健康保険・住宅政策など家族生活のあらゆる面で徹底的に「自助原則」と「愛情原則」にもとづく家庭運営が強制されたのである。

国家が「強い関心」をいだく「家族」が解体し、タブー視して排除すべき親密関係が消滅したとき、「親密圏」を「個人的プライバシー」領域と「公」的領域の間に位置する特別な領域として設定する意味も失せるかもしれない。それは、家父長制の真の解体を意味するのか、それとも、個人を保護する楯を失うことを意味するのか。今後の方向性として、「タブーの親密関係」・「任意の親密関係」を「制度化された親密関係」に収斂させる方向と、「タブーの親密関係」・「制度化された親密関係」を「任意の親密関係」へと解放する方向のいずれが望ましいのか、「公」的領域と「私」的領域の関わりの根幹に関わる問題として問われなければなるまい。

◆日本の現状

「公共圏／市民社会 γ」の構築が焦点とされているにもかかわらず、「親密圏」における「近代家族」モデルの特権化の見直しについて、日本での取り組みはほとんど進んでいない。「近代家族」モデルに内在する「無償ケア労働」は厳然と機能し続けており、それと不可分の「システム」におけるジェンダー・バイアスの解決がほど遠いことは、国連の指標のうち、「ジェンダー・エンパワーメント指数」で世界44位 (2003年) という数字が示すとおりである (本書第1章参

照）。

　落合恵美子は「個人を単位とする社会」へのソフトランディングの方向性を
展望し*32、おそらく社会は確実にその方向へとスライドしている。しかしな
がら、「民法改正要綱」(1996年)の審議すら停滞している状況*33をみると、日本
「国家」はなお「近代家族」モデルに固執しているように思われてならない。そ
れはとりもなおさず、「公／私」分離を固定化し、「私」的領域の硬直化を招く
とともに、「公」的領域における女性の「主体」化を抑制することにつながる。
ジェンダー・バイアスにとらわれず個人が「公」的領域と「私」的領域の豊か
な共存をはかる方途が閉ざされがちになるおそれは払拭できない。

---

*32　落合恵美子［1997］『21世紀家族へ（新版)』（有斐閣）251ページ.
*33　停滞状況については，吉田克己［2003］「家族法改正問題とジェンダー」（『ジュリス
ト：特集ジェンダーと法』1237）参照.

第4章 「法と道徳の分離」にみる
ジェンダー・バイアス————
————姦淫罪とその廃止————

第1節 「風俗犯罪」と姦淫罪

(1) 「風俗犯罪」の変容

[1] 「風俗犯罪」の語義
◆語義の変化

「風俗犯罪」Sittlichkeitsverbrechen とは、社会の「性風俗（性道徳）」に違反する行為をさす。「良き性風俗」の社会通念は時代とともに変化するから、「風俗犯罪」の意味内容もまた歴史とともに変化する。「風俗違反」という語そのものは比較的古く、すでに15世紀には用いられている。ただし、当初の「風俗」Sitte/Sittlichkeit は、「道徳的行為」一般を意味していた。それがもっぱら「性道徳違反行為」を意味するようになったのは、18世紀のことである[1]。

近代的「風俗犯罪」規定がもりこまれた最初の刑法典は、ヴュルテンベルク刑法典（1839年）である（「風俗侵害行為」Angriffe auf die Sittlichkeit）。ほかに、「風俗違反の犯罪」Verbrechen wider die Sitten、「風俗違反」Verletzungen der Sittlichkeit の用語が、ブラウンシュヴァイク（1840年）、ザクセン＝アンハルト（1841年）の各ラント刑法典で用いられた[2]。ドイツ最初の統一刑法典である1871年の帝国刑法典もまた、「風俗違反の重罪・軽罪」Verbrechen und Vergehen wider die Sittlichkeit（第13章）を定めた。

「風俗犯罪」という語は、帝国刑法典制定後およそ1世紀にわたって使われ続けたが、第4次刑法改正（1973年11月23日）にあわせて法典から削除される。そのさい、第12章「家族犯罪」と第13章「風俗犯罪」が大幅に改正され、とく

---

[1] Müller, H. [1990], Sittlichkeitsverbrechen, in: *Handwörterbuch zur deutschen Rechtsgeschichte* [HRG], Bd. IV, Berlin, S. 1673.

[2] Müller [1990], Sittlichkeitsverbrechen, S. 1672 f.

【資料4─①】「風俗犯罪」の変化

	時期	風俗犯罪	特徴
Ⅰ	16〜17世紀	強化・拡大	「風俗犯罪」の取り締まりが強化され、「姦淫罪」が「風俗犯罪」に取り入れられる。
Ⅱ	18世紀後半〜19世紀前半	大幅緩和	「姦淫罪」が廃止され、「ソドミー」に対する刑罰が緩和される。
Ⅲ	1970年代〜	排除	当事者の合意にもとづく性関係（姦通・成人間同性愛）は基本的に可罰対象からはずされ、一方当事者の意思を無視した性関係の強要行為は、たとえ夫婦という親密な関係にあっても可罰対象となる（夫婦間レイプ）。

に、第13章は、「性的自己決定を侵害する犯罪行為」Straftaten gegen die sexuelle Selbstbestimmung へとタイトルが変更された*3。

◆変化の3段階

「風俗犯罪」は、その語が登場した15世紀から現在までに、3度の大きな変化をこうむっている［資料4─①］。「風俗犯罪の大幅緩和」（Ⅱ）は、「法と道徳の分離」を端的に示すものであった。他方、1970年代以降の「風俗犯罪の排除」（Ⅲ）は、セクシュアリティのプライバシー化およびドメスティック・バイオレンスの可罰化の一環として理解される。

近代法秩序形成のジェンダー・バイアスを検討するという観点からは、「風俗犯罪の大幅緩和」（Ⅱ）の意味をときほぐすことが重要となる。そのさい、手がかりとなるのが「姦淫罪」である。「姦淫罪」とは、未婚男女間の婚前交渉を犯罪として処罰するものである。それは、歴史を超えた犯罪ではなく、性風俗の取り締まりが日本よりは厳しかったとされるヨーロッパにおいても、近世特有の犯罪であった。

[2] 本章の課題

婚前交渉の罪である「姦淫罪」の廃止は、これまで「法と道徳の分離」とい

─────────────────

*3 そのほか，近親相姦は第12章「家族犯罪」に移された．第1次刑法改正（1969年6月25日）では，姦通・成人間の同性愛行為・獣姦の可罰性が否定された．その後，第29次刑法改正（1994年5月31日）は，同性愛行為の可罰性を完全に否定し，第175条（同性愛）を廃止した．他方，依存関係を利用して少年・少女に対し性行為を行うことは第182条で統一規定とした．イエシェック，H.-H./ヴァイゲント，T.（西原春夫監訳）[1999]『ドイツ刑法総論第5版』（成文堂）74-75ページ．

う文脈で肯定的に語られてきた。しかし、その場合の「道徳」の本質、あるいは、「分離」のジェンダー・バイアスについて、十分に検討されてきたであろうか。近世特有の犯罪としての「姦淫罪」の生成と廃止を明らかにすることは、その問いかけへの手がかりを与えてくれる。

　西欧社会における「法と道徳の分離」は、「法と道徳＝宗教の分離」を意味する。法から分離されるべきは、宗教と密接に結びついた道徳、すなわち、なによりも「性道徳」にほかならなかった。キリスト教から分離した「性道徳」は、近代市民社会に適合的な世俗的「道徳」へと変化する。キリスト教的なあらゆる「性的逸脱行為」は、その「犯罪性」の有無を「合理的」に検証されて、ふるいわけられた。「犯罪性」が認められる行為は「風俗犯罪」のカテゴリーでのこされ、「犯罪性」がなく「道徳」に属するとされた行為については近代刑法典から排除された。しかし、そのふるいわけのさい、近代市民社会に特有のジェンダー・バイアスが巧妙にすべりこまされた可能性はないのだろうか。

　本章は、「法と道徳の分離」が、「公私二元的ジェンダー規範」という近代市民社会に適合的な「道徳」の全面開花をうながし、男性の「セクシュアリティ」を法から解放し、女性の「セクシュアリティ」を道徳と法の管理下にとどめたことを展望したい。

(2)　セクシュアリティの管理と「姦淫罪」の成立

[1]　中世教会によるセクシュアリティ管理とその不徹底

◆婚姻教義と教会婚姻法

　未婚男女間の婚前交渉を「罪」とするには、特定の性関係を社会が「婚姻」として認知するシステムがなければならない。そのためには、①「婚姻」の成立要件が確定していること、②「婚姻」の成立がそのつど世間に公示されることが必要である。ヨーロッパでは、宗教改革以降にようやくこれら2つの条件が満たされた。それは、教会婚姻法の変化と結びついている。

　教会婚姻法は、1140年ころ、「グラティアーヌス教会法令集」において最初の体系化をみた。その基本理念は、①夫婦一体主義（一夫一婦婚）、②秘蹟主義、③婚姻非解消主義である。一対の男女がひとたび結婚すると、死以外に2人を分かつものはなく、「秘蹟」たる婚姻に関するルールも紛争解決もすべて教会の

権限下におかれる。

　3理念のうち、婚姻成立要件に関わるのは、秘蹟主義である。教会法（カノン法）上、婚姻は、婚姻当事者男女の「契約」であると同時に、神の祝福を受ける「秘蹟」とみなされる。前者の「契約」の側面に関しては、古くから見解の対立があった。婚姻を「純諾成契約」とみる「合意主義」と、「肉の結合（同衾）」をもってはじめて婚姻が成立するとみる「同衾主義」である*4。

　12世紀に「合意主義」を原則とするかたちで両学説が統合された。婚姻は合意のみによって成立するが、「肉の結合」によってはじめて「秘蹟」の恩恵にあずかり、その解消が不可能になるとされたのである*5。「合意主義」を原則とする以上、婚姻を登録したり、挙式によって公示することは不要とされた。その結果、個人的な合意はあるが、社会的な承認を受けていない婚姻が多く生じるようになる。これを「秘密婚」とよぶ*6。

　教会裁判所に持ちこまれる訴訟の多くは「秘密婚」に関するものであった。ヴァイガント Weigant, R. によれば、教会婚姻裁判のもとでは婚姻締結と婚姻無効に関する訴訟が存在したが、後者の数は全体の1割にすぎなかった*7。婚姻締結訴訟には、「秘密婚」を正式の婚姻として確定するための訴訟、婚姻の合法性の確定を求める訴訟、婚姻契約の履行に関する訴訟があった。たとえば、1490年、レーゲンスブルクでは全378件の婚姻関係訴訟が存在したが、このうち秘密婚訴訟は166件にのぼり、119件で女性が原告となっている。このような事情はアウクスブルクにおいても同様であった*8。

---

*4　婚姻をめぐる学説の対立については，直江真一 [2000]「ヴァカリウスの婚姻論」（『法学』63-6）を参照．

*5　福地陽子 [1956]「カトリック教婚姻非解消主義の生成と発展」（『法と政治』7-4）77ページ以下．

*6　秘密婚については，波多野敏 [1987]「中世末期フランスにおける婚姻の成立 (1) (2)」（『法学論叢』121-2, 122-2），同 [1989]「アンシャン・レジームにおける婚姻の成立 (1) (2)」（『法学論叢』125-1, 125-3）参照．

*7　Weigand, R. [1981], Zur mittelalterlichen kirchischen Ehegerichtsbarkeit, in : *Zeitschrift für Rechtsgeschichte (Kanonisches Recht)* [＝*ZRG* (*K*)], LXVII ; ders. [1984], Ehe-und Familienrecht in der mittelalterlichen Stadt, in : Haberkamp, A. (Hg.), *Haus und Familie in der spätmittelalterlichen Stadt*, Köln/Wien.

*8　レーゲンスブルクにおける女性原告の秘密婚訴訟119件のうち，原告勝訴は21件にすぎず，31件は嫁資相当程度の慰謝料の支払い，7件は子供の養育費の支払いで決着し，41件は却下された．Weigand [1981], Ehegerichtsbarkeit, S. 217-220.

第4章　「法と道徳の分離」にみるジェンダー・バイアス

◆セクシュアリティ管理の不徹底

　中世後期のカトリック教会によるセクシュアリティ管理は、十分に奏功していたとは考えにくい。管理を徹底するには教義上さまざまな困難があり、共同体社会もまた厳格な管理を望まず、君侯貴族は一円支配を可能とする実力をそなえていなかったからである。

　①「合意主義」にのっとるならば、処罰されるべき婚前交渉は婚約がないものに限定される。しかし、当事者どうしでかわされる婚約の成立を争うのは困難であった。じっさいに罰せられたのは結婚につながらない婚前交渉のみであり、教会により贖罪金が科せられた。14世紀の都市法により、散発的ではあるがはじめて婚前交渉は世俗刑罰の対象となる。しかし、教会法の影響を受け、結婚するか、公刑罰をうけるかの選択が可能であった。結婚しなかった場合に、男は娘とその親に慰謝料を支払い、罰金刑か追放刑をうけたのである。

　②「秘密婚」の横行は、重婚や姦通の処罰が事実上かなり困難であったことを意味する。当初の教会法における婚姻禁止親等の範囲は必要以上に広く*9、かなり恣意的に利用された。「近親婚」は、離婚の代用としての婚姻無効の訴えで使われる反面、教皇の特免を受ければ一定範囲の婚姻は可能であった。また、聖職者のセクシュアリティは大いに乱れており、教会堕落の一因となった。

　③セクシュアリティにまつわることをタブー視する中世後期社会でも、買売春を「必要悪」とみなす教父たちの教説にしたがい、カトリック教会は買売春にたいして比較的「寛容」な態度を示していた。北イタリアや南フランスとおなじく、ドイツでは、14世紀前半のペスト大流行以降、急速に都市公営の娼館が設立されはじめ、その傾向は16世紀までつづく。南ドイツでは、都市周辺部に設置された「女の館」Frauenhaus とよばれる娼館で、都市共同体成員の妻女を性犯罪から守るためという「公共の福利」観念にもとづき、「共有の女性」gemeine Weib（公娼）が同じく賤視された刑吏の監督下で「合法的」に性を売ったのである*10。

---

*9　カノン法式計算方法で7親等の血族まで婚姻が禁止されたが，これは現在の15親等に相当する．禁止親等はのちに減じられた．
*10　田中俊之［1997］「中世末期ドイツ都市共同体と周縁集団——娼婦の存在形態を中心に」（前川和也編著『ステイタスと職業——社会はどのように編成されていたか』ミネルヴァ書房）を参照．他に，イルジグラー，F.／ラゾッタ，A.（藤代幸一訳）［1992］『中世のアウト

[2] 世俗当局によるセクシュアリティ管理のはじまり

◆性的逸脱行為の厳罰化

　中世後期社会では、キリスト教的セクシュアリティ規範からの逸脱行為のすべてが処罰されていたわけではない。こうしたゆるやかなセクシュアリティ管理は近世に一変する。公娼制は16～17世紀にすたれていき、公娼の3倍ほどはいたと推定される私娼とともに、公娼もまた「非合法」化された*11。「姦淫罪」は近世に犯罪化される。「重婚」を阻止するために婚姻手続が改められるのも宗教改革以降であり、嬰児殺も近世に厳罰化する。

　16世紀の宗教改革と対抗宗教改革のなかで、婚姻の成立が新たに定義されなおされた。トリエント公会議（1545～63年）は、教会での挙式を婚姻成立の要件と定めた。当人たちの結婚の約束があっても、教会で挙式する以前に同衾することは、非難されるべき行為へとかわったのである。しかし、子が生まれる直前に結婚したならば、子は教区簿冊に嫡出子として記されたので、子の出生を婚姻成立の事実上のタイムリミットとみなす慣行は、当の教会もなかなか否定できなかった*12。

　他方、プロテスタントは、婚姻の「秘蹟」性を否定した。婚姻と道徳は教会の管轄からはなれ、世俗の婚姻＝道徳裁判所や宗務局の管轄へと移行する。婚姻契約には親の同意が必要とされ、離婚原因は婚姻＝道徳裁判所で詳細に調査された。プロテスタント地域では、家父長制が強化されたのみならず、婚姻・道徳管理の権限が世俗当局に移行し、君主は「公益」の推進者として臣民の性風俗管理権を掌中におさめたのである。とりわけ、「共同体的宗教改革*13」を実践したジュネーヴやチューリヒなどのスイス諸都市国家では、宗教改革と同時に世俗当局が率先してきびしい婚姻＝道徳管理をおこなった*14。

サイダーたち』（白水社），ジャック・ロシオ［1992］『中世娼婦の社会史』（筑摩書房），阿部謹也［1991］『西洋中世の男と女』（筑摩書房）．

＊11　Schuster, P. [1992], *Das Frauenhaus. Städtische Bordelle in Deutschland 1350–1600*, Paderborn, S. 209 f.

＊12　トリエント公会議の決議はドイツの大部分では公布されなかった．ハインリヒ・ミッタイス（世良晃志郎／廣中俊雄訳）［1961］『ドイツ私法概説』（創文社）120ページ．

＊13　Blickle, P. [1987], *Gemeindereformation. Die Menschen des 16. Jahrhunderts auf dem Weg zum Heil*, München.

＊14　1525年設立のチューリヒ婚姻裁判所がヨーロッパ初の世俗的な婚姻裁判所であり，周辺地域のモデルとされた．拙稿［1989］「チューリヒ婚姻裁判所」参照．

【資料4—②】近世の「風俗犯罪」

①婚姻・家族秩序違反（姦通・重婚・偽装結婚・近親相姦）
②女性に対するわいせつ行為（わいせつ行為・誘惑・性的強要・強姦）
③反自然的性行為（獣姦・同性愛・死体凌辱・性器露出行為）
④保護関係の悪用（子供・徒弟・生徒・経済的従属者・抵抗不能な者に対するわいせつ行為）
⑤性風俗業（売春・売春斡旋・売春婦のヒモとなって利得すること・ポルノ図画頒布）
(Müller〔1990〕, Sittlichkeitsverbrechen, S.1673)

◆「カロリナ」

「ローマ法の継受」（15〜16世紀）は、「風俗犯罪」にも2方面で影響を及ぼした。①「風俗犯罪」の概念化。ローマ法の影響のもと、近世初期の立法では、「風俗犯罪」として5種が想定された*15［資料4—②］。②君主立法権の正当化による法令制定の動きと「風俗犯罪」の実定化。もっともよく知られるのが、「カール5世の帝国刑事法典」（「カロリナ」）（1532年）である。

「カロリナ」は、帝国最初の統一刑事法典である。拷問の不平等な適用を排除して、被害者訴追主義を原則とするゲルマン的伝統から言えば逸脱にあたる教会法的な糾問主義手続を正式な刑事手続に組み込んだことで知られる。帝国の弱さを反映して、本来は、帝国内に「補充的」にしか妥当しない。しかし、多くのラント（領邦国家）の刑事立法のモデルとされた結果、ドイツ近世刑事法制の基本路線は、「カロリナ」によって確立したと考えることができる。「カロリナ」では、「風俗犯罪」関連につき、獣姦・同性愛、強姦、売春、近親相姦、姦通、重婚に対して重罰が定められているが、姦淫罪の規定はみられない。風俗犯罪該当の多くが訴訟鑑定やローマ法参照と指示されている点からも、風俗犯罪が伝統的法よりもむしろ、ローマ＝カノン法から強い影響を受けていることがうかがえる*16［資料4—③］。

他方、「帝国ポリツァイ条令」（1530、1548、1577年）は、帝国臣民の「規律化」を目的とする生活管理立法である。「行政・警察事項」、および、「臣民の道徳管理」を主たる内容とする法律であった。近世における性風俗の管理は、基本的にポリツァイ条令で行われた。「帝国ポリツァイ条令」は、「軽はずみな同衾に

---

*15　Müller〔1990〕, Sittlichkeitsverbrechen S. 1673.

*16　Radbruch, Gustav (Hrsg.)〔1951〕, *Die Peinliche Gerichtsordnung Karls V. von 1532 (Carolina)*, Stuttgart［塙浩訳〔1992〕「カルル五世刑事裁判令（カロリナ）」（同『西洋法史研究4』信山社）］, *Neue und vollständigere Sammlung der Reichs I-II*,〔1747〕(ND Osnabruck 1967), S. 365-403.

【資料4—③】カロリナ（1532年）の罪刑規定

条	罪状	刑罰	備考	
106	涜神罪		★宗教犯罪	
107	偽誓	宣誓に用いた2指の切断	★宗教犯罪	
108	復讐放棄違反	指切断〜死刑		
109	魔術	火刑	★宗教犯罪	
110	文書による名誉毀損			
111	貨幣偽造	火刑		
112	文書偽造			
113	度量衡の詐欺	追放・鞭打ち		
114	境界標の違法な移動			
115	代言人の背信行為	損害賠償・晒し等		
116	反自然的淫行（獣姦・男女同性愛）	火刑		風俗犯罪
117	近親相姦		訴訟鑑定	
118	婦女誘拐		訴訟鑑定	
119	強姦	斬首（未遂はローマ法参照）		
120	姦通	男＝斬首／女＝財産喪失・穴蔵拘禁	ローマ法参照	
121	重婚	財産喪失・穴蔵拘禁・晒し等	ローマ法参照	
122	妻子の売買斡旋	名誉喪失・鞭打ち・追放	ローマ法参照	
123	売春斡旋・幇助	追放・晒し・両耳切断		
124	反逆	男＝四裂／女＝溺殺		
125	放火	火刑		
126	強盗	斬首		
127	暴動の扇動	斬首／鞭打ち＋追放		
128	まともな生活をしない			
129	復讐	斬首		
130	毒殺	男＝車輪／女＝溺殺		
131	母による嬰児殺	心臓杭刺・溺殺		生殖コントロール
132	母による子どもの遺棄		訴訟鑑定	
133	堕胎	男＝斬首／女＝溺殺		
134	医術による殺害		訴訟鑑定	
135	自殺	財産没収		
136	動物による殺人			
137	謀殺・故殺	謀殺＝車輪／故殺＝斬首		

ついて」Von leichtfertiger Beywohnung という表題のもと、同棲、姦通、売春が「厳しく処罰されるべし」と規定した*17。しかし、ここでも、「姦淫罪」規定は登場しない。

---

*17　1530年条令では「同棲，公然たる売春」（33条），1548年条令では「同棲，姦通，売春」（25条）を禁じた．1577年条令は48年条令と同様のことを26条で定めている．*Neue und Vollständige Sammlung der Abschiede, I-II*, S. 332-345, bes. 343, S. 587-609, bes, S. 601, *ibid. III-IV*, S. 379-398, bes. 393.

第4章　「法と道徳の分離」にみるジェンダー・バイアス

【資料4—④】近世の犯罪一覧

犯罪の種別	犯罪行為
生命の侵害	殺人、毒殺、母殺し、父殺し、配偶者殺し、嬰児殺、堕胎、故殺、自殺、放火、危険な身体傷害、脅迫、公共の安全を脅かす行為、放縦、決闘
財産の侵害	窃盗、横領、詐欺、贓物罪、相続詐欺
風俗の侵害	強姦、獣姦・男色、重婚、姦通、婚前交渉、近親相姦、聖職者の結婚、放蕩生活、売春
反宗教的行為	異端、魔女、魔法、流神、占い、迷信、教会冒涜、聖体拝領拒否、宗派変更
反国家的行為	元首に対する侮辱、大逆罪、謀反、反逆、スパイ行為、反乱、脱走、密輸、貨幣偽造、文書偽造、職権濫用、職務違反、無許可での徴兵
手続違反	宣誓違反、和解違反、追放後の無許可での帰還、逃亡、逃亡補助
存在そのものの違反性	ジプシー、トルコ人、ペルシア人、通行証をもたないユダヤ人、放浪者、乞食、放浪兵士
他の違反行為	容疑者への宿の提供、無為、誘誘、悪い貨幣の持込み、女性が男の服装を着用すること、身分に不適切な服装をすること、禁止された魚売買、祝日に魚を食すること、先買、違反行為、親を粗末に扱うことなど
その他	悪事、悪い疑いなど

(Behringer〔1990〕, Mörder, Diebe, Ehebrecher, S, 96f.)

◆近世の犯罪

変化が生じたのは、17世紀である。臣民の風俗管理を君主の宗教上の義務とみなした領邦君主たちが発布した各ラントのポリツァイ条令において、それははじまった。Leichtfertigkeit（軽はずみな行為）という語に新たな意味が加わり、近世独特の風俗犯罪が生まれる。「姦淫罪（婚前交渉の罪）」が登場したのである。

近世ヨーロッパ社会で一般に犯罪とされた行為は多い*18［資料4—④］。罪刑には大まかな対応関係があり、殺人は斬首刑、窃盗は絞首刑、詐欺は追放刑に処せられた。見せしめ効果を目的とするため、刑罰は総じて重い。

◆ 17世紀以降の「風俗犯罪」とジェンダー

近世には、宗教的理由からソドミーや近親相姦の罪がきわめて重く罰せられた。1622年のバーデン刑事令が定めるとおりである*19［資料4—⑤］。17世紀前半の刑事事件（ミュンヘン財務局管区 Rentamt München）によれば、女性犯罪者の比率は、およそ3割弱である*20［資料4—⑥］。女性の比率は、けっして低いわけで

---

*18 Behringer, W. [1990], Mörder, Diebe, Ehebrecher. Verbrechen und Strafen in Kurbayern vom 16. bis 18. Jahrhundert, in : Dülmen, R. v (Hg.), *Verbrechen, Strafen und soziale Kontrolle. Studien zur historischen Kulturforschung*, Frankfurt/M., S. 96 f.
*19 Hull, I. V. [1997], Sexualstrafrecht und geschlechtsspezifische Normen in den deutschen Staaten des 17. und 18. Jahrhunderts, in : Gerhard, U. (Hg.), *Frauen in der Geschichte des Rechts*, München, S. 225 f.

【資料4―⑤】1622年バーデン刑事令にみる罪刑規定

犯罪		刑罰
ソドミー		火刑
強姦		斬首刑
落ち度なき女性の誘拐		斬首刑
直系血族間の近親相姦		斬首刑
直系親族間以外の近親相姦		名誉刑・若枝ムチ打ち刑・財産没収・所払い
被保護子女や「無意識状態」または精神病の女性を暴力を伴わずに誘惑した場合		所払い・事情に応じてその他の刑罰
重婚		姦通罪の三倍相当の刑罰・所払い
姦通		パンと水のみによる8日間の拘留 14フローリン18クロイツァーの罰金 公的恩赦があるまでの名誉喪失
婚外交渉	男性	パンと水のみの8日間の拘留
	女性	パンと水のみの4日間の女性専用拘留施設への拘留・名誉刑 適切な施設がなければ8フローリンの罰金
婚前交渉	男性	8フローリンの罰金・華美な結婚式の禁止
	女性	結婚式の日に花冠をかぶれない

(Hull〔1997〕, Sexualstrafrecht, S.225f.より作成)

はない。全犯罪のうち、風俗犯罪の多さが目立つ〔資料4―⑦〕。

風俗犯罪での男女比は、ほぼ等しい。軽微な風俗犯罪では、女性が誘惑者とみなされて罪をかぶせられやすい傾向があった[21]。啓蒙期知識人に共通する観点――誘惑された被害者としての女性――は、近世の法廷では、ほとんどみられない。

【資料4―⑥】女性犯罪者の比率

年	事件総数	うち女性	うち男性
1607	416	110	306
1618	294	97	197
1628	412	98	314
1637	196	70	126
1646	194	55	139
計	1512	430 (28.4%)	1082 (71.6%)

(Behringer〔1990〕, Mörder, Diebe, Ehebrecher, S.101)

---

[20]　Behringer [1990], Mörder, Diebe, Ehebrecher, S. 101.

[21]　R. v. デュルメン（佐藤正樹訳）[1995]『近世の文化と日常生活2：村と都市――16世紀から18世紀末まで』（鳥影社）316, 358ページ以下．16世紀の性的非行事件については, 若曾根健治 [1995]「近世刑事史断章――都市ゲンゲンバッハの文書を中心に」(『熊本法学』83) 195ページ以下．

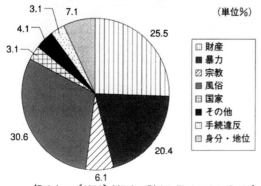

【資料4—⑦】ミュンヘン財務局管区の犯罪（17世紀前半）

(Behringer〔1990〕, Mörder, Diebe, Ehebrecher, S.129)

他方、財産犯罪・暴力犯罪は、ともに全犯罪数の4分の1から5分の1を占めている。これらの犯罪については、大きな男女差がみられる。男性が圧倒的に多く、女性は、男性の7分の1にすぎない。男女共犯の場合でも、しばしば、女性は幇助者とみなされた。しかし、もっぱら女性の犯罪とされた暴力犯罪がある。嬰児殺である。女性の暴力犯罪の4割が嬰児殺であり、魔女罪とむすびつけられることもあった。近世ドイツでは、女性に特徴的な犯罪類型は、風俗犯罪と嬰児殺であったと言えよう。

第2節　近世バイエルンの姦淫罪

(1)　バイエルンにおける姦淫罪

[1]　性風俗管理の強化期
◆姦淫罪の導入

16世紀には、帝国、ラント、都市を問わず、同棲・内縁の撲滅にはやっきになって取りくんでいるが、婚前交渉そのものの追及にはそれほど熱心ではなかった。ところが、17世紀に事情が変わる。バイエルンの場合、姦淫罪は1616年に導入され、1808年に廃止された。その間、1745年を境に、前期の強化期、後期の緩和期に二分される［資料4—⑧］。

帝国ポリツァイ条令にしたがって制定された1553年のバイエルン＝ポリツァイ条令では、婚前交渉は不可罰である。ところが、1616年のポリツァイ条令は、1553年条令をほぼ言葉通りくりかえしながら、「男女の不道徳な行為や婚前交渉を処罰なしに見過ごすのではなく、きびしく処罰するようすべての当局

【資料4—⑧】バイエルンにおける「姦淫罪」の展開

年		法令	内容	備考
1553年		ポリツァイ条令	姦淫罪言及なし	帝国ポリツァイ条令にならう
強化期	1616年	ポリツァイ条令	姦淫罪導入	
	1635年	布告	晒し刑の導入	晒し刑：男性（鎖や枷をかけて8〜14日間晒す）・女性（晒し柱につないで4〜5日間晒す）
	1646年	布告	結婚免除の容認	結婚時には刑の変更（晒し刑・追放刑を罰金刑・拘留刑に変更可）
	1727年	布告	労役刑の追加	無産男女への労役刑の追加
1745年		マクシミリアン・ヨーゼフ（啓蒙専制君主）が選帝侯となる		
緩和期	1751年	バイエルン刑事法典（クライトマイヤー起草・啓蒙期法典編纂のひとつ）	姦淫罪を違警罪として規定 結婚免除条件の拡大	労役刑・追放刑 晒し刑：男性（鎖や枷をかけて8〜14日間晒す）・女性（晒し柱につないで4〜5日間晒す） 結婚免除：当事者同士でなくとも可
	1780年5月	布告	法律にしたがって峻厳な裁きをするべし	
	1780年9月	布告	初犯への晒し刑の廃止	婚前交渉は人間の弱さに由来する
	1808年	布告	姦淫罪廃止	

に命ずる[22]」という一文を追加した。婚約している男女の婚前交渉も、処罰対象とされた。

1635年布告では、婚前交渉に対する刑罰が詳細に定められている。晒し刑はここではじめて規定される。それは、男性に鎖や枷をかけて8〜14日間晒し、女性は晒し柱につないで4〜5日間晒すというものであった。バイエルンでは、いずれの布告も農村住民対策という課題を担って公布されている。1635年布告の動機は、選帝侯の次のような不満にあったからである。「未婚の農村奉公人やその他の庶民のあいだでとくに農村で婚前交渉や不名誉な妊娠というきわめて忌むべき悪行が増えている[23]」。

◆姦淫罪導入の背景

17世紀に選帝侯が姦淫罪処罰にのりだしたのは、30年戦争という戦乱期にあって人々の風紀が頽廃し、神や当局の権威をないがしろにする者が増えつつ

---

[22] Breit, S. [1991], ,,Leichtfertigkeit" und ländliche Gesellschaft. Voreheliche Sexualität in der frühen Neuzeit, München, S. 79.

[23] Breit [1991], Leichtfertigkeit, S. 80.

あることを恐れたためである。それは同時に、世俗当局が「良きポリツァイ」をめざして臣民の規律化をはかる過程、すなわち、教会にかわっていまや絶対君主が政治の担い手であるにとどまらず、宗教的、道徳的秩序の担い手として前面におどりでる過程でもあった*24。

1646年布告により、姦淫罪違反の男女がたがいに結婚した場合には、財産と事情に応じて、晒し刑や追放刑を罰金刑と拘留刑に変えることが認められた。1665年布告では、婚前交渉が多い理由を次のように分析している。「奉公人男女は区切られた別々の部屋にいるのではなく、1つの部屋に暮らしているので、召使も下僕も雇い入れられたさいまったくもって恥いることなく互いに欲しあい、子を宿すのであり、それを禁じると彼らは奉公を拒むのである*25」。

1727年布告は、姦淫罪強化の頂点をなす法律である。「近親相姦 Blut=Schand、姦通 Ehebruch、姦淫 Leichtfertigkeit の罪をおかした男女を、従来の現状よりも、また、ポリツァイ条令が一般に示すよりも、今後いっそう厳しく処罰することを朕は決定した*26」。近親相姦、姦通、姦淫罪は、3種別々に詳細な刑罰が定められている。女性に対する刑罰は強化され、無産男女には、晒し刑に加えて、労役刑もまた科せられるようになった。

[2] 性風俗管理の緩和期
◆ 1751年バイエルン刑事法典

1745年、マクシミリアン・ヨーゼフが選帝侯となり、かれの治世下で啓蒙主義的な改革が進む。クライトマイヤー Kreittmayr, W. X. A. v. 起草のバイエルン刑事法典 (1751年) は、啓蒙精神を反映して、拷問を否定し、瀆神罪規定をもたず、権利侵害のない違反行為を犯罪とは区別して「違警罪」Polizeivergehen とみなした*27。姦淫罪は「違警罪」に該当する。

---

*24 ゲルハルト・エストライヒ (阪口修平／千葉徳夫／山内進編訳) [1993]『近代国家の覚醒——新ストア主義・身分制・ポリツァイ』(創文社) 129ページ以下.
*25 Breit [1991], *Leichtfertigkeit*, S. 82.
*26 Dülmen, R. v. [1991], *Frauen vor Gericht. Kindsmord in der frühen Neuzeit*. Frankfurt/M., S. 134 f.
*27 バイエルン刑事法典については，和田卓朗 [1982-84]「中世後期・近世におけるバイエルン・ラント法史研究序説 (平和・ポリツァイ・憲法) ——クライトマイアを中心に (1)(2)」(『北大法学論集』33-3, 34-6), 高橋直人 [1996]「近代刑法の形成とバイエルン刑事法典 (1751年) ——啓蒙と伝統との交錯のなかで」(『同志社法学』47-6), 同 [1998]「マクシミ

バイエルン刑事法典は、17世紀以来の姦淫罪規定を踏襲している。しかし、一点について重大な変更があった。刑罰の減軽条件である「実際の結婚」が、1646年規定とは異なり、姦淫罪違反者どうしの結婚でなくともよくなったのである。身ごもった貧しい娘を捨てて、別の裕福な娘と結婚しても、男は晒し刑や追放刑をうけずにすむようになった*28 [資料4─⑨]。そこには、無産男女どうしの結婚や、身分違いの結婚を防ごうという

> 【資料4─⑨】
> バイエルン刑事法典（1751年）第1部第3章
>
> 第1条　独身者間の性交渉は、つぎのように処罰される。初犯の場合には、男性は財産がなければ、8〜14日間にわたって、鐘付き首枷や鎖をつけられて公然と晒される。しかし、財産がある者は、家の前で前述の鐘付き首枷や鎖による刑を科せられる。これにたいして、女性は、相応の罰金刑のほか、4〜5日間にわたって家の前でヴァイオリン型の枷刑を科せられる。彼女が無産者であったり、まったく厚かましい場合には、町や市場で道路掃除を科せられるか、その他の場所で公然たる労役刑に処せられる。それとともに、姦淫のかどで処罰された者はまた、領邦君主の恩寵によりふたたび権利をあたえられるまで、手工業者ツンフトから除名される。
> 第2条　最初の刑が執行されたのち、再犯におよんだ男性は、2倍額の罰金刑を科せられるとともに、村やラントの裁判所管区から追放される。一方、女性は、2倍額の罰金刑と枷刑を科せられる。
> （中略）
> 第6条　犯罪ののち、実際の結婚が双方から、あるいは、一方から要求された場合には、公然たる晒し刑も、下級裁判区や上級裁判区、ラントからの追放刑も中止され、かわって、2倍額の罰金刑と拘留刑に処すものとする。

当局の意図がはたらいている。姦淫罪は、婚前交渉を婚姻へと変える動機づけとしての役割を否定されたのである。

◆姦淫罪の廃止

さらに大きな転機は、1780年に訪れる。1780年5月と同年9月の布告では、姦淫罪の処罰方針が180度転換した。5月布告では、地方の裁判所が姦淫罪に対して「法律よりもゆるい」恣意的な判決を下していることを難じ、法律に従って峻厳な裁きをするよう命じている。これに対して、9月布告では、姦淫罪初犯への晒し刑が廃止された。婚前交渉は人間の弱さに由来するので同情に値し、罰金ですませるべきだというのがその理由であった。1808年、姦淫罪は完

リアン三世ヨーゼフの内政改革──バイエルン刑事法典（1751年）編纂の背景」（『同志社法学』50-1）.
*28　*Codex Juris Bavarici Criminalis De Anno NDCCLI* (Schmdt, W. [Hg.]), Frankfurt 1988 (ND), S. 26-28.

【資料4—⑩】
姦淫罪裁判の開始時期と被告女性
の出産時期（ザハランク教区）
(Breit [1991], *Leichtfertigkeit*, S. 125,
Anm. 59)

出産前	人数	出産後	人数
6か月前	4	1か月後	11
5	4	2	8
4	8	3	4
3	13	4	3
2	15	5	2
1	11	6	2
当月	4	7	2
小計	59	小計	32
合計		91名の女性	

全に廃止される*29。

(2)　姦淫罪事件の実態

[1]　事件の発生

　たび重なる布告の公布は、姦淫罪の取締りが
あまり効果をもっていなかったことを推測させ
る。姦淫罪の実態については、バイエルン3農
村の未刊行史料をもちいたブライトの研究が詳
しい*30。

◆告発

　姦淫罪は婚前交渉を罪とするものであるが、
実際に摘発されるのは、ほとんどが女性が妊娠した場合であった。告発の大半
は職権によるものであり、おなかが大きくなった女性を役人が裁判所に召喚し
たことによって、手続きが開始した。出産3ヶ月前の大きなおなかをかかえて
裁判所に出頭した女性は半数近くにのぼった［資料4—⑩］。そのほか、姦淫罪の
およそ1割は、女性が教会裁判所に婚約不履行訴訟をおこして、世俗裁判所で
の姦淫罪裁判にいたったケースである*31。

　しかし、すべての婚前妊娠が摘発されたわけではない。ある女性は5人の婚
外子をもうけたが、うち当局が把握したのは2件だけであった*32。姦淫罪の
摘発に、大きな空白部分があったことは留意されるべきである。

◆尋問

　姦淫罪は軽罪であるため、下級裁判権に属する。村の裁判所は、常時開かれ
ていたわけではない。領主の役人が年4～6回巡回してきたときに裁判が開か
れる。告発された女性たちがまず尋問をうけ、その過程で相手男性の名が明か
された。1731年の1女性に対する尋問内容は右のとおりである*33［資料4—

---

*29　Breit [1991], *Leichtfertigkeit*, S. 282 ff.
*30　本章注22参照.
*31　Breit [1991], *Leichtfertigkeit*, S. 149.
*32　Breit [1991], *Leichtfertigkeit*, S. 123.
*33　Breit [1991], *Leichtfertigkeit*, S. 128.

⑪]。

　尋問や刑罰を免れるために逃げることも可能だったが、実際には、逃亡者は多くない。ブライトが考察した全3095名の姦淫犯者のうち、9割近くが処罰されている［資料4－⑫］。逃亡者のほとんどは男性であったが、農民の子弟はほとんど逃げなかったし、逃げてもすぐ戻ってきたようである*34。農村では、女性が姦淫罪に問われる場合には、ほとんどの相手男性もまた、姦淫罪を免れなかったといえよう。

◆事件発生の頻度

　村によって差があるが、年間10件をこえる村もいくつかある［資料4－⑬］。しかし、年間1件前後のザハランク教区（家屋敷数41〜47）でも、1670〜1808年に20歳に達した男女603名のうち、2割をこえる126名が姦淫罪で処罰されている*35。姦淫罪は、きわめて日常的な犯罪であったといえる。たしかに初犯での処罰がもっとも多いが、時代とともに累犯が増えていることからは、姦淫罪をもうけることで婚前交渉をなくそうとした当局のもくろみがかならずしも成

【資料4－⑪】
女性に対する尋問（1731年）
①洗礼名・名前、生年、年齢、両親の名
②仕事、性交渉におよんだ経過、相手男性の名
③性交渉の回数と場所、
④他の誰とも性交渉をもったことがないか、
⑤相手男性は子の父親であることを認めているか、
⑥その根拠はなにか、
⑦かれは結婚を約束したか、ほかにかれから何をもらったか、
⑧真実を語らなければ刑罰がもっと重くなるぞとの脅し、
⑨なぜひそかに性交渉におよんだのか、
⑩性交渉開始の時期、
⑪相手男性が子の父であると認めようとしなければしないほど、彼女はますますかたくなにその相手と恥ずべき行為におよんだと主張する。

（Breit［1991］, *Leichtfertigkeit*, S.128）

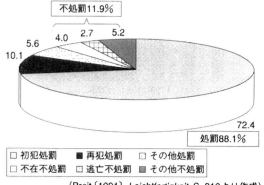

【資料4－⑫】処罰実態

（Breit［1991］, *Leichtfertigkeit*, S. 319より作成）

---
*34　Breit［1991］, *Leichtfertigkeit*, S. 125 ff.
*35　Breit［1991］, *Leichtfertigkeit*, S. 238, 47 f.

【資料4—⑬】年間あたりの姦淫罪事件数
(Breit [1991], *Leichtfertigkeit*, S. 319より作成)

共同体名＼年	1670-1700	1701-1725	1726-1750	1751-1775	1776-1808
Kosching	—	1.04	1.76	2.25	—
Perlach	13	11.7	11.7	—	—
Wasserburg	—	10.5	11	8.5	9
Tolz	11.33	8.33	4.67	8	4.67
Reichenhall	17.5	14.5	—	—	16.5
Forstenriedt	1	1.16	0.85	1	—
Berg/Aufkirch	—	0.13	0.27	0.2	0.33
Eurasburg	1.95	—	1.09	1.48	1.27
Zangberg	1.75	0.95	1.33	1.75	—
Sulzemoos	—	0.65	1.6	3.1	—
Sachrang	1.71	1.23	0.96	0.72	0.85
Zeilhofen	0.74	1	0.52	0.64	1.17
Rottenbuch	—	2	2.2	3.7	1
Asbach	0.6	0.48	0.32	0.24	1.2
Beuerberg	—	1.67	1.33	2	—
Votting	0.5	0.92	0.58	—	—
Fischbacheu	—	—	—	—	3.5
Taufkirchen	—	—	1.25	2.17	—
Bruck	—	—	—	6.67	—

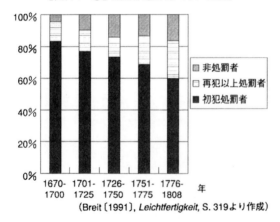

【資料4—⑭】姦淫罪違反者に対する処罰
(Breit [1991], *Leichtfertigkeit*, S. 319より作成)

功していなかったことがわかる［資料4—⑭］。

[2] 法規と判決
◆刑罰規定

姦淫罪に対する刑罰は、罰金刑、晒し刑、拘留刑、追放刑であった[*36]。

①罰金刑

罰金額は法令に明示されていないが、一般に、男性には3プフント・プフェニヒ（およそ2グルデン）、女性には2プフント・プフェニヒが科せられた。下級裁判所では、最高額の罰金である。当時の男性奉公人の年収は30～40グルデンであったから、3週間分ほどの稼ぎに相当す

[*36] Breit [1991], *Leichtfertigkeit*, S. 132 ff.

る*37。

罰金の一部は裁判官の収入となり、実際に姦淫罪罰金からの収入はかなりの額にのぼった。1766～1776年の10年間に、4地方政庁管区すべてにおける姦淫罪罰金収入はおよそ7万グルデンにものぼり、裁判所役人には1万2千、救貧金庫に6千、国庫には5万グルデンが帰属している*38。

②晒し刑

男は足首に鎖か球がついた鉄の足枷をつけ、首には種牛がつける鈴付きの首輪をつけて晒され、女は首にヴァイオリンの形をした木の枷をはめたり、晒し柱につながれて晒された。晒される場所は、役所の前、自分の家の前、刑が重い場合には市場で晒されることもあり、枷をつけたままの労役が追加されることもあった*39。

③拘留刑

拘留刑は、罰金が支払えないときの代替刑であった。該当者は、2～8日間程度、パンと水だけで拘留された。事情に応じて枷をつけることもあった。

④追放刑

犯行を重ねるにつれて、追放される領域が広くなる。追放刑には、処罰という本来の目的以上に、結婚をうながす効果と、何度も姦淫をおかすよそ者を追い払うという効果もあったと思われる。

◆裁判所の性格と判決の特徴

バイエルン農村には、3種の裁判所があった。①地方裁判所 Pfleggericht、②世俗貴族領の裁判所、③教会領の裁判所である*40。

①地方裁判所

地方裁判所では、領邦君主から地域の司法行政権を委ねられた高級宮廷官僚がみずから政治をとりおこなうかわりに、安い報酬で雇った者に裁判官をつとめさせるのが一般的であった。裁判官は法律専門家ではなく、人民に対する苛斂誅求もめだった。

②世俗貴族領の裁判所

＊37　Breit［1991］, *Leichtfertigkeit*, S. 133.
＊38　Breit［1991］, *Leichtfertigkeit*, S. 133, Anm. 118.
＊39　Hinckerldey, Ch.（Hg.）［1984］, *Justiz in alter Zeit*, Rothenburg o. d. T., S. 335 ff.
＊40　Breit［1991］, *Leichtfertigkeit*, S. 254 ff.

【資料4—⑮】ホーエンシャナウ領における刑罰の変更

(Breit [1991], *Leichtfertigkeit*, S. 258)

刑罰変更 年	晒し刑を罰金刑に変更			晒し刑と罰金刑の併用			罰金刑を晒し刑に変更			計
	全体	男	女	全体	男	女	全体	男	女	
1670-1700	35	21	14	21	8	13	0	0	0	56
1701-1725	15	10	5	20	11	9	3	2	1	38
1726-1750	3	2	1	30	15	15	0	0	0	33
1751-1775	11	6	5	13	6	7	2	1	1	26
1776-1789	12	6	6	4	1	3	2	1	1	18
計	76	45	31	88	41	47	7	4	3	171

　裁判官の権限は下級裁判権に限定されており、上訴先は宮廷法院となる。裁判官は領邦君主の役人であり、法律専門家ではない。

　貴族領の裁判官は、晒し刑を避ける傾向が強い[資料4—⑮]。晒し刑が罰金に変更された場合には、通常より罰金額が引き上げられた。ほかに、病気の父親をみる必要があるなど特殊なケースでは罰金を引き上げることなく、晒し刑が免除されている。罰金を支払えない貧民に対する晒し刑も、公然たる晒しを定めた1727年布告にはしたがわず、枷をかけて自宅に留めおいている。

　③教会領の裁判所

　地域ごとにかなり差があるが、総じて、晒し刑が重視されている。

　以上のように、違いはあるものの、地方の裁判所は、かならずしも法律を遵守していない。裁判官は、法律をまったく無視するのではないにせよ、かなり恣意的に刑罰を選択していた。女性に対する刑罰もまた法律にはしたがわず、法律よりも重く、ほとんど男女平等に科せられた。全体としてみれば、1780年まで、法律上、姦淫罪に対する刑罰が緩和されることはなかったが、実際には、それ以前に多くの裁判所で刑罰が緩和されていたのである[41]。

　◆婚約不履行訴訟

　職権による告発とならんで、姦淫罪摘発のきっかけとなったのが、教会法上の婚約不履行訴訟である[42][資料4—⑯]。教会法によれば、女性の純潔を奪っ

---

[41]　Breit [1991], *Leichtfertigkeit*, S. 264.

[42]　Beck, R. [1983], Illegitimität und voreheliche Sexualität auf dem Land. Unterfinning, 1671-1770, in : Dülmen, R. v. (Hg.), *Kultur der einfachen Leute. Bayerisches Volksleben vom 16. bis zum 19. Jahrhundert*, München ; Beck, R. [1993], *Unterfinning.*

た男性は、彼女に持参金相当の慰謝料を支払うか、女性の父が同意すれば彼女と結婚するかしなければならない[43]。未婚の母となった女性は、分娩費と子供の養育費をも請求できた。

婚約不履行訴訟をおこして、たとえ姦淫罪に問われても、結婚すると刑は大幅に免除される。このため、女性にとって訴訟をおこすことは不利にならなかった。教会法上の婚約不履行訴訟も世俗の姦淫罪規定もともに、未婚の母をなくし、男性に結婚を強制する装置として重要な役割を果たしていたと考えられる。

【資料4—⑯】婚約不履行訴訟の例（1621年）

1671年3月、ウンターフィニンク村に住むアンナ・シュミットは、婚前妊娠し、出産前に子の父と結婚した女性の一人である。アンナは、ハンス・コーラーの父の家の奉公人として働いていた。当時23歳のアンナは、結婚するという約束でハンスと関係をもった。2人の関係は、1670年7月4日から11月25日まで続いた。

秋に妊娠したアンナは、ハンスに結婚を迫る。ハンスがこれに応じなかったため、彼女は、アウグスブルクの教会裁判所にかれを訴訟した。ハンスは、アンナは軽率で、結婚の約束をせずに自分と関係をもったと主張した。さらに、アンナが身持ち悪く、別の求婚者とも関係をもったことを証明しようとして、3名の証人をたてたのである。ところが、ハンスの意に反して、証人たちはみな、アンナに落ち度はないとして、彼女を弁護した。

裁判所はこう判示した。アンナの純潔を奪ったことにたいする弁償として、ハンスはアンナと結婚するか、さもなければ、持参金相当の慰謝料を支払うこと。彼女が子を産むときにはこれに立ち会い、子を認知し、子に扶養料を支払い、また、アンナには分娩費を支払うこと。結局、1671年5月11日、両人は結婚し、6月21日、アンナは男児を出産した。

（Beck〔1983〕, Illegimitätより要約）

---

[3] 婚前交渉と社会

◆婚前交渉と婚前妊娠

性道徳のあり方をはかる尺度としてよく利用されるのは、婚外子出生率である。しかし、婚外子出生率から描かれる農村社会のセクシュアリティは、しばしば実態からかけはなれてしまう。①妻は複数の子を産むのに対し、未婚の母は1人の子しか生まないため、婚外子出生率は、母全体に占める未婚の母の割合よりも低くなる。②子が婚外子となるのを避けるため、出産直前に駆け込み結婚するケースが多く、婚外子出生率は、婚前交渉・婚前妊娠の頻度を反映しない。

Ländliche Welt vor Anbruch der Moderne, München.

*43 Schmelzeisen, G. K. [1955], *Polizeiordnungen und Privatrecht*, Münster/Köln, S. 23 f.

①ザハランク教区では、1721～1730 年の 10 年間で 78 名の子が生まれた。うち、嫡出子は 68 名、婚外子は 10 名である（婚外子出生率 12.8%）。しかし、母の総数は 38 名。うち、妻は 28 名、未婚の母は 10 名（未婚の母の割合は 26.3%）。4 人に 1 人が未婚の母であった。この間に姦淫罪で処罰された女性は 6 名。全員がのちに結婚し、うち 2 名は子の父と結婚している*44。

②ミュンヘンの西方に位置するウンターフィニンク村のケースからは、婚前妊娠の可能性が推測される。村には、約 50 家族が暮らしており、1671～1770 年の 100 年間に、907 件の出産があった。うち 52 件は、結婚後 8 か月以内の出産で、婚前妊娠の可能性がある。全体の 5.7%、20 人に 1 人の割合となる。そのうち、未婚の母の出産ケース、すなわち、子の出生時に母が結婚していないケースは、わずか 10 件にすぎない（婚外子出生率 1.1%）。

それら 10 件のうち、子の出生後、子の父母が結婚したのが 2 件、母が子の実父以外の男と結婚したのが 3 件、不明 5 件である。出産時に母は結婚していたが、婚前妊娠の可能性が高いものは 42 件。すなわち、結婚後 8 か月以内に子を生んだのが 23 件、結婚後 6 か月以内に子を生んだのが 19 件である。また、複数の婚外子をもつ母は、村にはいない*45。

②のように、出産前後にほとんどが結婚しており、婚外子の出産はできるだけ避けようとする傾向が認められることは、婚前妊娠が結婚へのパスポートとみなされても不自然ではない状況があったと考えられる。また、①は、婚前妊娠が結婚への障害になっていないことを示している。

◆姦淫罪違反と社会

ブライトによれば、姦淫罪違反者は各階層にまたがっており、しかも、初犯時期は婚姻適齢期に集中している［資料4―⑰］。性的成熟をむかえてすぐに性交渉をもったのではなく、結婚が可能となる条件が整ったころに性交渉を持つようになったと考えられる。農村社会でも、結婚を前提としない性関係はタブー視されていた可能性がうかがえる。しかし、婚約者どうしの婚前交渉を「罪」とはみなさない伝統が、多くの農村社会には存在していた。その理由は、①中世以来の教会法の伝統、②農村の経済構造にある。

①教会での挙式を婚姻の成立要件としたトリエント公会議の決定は、容易に

---

*44　Breit [1991], *Leichtfertigkeit*, S. 238.
*45　Beck [1983], Voreheliche Sexualität, S. 132 f.

は浸透しなかった。農村では、あいかわらず、結婚の約束がある同衾は婚姻同等に保護されたのである。

②農村では、子どもは将来の労働力として重要

【資料4―⑰】姦淫罪違反者の社会階層と平均年齢
(Breit [1991], *Leichtfertigkeit*, S. 175 より作成)

社会階層	女性の平均年齢（歳）		男性の平均年齢（歳）	
	初犯年齢	結婚年齢	初犯年齢	結婚年齢
上層	27.5	28.4	27.8	32.1
中層	25.3	27.2	30.3	31.1
下層	28.0	31.0	27.7	34.6

な意味をもち、健康な妻も労働力として期待された。南ドイツやシュレージエン、オーストリア、スイスのように、「夜這い」や「試し婚」の風習があったところも少なくない*46。共同体の生産と再生産を維持するために、婚前交渉は大目に見られていたと考えられる。これを反映して、姦淫罪に問われても結婚は可能で、女性の結婚チャンスを決定したのは女性の名誉（＝純潔）ではなく、親からもらう持参金であった*47。

第3節　姦淫罪の廃止と「性の二重基準」の確立

(1) 啓蒙期の姦淫罪

[1] 啓蒙期の刑事法改革論

◆スローガンとしての「世俗化・合理化・人道化」

啓蒙期刑事法改革のスローガンは、「世俗化、合理化及び人道化」であった*48。このスローガンの基礎にあったのは、自然法と社会契約論である。自然法思想にもとづき、宗教・道徳と法の分離が唱えられ、社会契約論にもとづ

---

*46　18世紀のドイツ農村の性風俗については，R. v. デュルメン（佐藤正樹訳）[1993]『近世の文化と日常生活1：「家」とその住人――16世紀から18世紀まで』鳥影社，245ページ以下，Mitterauer, M. [1991], Sieder, R., *Vom Patriarchat zur Partnerschaft.. Zum Strukturwandel der Familie* (4. neubearb. Aufl.), München, S. 154 f. [若尾祐司／若尾典子訳 [1993]『ヨーロッパ家族社会史――家父長制からパートナー関係へ』名古屋大学出版会，133ページ以下]，Mitterauer, M. [1979], Familienformen und Illegitimität in landlichen Gebieten Osterreichs, in : *Archiv für Sozialgeschichte* 19.

*47　Breit [1991], *Leichtfertigkeit*, Anhang A.

*48　足立昌勝 [1995]「ドイツ・オーストリアの啓蒙主義刑法理論と刑事立法」（東京刑事法研究会編『啓蒙思想と刑事法――風早八十二先生追悼論文集』勁草書房）299ページ以下.

き、犯罪行為が2種類に分けられた。①「社会契約そのものを侵害する行為」
と②「社会契約を保護するために締結された二次的契約を侵害する行為」であ
る。1751年バイエルン刑事法典もこの区別を取り入れた。

　①「社会契約そのものを侵害する行為」は、自然状態において個人が有して
いた権利と社会契約によって確保されるべき国家の安全を侵害する行為で「刑
事犯罪」Kriminalverbrechen とよばれる。②「社会契約を保護するために締結さ
れた二次的契約を侵害する行為」は、公共の福祉と安寧を促進するために国家
が定めた行為基準に違反する行為で「違警罪」Polizeivergehen とよばれる*49。
他者の法益を侵害しない姦淫罪は「違警罪」に入る。

　◆グロービヒ＝フスターの懸賞入選論文

　グロービヒ Globig, H. E. v. とフスター Huster, J. G. の共同論文『刑事立法論』
(1780年) は、高い関心を集めた懸賞論文募集 (1777年) の入選作である*50。それ
は、当時の刑法改革案を代表し、実際の立法にも大きな影響を与えた。

　『刑事立法論』では、風俗犯罪が2種類に分けられている。姦通・重婚・強姦
は「刑事犯罪」とされ、婚前交渉・同棲、売春、売春斡旋、獣姦、近親相姦は
「違警罪」の筆頭にあげられた。「刑事犯罪」に対しては懲役（労役）刑が基本
で、「違警罪」に対しては懲戒的性格をもつ刑罰（名誉刑、罰金刑、重いときに
は追放刑）が妥当とされた。

　グロービヒは、婚前交渉を厳しく処罰していることが、嬰児殺や堕胎といっ
たより深刻な犯罪を誘発し、結果的に風紀の頽廃をまねいていると主張する。
かれは、姦淫罪そのものは否定せず、主たる責任者である男性に対し、相手女
性と結婚するか、持参金相当の慰謝料支払（男性の資産の10分の1）を求め
た*51。

---

*49　Schmidt, S. [1990], *Die Abhandlung von der Criminal＝Gesetzgebung von Hanns Ernst von Globig und Johann Georg Huster. Eine 1782 von der ökonomischen Gesellschaft Bern gekrönte Preisschrift*, Berlin.

*50　Globig, H. E. v., Huster, J. G. [1783], *Abhandlung von der Criminal＝Gesetzgebung. Eine von der ökonomischen Gesellschaft in Bern gekrönte Preisschrift*, Zürich [ND 1969]. この懸賞論文については、楠本孝 [1995]「新たに生ずべき共和国における刑事立法の綱領」（東京刑事法研究会編『啓蒙思想と刑事法』）を参照.

*51　Globig/Huster [1783], *Abhandlung*, S. 241-244.

[2]　バイエルンにおける姦淫罪の廃止

◆婚姻規制の強化

17世紀後半以降、西ヨーロッパでは農村工業が発展し（プロト工業化）、共同体外部での収入チャンスが増えつつあった。それとともに、若者の結婚願望が高まり、生計のめどもたたない非自立的な者たちまでが結婚したり、子どもをもうけはじめる。それは、国庫や教区の救貧負担をおしあげた。結婚意欲の向上は、結婚の前段階である婚前交渉・婚前妊娠の増加をももたらす。

バイエルンでは、当初、これらの下層民の婚姻増加や反道徳的な行為に対し、婚姻規制強化と姦淫罪強化で対処しようとした。バイエルンにおける積極的な婚姻制限政策の目的は乞食対策にあり、下層民の婚姻には君主の許可が必要とされたのである。姦淫罪緩和がはじまる18世紀半ばには、婚姻制限がいっそう強化される。「大半の乞食は、無産民の無謀な結婚から生まれている」(1748年ミュンヘン市乞食条令) からである。1751年1月25日勅令は、当局の同意なく結婚した夫婦には、1年間の労役刑と1週間の折檻を科すと定めた。5年後、1756年4月3日勅令では、「1年間の労役刑では効果がないので」、刑の期間は3年間に延長された。規制の強化をうけ、貧民の婚姻数はしだいに減っていった*52。

姦淫罪が婚前交渉を婚姻へと結びつける機能を果たすかぎり、姦淫罪の徹底は、非自立者の結婚率を高めるという結果しか生まない。バイエルン刑事法典のように、姦淫罪の伝統的罰則を継承し、公序良俗維持の効果をのこしたままで、当人どうしの結婚を要求しないことは、国家の人口・財政政策上の利害にかなったことであった。

1780年、姦淫罪に対する晒し刑を廃止し、罰金刑を主体にしたのち、姦淫罪罰金収入は2万グルデン近く増えている。官僚や国庫に入る額がほとんど変わらなかったにもかかわらず、救貧金庫に帰属する罰金収入は3.5倍にもなっている。

◆近代化と姦淫罪廃止

1808年、バイエルンでも姦淫罪が廃止された。1806年、神聖ローマ帝国がナポレオンにより解体されたとき、バイエルンもまた、新国家体制にふみだす。

---

*52　Breit [1991], *Leichtefertigkeit*, S. 273 ff.

ナポレオン法典が導入され、封建的諸制度がつぎつぎと廃棄されていった。婚姻の自由化がめざされ、婚姻規制は緩和された。しかし、財政上の意義もあってか、どの官庁も姦淫罪の無償廃棄を口にしてはいなかった。1808 年の姦淫罪廃止は、突如として決まったのである。

その後、バイエルンは 20 パーセントもの高い婚外子出生率を示すようになり、1834 年、ドイツでもっとも徹底した婚姻規制を導入する。1,000 グルデン程度の資産がない者には結婚が禁じられた*53。バイエルンでは、姦淫罪の廃止は、近世以上にきびしい婚姻制限をもたらす結果となったのである。

(2) 「性の自由」のジェンダー・バイアス

[1] 近代刑法典の「風俗犯罪」

◆啓蒙期法典

「カロリナ」では、「性道徳違反行為」規定は 116〜123 条にまとまっておかれていたが、特定のタームで一括されているわけでも、なんらかの基準で分類されているわけでもなかった。啓蒙期になり、2 つの方向性が認められるようになる。一方は、「性道徳違反行為」をその「加害性」に応じて「刑事犯罪」(重罪)と「違警罪」(軽罪)に二分する方法である。1751 年バイエルン刑事法典やオーストリアの「ヨセフィーナ刑事法典」(1787 年)がその典型である。

これに対して、「プロイセン一般ラント法」(1794 年)は、「肉欲犯罪」fleischliche Verbrechen という章名のもとで、「売春・誘惑・近親相姦・強姦・姦通・重婚・反自然的な罪」を一括して定めた。すべて懲役刑が妥当する。婚前交渉の罪(姦淫罪)はすでにない*54。

◆近代刑法典の風俗犯罪

19 世紀以降の近代刑法典は、プロイセン一般ラント法型をとり、用語を「肉欲犯罪」から「風俗犯罪」に改めた。「近代刑法学の父」と称されるフォイエルバッハ Feuerbach, A. v. の時代にはなお流動的である。かれが起草したバイエ

---

*53 若尾祐司 [1996] 『近代ドイツの結婚と家族』(名古屋大学出版会) 94-95 ページ.

*54 *Allgemeines Landrecht für die Preußischen Staaten von 1794.* Textausgabe mit einer Einf. von Hattenhauer, H. und einer Bibliographie von Bernert, G., 3. erw. Aufl., Neuwied/Kriftel/Berlin, 1996.

ルン刑法典（1813年）では、「肉欲犯罪」は否定されたが、かれの改正草案では復活された*55。しかし、バイエルン刑法典そのものでは、性道徳違反行為は一括されなかった［資料4―⑱］。1813年バイエルン刑法典注釈は、「法と道徳の分離」をよく示している*56［資料4―⑲］。

【資料4―⑱】バイエルン刑法典（1813年）の風俗犯罪規定

部	章	罪	風俗犯罪
私的重罪	1	他人の生命	
	2	人に対する損傷・虐待	強姦・近親相姦・ソドミー・婦女誘拐・売淫幹旋
	3	窃取・横領・強盗・恐喝による所有権の侵害	
	4	所有権の損壊	
	5	詐欺	
	6	背任	
私的軽罪	1	人に対する軽罪	強制わいせつ
	2	窃取・横領・損壊による所有権の侵害	
	3	詐欺・越権による権利侵害	
	4	背任	姦通

1828年プロイセン刑法典草案では、「風俗犯罪」Verbrechen gegen die Sittlichkeit 全36条が定められた。1829年のプロイセン刑法典草案理由書は、「肉欲犯罪」という用語の「不適切さ」を根拠に「風俗犯罪」という名称への変更を提案した*57［資料4―⑳］。

［2］ 姦淫罪廃止のジェンダー・バイアス

◆「非」西欧的文化としての農村性風俗

姦淫罪は、農村社会でなかば権利としておこなわれていた配偶者選択過程における婚前交渉を、政策的配慮から近世国家が「犯罪」とみなしたことにより生まれた。しかし、国家法も教会法も農村社会には容易に浸透せず、姦淫罪違反は日常的に発生してしまう。国家と共同体の規範意識のあいだには大きな隔たりがあったのである。姦淫罪は、ほかの犯罪にくらべて女性が多く関わっているかぎりで女性に特徴的な犯罪類型といえる。しかし、けっして女性だけの

---

*55　ゲルノート・シューベルト（山中敬一訳）［1980］『1824年バイエルン王国刑法典フォイエルバッハ草案』（関西大学出版部）245ページ以下，付録50ページ以下.

*56　*Anmerkungen zum Strafgesetzbuche für das Königreich Baiern, nach den Protokollen des Königlichen Geheimen Raths*, 1813-14 (ND Frankfurt/M. 1986), Bd. 2, S. 59 f.

*57　Schubert, W. (Hg.), [1993] *Gesetzrevision (1825-1848) (Quellen zur preußische Gesetzgebung des 19. Jahrhunderts)*, I. Abteilung Straf-und Strafprozeßrecht, Bd. 1, S. 657 ff.

犯罪ではない。それは、配偶者選択過程にある当事者男女が等しく問われる犯罪であり、小さな村でも頻繁に生じていた日常的犯罪であった。

啓蒙末期から19世紀にかけて実現した「法と道徳の分離」は、姦淫罪を廃止させた。しかし、それは農村社会の性風俗を容認したことによるのではない。同時期に顕著になる婚姻規制策もまた、農民・農村出身の下層民の結婚を制限するものにほかならなかった。姦淫罪の導入も廃止もともに、主たる対象とされた農村社会の現実や道徳観をほとんど汲みとらずに決定されたのである。

◆「性の二重基準」の確立

「法と道徳の分離」によりもっとも大きな恩恵をうけたのはだれか。それは、婚前交渉を法的にも道徳的にも非難されることがなくなった人びとである。家族を解体の危険にさらさないかぎりで「セクシュアリティの自由」を享受することが許されたのは、市民男性であった。彼らが築き上げた新しい「市民道徳」は「性の二重基準」に依拠する。

【資料4―⑲】
1813年バイエルン刑法典注釈

「人間は、猥褻な行為によって他者の権利を侵害することなく、たんに自らに対する内面的な義務、すなわち道徳律に違反するにすぎないのだから、その限りでは、現代の諸法典においてはそれに関して何も規定されなかったのだ。自瀆、ソドミー、獣姦、婚外の任意の同姦は、道徳上の命令の重大な違反であるが、それが、外面的な立法の領域に属するとすればそれは、罪悪としてではなく、他人の権利がそれによって侵害される限りでなのである」。
(*Anmerkungen*〔1813〕Bd. 2, S.59f.(シューベルト〔1980〕『フォイエルバッハ草案』29ページ以下の訳を参照)

【資料4―⑳】
プロイセン刑法典草案理由書
(1829年)

「プロイセン一般ラント法の体系を維持しながら(バイエルン刑法典のように『肉欲犯罪』をばらばらにせずに)、古い『肉欲犯罪』に変えて〔下品で法典用語としては不適切であり、『精神的犯罪』であるかのような誤解を与えかねないため〕、『風俗犯罪』という用語を使用する」。
(*Gesetzrevision* Ⅰ-1, S.657ff.)

近世には男女がともに規制されていたセクシュアリティ領域で、近代には性差があらわとなる。その典型が姦通罪の男女差である。19世紀中葉のプロイセン刑法典制定時の姦通罪規定をめぐる委員会の論戦では、「性の二重基準」が立法根拠として利用された。1845年、相手が独身であったときの夫の姦通を「6週〜3月の禁固」とし、妻の姦通を「3〜6月の禁固」とするプロイセン刑法典草案(1843年草案)の「姦通」(第377〜380条)に関する委員会審議で、姦通に対する刑罰平等化をもとめる提案に対して、強力な反対論が展開された*58〔資料

> **【資料4—㉑】1845年プロイセン刑法典草案に関する委員会審議から**
>
> 「たとえ、男女が互いに対して平等に誠実義務を負うとしても、両性の本質上、一般に女性の責任はより重大である。女性の意義は、主として、道徳的・性的純潔にある。そして、その喪失により、女性の価値および婚姻・家の平穏が否定され、子どもの教育が犠牲になる。したがってまた、内心の規律という箍がはずれてしまうと、女性はほとんど二度と立ち上がることができない。
>
> 男性の姦通は、非常の多くの場合、家の名誉や平穏をこわすことはない。また、女性の姦通にくらべて、男性の一時的な過ちは容易に消えうるし、償いうる。ものごとの本質に存するこの相違を、過去も現在も、立法者は是認してきた。近年、ザクセン・ブラウンシュヴァイク・ヘッセン・バーデンの草案起草作業で、女性の地位に関する現代的観点［姦通罪刑罰の男女平等化＝筆者注］に譲歩したことがあったが、この点での進歩はけっして承認されるべきではない。このことは、国家参事会委員会の審議でも国家参事会でも、国民Volkの一般的意見と一致したものごとのとらえ方により正当化される。法律においては、両性を区別する相違を今後とも是認することが必要と思われる」。(*Gesetzrevision* I-5, S. 656f.)

4—㉑］。男女の「性差」にもとづき、刑罰に差をもうけるべきだとの主張は、1847年草案理由書にも取り入れられる*59 ［資料4—㉒］。

当時の立法大臣をつとめたサヴィニーは、姦通罪に性差をもうける「根拠」を次のように述べた。「父性の不確実性は、妻の貞操違反によって生まれるものであり、夫の貞操違反によっては生ずるべくもない。そして、この不確実性により、婚姻の本質と子どもとの自然な関係が高度におびやかされる*60」。これゆえにサヴィニーは妻の姦通を重く罰するべきだと主張する*61 ［資料4—㉓］。

1851年プロイセン刑法典では、夫と妻の刑罰は同等（4週〜6月の禁固）とされたが、処罰は「離婚時」に限定され、「無責配偶者の申告により処罰中止」にできると定められた（140条）*62。形式的平等には大きな落とし穴がある。「公」的領域と「私」的領域を性別に分離し、前者から女性を排除する「公私二元的

---

*58 *Gesetzrevision* (*1825-1848*), Abt. I, Bd. 5, S. 656 f.

*59 *Gesetzrevision* (*1825-1848*), Abt. I., Bd. 4, S. 911.

*60 Bleich, L. [1848], *Verhandlungen des im Jahre 1848 zusammenberufenen Vereinigten Ständischen Ausschusses*, Bd. 3 (ND Frankfurt/M. 1991), S. 413.

*61 Bleich [1848], *Verhandlungen*, S. 412.

*62 *Das Strafgesetzbuch für die Preußischen Staaten nebst dem Gesetze und den Verordnungen über die Einführung desselben*, erläutert durch Oppenhoff, F. G., Berlin 1867 (ND Frankfurt/M. 1991), S. 233.

> **【資料4—⑫】1847年プロイセン刑法典草案理由書**
>
> 「そもそも姦通を処罰するべきか、それともむしろ、もっぱら良識ならびに民事立法の規定に委ねるべきかという問題については、すでに1843年草案が各地の等族に示した答申で、第32問につき必要なことが記されている。プロイセンとポーゼンの等族は、第2の選択肢［姦通罪刑罰の全廃＝筆者注］を主張したが、これは、国家の基礎のひとつを良識なき軽率な侵害から守り、国家・家族・公的風俗のもっとも重要な利益を侵害する行為を処罰するという立法の義務を見誤っている。
>
> ブランデンブルク・シュレジエン・プロイセン等族は、男女の平等な処罰を要求したが、この見解もまた同様に支持できない。というのも、たとえ男女がたがいに平等に誠実義務を負うとしても、両性の本質上、一般に女性の責任はより重大であるからである。したがってまた、内心の規律という籠がはずれてしまうと、女性はほとんど二度と立ち上がることができない」。(*Gesetzrevision* I-4, S. 911)

ジェンダー規範」をもつ社会では、妻は夫と離婚できない経済的・社会的弱者にとどめおかれる。結果的に、夫は姦通により処罰されることはなく、妻のみが姦通を原因として離婚され、処罰されることになる*63。こうしたシステムは1871年ドイツ帝国刑法典にも継承された。

近代的な「風俗犯罪」規定の成立により、市民女性のセクシュアリティは「市民道徳」によって封じ込まれ、女性の性的逸脱行為は

> **【資料4—⑬】1848年議会審議（1847年草案について）：姦通に関する立法大臣サヴィニーの見解**
>
> 「草案は、妻の姦通は夫の姦通よりも重く罰せられるべきであるという観点から出発しております。草案のこの部分のもとになっている理由は、以下のとおりであります。1) 姦通によって堕落する程度は、夫よりも妻のほうが大きいと確信せられます。なぜなら、妻は夫に比べて圧倒的にその生活上の務めを家族に有しておりますが、夫は世間の他の多様な関係に属しているからです。さらに2) この確信を支持する一般的感情があります。すなわち、夫は地位においても名誉においても、妻の姦通により逆とは比べものにならぬほど深く傷つくとの感情です。それは、一般に認められた感情であります。妻が姦通を続けていることを承知して耐えている夫が軽蔑され、これに対して、夫の姦通をなお堪え忍んでいる妻がしばしば特別な敬意と同情をよぶというのが一般的な考え方であります。かように、一般的感情が二つの行為を区別しております。それが、妻の姦通による夫と婚姻の侵害がはるか高次に位置づけられることを認めているのであります」。(Bleich〔1848〕, *Verhandlungen*, Bd. 3, S. 412)

法的にも社会的にも厳しい制裁をうけるようになる。他方で、姦淫罪廃止後もなお存続した農民・下層民階層における婚前交渉・婚前妊娠の頻発は、「市民道徳」によって啓蒙・克服されるべき「悪弊」とみなされ、けっして肯定され

＊63　Blasius D. [1992], *Ehescheidung in Deutschland im 19. und 20. Jahrhundert*, Frankfurt/M.

ることはなかった。市民男性のみが「姦通」においても刑罰を免れる特典を享受するようになったのである。「性の二重基準」は近代市民社会存立の基礎をなす「家族」の「婚姻」の神聖さと「嫡出親子関係」を担保する法的枠組みとして機能した。しかし、それらがともに保護したのは、「婚姻」そのものでも「親子」そのものでもない。もっぱら妻の「貞節」に依存するしかない家父長市民男性の利益を保護することに寄与したのである。

第5章 「人道主義」のジェンダー・バイアス────
────嬰児殺論をめぐって────

第1節 嬰児殺論の位相

(1) 「人道主義」の勝利としての刑罰緩和

[1] 「加重類型」から「減軽類型」へ

◆ **1532年カロリナ**

「カール5世の帝国刑事法典」(1532年)［以下、カロリナと称する］は、嬰児殺犯には溺殺刑か心臓杭刺し刑を科すと定めた (131条)[1]。これは、女性に対するもっとも厳しい処刑方法である。カロリナでは、故殺（一般殺人）は処刑方法としてはもっとも軽い斬首刑であったから、嬰児殺は一般殺人よりも罪が重い「加重類型としての犯罪」に属したといえる。

規定は空文ではなかった。帝国都市ニュルンベルクの刑吏親方をつとめたフランツ・シュミットは、1578年3月6日と1579年7月13日に、嬰児殺犯女性を溺殺刑に処した旨を日記に書き残している[2]。嬰児殺は「共同体に神の罰をもたらす」と信じられて、厳罰に処せられたのである。

◆ **1813年バイエルン刑法典**

19世紀の近代刑法典は、嬰児殺に対してカロリナとは異なるスタンスをと

> **【資料5─①】**
> フォイエルバッハ Feuerbach, A. v.
> 『刑法学教科書』(1801年)
>
> 「嬰児殺とは、母親によって、それに先立つ妊娠隠蔽を経て、その母親の、生活能力のある婚姻外の新生児に対してなされた殺人である」。(Feuerbach〔1801〕, *Lehrbuch*, S. 391)

---

[1] Radbruch, Gustav (Hrsg.) [1951], *Die Peinliche Gerichtsordnung Karls V. von 1532 (Carolina)*, Stuttgart（塙浩訳 [1992]「カルル五世刑事裁判令（カロリナ）」(同『西洋法史研究4』信山社)）Jordan, L. [1844], *Über den Begriff und die Strafe des Kindsmordes nach peinlichen Gerichtsordnung Karls V. mit Rücksicht aus das Römische und altgermanische Recht* (ND Wiesbaden 1982).

[2] フランツ・シュミット（藤代幸一訳）[1987]『ある首切り役人の日記』(白水社) 23ページ以下, 26ページ.

る。「ドイツ近代刑法学の父」として
知られるフォイエルバッハ Feuerbach,
A. v. は、『刑法学教科書』（1801年）で、
嬰児殺を「婚外子の殺害」と定義し
た*3［資料5—①］。

　かれの草案をもとにしたドイツ最初
の近代的刑法典であるバイエルン刑法
典（1813年）は、はじめて嬰児殺に無期
懲役刑を定めた。最高刑が死刑となる
一般殺人にくらべて、最高刑が無期懲
役刑とされた嬰児殺は、罪が一等軽い
「減軽類型としての犯罪」として明文

【資料5—②】
バイエルン刑法典（1813年）

157条　自己の生命力ある婚外の新生児を
故意に殺害した母親は無期懲役刑に処せら
れる。
158条　そのような嬰児殺犯女性が公然た
る売春婦として暮らしてきたばあいには、
あるいは彼女が160-165条で定めた妊娠・
分娩の隠匿により刑をまぬがれようとして
いたばあいには、彼女は鎖砲に処せられる。
嬰児殺再犯は死刑に処せられる。
159条　生後3日たっていない子どもが新
生児とみなされる。

（*Strafgesetzbuch*〔1813〕, S. 66）

化されたのである*4［資料5—②］。また、19世紀末から20世紀初頭にかけてミ
ュンヘン陪審裁判所で裁かれた60名の嬰児殺女性たちは、有期懲役刑に服し
たのち、故郷の村にもどって暮らすことができた*5。

　「加重類型」から「減軽類型」へ、死刑から有期懲役刑へ、共同体からの排除
から共同体による受容へ——16世紀と19世紀とでは犯罪としての嬰児殺の位
置づけは大きく変わった*6。その変化は、いつごろ、いかなる理由で、いかな
る背景のもとで生じたのだろうか。

［2］　本章の課題——「人道主義」のジェンダー・バイアス

　「加重類型」から「減軽類型」へという嬰児殺の変化を読み解く鍵は、啓蒙期
の「人道主義」にある。啓蒙期の刑事法改革論者たちは、「人道主義」をスロー

＊3　Feuerbach, P. J. A. v〔1801〕. *Lehrbuch des gemeinen in Deutschland geltenden Peinlichen Rechts*, Gießen（ND Frankfurt/M. 1985）, S. 391.

＊4　*Strafgesetzbuch für das Königreich Baiern*. München 1813（ND Frankfurt/M. 1986）, S. 66.

＊5　Schulte, R.〔1989〕, *Das Dorf im Verhör. Brandstifter, Kindsmörderinnen und Wilderer vor den Schranken des bürgerlichen Gerichts*——*Oberbayern 1848-1910*, Hamburg, S. 126 ff., 176.

＊6　20世紀になると嬰児殺は母親の精神障害の結果だと考える傾向が強まると、マイヤー、オバーマンは述べる．C. L. マイヤー／M. オバーマン（岩本隆茂他訳）〔2002〕『わが子を殺す母親たち』（勁草書房）4ページ以下。

【資料5—③】
バイエルン刑法典第157〜159条に関する註釈

「嬰児殺はその概念上、婚外子の母に限定される。またこれに応じて、その刑も規定される。婚外子の場合にのみ、女性の名誉の維持、公然たる辱めの回避、幸福な生活全体の破壊（以上が嬰児殺の通常の動機である）が、産婦の神経全体がひじょうにいらだっていることともあいまって、立法者の目には嬰児殺の可罰性を減じることができるようにおもわれる。したがって、この行為は、たとえそれが完全に故意のものであろうとも、死刑に処せられるべき犯罪ではなく、もっぱら懲役期間が最高の自由刑に処せられるのである。ただし、公然たる売春婦として暮らしていた者、あるいはかつて秘密妊娠や秘密分娩で処罰されたことのある者は、女性としての名誉を主張できないため、彼女たちについては、刑の軽減をする主たる理由はない。彼女たちは公民権停止という刑をうけるのである。そして、彼女たちが嬰児殺のかどでかつて処罰されたことがある場合には、再犯として処刑される(158条)」。
(Anmerkungen〔1813〕, S. 32f.)

ガンに、拷問を廃止し、残酷な刑罰を改めて、刑事被告人の人権を保護しようとした。嬰児殺犯に対しても同様の配慮をおこなった。そのさい留意すべきは、嬰児殺が殺人でありながら、例外的に死刑を適用すべきではないとされた理由づけにある。バイエルン刑法典第157〜159条に関する註釈は、「女性の名誉」を強調する*7 [資料5—③]。

バイエルン刑法典の文言に明らかなように、嬰児殺は婚外新生児を産んだ母のみが適用をうける特別な犯罪類型であった。

経済苦からやむを得ず嫡出の新生児を殺した母、婚外新生児を殺した父は、同条文の対象とならない。彼らについては、一般殺人罪の規定が適用されたのである。また、売春婦やかつて秘密妊娠・分娩で処罰されたことがある者は、「女性としての名誉を主張できないため」、刑の減軽根拠をもたないとされた。「女性の名誉」論が、主要な立法根拠にされた結果、かつて考慮されていた経済的動機への配慮は後退している。

婚外新生児を殺した母（通常は「未婚の母」）のみは死刑を免れるという「人道主義」には、強いジェンダー・バイアスがひそんでいるように思われる。本章は、嬰児殺をめぐる議論を手がかりに、「人道主義」のジェンダー・バイアスを検討する。そして、このジェンダー・バイアスが、近代的な「母性」像の形成と不可分の関係にたっていたことを示したい。

---

*7 *Anmerkungen zum Strafgesetzbuch für das Königreich Baiern, nach Protokollen des königlichen geheimen Raths*, Bd. II, München 1813 (ND Frankfurt/M. 1986), S. 32 f.

(2)　2つの前提

［1］　生命・身体観の特徴

◆「生殖」コントロールとしての「嬰児殺」

「嬰児殺」は、避妊から堕胎、捨て子・里子・嬰児殺へとつづく一連の「生殖」コントロールの最終局面として位置づけられる。それは、「生殖」が「神の領域」に属し、「生殖」コントロール自体が許されていなかった時代の、母体の健康を害しない生殖忌避方法の1つであった。

伝統的キリスト教社会では、性交は男女とも婚姻内に限定されており、しかも、夫婦間でも生殖目的以外の性交はすべて禁じられていた。避妊・堕胎は犯罪とされる。母体にとって堕胎の危険度は高かった。望まれずに生まれてきた子は、捨てられるか、里子に出されるか、殺された。捨児養育院に捨てられたり、里子に出された子のほとんどが死んでいたことは、藤田苑子や高橋友子のすぐれた実証的研究が明らかにしている*8。

バーバラ・ドゥーデンは18世紀ドイツ女性の身体観が現代のわたしたちとは大きく異なることを示した*9。月経の停止が妊娠を意味するのか、それとも、「汚物」が体内に「停滞」している危険な兆候を意味するのかの判別は困難で、子宮は胃と同様にさまざまな「塊」をいれる容器とみなされた。母体の激しい怒りは胎児を窒息死させるが、流産は子宮にとって「有益な排出作用」であり、流産や死産はしばしば「奇胎」のせいにされた。近世日本についても、沢山美果子や落合恵美子によって、「胎児・子」の表象が独特の様相をもつことが明らかにされている*10。

近世においては、「胎児」や「嬰児」を含めた「生命」のイメージはわれわれ

---

*8　藤田苑子［1994］『フランソワとマルグリット——18世紀フランスの未婚の母と子どもたち』（同文館），高橋友子［2000］『捨児たちのルネッサンス——15世紀イタリアの捨児養育院と都市・農村』（名古屋大学出版会）.

*9　バーバラ・ドゥーデン（井上茂子訳）［1994］『女の皮膚の下——18世紀のある医師とその患者たち』（藤原書店）209ページ以下.

*10　沢山美果子［1998］『出産と身体の近世』（勁草書房），同［2003］「在村医の診察記録が語る女の身体——日本における近世から近代への展開」（望田幸男／田村栄子／橋本伸也編『身体と医療の教育社会史』昭和堂），落合恵美子［1994］「近世末における間引きと出産——人間の生産をめぐる体制変動」（脇田晴子／S. B. ハンレー編『ジェンダーの日本史（上）——宗教と民俗，身体と性愛』東京大学出版会）.

のそれとは異なり、生死の境界はきわめてあいまいであった。胎児の生命と自
己の身体活動を分離しない生命観のもとでの「生殖」コントロールはほとんど
計画的なものではありえず、たぶんに偶発的であっただろう。妊娠と病気との
区別が不分明で、自己の感情が容易に妊娠経過に反映されると信じる社会で
は、堕胎願望と流産・死産願望は直接的につながりやすい。堕胎・流産・死産
のどれにも成功しなかった女性が産み落とした子を放置して死に至らしめる行
為に「母性」を前提とした「良心の呵責」を想定することはできない。

◆ズザンナ裁判──裁判記録にみる身体観

　もっとよく知られる子殺しの物語は、ゲーテ『ファウスト』のグレートヒェ
ン悲劇であろう。モデルとなったズザンナは、1772年、帝国都市フランクフル
トの中心部にある広場で公開斬首刑に処せられた。ズザンナと同い年の青年弁
護士ゲーテは、故郷の町でおこった事件にたいそう興味をいだき、1775年ころ
までに『初稿ファウスト』をしたためている。

　ズザンナの裁判記録にも当時の身体観が随所にあらわれている[11]。父母を
失い、小さな旅館のただ1人の女中として2年半働いていた24歳のズザン
ナ・マルガレータ・ブラントを妊娠させたのは、いきずりの客であるオランダ
商人の従僕であった。男はズザンナにワインを飲ませ、「結婚の約束」をせず
に、無抵抗になった彼女に「みだらなこと」をした（ビルクナー[1990]『ある子殺
しの女の記録』89ページ、以下同じ）。性交渉は一夜かぎりで、名も知らぬその男が
宿を去ったあと、ズザンナはその男と2度と会っていない。

　ズザンナは「妊娠」の自覚についてこう述べる。客との性交渉の翌日に月経
があったが知人と大げんかして月経はすぐ止まり、その後月経がなかった（70
ページ以下、91ページ）。つわりによる嘔吐は魚を食べておなかをこわしたせいだ
と信じて、妊娠から臨月までの「計算の仕方もよくは知らない」（100ページ）。
最初の胎動では「ちょうど石が脇腹を右から左へ転がる感じ」（90ページ）がし
た。「何か固い、石みたいなものがおなかの左側にきたり、右側にきたりする感
じ」はあったが、「まさか子どもだとは思わなかった」（70ページ以下）。妹の妊娠

---

*11　Habermas, R., (Hg.) [1999], *Das Frankfurter Gretchen. Der Prozeß gegen die
Kindesmörderin Susannna Margaretha Brandt*, München ; Birkner, S. (Hg.) [1973],
Leben und Sterben der Kindsmorder in Susanna Margaretha Brandt, Frankfurt（佐藤正
樹訳［1990］『ある子殺しの女の記録──18世紀ドイツの裁判記録から』人文書院）．

を疑って調べた姉は、ズザンナの「肥満」も「体が固くなっていること」も、「月経がとまって鬱血したせいだ」と思いこみ、「肥満」に効く湿布薬をつくろうとした (92 ページ以下)。医師は、妊娠を否定するズザンナに対し、妊娠は「絶対的なものじゃないし、これくらいの悪戯なら簡単にできる」といってそれ以上ふみこまず、薬を処方している (92 ページ以下)。

「出産」と「殺害」についてはこう語っている。はじめての陣痛のとき、「体が裂けるようなすごい痛みがあって、血が両足を伝って流れる」のがわかったが、それは突然月経がはじまった結果の大量出血であり、強度の生理痛だと解釈した (100 ページ以下)。そのときの血がついた衣類は、月経の証拠、すなわち、妊娠していないことの証拠として、姉が宿の女主人に見せにいっている (110 ページ)。洗濯場に灰を運びいれたとき、子どもが「洗濯場の石の床板の上に突然生まれて落ちた」(70 ページ)。「殺害」についての陳述は二転三転している。子どもを隠そうと運んでいるときに誤って落とした (82 ページ) とか、首を絞めた (109 ページ) と言うこともあれば、臍の緒を切ったハサミで体のあちこちを刺した (105 ページ) と言ったり、子どもを刺した回数も部位も覚えていない (109 ページ) と述べている。

ズザンナの「妊娠」は近隣の「うわさ」にはなっていたが、本人は断固として否定しつづけた。ズザンナにとっても、姉や女主人をふくむ周囲の女性たちにとっても、また専門家たる医師にとっても、「妊娠」は本人の「自覚」がなければ、病気として治療を要する「肥満」でしかなかったのである。出産日までふつうに働き続けたズザンナにとって、「出産」はあまりに「突然」のできごとで、動転が尋常でないさまは証人尋問のそこかしこにうかがえる。「妊娠の隠蔽」が嬰児殺成立の要件とされているのは、隠蔽が容易に行われていたことを推測させる。妊娠・分娩を容易に隠せるのであるから、嬰児殺をしてもだれにもわかるまいと考えるという意味ではある種の「計画性」はあるが、それは逆に、嬰児殺が日常生活のなかに埋もれて、女性にとっては特別視されていないということをも意味する。嬰児殺だけを特別扱いする議論は、こうした一連の生命コントロールの連続性を断ち切るものであり、当時の身体観や生命観とは異質なものであったと言えよう。

第 5 章 「人道主義」のジェンダー・バイアス

【資料5—④】嬰児殺と間引き

	近世ドイツ嬰児殺	江戸期日本の間引き
殺害者	未婚の母（20歳代・農村出身）	産婆
殺害依頼者	―	妻、夫婦
殺される子	男女を問わない	女子／第3子以下が多い
子の父親	母と同じ階層の独身者	夫
刑罰	溺殺刑／斬首刑	厳格なとりしまりはない
犯行が多い地域	都市	農村
子の生命観	洗礼前に死ぬと地獄におちる	嬰児はまだヒトではない
嬰児殺への態度	共同体全体にとっての災い	社会的に許容／慣習化

【資料5—⑤】風俗犯罪

年	1769	1770	1771	1772	1773	計
姦通	31	25	16	13	12	97
売淫・姦淫	17	3	9	9	3	41
近親相姦	5	1	1	2	3	12
強姦	1				1	2
堕胎（容疑）		1				1
嬰児殺（容疑）	1	2	1	1		5
嬰児遺棄（容疑）				2	1	3
その他			1	5	2	8
風俗犯罪総数	55	32	28	32	22	169
犯罪総数	186	118	163	272	159	898

(Wächtershäuser〔1973〕, *Das Verbrechen des Kindesmordes*, S. 114f. より作成)

[2] 「間引き」との異同

「間引き」と「嬰児殺」は、生まれたばかりの子を殺すという点では共通するが、行為主体、行為主体の環境、殺害の動機、殺害の社会的意味等のほとんどすべてにおいて、大きな差異が認められる*12 ［資料5—④］。

近世ドイツにおいて、嬰児殺は、キリスト教規範からすれば大罪であり、当局も嬰児殺への刑罰を厳しくした。しかし、そうした規制の強化は、共同体の日常生活や人びとの身体観とかならずしも合致しない。嬰児殺は、むしろ日常生活に根づいた行為であって、「犯罪」として厳罰に処すことを人びとが納得するだけの条件はむしろなかった。堕胎や嬰児殺の事件数の少なさは、事件そのものが少なかったのではなく、むしろ事件の発覚が少なかったからだと思わせ

---

*12 太田素子編［1997］『近世日本マビキ慣行史料集成』（刀水書房）, 落合［1994］「近世末における間引きと出産」, 田間泰子［1994］「子捨て・子殺しの物語」（脇田／ハンレー『ジェンダーの日本史（上）』）.

る*13［資料5―⑤］。

第2節　啓蒙期の嬰児殺言説

(1)　1770年代の言説

［1］　文学作品

「嬰児殺」は、啓蒙末期ドイツの一大トピクであった。文学者は好んで「嬰児殺」をめぐる詩歌・戯曲をつくり、法学者は刑事法改革論のなかで「嬰児殺」を取り上げ、哲学者・教育学者もまた、「嬰児殺」を手がかりに道徳や国家的義務、国民教育のあり方を論じた。「嬰児殺」は、まず、文学作品の格好のテーマとなり、ついで、刑法改正とのからみで広義の学術論文で論じられた。

文学作品としては、ゲーテ『ファウスト』（『初稿ファウスト』は1772-75年）のほか、ヴァーグナーの劇『嬰児殺しの女』（1776年）、ザイボルトの散文作品『ある嬰児殺し処刑に際しての民衆への訴え』（1776年）、シンクの詩『誘惑されたある不幸な女が自分の子どもを殺すときの感情』（1777年）、シラーの詩『嬰児殺しの女』（1781年）が知られる*14。これらの文学作品ではしばしば、貴族の放蕩息子に、市民階層の純真無垢な娘が誘惑されて捨てられるという、身分違いの恋の顛末が語られた。

［2］　ズザンナ裁判における嬰児殺言説

ズザンナが秘密分娩した子を殺したのが1771年8月1日、処刑されたのは翌年1月14日。およそ半年つづいたズザンナ裁判は、世間の大きな注目をあびた。処刑は、啓蒙主義的思潮に逆行する因習の産物であるとうけとめられた。このため、市当局も、裁判と処刑儀式にあたっては周到に準備を重ね、非難と混乱を避けようと努力した*15。裁判の鑑定意見を書いたのは4名の法律

---

*13　Wächtershäuser, W. [1973], *Das Verbrechen des Kindesmordes im Zeitalter der Aufklärung. Eine rechtsgeschichtliche Untersuchung der dogmatischen, prozessualen und rechtssoziologischen Aspekte*, Berlin, S. 114 f.

*14　嬰児殺に関する18世紀末の文献については, Weber, B. [1974], *Die Kindsmorderin im deutschen Schrifttum von 1770-1795*, Bonn.

*15　Habermas [1999], *Das Frankfurter Gretchen*, Vorwort (S. 7-42). 事件について, 大

【資料5―⑥】
ズザンナ裁判の弁明書―犯行動機の説明

「被告人がおかれていたかかる不幸な状況を細大漏らさず考慮に入れるのでなければ、本弁明書が今扱っている3番目の、そして主要な対象であるところの犯罪が、いかに容易に発生しうるかを理解することはできない。雇い主に放り出される、ごく僅かの粗末な衣服を除けば全財産が30クロイツァーという極度の貧困、妊娠させられた男が何者であるかも分からず、子供の養育費をもらおうとしても訪ねていくこともできなければ、自ら子供を養うこともできない、世間の辱めと蔑みとに身をさらすことになるからだ。わが子を手にかけ、自身の恥の不仕合わせな証拠を片づけることで巧みに恥辱を忘却の彼方に葬り去れば、これら一切の懸念から、この不幸から逃れられると被告人は信じるのである。…

被告人は奪われた名誉を、すなわち生命の価値にも匹敵するこの貴い宝石を回復しようとした、もっと厳密に言えば、恥を隠そうとした、それが被告人の犯行の主たる動機だったのである。…

どんな女性でも凌辱されれば恥辱を恐れるために、あるいはまた必要な扶養手段がないために、わが子を手にかけたい誘惑に駆られて当然である」。

(Habermas〔1999〕, *Das Frankfurter Gretchen*, S. 178f. 訳はビルクナー〔1990〕『ある子殺しの女の記録』139ページを参照)

顧問、ズザンナの弁護にあたったのは大市参事会が任命した官選弁護人であった。

弁護人シャーフ博士は、被告人ズザンナの罪を①妊娠隠蔽、②秘密分娩、③子の殺害の3点にあるとし、本人の自白があることを認める。弁護人の戦術は、①・②の争点について自白の信憑性を否定すること、もっとも核心となる③について、子が生きていなかったことを論証し、同時に被告人の犯行動機を述べ立てて情状酌量を求めるというものであった[16]［資料5―⑥]。

犯行動機を説明するくだりでは、「世間の辱めと蔑み」、「恥の不仕合わせな証拠」としての嬰児、「名誉」、「恥を隠す」、「恥辱をおそれるため」に「わが子を手にかけたい誘惑」といった文言がならぶ。1780年代以降の「嬰児殺」論で展開されるモチーフのほとんどがでそろっている。ただ、犯罪の動機としてズザンナの弁護人が最初にあげている解雇への恐れや経済的理由は、のちの嬰児殺論では後景にしりぞく。

澤武男［1999］『「ファウスト」と嬰児殺し』（新潮社）をも参照.
[16] Habermas [1999], *Das Frankfurter Gretchen*, S. 171-184.

【資料5―⑦】『ライン学術論集』懸賞論文募集記事（1780年）

「世界市民であろう。互いに愛し合い、もっと良くなろう、啓蒙をわれわれの時代に広めよう。そして未来のより良い子孫のために種を蒔こう」。この言葉がわれわれにとって真剣なものであるなら、われわれの時代の大いなる悪徳とはいかなるものか、大いなる美徳とはいかなるものかを知ることは、われわれにとって非常に大切なことであるはずである。そのうえで、「私は手を貸した、それゆえに今、私の墓の上を歩く人々の間に悪徳が減り、美徳が増した」と、いつの日か人生の夕べを迎えて自ら語ることのできる人は幸いである。

われわれの間には、最も恐ろしく、かつ最も普遍的な種類の犯罪が行われているが、嬰児殺しもその1つである。美徳と紙一重の犯罪、悪徳と化した美徳、そういうものの中に嬰児殺しがある。刑罰を厳しくしても減らすことができず、かといって不罰にすることは人類の恥であり、あらゆる秩序の破壊に通じることを経験が教えてくれる犯罪、嬰児殺しもまたそういうたぐいの犯罪である。

柔和な弱さと愛を持ち分とし、無垢と慎ましさを誉れとする女性の不幸な生け贄を、これから先われわれはいつまで処刑台に送り続けるのであろうか。女性というものの柔和な弱さと愛、無垢と慎ましさが、母でありかつ殺人者であるものにしてしまった生け贄を。

…とすれば、嬰児殺しを阻止するために実行可能な最上の方法とはいかなるものか、また、その手段はいかにして他方面で人間社会にとって危険でも有害でもないように講じられうるか、それが明示されなければならない。

この問いに対する最上の解答に、人類の友が賞金として100ドゥカーテンを授与するものである」。(Preisfrage〔1780〕, S. 84)

(2) 学術論文における言説

[1] 1780年の懸賞論文募集

◆懸賞論題

1780年代は、刑事法関係文献の「洪水」が生じた時期にあたる*17。ミラノの啓蒙サークル出身のベッカリーアが著した小冊子『犯罪と刑罰』(1764年) は、1778年に、ホンメル Hommel, K. F. によりドイツ語訳されて普及した。

1780年7月1日、『ライン学術論集』誌上で1つの懸賞論文が公募された。懸賞論題は、「不品行を増やすことなく、嬰児殺を撲滅するための最上かつ十全たる方法は何か」である [資料5―⑦]*18。

匿名で提案したフォン・ラメツァンは、マンハイム控訴裁判所長官をつとめ

---

*17 Schmidt, E. [1983], *Einführung in die Geschichte der deutschen Strafrechtspflege*, 3. Aufl., Göttingen.

*18 (Lamezan, F. A. von), Preisfrage, in: *Rheinische Beiträge zur Gelehrsamkeit* 1780/II, S. 84-87.

> **【資料5—⑧】ブファイルの主張**
>
> 「民族 Volk の堕落した国民的性格を変え、より良い状態をめざさなければならない…国民 Nation はその誇りを感じ、各々の市民的徳の価値を習得しなければならない…これは君主の第1の下僕から最下層の民にいたるまでそうである。…この国民的性格をもつ男性はみずからの誇りを感じるだろう。こうして彼はか弱い女性をみずからの欲望の犠牲にすることはないだろう。こうして彼は彼女と自分自身をいかに多くの悪弊から解放してやれることだろうか！…道徳的であり、家庭的であり、無垢なまま純潔を守り、魂が純真であり、…もっとも繊細で優雅な名誉と美徳の気持ちをもつ」ように「女性側」を教育する。このような諸美徳はドイツ女性の「国民的性格」の1つである」。(*Drei Preisschriften*〔1784〕)

た人物である。テーマは反響をよび、応募論文は、ヨーロッパ各地から385篇にも達した[19]。通常の懸賞論文では、多くても数十篇の応募にとどまることを考えると、異常なほどの関心の高さを物語っている。多様な言語で書かれていた論文の審査に手間どり、入選作の発表が2年後まで遅れたのち、3篇の入選作が決定した。

◆入選作

3篇はいずれも、女性を被害者として位置づけ、犯行の決定的原因が、公的辱めを免れるためであるとしている。しかし、方策の提案は異なる。

ダルムシュタット宮廷顧問官クリップシュタインは、不幸な被害女性と「悪徳」女性とを区別し、売春婦のような悪徳女性には晒し刑を強化せよと説いた[20]。ケーニヒスベルク大学教授クロイツフェルトは、嬰児殺の原因は、「恥辱、復讐、困窮、快楽」の4つに大別され、とくに、「公的辱めへのおそれ」が大きな誘因になっていると主張した[21]。

啓蒙主義者のプロイセン官僚ブファイルは、国家に対する市民の義務という観点から提案をなしている。教育によって、ドイツ男性の「国民的性格」を薫陶し、市民的徳を学ばせれば、「彼がか弱い女性をみずからの欲望の犠牲にすることはないだろう」。一方、女性は、「道徳的であり、家庭的であり、無垢のまま純潔を守り、魂が純真であり、……もっとも繊細で優雅な名誉と美徳の気持ちをもつ」ように教育されるべきである[22]〔資料5—⑧〕。

---

[19] *Drei Preisschriften über die Frage : Welches sind die besten ausführbarsten Mittel dem Kindermorde abzuhelfen, ohne die Unzucht zu begünstigen ?* 〔1784〕, Mannheim.

[20] *Drei Preisschriften* 〔1784〕, S. 79-101.

[21] *Drei Preisschriften* 〔1784〕, S. 105-150.

[22] *Drei Preisschriften* 〔1784〕, S. 1-77, ビルクナー〔1990〕『ある子殺しの女の記録』, 訳者解説272ページ.

【資料5—⑨】ペスタロッチー『立法と嬰児殺し』（1783年）

「第1にわたしのみるところ、結婚せずに妊娠したすべての娘たちがもつ目的、つまり、みずからの恥を隠して自分の子から解放されたいとの一般的な究極目的が、すべての嬰児殺しの女たちの行為の誘因である。…みずからの恥を隠して子から解放されたいという、すべての妊娠した娘がもつ一般的な究極目的がそれ自体、邪悪で恥ずべきで背徳的であるのかどうかという第1の問題にただしく答えるために、当然ながら、問題を2つの観点から考察しなければならない。

すなわち、第1に問われるのは、妊娠した未婚の娘のこの一般的な究極目的は何に由来するのかということである。第2には、この目的はどのような結果にいたるのかということである。問題の第1の観点に注目するなら、わたしはそれが人間の心のなかに、とりわけ女性の本質という根本素質のなかにあることを隠せない。

人間の心の本質には一般にあらゆる不作法や恥辱を嫌悪する気持ちが深く刻み込まれているとわたしは考える。不作法や恥辱を厭うこの気持ちは、男性よりも女性のほうにあきらかに比較にならないほど強く、激しく、敏感に作用するとわたしは考える。

同時にわたしは、不作法や恥辱を厭う気持ちが激しく強いことが、女性の美徳を守るために、また、結婚生活を幸福にするために、そして、あらゆる女性的な素質や女性独自の特性を単純かつ純粋に形成するために本質的に必要だと考える。つまり、わたしの結論はこうである——未婚の妊婦のこの究極目的が生じた第1の原因は、その活発な作用が人間にとってとりわけ女性にとって本質的に必要であり、かつ、女性の美徳と特性に不可欠であるような衝動と傾向にもとめられるのであるから、まさにこの根本的衝動の当然にして必然的な結果であるこの究極目的もまた、それ自体は不法でも、背徳的でも、恥ずべきものでもない」。(Pestalozzi〔1930〕, *Sämtliche Werke*, Bd. 9, S. 26f.)〔訳39-40ページ〕

［2］　代表的知識人の言説

◆ペスタロッチー

近代教育学の父とよばれるペスタロッチーもまた、この懸賞論文に応募するつもりで論文を執筆した。しかし、長くなりすぎて応募を断念し、単行書として出版した。それが、『立法と嬰児殺し』（1783年）である＊23［資料5—⑨］。

ペスタロッチーによれば、未婚の母が子を殺すのは、「女性の本質という根本素質のなかにある」。その本質とは、「不作法や恥辱を厭う気持ち」であり、この気持ちの強さこそ、「結婚生活を幸福にするために、そして、あらゆる女性的な素質や女性独自の特性を単純かつ純粋に形成するために本質的に必要」なのである。したがって、ペスタロッチーにとって、「女性の美徳と特性に不可欠で

＊23　Pestalozzi, J. H., Über Gesetzgebung und Kindermord. Wahrheiten und Träume, Nachforschungen und Bilder, in : *Sämtliche Werke* (Hg. v. Buchenau, A., et. al.), Bd. 9, Berlin/Leipzig 1930, S. 26 f. (杉谷雅文訳「立法と嬰児殺し」長田新編『ペスタロッチー全集』第5巻, 平凡社, 39-40ページ)

【資料5―⑩】カント『人倫の形而上学』(1797年)

「それにもかかわらず、死刑に値する犯罪ではあるが、それにたいしてはたして立法が死刑を科す権限をもつかどうかが依然として疑問であるような犯罪が2つある。これら2つの犯罪に誘うものは名誉感情である。1つは女性の名誉(Geschlechtsehre)に関わる犯罪であり、もう1つは軍人の名誉に関わる犯罪である。しかも、これらの名誉はいずれも、こうした2種の人間に義務として課せられている真の名誉である。一方の犯罪は母親による嬰児殺し[infanticidium maternale]であり、他方の犯罪は戦友殺し[commilitonicidium]つまり決闘である。――立法は、婚外出産という恥辱をぬぐいさることもできないし、また同じく、ある下級士官にふりかかった臆病者だという嫌疑、つまり彼は侮蔑的な取扱いにたいして死の恐怖をのりこえて自分の力であえて対決しようとはしないという嫌疑から生ずる汚名をけしさってやることもできない。したがってこのような場合には、人間は自然状態におかれているのであり、殺害[homicidium]をこのさい決して謀殺[homicidium dolosum]とよんではならない。2つの場合のいずれももちろん可罰的ではあるが、しかし、最高権力によって死刑に処せられることはできないようにおもわれる。婚外子として生まれた子どもは、法律[つまり婚姻]外に、したがってまた法律の保護の外に生まれたのである。その子どもは公共体へといわば[禁制品のように]運びこまれたのであり、したがって公共体もまた子どもの存在を[その子どもは本来ならこうした方法で存在するべきではなかったのだから]無視し、したがってまたその子どもの抹殺をも無視することができる。ところが、婚外出産が知れわたった場合に生ずる母親の恥辱は、どんな命令によってもこれを排除することはできないのである」。

(Kant〔1797〕, *Metaphysishen Anfangsgründe*, S. 204f.)

あるような衝動と傾向」に由来する、恥を隠したいとの「究極目的」は、「それ自体は不法でも、背徳的でも、恥ずべきものでもない」。

◆カント

カントもまた、嬰児殺を「名誉」の観点から論じる。「死刑に値する犯罪ではあるが、それに対してはたして立法が死刑を科す権限をもつかどうかが依然として疑問であるような犯罪が2つある」。それは、嬰児殺と決闘にほかならない。「婚外子として生まれた子どもは、法律[つまり婚姻]外に、したがってまた法律の保護の外に生まれたのである」。国家は、いわば「禁制品」のような子どもの存在も、またその抹殺も無視することができるが、「婚外出産が知れわたった場合に生ずる母親の恥辱は、どんな命令によってもこれを排除することはできない」。したがって、嬰児殺は、可罰的ではあるにしても、死刑にあたる犯罪ではないというのが、カントの見解であった*24[資料5―⑩]。

---

*24　Kant, I. [1797], *Metaphysiche Anfangsgründe der Rechtslehre*, Königsberg (ND 1970), S. 204 f. 『カント全集』第11巻(吉澤傳三郎／尾田幸雄訳[1969]「人倫の形而上学」)理想社を参照(訳は一部改変).

◆知識人言説における共通理解

「嬰児殺」を雑誌フォーラムに載せて、「公共圏」のトピクとすることは、「女性の美徳」論を「公共圏」のメンバーが議論の前提として共有することを意味する。懸賞論文の入選作を単行書として出版し、王侯貴族の知己を得たいと熱望する多くの野心的な啓蒙的知識人たちが、公然と「女性の美徳」論を自明の前提とせざるをえなかったことの意味を軽視することはできまい。なぜならば、「女性の美徳」論は、伝統的なキリスト教的女性像にまっこうから対立する女性像を形作っていたからである。懸賞論題に記された「女性の美徳」論は、啓蒙期を境とするジェンダー言説の変化を端的に物語るものといえよう。『プロイセン立法・法律学年報』にもいくつかの嬰児殺事件がとりあげられているが、そこでも「女性の美徳」論がくりかえされている＊25。

啓蒙主義的刑事法改革のスローガンは、「世俗化、合理化及び人道化」であった。「嬰児殺」論もまた、このスローガンにそった議論である。「世俗化」という点では教会罰の廃止が唱えられ、「人道化」路線に応えて、刑罰緩和や死刑廃止が唱えられた。「合理化」については、国家の予防措置が提案された［資料5－⑪］。

◆ジェンダー言説の転換

啓蒙末期以降、男性は「公」・「能動性」・「理性」、女性は「私」・「受動性」・「感情」という二項対立論がさかんに論じられた。女性には、純潔・思いやり・美などの複数の美徳が期待される（本書第2章参照）。こうした対比は19世紀半ばには、教養市民向けの百科事典の項目にも取り入れられている＊26［資料5－⑫］。

啓蒙期知識人男性は、女性の本性を「母性」にみた。その観点にたてば、「嬰児殺」は、女性の本性にさからう大罪となる。女性の本性にさからう行為を女性一般の姿として理解すると、女性を「公」的領域から排除して、「私」的領域

＊25　Klein, E. F. (Hg.), *Annalen der Gesetzgebung und Rechtsgelehrsamkeit in der Preußischen Staaten*, Bd. 1 [1788], S. 8 ff., 17 ff., Bd. 3 [1783], S. 3 ff., Bd. 4 [1789], S. 31 ff., Bd. 5 [1790], S. 276 ff., Bd. 6 [1790], 巻末表, Bd. 11 [1793], S. 275 ff., Bd. 12 [1794], S. 211 ff., Bd. 13 [1795], S. 121 ff., 162 ff., 340 ff., Bd. 14 [1796], S. 154 ff., 249 ff., Bd. 16 [1797], S. 93 ff., Bd. 17 [1798], S. 118 ff., 202 ff., 247 ff., Bd. 18 [1799], S. 3 ff., 50 ff., 171 ff.
＊26　川越修［1990］「19世紀ドイツにおける女性論」（川越修／姫岡とし子／原田一美／若原憲和『近代を生きる女たち――19世紀ドイツ社会史を読む』未来社）20-25ページ.

第5章　「人道主義」のジェンダー・バイアス　　*123*

【資料5―⑪】啓蒙期の嬰児殺論

	現状確認	評価		提言の方向性	
実態認識	嬰児殺は増加している。	嬰児殺の解決は啓蒙的課題である。		嬰児殺防止は国家の急務である。	合理化
犯行動機	嬰児殺は女性の名誉を守るためである。	嬰児殺は「美徳」と「悪徳」のはざまに位置する犯罪である。	女性の美徳	「悪徳」を減らすための予防的措置が必要である。	
女性像	嬰児殺犯女性は純粋無垢であり、無責任な男にだまされた。	女性の「美徳」は「無垢・慎ましさ・愛・柔和な弱さ」にある。		刑罰を緩和すべきである。	人道化
手続批判	冤罪を防ぎきれない。	不罰にはできない。		死刑を適用するべきでない。	

において女性の本性的尊厳を保持するという啓蒙的合理主義の根幹が否定されてしまう。啓蒙期男性知識人の選択肢として可能であったのは、「嬰児殺」を「殺す母」という例外性から説明するのではなく、「恥じる女性」の情動的選択として位置づけることにより、「母性」の絶対的な価値には不可侵を貫くことであった。このような性差論を前提にして嬰児殺を論じようとするとき、男性が自己の欲望のために、無垢で従順な女性を誘惑し、捨てたという構図がうかびあがってくるのは、当然のなりゆきである。

　啓蒙期知識人の言説は、社会の実態とはかけはなれた面が強い。しかしながら、かれらのジェンダー言説が独り歩きし、近代市民社会のジェンダー規範を基礎づけるようになったのである。

第3節　「人道主義」の勝利とジェンダー

(1)　言説と実態のズレ

［1］　法規範

◆中世

　中世の嬰児殺についての記録は多くない。わずかに残される史料から見るかぎり、嬰児殺犯は死刑ではなく、追放刑に処せられたようである。たとえば、帝国都市ネルトリンゲンで嬰児殺事件が初出するのは1496年であり、追放刑に処せられている。15世紀にはこの1件のみであったが、16世紀に4件、17

世紀に 8 件へと倍増する*27。

　情報の少なさは、嬰児殺に対する関心そのものが、窃盗や一般殺人の追及ほどには高くなかったことを示唆している。また、12 世紀ころまでの北欧では、手足に障害を持つ子を父親が殺害しても罪にはならなかったが、これは、嬰児殺が未婚の母の行為ではなかったことを意味する*28。

◆近世：カロリナ

　16 世紀以降、嬰児殺が女性の特別の犯罪として明確に意識されるようになり、それとともにまた刑罰も厳しくなった。近世ドイツの嬰児殺に関するもっとも基本的な規定は、カロリナ第 131 条である。「自己が生命と肢体とを与えたる自己の児を、密かに、悪意にて、意思して殺害」した女は、生き埋め刑・杭刺し刑・溺殺刑のいずれかに処すと定められた。嬰児殺は、堕胎や捨て子に失敗した場合にとられる手段でありうる。カロリナでもまた、嬰児殺につづいて、遺棄と堕胎を定める。第 132 条は、子を遺棄した母を、遺棄の状況に応じて処罰するとし、第 133 条は、妊婦を意図的に堕胎させた男女は斬首刑、自ら堕胎した妊婦本人を溺殺刑に処すとする*29。

　堕胎は、おそらく産婆が非合法かつ秘密裡におこなっていたと推測される。しかし、堕

> 【資料 5—⑫】
> ブロックハウス『百科事典』
> 第 9 版（1844 年）「女性」
>
> 「女性とは、最も広い意味では、男性が法、義務、名誉、思慮を代表するように、倫理、愛、羞恥心、感情を代表する。女性はおもに、倫理、感情、愛、羞恥心を主要素とする家族生活の責任を負い、男性はおもに、法、思慮、義務、名誉心を主要素とする国家生活の責任を負う」。(川越［1990］「女性論」22 ページ)

胎罪で処刑されたケースはほとんど見られない。たとえば、ネルトリンゲン市における堕胎罪事件は、1472 年に初出し、1624 年をもって突然終息する。理由は不明である。1472 年事件は、娼館主の妻が家で奉公する飯炊き女に飲み物を与えて病気にして堕胎させたというもので、被告は追放刑に処せられた。他の堕胎罪事件も都市からの追放刑にとどまり、売春や姦通とあわせて処罰されて

---

*27　Felber A. [1961], *Unzucht und Kindsmord in der Rechtsprechung der freien Reichsstadt Nördringen vom 15, bis 19. Jahrhundert*, Diss. Bonn, S. 94 f.
*28　荻野美穂［2002］『ジェンダー化される身体』（勁草書房）第 7 章を参照。
*29　Radbruch [1951], *Die Peinliche Gerichtsordnung Karls V. von 1532*（「カルル五世刑事裁判令（カロリナ）」）。

第 5 章　「人道主義」のジェンダー・バイアス

いるケースが多い。堕胎罪未遂は晒し刑に処せられた*30。

[2] 嬰児殺事件

では、近世ドイツで、どれほど嬰児殺が生じていたのだろうか。史料の残存が断片的であるため、特定の都市・地域についての情報しか得られないことを前提としたうえで、いくつかの例をあげておきたい*31。

◆バイエルン

前章で示したように、17世紀前半にミュンヘン管区における刑事事件1,512件中、女性の犯罪は28パーセントを占め、全犯罪のうち、暴力犯罪は20パーセント、暴力犯罪のうち、殺人が半数、嬰児殺が1割となる*32。

暴力犯罪のうち、女性によるものは17パーセント、そのうち、嬰児殺が41パーセントに達する。嬰児殺は、発生頻度は高くないが、女性特有の犯罪として位置づけられる。ただし、16世紀後半には、事情が多少異なる。1574〜91年に処刑された48名のうち、女性は8名いたが、魔女罪が4名にのぼるほか、嬰児殺で処刑された者は存在しない*33。バイエルンでは、嬰児殺は、主として17世紀以降に摘発処刑対象とされた犯罪なのである。

◆ニュルンベルク

1503〜1732年まで、63名の嬰児殺犯女性が処刑されている。16世紀後半から17世紀初頭にかけて、死刑数が10年あたり50〜100件に増えたとき、嬰児殺は、1570年代の7件を除けば、10年あたり2〜4件の発生にすぎない。その後も、嬰児殺による処刑数にはほとんど変化がないが、死刑総数が10年あたり20件前後に減った結果、17世紀後半から18世紀初頭にかけて、嬰児殺は死刑事件の2割前後を占めるようになっている*34。嬰児殺は、時代背景に関わりなく、比較的コンスタントに生じている事件といえる [資料5—⑬]。

---

*30　Felber [1961], *Unzucht und Kindsmord*, S. 94 f.

*31　Dülmen, R. van [1991], *Frauen vor Gericht. Kindsmord in der frühen Neuzeit*, Frankfurt/M. S. 28. 荻野 [2002]『ジェンダー化される身体』.

*32　Behringer [1990], Mörder, Diebe, Ehebrecher, S. 101.

*33　Behringer [1990], Mörder, Diebe, Ehebrecher, S. 95.

*34　Bode, G. [1914], Die Kindestötung und ihre Bestrafung im Nürnberg des Mittelalters, in : *Arch. f. Strafrecht u. Strafprozeß* 61, S. 430-481 ; Roetzer, K. [1957], *Die Delikte der Abtreibung, Kindstötung sowie Kindsaussetzung und ihre Bestrafung in der Reichsstadt Nürnberg*, Diss. Erlangen.

【資料5─⑬】ニュルンベルク市の嬰児殺による処刑（1503-1723年）

年	男性死刑			女性死刑			女性犯罪%		嬰児殺／女性犯罪
	死刑総数 ①	死刑数 ②	うち殺人 ③	死刑数 ④	うち殺人 ⑤	うち嬰児殺 ⑥	④／①	⑥／①	⑥／④
1503-12				4		?			
1513-22				5		1			
1523-32				4		2			
1533-42	34	33	10	1	—	1	2.9	2.9	100,0
1543-52	34	32	15	2	1	2	5.9	5.9	100?
1553-62	52	46	18	6	2	4	11.5	7.7	66.7
1563-72	92	85	22	7	1	3	7.6	3.3	42.9
1573-82	109	96	22	13		7	11.9	6.4	53.8
1583-92	97	87	21	10	1	3	10.3	3.0	30.0
1593-02	96	89	15	7	—	1	7.3	1.0	14.3
1603-12	49	39	11	10	2	2	20.4	4.0	20.0
1613-22	60	52	7	8	4	3	13.3	5.0	37.5
1623-32	35	30	3	5	1	3	14.3	8.6	60.0
1633-42	23	18	5	5	1	4	21.7	17.4	80.0
1643-52	11	6	3	5	1	3	45.5	27.3	60.0
1653-62	13	5	1	8	—	4	61.5	30.8	50.0
1663-72	20	12	7	8	3	4	40.0	20.0	50.0
1673-82	14	9	4	5	1	4	35.7	28.6	80.0
1683-92	25	17	2	8	1	4	32.0	16.0	50.0
1693-02	16	12	7	8	—	4	25.0	18.8	75.0
1703-12	4	3	1	1	—	—	25.0	0	0
1713-22	17	13	1	4	—	4	23.5	23.5	100.0
1723-32				1		1			100.0
計	801	684	170	131	19	63	16.4	8.4	51.2

(Dülmen〔1991〕, *Frauen vor Gericht*, S. 49, Tabelle 1, S. 69, Tabelle 9 より作成)

◆シュレスヴィヒ・ホルシュタイン

　嬰児殺事件数は18世紀後半から急速に増えている。とくに嬰児殺への社会的関心が高まった1770年代後半以降、高い数字を維持しつづける〔資料5─⑭〕。しかし人口も増えているため、対人口比7万〜11万に1件の発生というレベルで推移する。事件絶対数は1760〜69年に36件、1800〜09年には64件と増えているが、婚外子出生率もまた、18世紀後半3.5パーセントから、19世紀初頭6.8パーセントへとほぼ倍増している。嬰児殺と婚外子出生との比率は、1対105／114。既婚者による嬰児殺はほとんどない。

　このように、嬰児殺は、たしかに未婚女性特有の犯罪として増えており、婚外子出産の増加と連動している。しかし、それは人口増加とも連動しており、犠牲になる嬰児は、婚外子100人に1人である*35。したがって、婚外出産がすべて嬰児殺に結びつくかのような知識人の言説には大きな誇張があると言わざ

第5章　「人道主義」のジェンダー・バイアス　　*127*

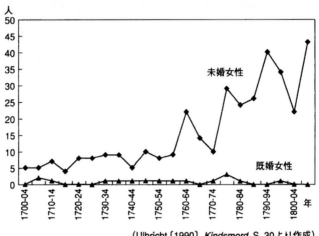

【資料5—⑭】嬰児殺事件数の推移と嬰児殺女性の婚姻関係
（シュレスヴィヒ＝ホルシュタイン）

(Ulbricht〔1990〕, *Kindsmord*, S. 30より作成)

るをえない。

[3] 社会的背景

◆嬰児殺犯女性と相手の男性

　未婚の母は、はたして、「女性としての名誉」を守るために嬰児殺に手をそめたのだろうか。啓蒙期知識人の言説に共通する「婚前妊娠は恥辱」との前提について検討してみよう。

　嬰児殺犯女性の年齢層は、20歳代前半に集中しており、ほとんどが初産の未婚女性である［資料5—⑮］。彼女たちの半数以上は、奉公人である。相手の男性は、同じ身分の奉公人・手工業職人・徒弟が7割近くを占める*36［資料5—⑯］。彼らは、原則として独身であった。ここから、男女ともに働いており、結婚可能な間柄が多かったと推測される。文学作品で好んで用いられたモチーフ——市民層の無垢な娘が、貴族の放蕩青年に誘惑されて、捨てられる——は、実際の嬰児殺事件では、ほとんど登場しない。

＊35　Ulbricht, O.〔1990〕, *Kindsmord und Aufklarung in Deutschland*, München, S. 30.
＊36　Wächtershäuser〔1973〕, *Das Verbrechen des Kindesmordes*, S. 122 f., Ulbricht〔1990〕, *Kindsmord*, S. 77.

◆婚前交渉と
　婚前妊娠

殺された嬰児の大半は、婚前交渉で生まれた婚外子（自然子）である。たしかに、キリスト教会は、婚前交渉を罪悪とみなし、婚外子に対する法的差別を正当化した。しかし、実際の社会では、婚前交渉や婚外子はある程度まで許容された。

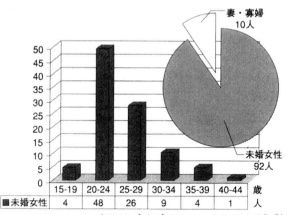

【資料5―⑮】嬰児殺犯女性の年齢層
（シュレスヴィヒ＝ホルシュタイン　1700-1809年）

（Ulbricht〔1990〕, *Kindsmord*, S. 30より作成）

背景には、前近代西欧特有の結婚パターンがある。ライフサイクル・サーヴァントとして、男女ともに青年期を奉公人としてすごす西欧社会では、結婚年齢が高くなりがちであるとともに、自分で配偶者を選ぶ傾向も強かった[37]。恋愛に伴う婚前交渉、その結果としての妊娠というパターンは、近世以来、風紀取り締まりにいそしむ当局を悩ましつづけたのである。ルター派に転じたニュルンベルクでも、16～17世紀に、不品行・姦通・売春禁止のための布告や処罰は、枚挙にいとまがない[38]。

夫婦と子ないしは奉公人という「家」経営によってなりたつ近世の農民家族では、労働力として成長しうる子どもをもつことに重要な意味があった。女性に子を産む能力があるかどうかは、「家」経営の根本にかかわる問題であり、このため、農村社会では、婚前交渉が「試し婚」という言葉で社会的に容認されたのである。

たとえば、1802年のオーストリア農村についての領主役人の記録は、婚前出産を称揚する風習を伝える[39]〔資料5―⑰〕。18世紀後半のオーストリア・ケル

---

[37] いわゆるヘイナル・テーゼである。Hajal, J. [1965], European marriage patterns in perspective, in : Glass, D. V./Eversley, D. E. C. (ed.), *Population in History. Essays in Historical Demography*, London.

[38] Roetzer [1957], *Die Delikte der Abtreibung, Kindstötung sowie Kindsaussetzung.*

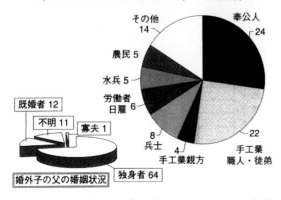

【資料5—⑯】婚外子の父の職業
（シュレスヴィヒ＝ホルシュタイン，17世紀前半）

（Ulbricht〔1990〕, *Kindsmord*, S. 77より作成）

ンテン（カトリック・一子相続地域）でも、多くの奉公人をかかえる農家で、娘が未婚のまま婚外子を産み、実家でともに暮らしているケースがいくつか見られる*40。プロテスタントであるチューリヒ農村地域でも、「いわゆる婚前交渉の慣習は権利・自由とみなされ、何ら罪深いものではないと考えられている。結婚はつねに妊娠の結果として生ずる行為である」（1818年）という報告がある*41。

◆姦淫罪

バイエルンの3農村における姦淫罪を考察したブライトの研究から、次の点が確認される（第4章参照）。

①姦淫罪に問われるのは、婚前妊娠が発覚した場合である。ただし、すべてが摘発されたわけではなく、たとえば、5人の婚外子をもうけたある女性が、姦淫罪で処罰されたのは2回だけである。

②姦淫罪に問われた人々は、男女とも結婚適齢期が大半で、上層から下層にまで幅広い範囲におよぶ。

───

*39 Mitterauer, M./Sieder, R. [1991], *Vom Patriarchat zur Partnerschaft. Zum Strukturwandel der Familie* (4. Aufl.), München, S. 154（若尾祐司／若尾典子訳［1993］『ヨーロッパ家族社会史——家父長制からパートナー関係へ』名古屋大学出版会, 133ページ以下), ders. [1983], *Ledige Mütter. Zur Geschichte unehelicher Geburten in Europa*, München.
*40 Mitterauer, M. [1979], Familienformen und Illegitimität in ländlichen Gebieten Österreichs, in: *Arch. iv für Sozialgeschichte* 19, S. 138 f., 146 f., 150 f.
*41 Braun, R. [1978], Early Industrialization and Demographic Change in the Canton of Zürich, in: Tilly, C. (ed.), *Historical Studies of Changing Fertility*（高橋秀行訳［1991］「チューリヒ州におけるプロト工業化と人口動態」フランクリン・F・メンデルス他, 篠原信義他編訳『西欧近代と農村工業』北海道大学図書刊行会）296ページ以下、若尾祐司［1993］「プロト工業家族の歴史的位相」（『歴史評論』515）参照。Braun, R. [1960], *Industrialisierung und Volksleben. Die Veränderungen der Lebensformen in einem ländlichen Industriegebiet vor 1800*（*Zürcher Oberland*）, Zürich.

③刑罰は、男女ともに科せられ、男性のほうが刑罰は重い。刑罰を恐れて逃亡する男性はごくわずかであり、村の若者は逃げてもすぐもどってきて、女性とともに姦淫罪に問われている。

④晒し刑は半数近くが罰金刑に変更され、当局もそれを歓迎した。

⑤姦淫罪で処罰されても結婚は可能で、女性の結婚チャンスを決定したのは、女性の「名誉」ではなく、持参金の額であった。

以上をまとめると、近世農村社会において、婚前交渉・婚前妊娠は、しばしば、若者の配偶者選択過程に組み込まれており、結婚へと実を結ぶ限りで社会的に許

> **【資料5―⑰】**
> **オーストリア農村の記録（1802年）**
>
> 「恥ずかしいという思いは堕落した娘たちにはまったく弱く、そうした考え方は一般にもあまり支持されない。だから、きず者になった娘たちはしばしば自慢たらたらで、自分の子どもを抱いてゆすりながら、まだ出産能力を証明していない他の娘たちを笑いものにする。まだ堕落していない娘たちは、結婚で遅れをとる危険にさらされる。というのも、花婿にとっては相手の出産能力が心配の種であり、彼女がすでに子持ちなら、彼の家に早く働き手をもたらすからである。たいてい花婿は、花嫁の婚外の子どもを自分の子どもとして受け入れる。たとえ彼自身が父親でなかったり、すでに自分の子がいても」。　　(Braun〔1978〕, Early Industrialization〔訳296ページ以下〕)

容されていたとみなすことができよう。とすれば、婚前妊娠それ自体が「恥」という意識にかられて、娘たちが子を殺したという認識は疑わしいものとなる。

（2）　公論から立法へ

［1］　プロイセン

◆フリードリヒ大王の啓蒙的改革

啓蒙期以降、嬰児殺のための対応策があいついで立法化されていく。嬰児殺を予防するために、①姦淫罪・教会贖罪による晒し刑の廃止、②出産の公的コントロールの強化がはかられ、③嬰児殺犯女性に対する刑罰が緩和されはじめるのである。近代的性差論は、これらの立法にどのように反映されていったであろうか。

晒し刑の廃止にもっとも積極的であった君主は、啓蒙専制君主として知られるプロイセンのフリードリヒ大王である。「両親も雇い主も勝手に処罰して、時代錯誤な不当な厳しさでもって、堕落した女を絶望させ、より大きな悪行にいたらしめてはならない」。「婚外妊娠した女が、自分の妊娠を知られる恐れを

抱かずに、この勅令の規定にしたがって届け出るように、より大きな悪行を避けるため、今後は種類の如何を問わず、すべての姦淫罪を廃止する*42」(1765年勅令)。

　本勅令で注目すべきは、①嬰児殺の原因が、妊娠が露見したときの解雇への恐れにあり、②姦淫罪の廃止が、妊娠・出産の届け出制の徹底強化と連動しているという認識である。プロイセンの法制度に大きな影響を与えた自然法学者トマジウスは、兵士を得るためには、内縁関係すら容認してもよいと論じたが、この勅令でも、人口政策的な意図が明確に読み取れる。市民的知識人により、嬰児殺がもっぱら「女性の名誉」の問題として語られる以前には、嬰児殺の経済的動機が重視される一方で、重商主義的・軍国主義的な富国強兵策にのっとった立法が企図されたのである。

　◆プロイセン一般ラント法

　およそ2万条からなるプロイセン一般ラント法 (1794年) では、法典の最終章にあたる第2編第20章「犯罪と刑罰」(全17節全1577条) に刑事法規定がおかれている。そこでは国家に対する犯罪に続けて個人に対する犯罪が定められており、後者に属する第11節「身体侵害」(691~991条) に殺人罪・嬰児殺罪・堕胎罪が含まれる。全301条におよぶ「身体侵害」のうち、嬰児殺の関連条文は100条以上にわたる。それは、驚くほど詳細で、後見的な内容をもっていた*43 [資料5—⑬]。

　プロイセン一般ラント法には、前代からの人口政策に加えて、新たな性差論がはっきりと前面にあらわれている。

　①嬰児殺は、「新生児の殺害」と定義されて、斬首刑相当となり、一般殺人と同等におかれることになった。ただし、子が嫡出子であるか、婚外子であるかによる区別はない。斬首刑の規定は当時の実務を反映しており、実務を先取りするかたちで刑が軽減されているわけではない。

　②結婚約束があって「未婚の母」となった「無垢な」女性に「妻」や「主婦」としての「権利と名誉」を保障するいわゆる「未婚の母の特権」は、「嬰児殺をできるだけ避けるため」と明記されている。この条文は、のち多くの議論をよ

＊42　Wächtershäuser [1973], *Das Verbrechen des Kindesmordes*, Anhang IV, S. 161 ff.
＊43　*Allgemeines Landrecht fur die Preußischen Staaten von 1794, Textausgabe* (Hg. v. Hattenhauer, H.), Frankfurt/M. 1970.

【資料 5—⑱】プロイセン一般ラント法（1794 年）嬰児殺関連条項

項目		条文
嬰児殺	定義	887条　新生児の殺害をここでは嬰児殺（Kindermord）という名でよぶ。
	刑罰	965条　分娩中もしくは分娩直後に故意に自己の新生児を殺害した母親は剣による死刑に処せられる。
未婚の母の権利		888条　嬰児殺をできるだけ避けるために、法律は、無垢な未婚女性が結婚の約束をして妊娠した場合には、彼女には妻としての権利と名誉があるものとみなし、結婚がありえない場合でも主婦としての権利と名誉があるものとみなす。
		889条　いかなる場合にも、婚姻外で妊娠した女性は妊娠させた相手から、Tit. I、1044条、1028条で定めた損害賠償を得ることができる。
胎児の権利		891条　妊娠が明らかになるとすぐ、胎児には後見人が任命されなければならない。かれは、胎児の権利を守り、子の扶養・養育について配慮しなければならない。
		893条　とくに、各地の当局はかような［婚外］子の世話をひきうける責務を負う。
出産環境の整備（産婆）		894条　公的な産院がないところでは、各地で未婚の妊婦を援助すべき任務をおう産婆が、彼女たちのもとに報告された分娩間近な妊婦を異論なくひきうけ、必要な配慮をしなければならない。
		895条　各地の当局は、この世話をする任にあたる産婆たちに十分な部屋のある住居を与え、彼女たちに分娩・世話料を払うために必要な前金を与えるよう配慮しなければならない。
		712条　分娩時に困難あるいは異常事態が発生したときには、産婆は免許医をよんでくることができるかぎりは彼をよびにやらせなければならない。
男性の義務		914条　同衾が婚姻外であることを知っている男性はいずれも、この行為が相手女性にひきおこしうる結果に注意しなければならない。
		915条　男性は、相手女性の発見その他により妊娠していることを予想できる場合には、当該女性が法律の規定を遵守するよう強いなければならない。
		916条　彼がこの義務を怠った場合には、相手女性が刑に処せられたすべてのケースで、2ヵ月以上4ヵ月以下の軽懲役刑に処せられる。
妊娠・分娩の隠匿の禁止		933条　婚外性交渉をした女性が妊娠にはじめて気づいてから14日以降も両親、後見人、雇用主、産婆あるいは当局への妊娠の発見報告をひきのばす場合には、妊娠隠匿の責めをおい、そのことから生じるすべての不利益に責任をおうことになる。
		944条　分娩時に産婆に助産をたのまなかったり、またその他の名誉ある女性がひとりもそこによばれなかった場合には、分娩は隠匿されたとみなされる。

ぶことになった。

　③相手男性には、妊娠への留意、妊娠報告を強いる義務を定め、義務懈怠の場合には、軽懲役刑を科すとした。

　④女性本人には妊娠・出産の届け出を強制し、秘密妊娠・秘密分娩を禁じた。

　⑤産婆に国家試験を課し、免許医の下におく一方で、各地の当局に未婚の母が無事に出産できるよう配慮する旨、義務づけた。

　以上のように、男性の責任を問う条文を設けたり、国家主導で出産しやすい

環境をととのえるなど、1770〜80年代の嬰児殺論で出されたいくつかの提案が、条文に反映されている。しかし同時に、嬰児殺への後見的規定は、産婆の試験制導入など、かつて女性の領域であった妊娠・出産への公的かつ男性によるコントロールの強化を意味するものであった。

[2] 女性二分モデルの成立

◆ 19世紀前半の言説

嬰児殺防止立法にもかかわらず、嬰児殺は決して減少しなかった。18世紀末以降、奉公人が家からはなれて、各種の賃金収入を得ることができるようになった結果、結婚への意欲が高まり、それと平行して、西欧社会全域で未婚の母が急増していく。もはや、「女性の名誉」論では説明できない事態に、知識人たちの言説が変化しはじめる。たとえば、嬰児殺防止のために姦淫罪が廃止されたことを、自由主義者ヴェルカーは、辛辣に批判している[44] [資料5─⑲]。

啓蒙期以来の「女性の名誉」論がいっそう強調されるなかで、いまや、嬰児殺女性は「淫婦」とみなされるようになっている。18世紀末から19世紀前半にかけて、変わったのは、嬰児殺を生み出す現状そのものではなく、嬰児殺を見る知識人の目であった。かれらにとって、近代的性差論からは生じるはずのない母による子殺しという犯罪は、いまだ文明化されていない非ヨーロッパ世界特有の「蛮行」にほかならない。嬰児殺をめぐる19世紀の言説は、しだいに、近代的性差論になじまない農村大衆や都市下層民の「不道徳な」生活文化への批判という性格をおびはじめる。

◆刑事法の近代化とジェンダー・バイアス

刑法の「近代化」は、たしかに大きな進歩をもたらした。しかし、それは、二面で新たな問題を生み出した。

①近代的性差論に立脚した犯罪・刑罰論には重大な問題がはらまれていた。近代的性差論は、女性を「意思をもたぬ弱者」、男性を「欲望を行為にうつす強者」として定式化する。「加重類型」から「減軽類型」へと、嬰児殺の位置づけが変化したことは、従来、理性にもとづいた人道的配慮の勝利として評価され

---

[44] Wercker, C./Rotteck, C. v. (Hg.), *Das Staats-Lexikon. Enzyklopädie der Staatswissenschaften, in Verbindung mit vielen der angeschensten Publicisten Deutschland*, Bd. 6 [1838], Altona, S. 660 f.

> **【資料5—⑲】ヴェルカー「男女の性差」(『国家学事典』1838年)**
>
> 「たとえばこの1例をあげるなら、嬰児殺を防ぐために、淫行にたいするあらゆる法定刑が廃止されただけでなく、当然の辱やその表現が人為的にかつけしからぬ強制でもって抑圧されようとした。教会贖罪その他の刑罰が廃止されたのち、人々は汚れた者にたいして純潔の花冠を拒んできた賞むべき自然な国民的慣習に強制的に干渉した。そして、人々は人為的な諸制度をつうじて、国費による秘密出産や母としての義務からの解放によって、ふしだらな淫売婦を名誉ある処女とまったく等置しようとしたのである。放蕩そのものをかくも助長し、それによって、かつては淫行が少なく嬰児殺も少なかったのに、いまや淫行が何百倍にも増えたために必然的に嬰児殺そのものも増加したことは忘れられた。立法はけっして、不道徳で不法な方法で犯罪を阻止する義務も権限も有していないこと、立法がみずから犯罪を助長するつもりでなければ、このようなことをしてはならないことは忘れられた。いっそう非難すべきことには、こうして人口を増やしたいと思っても、不道徳の増大が助長されれば結局はかつてのローマと同じくほかならぬ国家の人口を減らしてしまうことが忘れられたのである」。(Welcker〔1838〕, *Stadtslexikon*, Bd. 6, S. 660f.)

てきた。しかし、嬰児殺の刑の減軽根拠となった「女性の名誉」論が、女性が関わる他の行為では、刑を重くしたり、責任を拡大するよう作用したこと、さらに、子の生命・権利を差別的に遇する結果をもたらしたことは見逃せない。

たとえば、姦通については、男性は、男性特有の本能のなせるわざとして寛容にあつかわれるが、性欲をもたないはずの女性に対する制裁は男性よりも重かった（本書第4章参照）。また、女性は、結婚した以上、母になるのが当然とされ、妊娠の自己決定権はありえず、堕胎は「犯罪」でありつづけた。反面、「恥」である婚外出生の子の殺害については一定の理解が示されたのである。胎児の生命の重さが、母の「名誉」によって、差別的に扱われたといえよう。

②司法・立法・行政にたずさわった市民層の価値観と大衆の生活とのあいだには大きなズレがある。平等を旨とする近代市民社会で、犯罪・刑罰の階級差が存在したことは、ブラジウス Blasius, D. をはじめとする歴史犯罪学研究により明らかにされつつある[45]。啓蒙期知識人の嬰児殺論は、いわばかれらの「虚構」であり、実態とはかなり異なったものであった。近代的性差論は、「性による差別」を合理化しただけではなく、「市民と大衆の二分化」を促進する道具だてとしても機能した。「階級・階層」という伝統的視点に、新たに「ジェンダ

---

[45] ディルク・ブラジウス（矢野久／矢野裕美訳）[1990]『歴史のなかの犯罪——日常からのドイツ社会史』（同文館），常松洋／南直人編 [1998]『日常と犯罪——西洋近代における非合法行為』（昭和堂）.

ー」の視点をもりこむとき、実質的な差別を合理化していく過程で根深い差別が陰に埋もれていったことに気づかざるをえない。

第6章 「公共圏」のジェンダー・バイアス──
──啓蒙期の読書協会──

第1節 「公共圏」としての啓蒙空間

(1) 啓蒙主義とコミュニケーション

[1] コミュニケーション過程としての啓蒙主義

◆啓蒙主義

啓蒙 Aufklärung は、18 世紀ドイツの時代概念として、啓蒙主義者たちにより自覚的につかわれた用語である。ドイツ啓蒙主義のはじまりを画する事件は、自然法学者トマジウスによるドイツ語講義予告 (1687 年) とドイツ語雑誌『月刊評論』Monatsgespräch の創刊 (1688 年) であるといわれる*1。

> 【資料6─①】カント「啓蒙とはなにか」(1783 年)
>
> 「啓蒙とは人間がみずから招いた未成年状態から脱することである。…【あえて賢かれ!】自分の理性を自分で用いる勇気を持て! というのがしたがって啓蒙主義の標語である」。
>
> (カント『啓蒙』7 ページ)

啓蒙という語そのものは 1696 年にはじめて登場し、1741 年には「わたしたちは今の時代を啓蒙された時代 aufgeklärte Zeit と呼ぶことができる*2」と記された。カントが論文「啓蒙とはなにか」Was ist Aufklärung? を書いた 1783 年は、ドイツ啓蒙主義の最盛期にあたる。「啓蒙とはなにか」冒頭でカントは有名な定義をなしている*3 [資料6─①]。

---

*1 Schneiders, W. (Hg.) [1995], *Lexikon der Aufklärung. Deutschland und Europa*, München, Einleitung, S. 9-23. Vgl. Stuke, H. [1972], Aufklärung, in : *Geschichtliche Grundbegriffe, Bd. 1.*, Stuttgart, S. 243-342.

*2 Dülmen R. van [1994], *Kultur und Alltag in der Frühen Neuzeit. Bd. 3. Religion, Magie, Aufklärung 16-. 18. Jahrhundert*, München (佐藤正樹訳 [1998]『近世の文化と日常生活 3, 宗教, 魔術, 啓蒙主義──16 世紀から 18 世紀まで』鳥影社, 291 ページ).

*3 Hinske, N. (Hg.) [1973], *Was ist Aufklärung? Beiträge aus der Berlinischen Monatsschrift*, Darmstadt, S. 452 (カント, 篠田英雄訳 [1950]『啓蒙とは何か・他四篇』岩波文庫, 7 ページ). カントの啓蒙主義論については, 西村稔 [1983]「啓蒙期法思想と知識社会──カントと啓蒙官僚」(長尾龍一／田中成明『現代法哲学 2──法思想』東京大学出版

◆コミュニケーション過程としての啓蒙主義

カントは、理性の使用法を2種類に区別する。「公」的使用と「私」的使用である。理性の「公」的使用とは、「学識者として、一般の読者全体の前で自分自身の理性を使用すること」をさし、理性の「私」的使用とは、公職者としての立場で国家を批判することを意味する。カントによれば、国家と啓蒙の対立を避けるため、理性の「私」的使用は制限される。しかし、学識者として著述活動を通じて読者に語りかけることと議論をかわすことは、理性の「公」的使用にあたり、国家による制限は許されない*4。理性の「公」的使用が啓蒙成就の条件であるというカントの見解にしたがうならば、啓蒙主義は、著述と読書と議論を媒介とする「コミュニケーション過程」Kommunikationsprozeß にほかならないものとなる。

しかしながら、ベーデカー Bödeker, H. E. によれば、啓蒙主義を「コミュニケーション過程」としてとらえる試みは、近年ようやく緒についたばかりである。かれは、もっとも重要なコミュニケーション手段として、文通・雑誌・結社をとりあげている*5。わが国におけるドイツ啓蒙主義研究では、カントやフィヒテなどの言説分析に重点がおかれてきた。近年、文化史的背景に関する研究が発表されはじめたが*6、個々のコミュニケーション手段の変化が啓蒙主義の拡大や変質にどのように影響を与えたのかについて、まだ明確な像は描かれていない。

[2] 本章の課題——コミュニケーションのジェンダー・バイアス

本章では、啓蒙主義に関心をよせる人びとのもっとも身近なコミュニケーションの場であった読書協会をとりあげ、啓蒙主義が浸透していった過程を検討する。そのさい留意すべきは、文通・雑誌・結社という啓蒙期の重要なコミュニケーション手段にみるジェンダー・バイアスである。結論的に言えば、文通

会）を参照.
*4 Hinske [1973], *Aufklärung*, S. 455 f. (カント『啓蒙』10-11 ページ).
*5 Bödeker, H. E. [1988], Aufklärung als Kommunikationsprozeß, in: Vierhaus, R. (Hg.), *Aufklärung als Prozeß* (=*Aufklälung*; Jg. 2, H. 2), Hamburg, S. 89-111.
*6 西村稔 [1998]『文士と官僚——ドイツ教養官僚の淵源』(木鐸社), 同 [1987]『知の社会史——近代ドイツの法学と知識社会』(木鐸社), 屋敷二郎 [1999]『紀律と啓蒙——フリードリヒ大王の啓蒙絶対主義』(ミネルヴァ書房) をも参照.

は男女ともこれを行った。雑誌は男女で読む種別が異なった。そして、結社は、啓蒙期ドイツでは、原則として男性のみが参加するコミュニケーション空間であった。一部の女性たちはサロンに集ったが、目的を掲げた結社の成員からは排除された*7。本章でとりあげる読書協会は、男性のみが参加し、男性向けの総合・政治雑誌を読み、議論するという啓蒙期ならではの特徴をもっともよく示すコミュニケーション空間の1つだったのである。

　成員資格が原則として男性に限定されていたのは、読書協会が、カントの言う「理性の『公』的使用」を行う場であることをめざす「啓蒙空間」にほかならなかったからである。読書協会に参加できる男性の階層は、啓蒙可能な社会層に限定されていた。しかし、彼らと同身分に属し、識字能力を備えていた女性たちは、「理性の欠如」という「女性的本性」のゆえに読書協会から排除された。

　啓蒙的男性が読書協会という新しい結社に結集した過程は、同時に、啓蒙主義の実践的な試みから女性を排除し、女性を政治的・国家的議論からも世論形成からも排除する過程でもあった。啓蒙主義のコミュニケーション過程は、結果的に、「市民的公共圏」における「公論」形成から女性を排除するシステムを形成することとなったのである。

(2)　ドイツ啓蒙主義の特徴

[1]　イギリスとフランス

　啓蒙主義は、1680年代から18世紀末のほぼ1世紀にわたり、全ヨーロッパ規模で展開した知的運動であり、社会運動であった。しかし、その性格は一様ではない。批判の対象とされた政治体制や宗派のあり方が、国により異なって

＊7　啓蒙期ドイツでも，たとえばベルリンに90以上ものサロンが出現した．しかし，貴族女性を中心に広まったフランス流サロンとは異なり，ドイツでは教養市民層出身のユダヤ人女性が中心になった点が特徴的である．その意味では，啓蒙期ドイツでサロンがコミュニケーションの中核を担ったとはいえない．ペートラ・ヴィルヘルミー＝ドリンガー（糟谷理恵子／林真帆／斎藤尚子／茂幾保代／畑澤裕子／渡辺芳子訳）［2003］『ベルリンサロン』（鳥影社）は，1780〜1910年代にいたる長い女性サロン文化を描いて興味深い．E. ヴァイグル（三島憲一訳）［2001］「ラーエルのソファ——1800年前後のベルリンのサロンにおける親密圏と公共圏のはざま」（『思想』925）をも参照．

第6章　「公共圏」のジェンダー・バイアス　　　139

いたからである。

　イギリスでは、啓蒙主義は、比較的穏健な政治運動として展開した。1688年の名誉革命は、宗教戦争と絶対主義の終焉を意味した。こののち、自由主義プロテスタンティズムとむすびついたイギリスの啓蒙主義勢力は、既存勢力と妥協しながら、けっして急進化することなく、議会制の拡充を求めていくことになる。

　フランスでは、王権が文芸を積極的に保護した17世紀にすでに、デカルトの科学的精神に触発された反権威主義的な批判的精神もまた芽生えはじめていた。ナント王令の廃止 (1685年) は、この批判的精神が、王権やカトリック教会にたいする攻撃へと転ずる直接的なきっかけとなる。フランス啓蒙主義は、反絶対主義、反教権主義という性格を色濃く帯びていたのである*8。

[2] ドイツ

◆ドイツ固有の特徴

　これにたいして、ドイツ啓蒙主義には、次のような固有の特徴が認められる。①イギリス・フランスから継受された啓蒙主義、②宗派分裂と政治的分裂の影響、③啓蒙絶対主義との親近性、④「学術的*9」akademisch 性格である。

　①啓蒙主義がイギリスやフランスからの継受としてドイツに移入された結果、ドイツの啓蒙主義者たちは、啓蒙先進国としてのイギリス・フランスの出版物や政治的事件につねに注意をはらいつづけた。しかし同時にそれは、宮廷を支配したフランス文化に対抗して、ドイツ語の洗練化をはじめとするドイツ独自の文化を樹立する運動*10をも促進した。

　②宗派分裂と政治的分裂は、2つの特徴をはぐくんだ。まず、宗派分裂を反映して、ドイツ啓蒙主義の最大の関心は、政治・社会問題にではなく、宗教問

---

*8　Möller, H. [1986], *Vernunft und Kritik. Deutsche Aufklärung im 17. und 18. Jahrhundert*, Frankfurt/M., S. 9.

*9　Dülmen [1994], *Kultur und Alltag in der Frühen Neuzeit. Bd. 3.* (デュルメン [1998]『近世の文化と日常生活 3』290 ページ)。Dülmen, R. van [1986], *Die Gesellschaft der Aufklärer. Zur bürgerlichen Emanzipation und aufklärerischen Kultur in Deutschland*; Gerth, H. H. [1976], *Bürgerliche Intelligenz um 1800. Zur Soziologie des deutschen Frühliberalismus*, Göttingen.

*10　トマジウスがドイツ語講義をはじめたのもその1例である.

題におかれた。当初から、啓蒙主義は、プロテスタントや敬虔主義と密接なつながりをもって展開する*11。一方、政治的分裂は、啓蒙主義の文化的中心が分散するという結果をもたらした。ロンドンやパリのような情報や人が集中する拠点を欠くドイツでは、各地の都市に在住する知識人のあいだを媒介する文字情報がいっそうの重みをもったのである。

③ドイツ啓蒙主義は、啓蒙絶対主義と妥協しながら展開した。一部は「政治化」Politisierung*12したが、それは秘密結社を母胎に強まったにすぎない。全体として、ドイツ啓蒙主義は、君主制の転覆はめざさず、むしろ、啓蒙精神を政治にとりいれ、啓蒙主義者を国政に参加させることを要求した。そのかぎりで、君主による「上からの啓蒙化」に積極的に貢献したのである。

◆読書の重視

④ドイツの啓蒙主義は、フランスやイギリスとくらべて、対話よりも読書を重視する傾向が強く、その意味で「学術的」性格が強かった。学術的文字情報の媒体が、新高ドイツ語である。17世紀半ば以降、官房ドイツ語とルター・ドイツ語がまざりあって生まれた新高ドイツ語は、そもそも、民間の口語からは意識的に距離をおく荘重華麗な文章用語であることをめざした*13。啓蒙期には、この高尚な文語的共通言語が、印刷物の標準言語とされ、啓蒙人の討論・談話・書簡用語となる。農民にとって、新高ドイツ語は、「ハレ」の言葉としてまったく無縁ではなかったとはいえ、日常言語にはなりえなかった*14。農民

---

*11 プロテスタント圏における啓蒙主義の展開については，エンゲルハルト・ヴァイグル（三島憲一／宮田敦子訳）［1997］『啓蒙の都市周遊』（岩波書店），拙稿［1997］「大学の貴族化と法学部——ゲッティンゲン大学法学部の創設をめぐって」（前川和也編『ステイタスと職業——社会はどのように編成されていたか』ミネルヴァ書房）参照．カトリック圏の急速な「上からの啓蒙化」については，Hammerstein, N. [1977], *Aufklärung und katholisches Reich. Untersuchung zur Universitätsreform und Politik Katholischer Territorien des Heiligen Römischen Reichs deutscher Nation im 18. Jahrhundert*, Berlin.

*12 Bödeker, H. E./Herrmann, U. (Hg.) [1987], *Aufklärung als Politisierung—— Politisierung der Aufklärung*, Hamburg.

*13 新井皓士［1994］『近世ドイツ言語文化史論——「祖国」と「母語」が意識されゆくころ』（近代文芸社）272ページ以下．

*14 農民の言語については，寺田光雄［1996］『民衆啓蒙の世界像——ドイツ民衆学校読本の展開』（ミネルヴァ書房）9ページ，イレーネ・ハルダッハ＝ピンケ／ゲルト・ハルダッハ（木村育世他訳）［1992］『ドイツ／子どもの社会史——1700～1900年の自伝による証言』（勁草書房）120，130，132，134ページ．

は、啓蒙主義の担い手たりえず、「民衆啓蒙」の対象にとどまる。啓蒙主義の学術化に対応できたのは、書籍・雑誌の媒体となった新高ドイツ語を自在にあやつれる階層、すなわち、一部の貴族と、都市在住の学識層・官僚、上層市民に限られていた。ドイツ啓蒙主義は、「インテリ啓蒙主義*15」Gelehrtenaufklärungにほかならなかったのである。

第2節　男たちの「公共圏」

(1)　「公共圏」のメディア──結社と雑誌

[I]　結社の叢生
◆団体から結社へ

啓蒙主義の第1のメディアは、「結社」Assoziation, Verein である。それは、ギルドやツンフトのような「団体」Korporation とは異なる人的結合原理をもつ。団体では加入強制がはたらき、メンバーには身分制的特権が保障されたのにひきかえ、結社は身分制とは無縁の組織で、個人としての資格でおこなわれる自由な入退会を条件とする*16。

ハルトヴィク Hardtwig, W. も指摘するように*17、宗教改革期にも急進派セクトのような結社が存在したのであり、近代化にともなって団体から結社へ移行したという従来のテーゼは単純にすぎる。しかし、18世紀が過去に例をみないほどの結社叢生の時代であったことは否めない。

◆「公共圏」の形成

ハーバーマス Habermas, J. は、その著『公共性の構造転換』(1969年) のなかで、英仏独における「公論」成立の相違を比較している*18。かれによれば、

---

*15　Möller [1986], *Vernunft und Kritik*, S. 9.

*16　Nipperdey, T. [1976], Verein als soziale Struktur in Deutschland im späten 18. und frühen 19. Jahrhundert, in : ders., *Gesellschaft, Kultur, Theorie. Gesammelte Aufsätze zur neueren Geschichte*, Göttingen, S. 174-205 (論文初出は1972年).

*17　Hardtwig, W. [1997], *Genossenschaft, Sekte, Verein in Deutschland. Vom Spätmittelalter bis zur Französischen Revolution*, München, S. 9-24

*18　Habermas, J. [1990], *Strukturwandel der Öffentlichkeit. Untersuchungen zu einer Kategorie der bürgerlichen Gesellschaft : Mit einem Vorwort zur Neuauflage 1990*, Frankfurt/M. (ハーバーマス, J., 細谷貞夫訳 [1995]『公共性の構造転換・第2版』未来社)

17・18世紀転換期にはじめて、イギリスで、コーヒーハウスを舞台に「政治的公共性」が成立した*19。フランスでは、「公衆」は18世紀半ばころから発生していたが、検閲制度の影響で政治的ジャーナリズムの発達が弱く、サロンが対話を軸とする社交のための集会場となる。女主人が主宰するサロンは、貴族と大ブルジョアジーと知識人が出会う場であった*20。

これにたいして、ドイツでは、ほとんどの貴族は「公論」の担い手とならず、主として市民が担い手となる。啓蒙後進国であったドイツでは、結社こそ、啓蒙主義者たちにより自覚的に作りだされた「公共圏」（公権力と公衆が対峙する場）にほかならない。なかでも公衆がつどった重要な結社が、読書協会であった*21。読書協会において、未成年状態の市民は啓蒙され、読書と対話をとおして、「公論」の担い手たる公衆として成長することが期待されたのである。

ハーバーマスの指摘は、結社研究に大きな刺激をあたえた。1976年以降、ニッパーダイ Nipperdey, T.、ダン Dann, O.、デュルメン Dülmen, R.van の研究を得て、結社運動史は新たな局面をむかえている*22。臣民に対して全面的な指導と後見をおこなおうとする行政国家が、自由な結社形成をすべて萌芽のうちに摘みとってしまったという伝統的な啓蒙絶対主義のイメージはくつがえされ、むしろ、当局と結社とのあいだの友好的関係が明らかにされている。19世紀の自由主義者たちが攻撃した結社活動の制限は、けっして啓蒙期から連続する現象ではなかった。18世紀には、事実上大幅に「結社の自由」が認められていた

第3章参照.

*19 コーヒーハウスやクラブについては，小林章夫 [1984]『コーヒーハウス，都市の生活史──18世紀ロンドン』(駸々堂)，同 [1985]『クラブ，18世紀イギリス──政治の裏面史』(駸々堂)，小林章夫他 [1991]『クラブとサロン──なぜ人びとは集うのか』(NTT 出版)を参照.

*20 女性文化としてのサロン文化については，ヴェレーナ・ファン・デア・ハイデン＝リンシュ（石丸昭二訳）[1998]『ヨーロッパのサロン──消滅した女性文化の頂点』(法政大学出版局) 参照.

*21 Habermas [1990], *Strukturwandel der Öffentlichkeit*, S. 140 (ハーバマス [1995]『公共性の構造転換 [第2版]』103ページ)

*22 Nipperdey [1976], Verein als soziale Struktur；Dann, O. [1976], Die Anfänge politischer Vereinsbildung in Deutschland, in：Engelhardt, U./Sellin, V./Stuke, H. (Hg.), *Soziale Bewegung und politische Verfassung. Beiträge zur Geschichte der modernen Welt*, Stuttgart, S. 197-232；Dülmen, R. van [1993], Die Aufklärungsgesellschaften in Deutschland als Forschungsproblem, in：ders., *Gesellschaft der frühen Neuzeit. Kulturelles Handel und sozialer Prozeß. Beiträge zur historischen Kulturforschung*, Wien/Köln/Weimar (論文初出は1978年).

第6章 「公共圏」のジェンダー・バイアス 143

【資料6―②】ドイツ啓蒙期の結社形成

時期	時代	性格	特徴
第1期	17世紀末〜1750年	発生期	ドイツ語協会やアカデミーが結成され、近代的フリーメイソンがイギリスで誕生し、神聖ローマ帝国に流入する。
第2期	1750〜1775年	発展期	農業・経済改革など実利的な目的をかかげる愛郷＝公益協会が各地に生まれ、フリーメイソンに飽き足りない人びとが、独自の目的をもつ秘密結社を組織しはじめる。反啓蒙主義の立場にたつ黄金＝薔薇十字団、フリーメイソンの起源を聖堂騎士団にもとめる厳格戒律団がこれにあたる。
第3期	1775〜1792年	最盛期	もっとも多くの結社が生まれた時期。啓蒙主義の推進をめざす啓明団が結成され、読書協会が爆発的に普及した。また、プロイセンの開明派官僚を中心にした政治的討論サークル（ベルリン水曜会）も活動しはじめる。全世界の共和主義的革命を目的とする急進的結社のドイツ・ユニオンも登場した。
第4期	1792〜1806年	停滞期	フランス軍がライン地域に進駐し、ドイツ・ジャコバン・クラブなどの革命支持結社が活躍したが、多くの市民は政治的無関心に陥った。
第5期	1807〜1819年	再活性期	ナポレオン体制にたいする国民的抵抗が高まり、愛国的＝国民的結社ブームがわきおこる。しかし、ブルシェンシャフト運動の昂揚に脅威を感じた当局は、1819年、カールスバートの決議において、結社の自由を全面的に制限した。

のである[23]。

◆結社運動の時代区分

結社運動の時代区分は研究者により差があるが[24]、ここでは、17世紀末から、結社の自由を全面的に制限したカールスバート決議（1819年）までの時代を

---

[23] 村上淳一 [1985]『ドイツ市民法史』（東京大学出版会）124ページ．Dann [1976], Anfänge politischer Vereinsbildung, S. 197 ff.

[24] ダンは，1765〜1819年を前期結社運動の時代とよび，1765〜91年を第1期（結社の自由な成立），1791〜1807年を第2期（停滞期），1807〜19年を第3期（再活性期）として区分している．Dann [1976], Anfänge politischer Vereinsbildung, S. 197 ff. デュルメンは，17世紀末〜1740／60年に学識者による初期的な結社形成（第1期）をみ，その後1775/80年を境に，前者を学識者以外にメンバーが拡大した時期（第2期）と位置づけ，後者を教養市民が担う結社の形成期（第3期）とみなす．第2期を代表する結社が公益協会とフリーメイソンであり，第3期に登場する新しい結社タイプとして，読書協会，啓明団，ジャコバンクラブをあげている．Dülmen [1986], Gesellschaft der Aufklärer, S. 29 f., 55, 81 f.; Dülmen [1993], Aufklärungsgesellschaften, S. 334 ff.

大きく5つの時期に分けておきたい*25［資料6—②］。

第1期から第3期まで、特定の結社を弾圧する結社制限令が出されたものの*26、神聖ローマ帝国における結社形成はほとんど障害なくすすんだ。読書協会は、第2期より萌芽的にあらわれ、第3期に爆発的に普及し、第4期に変質していく。

［2］ 雑誌

◆雑誌の創刊

啓蒙主義の第2のメディアが、雑誌である。雑誌は、17世紀末に登場した新しいメディアであった。最初の雑誌『学術論集』Acta Erunditorum（1682年創刊）やトマジウスの『月刊評論』にはじまり、1700年までにすでに58雑誌が存在していた。1741～1765年には、754雑誌が新たに創刊され、1765～1790年には2,000点以上の新刊雑誌が登場した。なかでも、1770年代には718点、1780年代には1,225点が新規刊行されている。1789年までにおそらく2,500雑誌が刊行されていた*27。

雑誌にかぎらず、18世紀の出版市場はたいへんな活況を呈していた。1780～1790年代にはドイツで年間5,000点もの新刊書が刊行されていた。16世紀に登場していた新聞は、18世紀末にはその数200～250をかぞえる*28。膨大な数の書籍や新聞もまた、たしかに、啓蒙主義の浸透をささえた。イギリスやフランスでは、それが顕著である。

しかしながら、情報の相互伝達を文字、とくに活字に頼らざるをえなかったドイツでは、一方的な情報伝達に終始しがちな新聞・書籍ではなく、むしろ、フォーラムとしての機能をもった雑誌が公論形成に寄与した。雑誌を舞台に、

---

*25 村上［1985］『ドイツ市民法史』118-127ページ，ウルリヒ・イム・ホーフ（成瀬治訳）［1998］『啓蒙のヨーロッパ』（平凡社）132ページ以下，西村［1998］『文士と官僚』160ページ以下を参照。

*26 教皇庁が2度にわたって発布したフリーメイソン破門令は，フランス，オーストリアでは国内施行が拒否された．バイエルンでは，1785年に啓明団が禁止されたが，メンバーは他領邦で活動をつづけた．オーストリアのフリーメイソン令も監督令にとどまった．

*27 Wehler, H.-U. [1987], *Deutsche Gesellschaftsgeschichte, Bd. I. 1700-1815*, München, S. 309.

*28 Wittmann, R. [1999], *Geschichte des deutschen Buchhandels*, München (2. erw. Aufl.), S. 119 f., 122；Wehler [1987], *Gesellschaftsgeschichte*, S. 306.

第6章 「公共圏」のジェンダー・バイアス　　145

帝国中に点在する啓蒙人が論戦をくりひろげ、また、それらの雑誌を読むことをつうじて、「未成年状態」の市民が啓蒙人への道のりを模索しようとしたからである。

◆検閲制度の不徹底

　雑誌の洪水に拍車をかけたのが、帝国における検閲制度の不徹底である[*29]。カール6世の帝国検閲令(1715年)は、すべての印刷所に「分別ある学識豊かな検閲官」をおくとの条件つきで、印刷所の立地制限を撤廃し、設置を自由化した。これにより、ハレやゲッティンゲンなど、新しい世俗的学問を重視する法学部中心の新興大学都市が出版拠点として重要になっていく。地域の特性を生かした地方紙誌もまた数多く出版されるようになった。

　帝国検閲令の実施が領邦国家や帝国都市にゆだねられたことも、検閲制度の機能不全を倍加した。親啓蒙的な君主が治めるいくつかのプロテスタント諸国では検閲は実施されず、検閲制度をしいた地域でも、実施の程度はさまざまであった。啓蒙期ドイツの検閲制度は、宗教批判の「自由」と政治批判の「不自由」を特徴としつつ、領邦分裂による検閲の不徹底から、本来は禁止された政治批判ですらも、雑誌上で公然とおこないうるような土壌をはぐくんだのである。

◆雑誌と読者層の性差

　啓蒙期の雑誌は多様なジャンルにおよぶが、読者層には性差が顕著であった。雑誌のうちもっとも発行部数が多かったのは、娯楽雑誌である。1765〜1790年の新刊雑誌およそ2,000点のうち、3分の1にあたる742点が娯楽雑誌であった。娯楽雑誌を代表する道徳週刊誌は、家庭・女性雑誌の側面をあわせもっており、読者層に女性をかかえて、人気は安定していた。

　のこるおよそ1,300雑誌の内訳は、文学224、歴史・政治217、総合学術雑誌186、神学159、医学119、教育109、自然科学107、官房学87となる。雑誌の多くは長続きせず、とりわけ、政治、文学雑誌はめまぐるしく変化した。雑誌の平均発行部数は1,000部。採算がとれるのは500部の発行といわれる[*30]。

[*29] ディーター・ブロイアー(浜本隆志他訳) [1997]『ドイツの文芸検閲史』(関西大学出版部) 111ページ. 帝国の検閲制度については、足立昌勝 [1993]『国家刑罰権力と近代刑法の原点』(白順社) 63-66ページ参照.

[*30] Wehler [1987], *Gesellschaftsgeschichte*, S. 309-310；Kirchner, J. [1958], *Das deutsche*

これらの雑誌のなかでも、双方向的な情報伝達機能を色濃く有したのが、総合学術雑誌と歴史・政治雑誌である。冒頭にあげたカント論文を含む『ベルリン月報』上の「啓蒙」論議は、雑誌がフォーラムとしての機能を発揮した典型例といえる*31。雑誌上では、懸賞論文公募もまたひんばんにおこなわれており、公募スポンサーには、しばしば啓蒙君主や著名人が名をつらねていた。ヴォルテールがスポンサーとなったベルン経済協会の刑法改革に関する公募(1777年)、ヨーロッパ中から400篇近い論文を集めた嬰児殺防止に関する公募(1780年)がよく知られている*32。公論形成にあたって雑誌がもつ意義に敏感であったからこそ、啓明団やフリーメイソンに属する指導的知識人は、こぞってみずから雑誌を主宰しようとしたのである。

このように、双方向的な情報伝達機能をもつ総合学術雑誌および歴史・政治雑誌は、読書協会の主たる収蔵誌でもあり、主な読者層は男性であった。これに対して、女性は娯楽雑誌の読者として想定されていたのである。

(2) 男たちの読書協会

[1] 啓蒙期の読書文化

◆4つの特徴

啓蒙期ドイツの読書文化には、4つの特徴がある。①読者層の拡大、②読書様式の変化、③読書の組織化、④読書と議論の結合である。

①読者層の拡大

18世紀半ばまでほとんど男性学識層にかぎられていた読書は、このころから、急速により広い範囲に拡大した。「読書する公衆」Lesepublikum とよばれた上層市民男性のほか、貴族女性や上層市民女性たちが小説や道徳雑誌の有力な

Zeitschriftswesen. Seine Geschichte und seine Probleme, Teil I., Wiesbaden (2. erw. Aufl.), S. 115 f.; ders. (Hg.) [1969], *Bibliographie der Zeitschriften des deutschen Sprachgebietes bis 1900*, Bd. I., *Die Zeitschriften des deutschen Sprachgebietes von Anfängen bis 1830*, Stuttgart.

*31　Hinske [1973], *Aufklärung*, S. XXXVII ff., 444 ff.

*32　楠本孝 [1995]「新たに生ずべき共和国における刑事立法の綱領」(東京刑事法研究会『啓蒙思想と刑事法——風早八十二先生追悼論文集』勁草書房) 154-155ページ, 本書第5章参照.

読者として登場したのである*33。また、識字教育をうけた手工業者や農民は、暦や実用書に掲載された生活の知恵を求めた。もちろん、読書文化はすべての人びとにおよんだわけではない。1800年ころのドイツで、識字層に該当するのは、人口のほぼ4分の1と見積もられる*34。

②読書様式の変化

18世紀における読書様式の変化を、エンゲルジング Engelsing, R. は「読書革命」Leserevolution とよんだ。「精読」intensiv から「多読」extensiv へという変化である*35。18世紀後半にもあいかわらず精読重視の態度はのこったという批判はありうるが、シャルチエ Chartier, R. も言うように、エンゲルジングの卓見は、新聞・雑誌などの新しいメディアの普及が、読書態度の変化と密接に連動していたという指摘にある*36。学識層に特有の精読という態度はなくならなかったものの、その比重はしだいに低下したのであり、ドイツ啓蒙主義をささえたのは、おびただしい出版物のなかからみずからに必要な情報を選りだして読むといった多読・選読の態度にほかならなかったと考えるべきである。

③読書の組織化

現代の多読を支えているのは、書籍・雑誌の低廉化と公的図書館の発達である。しかし、啓蒙期にはそのいずれもが未発達であり、読書は私的に組織化さ

---

*33　女性の読書については，田邊玲子 [1990]「純潔の絶対主義」（荻野美穂／田邊玲子／姫岡とし子／千本暁子／長谷川博子／落合恵美子『性・産・家族の比較社会史——制度としての〈女〉』平凡社）85 ページ以下参照.

*34　Dann, O. [1977], Lesegesellschaften des 18. Jahrhunderts und der gesellschaftliche Aufbruch des deutschen Bürgertums, in : Göpfert, H. G. (Hg.), *Buch und Leser. Schriften des Wolfenbutteler Arbeitskreises fur Geschichte des Buchwesens*, Bd. 1., Hamburg, S. 168.

*35　Engelsing, R. [1978], Die Perioden der Lesergeschichte in der Neuzeit, in : ders., *Zur Sozialgeschichte deutscher Mittel-und Unterschichten* (2. erw. Aufl.), Göttingen, S. 112 -154, bes. 140. Vgl. ; ders. [1973], *Analphabetetum und Lektüre. Zur Sozialgeschichte des Lesens in Deutschland zwischen feudaler und industrieller Gesellschaft*, Stuttgart（エンゲルジング，R., 中川勇治訳 [1985]『文盲と読書の社会史』思索社）; ders. [1974], *Der Bürger als Leser. Lesergeschichte in Deutschland 1500-1800*, Stuttgart. なお，読書革命肯定論として，ラインハルト・ヴィットマン（大野英二郎訳）[2000]「18世紀末に読書革命は起こったか」（ロジェ・シャルチエ／グリエルモ・カヴァッロ編（田村毅他訳）『読むことの歴史——ヨーロッパ読書史』大修館書店）を参照.

*36　ロジェ・シャルチエ（福井憲彦訳）[1992]『読書の文化史——テクスト・書物・読解』（新曜社）110-112 ページ. 同編（水林章他訳）[1992]『書物から読書へ』（みすず書房）101-107 ページ.

れざるをえなかった。読書のための私的組織が、貸本屋と読書協会である。貸本屋は、小説や実用書等の単行書籍の貸与を主とし、利用者は限定されず、低額の料金を払えばだれでも本を借りることができた。貸本屋の普及は、読者層の裾野を大きく広げていく*37。これに対して、読書協会は、規約を定め、会員を限定し、会費を集めて運営された私設図書館つき読書組織であった。そこでは、おもに定期刊行物が体系的に収集されて、閲覧に供された。

④読書と議論の結合

読書と議論のむすびつきは、読書協会でもっとも顕著にあらわれた。話題提供としての講話の題目をみるかぎり、けっして読書協会は政治的色彩をおびておらず、むしろ、道徳や文化への関心を共有していたとおもわれる。しかし、他方で、読書協会は、エリートとしての地元名士と官僚、大学人、出版関係者などの啓蒙的男性教養人が一同に会する場であった。教育、婚姻、宗教がしばしば講話のテーマとされたことから、これらの議論を通じて、メンバーのあいだで、一定の価値観が共有されていったことは十分に推測される。

◆読書協会の意義

読書協会は、「読書革命」を推進した組織的読書の一原型であり、読書のみならず、議論を重視した点で、啓蒙期ドイツのコミュニケーションに決定的な役割を果たした。読書協会に関する基本論文を著したプリューゼナー Prüsener, M. によれば、史料が残るのは35読書協会で、単行本蔵書目録11、雑誌目録31、会員名簿15、規約22、結成経緯3、会合内容の資料4が残存する*38。しか

---

*37 Martino, A. [1990], *Die deutsche Leihbibliothek. Geschichte einer literarischen Institution (1756-1914)*, Wiesbaden, S. 61-133.; Wittmann [1999], *Geschichte des deutschen Buchhandels*, S. 193-199.

*38 Prüsener, M. [1972], Lesegesellschaften im 18. Jahrhundert. Ein Beitrag zur Lesegesellschaften, in : *Archiv für Geschichte des Buchwesens*, 13-1/2, Sp. 376 ff.; Stützel-Prüsener, M. [1981], Die deutschen Lesegesellschaften im Zeitalter der Aufklärung, in : Dann. O. (Hg.), *Lesegesellschaften und bürgerliche Emanzipation. Ein europäischer Vergleich*, München, S. 71-86. 読書協会の会員リストや蔵書目録は一部が公刊されている．ルートヴィクスブルク，トリエル，ツーク，ヴェーデンスヴィル，シャッフハウゼン，バーゼルについては，Milstein B. M. [1968], *Eight Eighteenth Century Reading Societies. A sociological Contribution to the History of German literature*, Diss. Princeton ; Haase, K. [1965], Der Bildungshorizont der norddeutschen Klenstadt am Ende des 18. Jahrhunderts. Zwei Bücherverzeichnisse der Lesegesellschaften in Wunstorf aus dem Jahr 1794, in : Brunner, O. et. al. (Hg.), *Festschrift Hermann Aubin zm 80. Geburtstag*, Wiesbaden,

し、今日、小都市における読書文化の研究が進展しつつあり、史料の発掘がいっそう進んでいる*39。以下では、マールブルク、リューベック、ボンといった性格を異にする都市の読書協会に関する研究成果を利用しながら、読書協会の具体像を明らかにしたうえで、ドイツ啓蒙主義のコミュニケーションにどのような特徴と限界があったのかについて検討したい。

[2] 読書協会の活動
◆組織

読書協会は、18世紀ドイツでもっとも普及した結社である。18世紀末までに、ドイツで430以上の読書協会がうまれたと言われ、とりわけ、1770年代以降に急増した [資料6—③・④]。他のヨーロッパ諸国でも読書協会は存在したが、ドイツほどの広がりは見られない。たとえば、フランスでは、読書協会よりもフリーメイソン・ロッジの普及度のほうが高い*40。読書協会の浸透は、ドイツ啓蒙主義の「学術的」性格を端的に示す現象なのである。

広義の読書協会には、さまざまな形態がある。もっとも萌芽的な形態は、定期刊行物の共同予約であり、書籍・定期刊行物を回覧する読書サークル Lesezirkel, Umlaufgesellschaft がこれにつぐ。これらのものから、書庫をもつ読書協会 Lesebibliothek, Lesegesellschaft、閲覧・会合用の部屋をそなえた読書クラブ Lesekabinett が発展した*41。これらの組織は排他的に発展したのではなく、し

S. 511-525.

*39 たとえば, Ziessow, K.-H. [1988], *Ländliche Lesekultur im 18. und 19. Jahrhundert. Das Kirchspiel Menslage und seine Lesegesellschaften 1790-1840*, 2 Bde., Cloppenburg.

*40 Roche, D. [1981], Literarische und geheime Gesellschaftsbildung im vorrevolutionären Frankreich : Akademien und Logen, in : Dann, *Lesegesellschaften*, S. 181-196, bes. S. 196.

*41 Lesegesellschaft という表現はひろく流布しており, 当時の百科全書や辞書等の見出しとして用いられていた. ほかの表現として, Lesezirkel, Leseinstitut, Leseverein, Lesekabinet のほか, 後になると, Ressource, Societaet, Klub, Kasino, Museum, Harmonie が使われた. Prüsener [1972], Lesegesellschaften im 18. Jahrhundert ; Stützel-Prüsener [1981], Die deutschen Lesegesellschaften ; Dann, O. [1979], Die deutsche Aufklärungsgesellschaft und ihre Lektüre. Bibliotheken in den Lesegesellschaften des 18. Jahrhunderts, in : *Buch und Sammler-private und öffentliche Bibliotheken im 18. Jahrhundert*, Heidelberg. 読書協会に言及している日本語文献として, 成瀬治／山田欣吾／木村靖二編 [1996]『ドイツ史2』(山川出版社) 161ページ以下, 西村 [1998]『文士と官僚』169-171ページ, 浜本隆 [1991]『ドイツ・ジャコバン派, 消された革命史』(平凡社) 32-40ページ, 的場

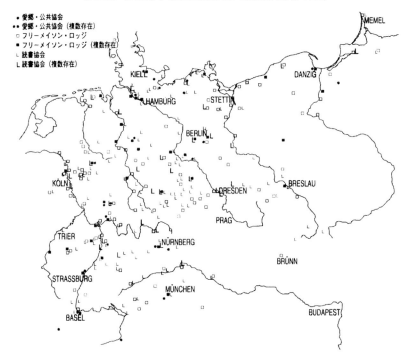

【資料6—③】1776〜1880年の結社分布
(Dülmen [1986], *Gesellschaft der Aufklälrer*, S. 178f.)

ばしば併存した。また、大都市には、多数の読書協会が存在した。ブレーメンでは、1790年代に30以上もの読書協会が活動していた[*42]。

　読書協会の結成経緯やメンバー構成には、地域差がある。読書協会は、まずプロテスタント地域で自然発生的に誕生した。その後カトリック地域にも広まるが、カトリック圏の読書協会は、しばしば君主による保護を与えられて結成された。都市の性格も読書協会に影響をおよぼした。マールブルクのような大学都市では、大学を核に学識者中心の読書協会が発達しやすく、リューベックのような商業都市では商人・手工業者の利害が反映された運営方針になる。ボ

昭弘 [1986]『トリーアの社会史——カール・マルクスとその背景』(未来社) 121-122ページ. 翻訳では, ハーバーマス [1995]『公共性』103ページ以下, デュルメン [1998]『近世の文化と日常生活3』310-312ページ, イム・ホーフ [1998]『啓蒙のヨーロッパ』147-153ページ.

*42　Dülmen [1993], Aufklärungsgesellschaften S. 348.

【資料6—④】18世紀ドイツの結社創設数の推移
(Dülmen [1986], Gesellschaft der Aufklärer, S. 16)

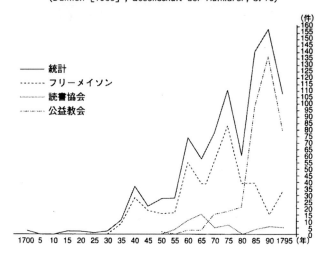

ンのような宮廷都市では官僚の割合がきわめて高い。

◆目的と規約

コブレンツの読書協会設立記念の招待状は、読書協会の設立を啓蒙主義拡大の手段としてはっきり位置づけている*43［資料6—⑤］。

一方、規約からは、読書協会の具体的な姿がうかびあがる。人口 5,600 ほどの大学都市マールブルクでは、学識・教養層と商人・手工業者親方層がほとんど融合せず、読書協会は、大学を中心に自然発生的に誕生した*44。学芸協会

---

*43 Hansen, J. [1933], *Quellen zur Geschichte des Rheinlandes im Zeitalter der Französischen Revolution 1780-1801*, Bd. 1, Bonn, Nr. 21, S. 35.
*44 マールブルクの読書文化については、ジルゲス Sirges, T. の一連の研究がある。Sirges, T. [1991], *Lesen in Marburg 1758-1848. Eine Studie zur Bedeutung von Lesegesellschaften und Leihbibliotheken*, Marburg; ders. [1994], *Die Bedeutung der Leihbibliothek für die Lesekultur in Hessen-Kassel 1753-1866*, Tübingen; ders. [1984], *Zensur in Marburg 1538-1832. Eine lokalgeschichtliche Studie zum Bücher-und Pressewesen*, Marburg. 1790年ころ、マールブルクの住民数 5594、学生数 300。ここでは、1743 年にイギリス型のフリーメイソン・ロッジができ、1772 年には厳格戒律団と強い結びつきをもつロッジが生まれていた。1782/3 年には啓明団支部もできた。1758 年に、2-3 人単位で雑誌・新聞を共同購読している記事がみられ、1766 年には、学芸協会という名称で読書協会が史料に初出する。学芸協会の創設者は 2 名。のちに法学者として活躍した急進的な神学教授ロベルトと歴史・修辞学教授クルティウスである。ロベルトは、カントの信奉者で、啓明団と厳格戒律団に属し、マールブルクのフリーメイソン・ロッジ長をもつとめた。Schüttler, H. [1991], *Die*

Literatur-Gesellschaft という名の読書協会が規約を作成したのは、公的注目をいっそう集め、さらなる発展をはかるためであった。序文では君主のお墨付きがあることがうたいあげられ、全18条の条文では、目的、文献収集方針、活動方針、会員条件、会費等が定められている[45]［資料6―⑥］。この規約が画餅でなかったことは、残された活動記録からも確認できる。

【資料6―⑤】
コブレンツの読書協会設立記念招待状
（1783年）

「全帝国、全諸国の変化や事件、ならびに、あらゆる分野における人知の解明を記した世界の文献をたえず読むことは、啓蒙主義と光を広める手段であると同時に、だれもが仕事以外の余暇時間を十分に満足して利用するチャンスを得るための手段である。このような目標を達成するには、人びとが団結し、最上の政治雑誌、評論紙誌その他の有益な著作を共同で購入し、しかるべき固有の場所にそれらを保管して、各人が都合のよいときにそれらを読み、読んだものについて語り合い、相互に情報交換を行って利用する以外に方法はない」。

(Hansen[1933], *Quellen*, Bd.1, S.35)

◆会員と会費

　規約のなかで、会員条件をくわしく明記しているものはほとんどない。「啓蒙的教養人」「読書好き」Literaturfreund とあるのみで、身分的制約はない。しかし、会員構成には、一定の偏りがみられる。まず、非識字層や「読書する公衆」にはいらない農民や手工業者の中下層は、読書協会から排除された。また、たとえ識字層に属しても、原則として、女性や学生は読書協会のメンバーになれなかった[46]。女性は一般に「理性」に欠けるところがあり、啓蒙人たりうると想定されていなかったためであり、学生は非自立的存在とみなされていたためである。

　会員構成には、創設メンバーの意向が強く反映される。一般に、新入会員の承認には、3分の2の賛成が必要とされたからである。都市によっても異なるが、貴族と専門職についている上層市民が圧倒的多数を占め、手工業者や商人はほとんどいない［資料6―⑦］。マールブルク学芸協会の場合、正会員は23名限定で、名誉会員として「在地の学識者、外国の学識者、文献に明るい人」をむかえた。名誉会員には会費等が免除された。ほかに、「協会長は、経済的事情から正規の会費を払うことができない学生のうち、もっとも有能で勤勉な学生

Mitglieder des Illuminatenordens 1776-1787/93, München, S. 127.,
[45]　Sirges [1991], *Lesen in Marburg*, Anhang I, S. 333-338.
[46]　Stützel-Prüsener, Deutsche Lesegesellschaften, S. 79.

> **【資料6―⑥】マールブルク学芸協会規約抜粋（1774年）**
>
> 1 協会の目的は、ドイツならびに諸外国の文献に関する知識を増進することである。
> 2 この目的を達成するため、協会は、ドイツ、オランダ、フランス、イギリスなどで出版されたもっとも重要で有益な雑誌や学術新聞を購入し、運営・蔵書管理に配慮しつつ、それらを収集・保管する。さらに、協会の基金がゆるすかぎりで、文学に属する他のすぐれた作品を買うことも認められる。
> 3 協会の各正会員には、雑誌を通読するために、8日間の貸出が認められる。司書は、貸出記録をとる。名誉会員が、蔵書を利用したいときには、すべての正会員が利用を終えたのちはじめて借り出すことができる。学術新聞は、すべての会員が受付順に利用できるように、専用の配達係が雑誌を届けて回る。協会の他のすべての書物は、すべての会員が司書にそのつど届け出て、利用することができる。貸出された書物が汚れたり、破損した場合には、協会に現金ないし現物を賠償しなければならない。
> 4 文献について討議するための機会をもうけるべく、協会は、週1回、決まった場所に、一定時間、集まる。協会理事と正会員は、会合に参加する義務を負う。しかし、名誉会員の参加は任意である。協会長あるいは正会員が、急な事情で参加できなくなった場合には、事前に、協会長に断りをいれるべきである。重病あるいは旅行以外の理由で、会合を4回連続して欠席した者は、会費出資金と会員権を失う。そして、新たに正会員として認めてもらおうとすれば、のこりの会費を支払ったうえで、ふたたび会費を支払わなければならない。
> 5 定期会合を実りあるものにするため、会合のたび、10名の長老メンバーが交代で任意のテーマにつき、ラテン語、ドイツ語、フランス語のいずれかで講話をおこなうこととする。しかし、理事の1人、あるいは、名誉会員の1人が講話をおこなおうとする場合には、次の会合までにまってもらうべきである。次回の講話を行いたいとおもう者は、理事のところに、そのつど、必要な届け出をなすべきである。しかしながら、10名の先述の正会員のうち、つぎの講話予定者が同意すれば、他の者に講話を依頼することもできる。
> 6 理事も正会員も名誉会員もすべて、正会員（ただし、理事は除く）の行った講話にたいする論評を文書で通知することができる。いずれの論評も、次期会合で、理事により、書いた人の名をあげることなく、読み上げられるべきである。
> （略）
> 17 すべての正会員、2名の理事、司書は例外なく、会期ごとに2.5ターラーの会費を支払う。そして、会合のつど3グロッシェンを支払う。
> (Sirges[1991], *Lesen in Marburg*, Anhang I, S. 333ff.)

2名を、協会の特別会員として受け入れることができる」（16条）とされ、例外的に、優秀な貧困学生にも門戸が開かれた。会員は、全部でのべ102名にも達したが、女性は存在しない[47]。

　商業都市リューベックにおいてですら、読書協会成立当初には学識者の優位がめだった。1789年に生まれた最初の学芸協会は、ハンブルクなど周辺諸都市の協会をモデルに、1牧師が、聖堂法律顧問、法学博士、上級裁判所弁護士、商

---

[47]　Sirges [1991], *Lesen in Marburg*, S. 53-68.

【資料6―⑦】読書協会の会員構成

ボン 1787-99年 会員数174名 （うち貴族52名）		トリエル 1785／93年 会員数175名 （うち貴族18名）		ルートヴィクスブルク 1769／96年 会員数66／62名 （うち貴族35／12名）		バーゼル 1787／92年 会員数123名	
官僚	42	官僚	50	軍人	48(25)	官僚	29
聖職者／神学者	32	聖職者／神学者	32	官僚	8(11)	教授	14
教授／教師	30	教授／法律家	10	聖職者／神学者	2(2)	軍人	8
軍人	16	軍人	5	商人	(2)	商人	8
宮廷音楽家	12	医師	3	医師	1	手工業親方	5
法律家／公証人	6	商人	3	教授	1(1)	マギスター	4
ドイツ騎士団員	6					公証人	2
商人	2						
公使	2						
宮廷俳優	2						
文書係	2						
宮廷画家	2						

(Dülmen〔1996〕, *Gesellschaft der Aufklärer*, S.87)

人ら4名と協力して創設した。創設当初25名の会員は、貴族の聖堂参事会員1名、学識者20名（法律家10名、聖職者5名、教師3名、医師2名）、商人4名からなる。うち4名は現役あるいはのちの市参事会員で、10名はフリーメイソンであった。当時、リューベックの人口は3万、市民はほぼ2,000、そのうち、市参事会の被選挙資格をもつ市民は350名にすぎない。学識者は120名を数え、学識者の6分の1は、当初から読書協会に属したことになる[48]。

　会費は、一般にけっして高くない。入会料を100ターラーも徴収したエルバーフェルトのような例外は別として、通常の場合、読書サークルの年会費は、ほぼ1雑誌の年間購読料に相当する2～6ターラー、読書クラブの年会費は、4～8ターラーであった[49]。

［3］　読書と討議

◆協会の蔵書

　エンゲルジングは、ブレーメン読書協会を例にとって、リーダーが文献選定

＊48　リューベックの読書協会については, Kopitzsch, F. [1981], Lesegesellschaften im Rahmen einer Bürgerrepublik. Zur Aufklärung in Lübeck, in : Dann, *Lesegesellschaften*, S. 87-102.

＊49　Stützel-Prüsener [1981], Deutsche Lesegesellschaften, S. 77.

権をもつとしたが、ダンは、文献選定の「民主」的性格を強調する。ダンによれば、文献選定手続には2つのタイプがみられた。1つは、会員の総意による選定、もう1つは、大規模読書協会によく見られた手続で、リーダーや委員会による選定を総会にはかるケースである*50。いずれにせよ、文献選定にあたって会員の意向を十分尊重しようとしたことがうかがえる。

読書協会の蔵書リストと出版市場の動向をくらべると興味深いことがわかる。一般の出版市場において、定期刊行物の刊行点数が占める割合は5パーセントにすぎないが、読書協会蔵書リストでは10〜70パーセントを占める。小さい協会ほど、定期刊行物の割合が高い。文学書購入の是非をめぐっては、読書協会内で激論がかわされたらしく、ボン読書協会は、ヴィーラント著作集の購入についてすらためらいをみせた*51。

定期刊行物そのものについても、読書協会は市場とは異なる独自の動きを示している。先述のように、雑誌市場で最大のシェアを誇るのは、非学術的な娯楽雑誌である（40パーセント）。しかし、それらは読書協会収蔵雑誌の20パーセントしか占めない。これに対して、雑誌市場10パーセントの政治・歴史雑誌は、読書協会では25パーセント、同8パーセントの総合雑誌にいたっては、読書協会蔵書雑誌の20パーセントに達した*52。読書協会は、意識的に小説や娯楽雑誌を避け、政治記事や時事評論を掲載したいわば「硬派」の雑誌を収集したのである。

◆収集雑誌

読書協会は、①総合雑誌と②歴史・政治雑誌を主に収集した。そのうち、総合雑誌は、1766-90年に186点が創刊されている*53。それらは、3タイプに分けられ、新刊紹介と書評を掲載する評論誌 Gelehrte Zeitung、全分野にまたがる論説をおさめた論説誌、民衆啓蒙を意識した日刊新聞的な啓蒙誌がある。

①総合雑誌

全国版の評論誌のうち、31蔵書リスト中19で名があげられている『ドイツ文献総覧』Allgemeine deutsche Bibliothek (1765-1805年) は、ベルリン啓蒙主義を

＊50　Dann [1979], Aufklärungsgesellschaft und ihre Lektüre, S. 191 ff.
＊51　Dann [1979] Aufklärungsgesellschaft und ihre Lektüre, S. 197.
＊52　Dann [1979], Aufklärungsgesellschaft und ihre Lektüre, S. 194, 196.
＊53　Kirchner [1958], *Deutsche Zeitschriftenwesen*, S. 119-127.

代表する出版業者ニコライが出版した雑誌で、全256巻刊行され、8万点以上の文献を論評した。31リスト中26が所蔵していた『(イエナ)総合学術新聞』(Jenaer) Allgemeine Literaturzeitung (1785-1803年) は、1789年に120名の批評家を擁し、その後10年のうちに1,500名の執筆者をかかえるにいたった。地方誌的性格をもつ総合雑誌もまた多数うまれ、ほとんどは大学都市で出版された。なかでも、最高1,100部にのぼるほどドイツ全土に普及した『オーバードイツ総合学術新聞』Oberdeutschen allgemeinen Literatur-Zeitung (1788-1808年) は、31リスト中10で名があげられている*54。

　論説誌のうち、全国的性格をもつのは、『ベルリン月報』と、『ゲッティンゲン学術文芸雑誌』Göttingische Magazin der Wissenschaften und Literatur (1780-85年) の2誌である。『ベルリン月報』は、31リストのうち22で所蔵されていた。この雑誌は、プロイセン啓蒙主義のプロパガンダ・メディアであり、執筆者の3分の2は、官僚であった。カントやフィヒテ、フンボルトなど、当時の名だたる知識人もまた執筆陣に加わっている*55。

　前2者にくらべ、啓蒙誌は、より実用性が高い。31リスト中17で言及されている『ドイツ・ジャーナル』Journal von und für Deutschland (1784-92年) は、『ジェントルマンズ・マガジン』をまねた雑誌で、結婚、出生、死亡記事が日付順にならび、劇場情報、破産、穀物価格、帝国議会審議録、帝国宮廷法院判決、書簡、旅行記、詩などが満載されていた*56。

②歴史・政治雑誌

　歴史雑誌もまた、18世紀末に急増した。1766-70年に21雑誌、1771-80年に65雑誌、1781-90年に131雑誌が新たに創刊されている。もっとも著名な雑誌が、ゲッティンゲン大学歴史学教授シュレーツアー Schlözer, A. L. v. が主宰した『国家報知』Staats-Anzeigen (1782-95年) である。雑誌の目的は、同時代史としての歴史学と火急の政治問題としての国家学をセットにして伝えるということにおかれた。『国家報知』は、形成されつつある公論を代表する典型的雑誌と

---

*54　Kirchner [1958], *Deutsche Zeitschriftenwesen*, S. 77, 122 f.; Prüsener [1972], Lesegesellschaften im 18. Jahrhundert, Sp. 427.

*55　Schneiders [1995], *Lexikon der Aufklärung*, S. 62 ff.; Prüsener [1972], Lesegesellschaften im 18. Jahrhundert, Sp. 428.

*56　Kirchner [1958], *Deutsche Zeitschriftenwesen*, S. 126.

【資料6—⑧】マールブルク読書協会・1772-1773年全講話一覧

(Sirges [1991] *Lesen in Marburg*, S. 80-82)

年月日	講話者	講話テーマ
1772.5.27.	Curtius, M. C.	愛国主義的学識者の像
1772.5.27.	Krafft, E. C.	ときには嘘をつかなければならないことの証明
1772.6.3.	Bering, J.	ローマ書VIII.2.の箇所について
1772.6.17.	Hilchenbach, N. W. L.	キリスト教の長所について
1772.6.24.	Hausknecht, J. G.	名誉欲と外面との関係は、知識と内面との関係に等しいこと
1772.7.8.	Krafft, E. C.	諸アカデミーでの友好関係について
1772.7.15.	Bernhardi, J.	啓示の客観主義的必要性について
1772.7.22.	Grosch, E.	人間本性の誤解は、われわれの目的や正義に反すること
1772.8.1.	Gundlach, J. (書簡)	真の愛国主義について
1772.8.5.	Geller, E. T.	いくつかの文芸がわれわれの道徳におよぼす影響について
1772.8.12.	Bering, J.	ドイツ語を用いる必要性について
1772.8.19.	Hilchenbach, N. W. L.	聖書上の人物のふるまいの自然らしさについて、聖書の作者が熱狂者でなかったことの証明として
1772.8.26.	Hausknecht, J. G.	農村での説教師の仕事と義務について
1772.9.2.	Krafft, E. C.	①プロテスタント教会とカトリック教会の統合案にたいする所見、②大学は居城都市か大都市におかれるのがもっともよいことの証明
1772.9.9.	Robert, C. W.	有徳であることの最大の勝利はなにか
1772.9.16.	Spieker, J.	人間社会の必然性について
1772.10.28.	Curtius, M. C.	たとえ諸侯が後援しなくとも、学術は栄えうること
1772.11.4.	Grosch, E.	（テーマ不明）
1772.11.18.	Geller, E. T.	社交がわれわれの幸福を増進することの証明
1772.11.18	Bering, J.	一夫多妻婚が許されないことについて（1）
1772.11.25.	Hilchenbach, K. W.	ゲッティンゲン大学の状態について
1772.12.2.	Hausknecht, J. G.	詩歌における都市生活の賞賛
1772.12.9	Krafft, E. C.	神学の種類と方法に関する考察（1）
1772.12.16.	Hilchenbach, N. W. L.	第一モーゼ書III.15に関する考察
1772.12.23.	Robert, C. W.	リヴィウスのいくつかの箇所についてのコメント、興奮と苦悩に関する教説を説明するために
1773.1.6.	Grosch, E.	冷淡な行動について
1773.1.13.	Geller, E. T.	人間心理の認識が徳におよぼす影響について
1773.1.20	Bering, J.	一夫多妻婚が許されないことについて（2）
1773.1.27.	Hilchenbach, N. W. L.	世俗の幸福とそれが満足の唯一の源であることについて
1773.2.10,	Bippart, K. W.	音楽とそれが心におよぼす影響について
1773.2.24.	Krafft, E. C.	神学の種類と方法にかんする考察（2）
1773.3.3.	Spieker, J.	吝嗇が勉学におよぼす悪しき影響について
1773.3.10.	Curtius, M. C.	偏見の価値について（1）
1773.3.17.	Curtius, M. C.	偏見の価値について（2）
1773.3.24.	Hausknecht, J. G.	一民謡調物語詩の断片
1773.4.28.	Eisenberg, J.	一般社会における特別社会の効用について
1773.5.12.	Grosch, E.	人類愛と友好の価値について
1773.5.19.	Bering, J.	疑いについて

なり、内容はかなり論争的なものを含んでいる。隔月刊行でしだいに人気をたかめ、宮廷でも読まれた。最盛期の発行部数は 4,400、権力者もこの雑誌でこきおろされることを恐れたという*57。

◆講話と討議

討議の具体的内容まではわからないが、講話のテーマについては史料が残されている。マールブルク読書協会の場合、週1回、会合がもたれて、メンバーが1人ずつ順番に講話をおこない、互いに批評しあった。1772年5月27日以降、会合はほぼ毎週もたれている。初回から丸1年間にわたって全37回もおされた会合での講話者は全13名。講話者は、各回1名で、毎回交代している。報告テーマは、宗教問題が9件、道徳や社交については13件、愛国主義2件、学術・大学・アカデミー・文芸が7件など多彩であったが、政治的テーマは見あたらない*58 [資料6-⑧]。

[4] 読書協会と君主——ライン地域の読書協会

◆カトリック諸侯領

プロテスタント諸国では、啓蒙主義の浸透にあわせ、読書協会が自然発生的に生まれる傾向が強かったのにひきかえ、反啓蒙主義勢力が強かったカトリック圏では、18世紀末に、君主による「上からの啓蒙化」が急速に進められた。君主が臣民にたいして親啓蒙的ポーズを示そうとする場合、もっとも効果的な手段が、教育改革と文化支援策の推進であった。学校教育・大学教育の改革と、一種のカルチャーセンターとしての読書協会の設立は、ほぼ平行してすすむ。それらは、1770年代以降、しばしば同一の人物をリーダーとして展開した。小国分立状態のなかでの君主どうしの対抗心もそれに拍車をかけたと思われる。マインツ、トリエル、ケルンといった聖界選帝侯領がすべて属するライン地域は、「上からの啓蒙化」が進められた典型的地域であった。

ライン地域で最初の読書協会設立の試みは、1776年、ケルンで生じた。ある書籍商のもとに一群のプロテスタントが集まり、読書協会がつくられた。カトリックでは、ただ1人若き市参事会員が参加していたにすぎない。しかし、協

---

*57 Kirchner [1958], *Deutsche Zeitschriftenwesen*, S. 127,130. マックス・フォン・ベーン（飯塚信雄他訳）[1984]『ドイツ18世紀の文化と社会』（三修社）98-100ページ.
*58 Sirges [1991], *Lesen in Marburg*, S. 80-98.

会は、反啓蒙主義陣営に攻撃され、1781 年以降、解体する*59。

◆マインツ

　ケルンにおける民間での読書協会結成が挫折したのち、ライン地域における読書協会設立の本格的な波は、君主の協力をうけて、1782 年にはじまる。最初は、マインツである。マインツでは、1770 年以降、啓蒙主義者であるマインツ選帝侯ブライトバッハ＝ビュレスハイム E. J. von Breitbach-Bürresheim（位 1763-74 年）のもとで、学校教育改革と大学改革がはじめられていた。しかし、かれの改革は聖職者の協力を得られず、後任となったエルタール F. K. von Erthal（位 1774-1802 年）もまた、当初は改革を全面否定しようとした。しかし、1780 年、エルタールは態度を豹変させ、親啓蒙の立場を鮮明にする*60。かれは、マインツ大学の改革に積極的にたずさわり、のちに、マインツ大学は、ライン地域の啓蒙主義のメッカとなっていく。1781 年、選帝侯に大学改革の必要性を訴える鑑定意見を書き、選帝侯を翻心させた当時の大学学長で法学者のホリックス J. B. Horix、1782 年に改革の責任者としてマインツ大学理事長に任命されたベンツェル F. A. F. v. Bentzel は、ともに啓明団員であり、読書協会の会長をもつとめた*61。

　設立当初 170 名であった会員は、1790 年には 203 名にのぼった。会員名簿は残存しないが、1 年交代の会長に名をつらねるのは、枢密顧問官、マインツ大学理事長、同学長、同教授などである。協会の 1 部屋は新聞や雑誌の閲覧室で、もう 1 部屋は会員の会談・討論に利用された。両部屋とも朝 9 時から夜 10 時まで開いていた。所蔵雑誌・新聞のタイトルには英仏の雑誌も含まれ、1790 年には、およそ 90 件にのぼっている*62。この読書協会は、1790 年まで存続し、以降、新しい組織にとってかわられた。

　マインツ選帝侯にならって、トリエル選帝侯もまた、コブレンツ（1783 年 12 月中ころ）、トリエル（1783 年 12 月 27 日創設）に読書協会の設立を認可した。その後、アーヘン（1783 年）、ケルン（1784 年 10 月 13 日）にも読書協会が設立され

＊59　Hansen [1933], *Quellen I.*, Nr. 27, S. 78.

＊60　Hammerstein [1977], *Aufklärung und katholisches Reich*, S. 150 ff.; Prüsener [1972], Lesegesellschaften im 18. Jahrhundert, Sp. 395-399.

＊61　Schüttler [1991], *Mitglieder des Illuminatenor*, S. 22, 76.

＊62　Hansen [1933], *Quellen I.*, Nr. 7, S. 16 f.

る＊63。

◆ボン

　君主と宮廷が読書協会に積極的に関わった典型的なケースが、ボン読書協会である。ケルン選帝侯の居城都市ボンは、市壁内人口1万あまりの小都市であった。事実上最後のケルン選帝侯となったマックス・フランツ（位 1784-1801 年）は、兄の皇帝フランツ・ヨーゼフ2世におとらぬ啓蒙主義者として知られる。徹底して啓明団を弾圧する反面、読書協会の熱心な支援者であったという点に、啓蒙専制君主と読書協会の性格がきわめてよく読みとれる。

　ボンでは、1777 年創設のアカデミーが 1786 年に大学に昇格され、1781 年には啓明団のミネルヴァ教会がつくられていた。1787 年の読書協会創設には、啓明団が深く関わっていたとされる＊64。読書協会は、市庁舎の1室を借りうけて活動をおこなう、選帝侯公認の結社であり、メンバーの 87 パーセントが選帝侯の宮廷につかえる官僚や選帝侯から直接報酬をうける者たちであった。読書協会のメンバーは、当初 50 名 (1788 年) であったが、1794 年までに 168 名に達し、平均 110 名を数えた＊65。規約には、会員条件として「読書好き」と記されているにすぎないが、それは非識字層の明確な排除を意味する。また、規約では「地位は問わない」と書かれていた。ボン読書協会の貴族会員は3割にのぼったが、規約にのっとり、身分の高低を問わず、読書協会では対等な地位が保障されたのである。読書協会における貴族と市民の平等原則は、経済力を身につけ、啓蒙主義の担い手として成長してきた市民が、身分制原理に対していだく不満のはけ口として機能した。結社における身分差別の撤廃は、すでに秘密

＊63　Hansen [1933], *Quellen I.*, Nr. 21 (Koblenz), 22 (Trier), 7 (Aachen), 27 (Köln).
＊64　ミネルヴァ教会設立者たる 12 名の啓明団員（うち1名はまもなく死去）のうち，9名が読書協会に参加した．Höroldt, D., van Rey, M. (Hg.) [1989], *Geschichte der Stadt Bonn*, Bd. 3, Bonn, S. 323 ff. ボン読書協会については以下の文献を参照．Ruckstühl, K. [1961], Geschichte der Lese-und Erholungsgesellschaft in Bonn, in : *Bonner Geschichtsblätter* 15, S. 26-180 ; Dann. O. [1978], Die Anfänge demokratischer Traditionen in der Bundeshauptstadt. Zur Gründung der Bonner Lesegesellschaft im ausgehenden 18. Jahrhundert, in : *a. a. O.* 30, S. 66-81 ; Dotzauer, W. [1971], Bonner aufgeklärte Gesellschaften und geheime Sozietäten bis zum Jahr 1815 unter besonderer Berücksichtigung des Mitgliederbestandes der Freimauerloge "Frères courageux" in der napoleonischen Zeit, in : *a. a. O.* 24, S. 78-142.
＊65　Dann [1978], Anfänge demokratischer Tradition, S. 75.

第6章　「公共圏」のジェンダー・バイアス　　*161*

【資料6—⑨】読書協会の変容

名称	活動年	主要蔵書	副次的目的	メンバー
学芸協会	1766-1786	総合・学芸雑誌	学識啓蒙	教授・学生・外来学識者・高級官僚
文芸協会	1809ころ	総合・学芸・政治雑誌	社交・談話・ゲーム・食事	教授・高級官僚
アカデミー読書会	1791	総合・学芸・政治雑誌	社交・談話・ゲーム・食事	教授・学生・少数の高級官僚
医学読書会	1792-?	専門書	医学教育	医学生
学校教師読書協会	1797-1801	専門書	上からの教育学教育	学校教師
クラブ	1800-1842	総合・学芸・政治雑誌	社交・談話・ゲーム・食事	将校・官僚・教授・少数の学生
経済読書協会	1802-?	専門書	経済教育	教区牧師・官僚・行政官吏
教育読書協会	1817-1831後	専門書	上からの教育学教育	
学生読書協会	1818-1825	総合・学芸・政治雑誌	学問的政治的教育・社交	学生(学生組合メンバー)
アカデミー読書協会	1832-1846	総合・学芸・政治雑誌	社交・談話・ゲーム・食事	教授・学生・官僚
オッカーズハウゼン読書会		宗教書	上からの道徳教育	
新読書協会	1846-	総合・学芸・政治雑誌		

(Sirges〔1991〕, *Lesen in Marburg*, S.319-323より作成)

結社に顕著であったが、いまや、君主公認の組織である読書協会で身分制原理が否定されたことの意味は大きかった。会合は2週間に1回、のちには月1回もたれ、会員平等原則にしたがって、講話と発言の機会が保障された。9名の幹部委員会が設置され、組織の管理運営にあたった[66]。

[5] 読書協会の変質

フランス革命の影響がおよび、結社や表現活動にたいする規制がきびしくなった第4期以降、読書協会は変質する。一部は解体され、一部は専門別の読書協会に衣替えされた。しかし、多くの読書協会は、会話をたのしむ社交協会に変貌をとげていく。それは、読書協会と啓明団やフランス革命との関わりが疑われ、読書協会の政治化が危惧されたためであり、また、フランス革命後につづく社会変動により、啓蒙期の無邪気な学術志向が弱まったためであった[67]。

マールブルクでは、19世紀になると、読書協会がしだいに社交を重んじるクラブと専門別の読書協会に分化していく傾向がうかがえる[資料6—⑨]。総合的・学術的な読書と講話を重視する学芸協会のような読書協会はもはや復活しない。

---

[66] Dann [1978], Anfänge demokratischer Tradition, S. 72, Ruckstühl [1961], Geschichte der Lese-und Erholungsgesellschaft, S. 33.

[67] Dann [1978], Anfänge demokratischer Tradition, S. 78 f.

リューベックの読書協会は、1791年以降、変化する。学芸協会を公益結社に編成替えするよう提案がなされ、1793年、リューベック学芸協会は、公益結社の性格もあわせもつようになったのである。市当局の公認も取りつけた結果、この結社は、市民から多大な人気を集めるようになり、1793年に41名であった会員数は、1798年に105名、1806年には251名に達している。1815年フランス占領期に一時的に会員数は148名と落ちるが、1820年には253名となった*68。会員数の増加は、会の性格をも変えた。発足当初は学識者がほとんどを占めていたのに対し、1793年以降、商人会員が増えつづけ、1798/99年には、手工業者もはじめて参加するようになる。公益協会と読書協会がリンクした点に、単なる学術的知識にとどまらず、より実用的な知見を重んじた商業都市リューベックにおける啓蒙主義の特徴がよくうかがえる。

　ボンの場合、読書協会は、フランス革命の影響をうけ、1794年にいったん活動を停止される。1798年、活動は再開されたが、性格はまったく変化した。1814年にボンからフランス駐留軍が撤退するまでのあいだ、ボン読書協会は、フランス軍人をメンバーとする組織となり、解放後は、純粋に市民的性格を有するにいたる*69。貴族と上層市民が身分をこえて会談する空間としての読書協会は、啓蒙末期のわずか8年間に活動したにすぎない。

第3節　コミュニケーションのジェンダー・バイアス

(1)　読書協会の「非政治的」性格と結社ネットワーク

[1]　ネットワークの形成

　読書協会は、単独で機能したわけではない。啓蒙期に叢生した結社は、人的、地域的に緊密なネットワークを形成しており、読書協会もまたそのネットワークのなかで一定の役割を果たしたと考えるべきである。啓蒙期の結社がネットワークになりえたのは、結社がおおむね啓蒙主義の浸透という大目的を共有し、識字層に属する男性というごく限られた層を名宛人にせざるをえなかったせいであった。局地的なものから国境を越えたものまで活動の射程を異にする

＊68　Kopitsch [1981], Lesegesellschaften in Lübeck, S. 91.
＊69　Ruckstühl [1961], Geschichte der Lese-und Erholungsgesellschaft, S. 58 ff.

第6章　「公共圏」のジェンダー・バイアス　　*163*

結社が、1都市に重層的に存在した。人びとは、複数の結社に籍をおきながら、目的に応じて結社を使い分けることができた。指導的啓蒙人ほど、より多くの結社に属しており、移動範囲もまた大きい。

　読書協会は雑誌を読み、それをもとに議論する結社であったが、そこで読まれる雑誌の多くを啓明団員が編集していたことは注目に値する。しかも、彼らは、しばしばフリーメイソンであり、また、ベルリン水曜会やアカデミーの会員でもあった[70]。啓蒙期の総合・政治雑誌はおおむね短命であったが、裏をかえせばそれは、結社活動で得た情報や時事情勢の変化に敏感に対応して、時宜をえた雑誌を自由に創刊できたことを意味する。

　啓蒙主義の拠点が分散していたドイツでは、パリやロンドンのような情報集積拠点が生まれず、地方から首都へという放射線状の移動ルートが形成されえなかった。ドイツで意味をもったのは、複数の拠点を網の目のようにむすぶネットワークの形成である。ネットワークの核は、フリーメイソン、啓明団、厳格戒律団といった秘密結社の支部組織が提供し、これらの支部と人的につながりながら、各地で読書協会や政治的討論サークルが結成され、機能しているという構図がうかびあがる[71]。ネットワーク上を走る公式の情報はおもに雑誌により媒介され、表にだせない情報は、秘密結社メンバー間の往復書簡や直接の移動によって伝えられたと考えられる。

---

[70]　たとえば、『ドイツ文献総覧』編集者のニコライは，プロイセンやバイエルンのアカデミー会員であり，ベルリン水曜会のメンバーでもあっただけでなく，啓明団員でフリーメイソンでもあった．1788-99年に『（イエナ）総合学術新聞』の編集に協力したイエナ大学法学教授フーフェランドもまた，啓明団員でフリーメイソンであった．地方誌的な評論誌として著名な『オーバードイツ総合学術新聞』，独仏文化の仲介的役割を果たした『シュトラースブルク学芸ニュース』，ヘルダー，ゲーテをはじめ，西南ドイツの多くの学識者をあつめた『フランクフルト学術報知』の3誌とも，編集者は啓明団員であった．また，『ベルリン月報』編集者のゲディケとビースターは，ともに啓明団員でフリーメイソンであり，ベルリン水曜会のメンバーでもあった．啓蒙誌として普及した『ドイツ年代記』の編集は，ベルリン水曜会メンバーのフォン・ゲッキングとフォン・ビブラが共同であたった．ともに，啓明団員でフリーメイソンであった．Schüttler [1991], *Mitglieder des Illuminatenordens*, S. 100, 77, 59, 24.
[71]　啓明団の指導者ボーデの旅行記には，各地の啓蒙人と連絡をとり，さまざまな結社を訪問しているさまが描かれている．Bode, J. J. C. [1994], *Journal von einer Reise von Weimar nach Frankreich. Im Jahr 1787*, München.

[2] 読書協会の「非政治性」

　啓蒙期の結社ネットワークのなかで、読書協会は、非政治的結社であること
を前面にかかげながら当局と協力して啓蒙主義を浸透させていく、いわば「表
舞台」として機能したといえよう。そうであるとすれば、評論誌や論説誌に関
心をよせる人びとが読書協会に集ったにもかかわらず、読書協会そのものが、
むしろ、慎重に政治的議論を避け、きわめて非政治的で穏健な性格を有してい
たことは驚くにあたらない。しかし、それは、かならずしも、読書協会のメン
バーが非政治的であったことを意味するわけではない。マインツのある読書協
会 (1782-87年) では、メンバー170名のうち、3分の1がマインツ・ジャコバ
ン・クラブのメンバーであった*72。急進的な政治的・社会的改革をめぐる議
論は、当局の干渉をおそれて、秘密結社でおこなわれたと思われる。しかし、
政治的関心が高い指導者をもっているかぎり、読書協会がいかに非政治的性格
をアピールしても、フランス革命の影響がおよんだ18世紀末には君主の危惧
を招かざるをえなかった。ボンの読書協会が活動停止に追いこまれたのも君主
が危機感をつのらせたからである。

　事実、読書協会の「非政治的」性格を否定し、読書協会を全国組織に再編す
る構想も生まれた。急進的な啓蒙主義者バールト Bahrdt, K. F. のドイツ・ユニ
オン Deutsche Union 構想である。この秘密結社は、書き手の団体（学識者・文
筆家）と読み手の団体（読者）をむすびつけるための組織とされた。「理性の友
に」と題した結成呼びかけ文は、「啓蒙を愛する」人ならだれでも入れるとうた
い、黄金＝薔薇十字団のような反啓蒙的結社に対抗して、すべての啓蒙人が結
集する必要性を説く*73。結局は実現しなかったが、このような構想が生まれ
たこと自体に、啓蒙主義にとって読書協会がもった意義の大きさを読みとるこ
とができる。

＊72　マインツのジャコバン・クラブについては，浜本 [1991]『ドイツ・ジャコバン派』，ヘ
ルムート・G・ハーシス（壽福眞美訳）[1990]『共和主義の地下水脈──ドイツ・ジャコバン
派 1789-1849年』（新評論）を参照．Hermand, J. (Hg.) [1975], *Von deutscher Republik
1775-1795. Texte radikaler Demokraten*, Frankfurt/M.

＊73　Mülpfordt, G. [1981], Radikale Aufklärung und nationale Leserorganisation. Die
Deutsche Union von Karl Friedrich Bahrdt, in : Dann, *Lesegesellschaften*, S. 103-122.

(2) コミュニケーションの階層差とジェンダー・バイアス

[1] 排除の論理

啓蒙期ドイツにおける結社ネットワークの形成は、たしかに、身分制を克服する新しい人的構成原理を浸透させ、結社に属する人びとを「公論」の担い手として登場させた。しかし、啓蒙期結社運動には決定的な限界もあった。それは、本質上、①階層と②ジェンダーにもとづく排除の論理を内包していたのである。

①結社形成は、たしかに、上に対しては身分制的秩序や伝統的権威に対する意義申し立ての運動たりえたが、下に対しては情報の発信・受信への参加をはばむ防波堤としての役割を果した。②また、結社は、同階層の女性に対しては、政治・経済に関する議論を男性の手に独占する組織として機能した。一般に「理性」に欠けるがゆえに啓蒙されることなどありえない女性が、啓蒙的結社のメンバーになることは考えられなかったからである[74]。19世紀になると、女性独自の結社が生まれるが、それは女性としての特性にかなった戦争疾病者の看護などを目的とする結社にすぎず、男性結社とはあきらかに目的を異にするものであった[75]。

啓蒙主義の浸透にもっとも貢献した読書協会は、最新情報の受信基地にほかならなかった。啓蒙期には、情報を伝達する媒体（大学における言語と雑誌用語）が新高ドイツ語に統一され、情報流通制限（検閲制度）が緩和された結果、情報量が飛躍的に増え、その鮮度も高くなる。しかし、情報そのものの単価はなお高く、個人で情報を仕入れることはきわめて困難であった。新鮮な情報を大量にしかも安価に仕入れる情報受信基地としての読書協会がまたたくまに増えたのも、こうした理由による。しかし、読書と議論を目的とする読書協会は、新高ドイツ語を使えない非識字層を会員から排除し、女性については、たとえ

---

[74] 近代的性差論について, Hausen, K. [1976], Polarisierung der „Geschlechtscharakter"――Eine Spiegelung der Dissoziation von Erwerbs-und Familienleben, in : Conze,W. (Hg.), *Sozialgeschichte der Familie in der Neuzeit Europas*, Stuttgart, S. 363-393.

[75] Frevert, U. [1986], *Frauen-Geschichte zwischen Bürgerlichen Verbesserung und Neuer Weiblichkeit*, Frankfurt/M., S. 69 f.（フレーフェルト, U., 若尾祐司／原田一美／姫岡とし子／山本秀行／坪郷実訳 [1990]『ドイツ女性の社会史――200年の歩み』晃洋書房, 63ページ以下）.

識字層に属しても、原則として会員資格を認めなかった。サロンが女主人のもとに開催されていたのとは対照的である*76。

[2]　コミュニケーションの公私分離

　結果的に、「コミュニケーション過程」としての啓蒙主義は、コミュニケーションを「公」的なものと「私」的なものとに分け、「公」的コミュニケーションの担い手を自律的な男性市民に限定する過程であったと言えよう。結社が「公論」形成の場になったということは、その反面、結社に集った男性市民が担う「公」的コミュニケーションとそれ以外の「私」的コミュニケーションとが分化していったことを意味する。読書協会は、啓蒙人であると自負する一握りの男性市民のために組織された最先端情報の受信基地であり、「公論」形成を独占するための組織として機能した。

　啓蒙期には、たしかに、女性もまた男性におとらず読書をし、さかんに文通をして、「手紙の世紀*77」Jahrhundert des Briefes を担った。しかし、女性の書簡はあくまで「私」的なコミュニケーションの枠をこえないものとみなされた。読書協会の設立とともに、男性は読書協会でいわば硬派の時事雑誌を読んで「公」のことがらについて議論し、女性は家庭で道徳週刊誌と小説を読んで「私」的に愉しむといった性別による読書パターンが確立していく。とりわけ、道徳週刊誌は、「美徳のメッセージ」Botschaft der Tugend として、女性のかよわさやつつましさを喧伝する格好の道具として機能した*78。啓蒙期に近代社会の諸原理が準備され、結社を舞台に「市民的公共性」がはぐくまれたというならば、啓蒙主義そのものと結社活動の本質的ありかたに男性を「公的主体」として想定する「公私二元的ジェンダー規範」が貫かれていたという点を見逃してはならない。

＊76　女性文化としてのサロン文化については，ハイデン＝リンシュ [1998] 『ヨーロッパのサロン』参照．
＊77　Schneiders [1995], *Lexikon der Aufklärung*, S. 69.
＊78　Martens, W. [1968], *Die Botschaft der Tugend. Die Aufklärung im Spiegel der deutschen Moralischen Wochenschriften*, Stuttgart.

第6章　「公共圏」のジェンダー・バイアス　　167

第3部　法秩序のなかの家族と生殖

第7章　法秩序としての「近代家族」

第1節　近代家族法システム

(1)　家族法システム

[1]　近代国家と家族法システム

◆家族に対する近代国家の「深い関心」

　利谷信義は、国家が家族に「深い関心」をもつのは、「端的に言えば、家族が社会の基礎的な単位だから」であると述べる。家族は、①一定の社会関係の基礎であって、「とくに一定の社会的分業と財産制度を底辺で支える役割を受けもたされる」のであり、②「家族において人口が再生産され、再生産された人口を社会関係に適合するように育てあげる（すなわち「社会化」する）役割を家族が受けもたされる[*1]」。

　家族が「社会的分業」・「財産制度」・「再生産」・「社会化」の機能を担うのは近代にかぎらない。歴史を通じて、成文・不文を問わず、ほとんどの社会が相続・婚姻・親子関係に関するルールをもっている。国家が個人を把握できない段階では、家父長に家族成員の監督がゆだねられた。家は家父長の「聖域」とされて公権力の介入が極力おさえられたが、それは、国家の秩序維持機能の補完物でもあった。これに対して、近代国民国家は「国民」を個人単位で捕捉する。資本主義市場はもはや家族を生産単位として必要としない。国家にとっても市場にとっても、家族の意義は前近代に比べると減じたようにみえる。

　しかし、実際にはそうではない。近代国家は、前近代にもまして家族に「深い関心」をはらってきた。家族は、「親密圏」のコアをなす「制度」として、「公」的領域のコアである国家からその存在を公認されたのである。「制度」化は、保護と干渉をともなう。国家による保護と干渉の手段の総体が、「家族政策」と「家族法システム」である。

---

*1　利谷信義 [1987]『家と国家——家族を動かす法・政策・思想』（筑摩書房）7ページ.

◆家族政策と家族法システム

利谷信義は、「家族が国家の法と政策に左右されている」ことにつき、「家族に関わる政策の総体を家族政策、その実現のための法の総体を家族法システム（広義の家族法）と呼ぶ*2」とした。しかし、このような視点自体が比較的新しい。「家族政策」概念は、ドイツでは1960年代以降に登場した新語であり、日本で講座『家族、政策と法』が刊行された1975年には、「家族政策

> 【資料7─①】家族法システム
>
> 「家族のあり方は社会のあり方と密接に関連し、ある社会にとって都合のよい家族のあり方とそれを表象する家族像（家族観）が存在する。国家は、多様な家族のあり方とそれに対応する家族像の中から、その社会にとって最も都合のよい家族像を選択する。国家のさまざまな政策とその実現のために制定された法は、この家族像に対応して構成され、多様な家族を、全体として選択された家族像の示す方向に向けようとする」。
>
> （利谷〔1999〕『現代家族法学』1-2ページ）

という言葉は、日本ではまだ一般通用のものではない*3」と問題提起される状況であった。

「家族法システム」は、「家族をめぐる法のシステム*4」という構想に由来する。「従来の家族法の研究は、家族のわくにとらわれすぎて、社会や国家との関係が過小評価されがちであった*5」。利谷も、その著『家族と国家』（1987年）のはしがきで、表題の「唐突」さを弁明し、「家族と国家の距離は意外に近い」と語ることからはじめた*6。利谷が「家族法システム」の総体的把握の必要性を説くのは、基礎単位とすべき家族モデルを国家が想定し、モデルに即した法政策を展開するという視角にもとづく〔資料7─①〕。そのさい、「家族の二面的機能（家族構成員の自立支援機能と自立抑制機能）と家族法システムとの関係」に留意するべきことが指摘される。また、家族に関わる役割と機能の点から、関係する諸法は4つに分類される〔資料7─②〕*7。

〔2〕 本章の課題

近年成立したドメスティック・バイオレンス防止法（「配偶者からの暴力の

---

*2　利谷信義〔1999〕『現代家族法学』（法律文化社）2ページ.
*3　福島正夫編〔1975〕『家族──政策と法1』（東京大学出版会）23ページ.
*4　利谷〔1987〕『家族と国家』117ページ.
*5　渡辺洋三〔1975〕「現代家族法理論」（福島『家族──政策と法1』）188ページ.
*6　利谷〔1987〕『家族と国家』はしがき.
*7　利谷〔1991〕『現代家族法学』3-14ページ.

【資料7—②】家族法システム

家族法システム	関連法領域
家族法システムの方向性を示す法	憲法・国際法
家族のあり方を示す法	民法親族編・同相続編・戸籍法・住民基本台帳法＝狭義の家族法
家族と関係しつつ市民生活の規制と保障にあたる法	労働法・社会保障法・医事法・租税法・教育法・農業法
家族の安定をはかる法	刑法・児童福祉法・少年法・家事審判法

(利谷［1999］『現代家族法学』4-14ページをもとに作成)

防止及び被害者の保護に関する法律」)(2001年)や児童虐待防止法(2000年)は家庭における暴力行為を「犯罪となる行為」として定式化した。それは、「法は家庭に入らず」という従来のルールをくつがえしたものとして評価されている*8。しかし、実際には、近代国家は法的手段を講じてさかんに家族に介入した*9。「法は家庭に入らず」と「近代家族法システム」や「近代家族政策」とのあいだにはどのような関係があるのか。そこには、「近代家族」の位置づけに関する秘密がありそうである。

「近代家族」は、「親密圏」に属する「制度」である。それは、法的には制度化できない「愛」にもとづく「無償ケア労働」を提供する「愛の共同体」とされた。「法は家庭に入らず」とは、家父長に「愛の共同体」のリーダーとしての資格をみとめるということであり、「近代家族法システム」や「近代家族政策」は家父長にリーダーとしての法的権限を保障するとともに、家族を「制度」化する手段であった。「近代家族」の家父長は専制者であってはならない。「合理的経済人」としておこなう経済活動については国家による制約をおおはばに免れているが、「愛の共同体」のリーダーとしてはつねに国家の監督下におかれる。国家と市場のために家族内部の「無償ケア労働」を最大限活用するためである。本章は、「近代家族法システム」の基本単位とされた「近代家族」をめぐる議論を整理する。それは同時に、「近代的家父長制」を検討する試みでもある。

---

*8　戒能民江［2001］『ドメスティック・バイオレンス防止法』(尚学社)第2章.
*9　ジャック・ドンズロ(宇波彰訳)［1991］『家族に介入する社会——近代家族と国家の管理装置』(新曜社).

(2) 近代家族法システムのなかの家父長制

[1] 個人主義原理と家父長制

◆個人主義と家父長制の併存──「矛盾」か？

ドイツにおける法社会学の創始者であり、慣習法を「生ける法」とよんだことで知られるオイゲン・エールリッヒ Ehrlich, E. は、『権利能力論』(原著1909年) で、権利能力否定から制限的容認をへて、すべての「ひと」の権利能力の承認にいたる過程を論じた。「出生した者すべてに権利能力がある」とのドイツ民法典第1条を、かれは「個人主義の最後の言葉」とよぶ[10]。

権利能力の拡大を個人主義の勝利として位置づけるエールリッヒは、近代諸法典に家父長制が温存され、妻＝母の権利が著しく損なわれていることを批判する。かれにとって、家父長制的規定の存続は、個人主義以前の古い団体主義の産物であった。エールリッヒは、「秩序ある家族」を法的に強制しようとするドイツ民法典を「不当」と断じて、家父長制的規定を排し、家庭における夫婦の信頼関係に委ねるべきだと主張する。

個人主義と団体主義を新旧の対比でとらえ、前者に愛情ある夫婦関係を見、家父長制に後者の残滓をみとめる視角は、エールリッヒに特有なものではない。社会民主党の代議士でもあった『婦人論』の著者ベーベル Bebel, A. も同様であり、フェミニズムの指導的女性たちも同じ立場にたっていた[11]。

個人主義の勝利を語っているはずのドイツ民法典にほかならぬ家父長制的規定が存続するのは、はたして「矛盾」なのだろうか。個人主義が想定する自由で平等な「ひと」にジェンダー・バイアスが組み込まれていなければ、たしかにそれは「矛盾」以外のなにものでもない。しかし、そうでなければ、個人主義と家父長制との併存は、「矛盾」どころか「必然」となる。

◆日本における議論

近代市民社会の個人主義的な「自由・平等」原理と「近代家族」の家父長制原理との関係は、法的には財産法 (物権・債権法) と家族法 (親族・相続) [12]

---

*10　エーアリッヒ (川島武宜／三藤正訳) [1942/75]『権利能力論』(岩波書店, 1942年, 改訳版1975年).
*11　姫岡とし子 [1993]『近代ドイツの母性主義フェミニズム』(勁草書房).
*12　日本で「家族法」という場合には, 通常「親族編・相続編」をさす. 以下本書でもとく

との関係として問われる。それは、近代的な「公／私」分離に対応している。

　石部雅亮によれば、18 世紀までの伝統的政治理論において「市民社会＝国家の基礎単位」（市民社会は国家と同義）とされた「家」は、18 世紀末から 19 世紀前半の伝統社会の構造変化とともに「旧市民社会の単位としての公的政治的性格」を失う。ドイツでは、家族法の体系化が模索される移行期たる 19 世紀初頭に、家族法の位置づけが「行政法の一端を担うもの」から「商品交換法秩序に編入されるべきもの」へと変化した。「家族法は民法＝商品交換法の一部に編入され、財産法の付属物として、とりわけ家族財産法においてようやくその本来の法的性格を獲得する。家族関係、とくに内部の身上関係は倫理の領域に委ねられ、国家の法的介入は極力拒否される*13」ようになる。

　家族法は、(i) 家族成員間の関係を規律する部分（婚姻・親子など）と (ii) 家族に関する財産を規律する部分（夫婦財産関係・相続など）からなる。(ii) の側面で、家族法は財産法と密接な接点をもつ。両者の関係の説明には 2 とおりの視角があった。①家族法を財産法と同じく「個人対個人の権利義務関係」を規律する法ととらえる視角*14と、②「家父長制」的な家族法と「個人主義」的な財産法との「矛盾」として説明する視角*15である。

　前者①は、戦後から 1970 年代までの通説的な理解といってよい。近代家族法は、家族成員個人間の権利・義務を規制する法とみなされた。たとえば、西原道雄は、「近代私法においては家族それ自体は法的規制の対象として独自の意義はもっていないが、法的規制の前提として個々の関係によって結ばれたグループとしての家族は背後に想定されているといってよい」とし、「家族や親族の問題をすべて個人対個人の権利義務関係としてと

> 【資料 7―③】
> フランス民法典の家族法規定の評価
>
> 「ナポレオン法典に盛り込まれた家族法制は取引法＝普通法における自由・平等（互換性）の諸規制の適用を除外して夫＝父による保護と妻および子の服従を原理とする特別の体系を形成したが、この夫＝父の『権威の体系』は旧制下の家父長的支配のそれと同じではなく、むしろ、それと基本的に対立する近代的性格をそなえたものとみられる」。
> （稲本［1982］「フランス近代の家族と法」32 ページ）

に断らないかぎり，「家族法」として「親族・相続法」（ドイツ民法典では家族法編・相続法編）をさすこととし，ドイツ民法典の「家族法」（日本民法典の「親族法」に該当）には限定しない．

*13　石部雅亮 [1982]「ドイツ・三月前期の家族法」（『家族史研究 5』大月書店）79 ページ．

らえる家族私法」を「市民的家族法」とよんだ*16。

後者②の立場が鮮明にあらわれてくるのは、1980年代になってからである*17。稲本洋之助は、フランス民法典の家族法規定を「取引法＝普通法における自由・平等（互換性）の諸規制の適用を除外して夫＝父による保護と妻および子の服従を原理とする特別の体系」とよんだ［資料7－③］*18。稲本は「近代的性格」をそなえた家父長制を「旧体制下の家父長制支配」とは対立する異質なものと理解している。石部雅亮もまた、「市民的家父長制」というタームを用いた*19。しかし、「近代的家父長制」は、「近代的」であるがゆえに、「市民社会」を貫く「自由・平等」原理の「例外」として位置づけられた*20［資料7－④］。近代的家父長制が「政治的・経済的市民社会」の存立に本質的に内在する原理であることにまでは、洞察が及んでいなかったというべきであろう。

> **【資料7－④】**
> **家父長制的家族法と市民法**
>
> 「市民革命を最終的な契機として公法と私法が明確に分離され、私法は、①権利能力の当然の享受、②財産所有者の私的自由、③契約的世界観の三点を自明の前提とする取引社会の法として固有の法領域を形成するものとされた。そのもとでは、家族も契約を基礎とした結合であり、その構成員のすべてが個人として財産所有者たりえ、そのようなものとして基本的に自由である。つまり、家族もまた私法上の主体の一定の集団でしかなく、したがって、『家族法』はこの集団に関わる特別法としてのみ成立する」。
> （稲本〔1982〕「フランス近代の家族と法」18ページ）

［2］ 近代市民社会の「家父長制」的性格

◆「家長たちの共同体」

川島武宜に代表される「近代派」の人びとが描いた「近代市民社会」は、前近代原理とは対立する自由・平等な「自律的個人」からなる市民社会という図

---

*14 川島武宜［1951］『民法（3）』（有斐閣），同［1957］『イデオロギーとしての家族制度』（岩波書店），西原道雄［1966］「現代の家族と法」（加藤一郎編，岩波講座『現代法8：現代法と市民』岩波書店）．

*15 稲本洋之助［1985］『フランスの家族法』（東京大学出版会）．

*16 西原［1966］「現代の家族と法」139, 142ページ．

*17 江守五夫［1980］「近代市民社会の婚姻と法——資本主義家族研究の理論枠組のために」（『家族史研究1』大月書店），石部［1982］「三月前期の家族法」．

*18 稲本洋之助［1982］「フランス近代の家族と法」（『家族史研究5』大月書店）32ページ．

*19 石部［1982］「三月前期の家族法」79ページ．

*20 稲本［1982］「フランス近代の家族と法」18ページ．

式であった。これに対して根本的批判を投げかけたのが村上淳一である。

村上は、国家からの市民社会の自律性の根拠を、前近代から近代へと継承された「市民」(家長)の「倫理的自律性」に求めた*21。川島とは異なり、伝統社会から近代市民社会への連続性が重視される。旧身分制社会において「家長」によって率いられた「家」の自律性が、近代市民社会成立以降も「自律的家長」の伝統として継承されたのであり、近代市民社会自体が「家長たちの共同体*22」であると村上は論じた。村上によれば、「近代家族」と自律的家長ひきいる家父長制との結びつきは、西欧前近代の「家」の自律的伝統に根ざす西欧近代の特徴であり、日本近代には該当しない*23。

村上が近代市民社会の家父長制的性格を説くときに引証するのは、3月革命期の代表的な自由主義者たちの著作*24、あるいは、いわゆる近代主義者のバイブル的書物であったイェーリング『権利のための闘争』である*25。村上も引証しているように、近年のドイツ社会史は、近代家父長制家族の自律性が言説上のフィクションにとどまらず、ブルジョアジー的な資本主義経営の基盤となったことを示している*26。

村上は家父長制に倫理性をみてそれを市民的自由の砦とみなし、フェミニズムは家父長制を女性抑圧の根源として弾劾する。両者は、本来的には互いに融和しそうにないが、ともに19世紀市民社会のリベラリズムが家父長制と不可分であったことを示す点では、はからずも共通していたといえよう。

＊21　村上淳一 [1983]『「権利のための闘争」を読む』(岩波書店)，同 [1985]『ドイツ市民法史』(東京大学出版会).

＊22　村上 [1983]『「権利のための闘争」を読む』149ページ.

＊23　上野千鶴子 [1994]『近代家族の成立と終焉』(岩波書店) 91ページには，この点の理解が欠けているように思われる.

＊24　Rotteck, C. von/Welcker, C. (Hg.) [1843], *Staats-Lexikon oder Encyklopaedie der Staatswissenschaften*, 10 Bde., Altona.

＊25　イェーリング (村上淳一訳) [1982]『権利のための闘争』(岩波文庫).

＊26　ユルゲン・コッカ編著 (望田幸男監訳) [2000]『国際比較・近代ドイツの市民——心性・文化・政治』(ミネルヴァ書房).

【資料7―⑤】「近代家族」の指標

	指標		内容	備考
1	成立の基本的前提		「近代家族」成立の基本的前提は、公的領域（公共領域）と私的領域（家内領域）の分離にある。	[01]=[N1] =[Y性格1]
2	基本形態		「近代家族」が志向する基本形態は、単婚小家族である。	[07]=[N7] [08]=[N8]
3	外部環境との関係	①国家との関係	「近代家族」は「近代国家」の制度に順応し、強い国家的介入を受けると同時に、国家によって保護される。	[N10] [Y装置3] [Y特徴6]
		②市場との関係	「近代家族」は、無償の「ケア労働」を提供することによって、「市場社会」に貢献する。	
4	4つの家内領域原則	①家父長制原理	性役割原則にもとづき、家父長制原理が作用する。	[N9]
		②性別分業原理	性別分業原則にもとづき、家内領域は女性領域とされる。	[04]=[N4] =[Y特徴5]
		③愛情原則	成員相互の精神的紐帯は愛情原則（「家族成員の感情マネージ（情緒的満足と不満処理）の責任」）にある。	[Y性格3] [02]=[N2]
		④自助原則	成員相互の物質的紐帯は自助原則にある。	[Y性格2] [03]=[N3]
5	補足的な指標	①近代家族と近代家族システム	実態としての「近代家族」の成立と「近代家族システム」（「社会が「近代家族」を前提として構成されている」[Y]）の成立とは必ずしも一致しない。	*落合[2000]のいう「19世紀型家族」と「20世紀型家族」に対応
		②プロトモデル	「近代家族」のプロトモデルは西欧近代家族である。	
		③近代家族の2類型*	19世紀の「市民家族＝女中雇用型」家族から20世紀の「大衆家族＝主婦労働型」家族へと移行する。	

第2節 「近代家族」論争と近代的家父長制

(1) 「近代家族」の指標

[1] 「近代家族」論争とその成果

◆「近代家族」論争

「近代家族」をめぐる議論は、諸外国よりも日本において活発である。それをもっともよくあらわすのが、1980年代後半から現在までいたる「近代家族」論争である。この論争は、「近代家族」の本質に関わる問題提起を含んでおり、その後多くの論者によって検討されることになった*27。論争のもっとも重要な

---

*27 一連の論争に関わる論点は、落合恵美子が明快にまとめている。落合恵美子[2000]『近代家族の曲がり角』（角川書店）。

成果は、①「近代家族」の指標論、②「家」と「近代家族」の関係論である。

◆「近代家族」の指標

落合恵美子は、「近代家族」を特徴づけるものとして8項目をあげた*28。落合自身がこれらを「定義」とよぶことを拒否していることにかんがみ、本稿では、「近代家族」の特徴を説明する諸要素を「指標」とよぶことにしたい。落合の8項目を便宜上、[O1]～[O8]と表記する。西川祐子は、落合8項目に2項目を追加することを提案し、その後、最後の10項目めを独立させて、単純明快に「近代家族とは近代国家の基礎単位となった家族である」と「定義」した*29。これを[N1]～[N10]とよんでおく。山田昌弘は、感情社会学の観点から、「近代家族の基本的性格」を3点、「近代家族を支える装置」を3点、「個々の家族の特徴」を6点示した*30。これらをそれぞれ[Y性格1]～[Y性格3]、[Y装置1]～[Y装置3]、[Y特徴1]～[Y特徴6]としておく。筆者は、上記指標に新たに「3─②」と「5─②」を加えておきたい[資料7─⑤]。

[2] 法史学からみた「近代家族」──指標1～4

家族社会学で発展した「近代家族」の指標は、法史学においてもすこぶる有効である。ただし、「西洋近代」という表現はあまりにも漠としており、ヨーロッパ世界でも家族の諸類型が論じられている現状*31に鑑み、以下では、近代法典が日本に多大な影響を与えたドイツの「近代」についてのみ検討しておきたい。ドイツの「近代」として想定するのはナポレオン戦争の影響下で進んだ19世紀初頭の近代化改革*32以降であり、近代法の集大成としてのドイツ民法典(1896年)を手がかりとする[資料7─⑥・⑦]。

---

*28　落合恵美子[1989]『近代家族とフェミニズム』(勁草書房)，同[1997]『21世紀家族へ(新版)』(有斐閣)，同[2000]『近代家族の曲がり角』.
*29　西川祐子[2000]『近代国家と家族モデル』(吉川弘文館).
*30　山田昌弘[1994]『近代家族のゆくえ』(新曜社).
*31　ピーター・ラスレット(酒田利夫／奥田伸子訳)[1992]『ヨーロッパの伝統的家族と世帯』(リブロポート)，大黒俊二[1993]「ヨーロッパ家族史へのふたつのアプローチ──イタリアからの視点」(前川和也編著『家族・世帯・家門──工業化以前の社会から』ミネルヴァ書房).
*32　典型的な「上からの近代化」は，1807年からはじまるプロイセンの「シュタイン=ハルデンベルクの改革(プロイセン改革)」である.

【資料7―⑥】ドイツ民法典家族法（1）

<table>
<tr><th colspan="2"></th><th>項目</th><th>内容</th><th>民法条文</th></tr>
<tr><td rowspan="23">夫婦</td><td rowspan="7">婚姻の成立</td><td>婚姻適齢</td><td>男子21歳／女子16歳</td><td>1303条</td></tr>
<tr><td>婚姻同意</td><td>21歳未満の嫡出子＝父の同意／21歳未満の非嫡出子＝母の同意</td><td>1305条</td></tr>
<tr><td>相姦者の婚姻</td><td>相姦者の婚姻は禁止</td><td>1312条</td></tr>
<tr><td>待婚期間</td><td>女子のみ10ヶ月</td><td>1313条</td></tr>
<tr><td rowspan="3">法律婚主義</td><td>①婚約者が双方同時に戸籍吏の面前にでむいて婚姻を締結</td><td>1317条</td></tr>
<tr><td>②婚姻登録簿に登録</td><td>1318条</td></tr>
<tr><td>③強制民事婚（民事婚以外は無効）</td><td>1324条</td></tr>
<tr><td rowspan="8">婚姻の効力</td><td>夫婦の共同性</td><td>夫婦は共同生活義務をおう</td><td>1352条</td></tr>
<tr><td rowspan="2">夫婦の扶養義務</td><td>①夫は社会上の地位、財産および収益能力にしたがって妻を扶養する義務を負う</td><td rowspan="2">1360条</td></tr>
<tr><td>②妻の扶養義務は補充的（夫に生計能力がないときのみ）</td></tr>
<tr><td>氏</td><td>妻は夫の家の氏を称する</td><td>1355条</td></tr>
<tr><td rowspan="3">夫の権利・義務</td><td>①居所指定権は夫にある（濫用禁止）</td><td>1354条</td></tr>
<tr><td>②夫の告知権（妻と第三者の間に成立する労務給付の契約関係を無効にする）</td><td>1358条</td></tr>
<tr><td>③法定夫婦財産上の権利・義務（妻財産の管理・収益権／婚姻生活費用担義務）</td><td>下記</td></tr>
<tr><td rowspan="2">妻の権利・義務</td><td>①妻は共同の家事を管理する権利・義務を負う</td><td rowspan="2">1356条・1357条</td></tr>
<tr><td>②妻の日常家事代理権</td></tr>
<tr><td rowspan="5">夫婦財産制</td><td rowspan="3">法定夫婦財産制（管理共通制）</td><td>①妻の持参財産・婚姻中の取得財産は夫の管理・収益に服する。</td><td>1363条</td></tr>
<tr><td>②夫の管理・収益権は妻の留保財産（衣服・装身具・妻の独立の営業により取得したもの・夫婦財産契約により留保財産としたもの・相続財産等）には及ばない</td><td>1365〜</td></tr>
<tr><td>③留保財産には別産制を適用</td><td>1371条</td></tr>
<tr><td>妻の権利</td><td>妻の持参財産</td><td></td></tr>
<tr><td>夫の義務</td><td>夫は婚姻生活費用を負担する</td><td>1389条</td></tr>
<tr><td>夫婦財産契約</td><td>別産制／一般的財産共同制／獲得財産共同制／動産共同制から選択</td><td></td></tr>
<tr><td rowspan="5">離婚</td><td rowspan="3">離婚方式と離婚原因</td><td>①裁判離婚</td><td>1564条</td></tr>
<tr><td>②離婚原因（姦通／殺害企図／悪意の遺棄／婚姻義務違反／精神病）</td><td>1565〜</td></tr>
<tr><td>※婚姻義務違反＝解釈上、重大な虐待・重大なアルコール依存症を含む</td><td>1569条</td></tr>
<tr><td rowspan="2">離婚後の関係</td><td>①離婚した妻は夫の氏を称する（妻は自己の氏を回復可能／妻有責時には夫は妻に氏使用を拒否可）</td><td>1577条 1578〜</td></tr>
<tr><td>②有責の夫は離婚後も妻が再婚するまで妻の扶養義務を負う（夫自身の生計維持のために2／3以上を留保することは可能／妻が自活できるときは扶養義務なし）</td><td>1581条</td></tr>
</table>

◆指標1：「近代家族」の成立

「近代家族」は、「近代」に典型的な家族である。しかし、「近代」の家族がすべて「近代家族」というわけではない。「近代家族」は、なによりも「公」的領域と「私」的領域が分離することによって成立し、「私」的領域に属する「制度」的集団として定位されることに最大の特徴がある。

◆指標2：「近代家族」の基本形態

「近代」社会に存在する家族形態は、平均寿命やライフサイクルの変化、あるいは産業構造の相違に応じて実際には多様である。しかし、「公」的領域、とり

【資料 7―⑦】 ドイツ民法典家族法 (2)

		項目	内容	民法条文
親子	親子関係	親子関係の原則	①非嫡出子と父は親族関係にない(親族総則)	1589条
			②非嫡出子は母およびその血族との関係では嫡出子としての法的地位をもつ	1705条
			③嫡出子は父母の世帯に属し、扶養期間中は父母のために家事・勤労の義務を負う	1617条
		娘の婚姻費用	父は娘の婚姻支度供与義務を負う	1621条
		子の氏	①嫡出子は父の氏を称する	1616条
			②非嫡出子は母の氏を称する	1706条
	親権	父の親権	①嫡出子に対する父の親権=身上監護権(教育監督権[懲戒権を含む]・居所指定権)・財産管理権・代理権	1627～1631条
			※子は未成年のあいだ(21歳未満)は親権に服する	1626条
			②親権の喪失=行為能力喪失ないしは制限・親権行使不可能(自由刑執行時・外国滞在時等)・死亡宣告・子への犯罪	1676～1681条
		母の親権	①嫡出子に対する母の親権=父に親権あるときは母は身上監護権(代理権はなし)	1634条
			※身上監護について父母に意見の相違があるときは父に従う	
			※父の死亡時・父の親権喪失時には母は父と同等の親権を行使する	1684条
			②非嫡出子に対する母の親権=なし(身上監護権を有するのみ・代理権は有さず)	1707条
		離婚時の親権の帰属	①子の身上監護権は無責配偶者に属する	1635条
			②夫婦双方が有責であるとき、6歳以下の男女子の身上監護権は母に属し、6歳以上の男子の身上監護権は父に属する	
			③代理権を含む親権は父に属する	
	扶養義務	嫡出子に対する扶養義務	①扶養程度は子の身分に応じる	1610条
			②扶養義務の内容=生活上の需要・教育費・教育準備費	
		非嫡出子に対する扶養義務	①父の扶養義務=子が満16歳になるまで母の身分に相応する扶養義務を負う	1708条
			※扶養義務の内容(生活上の需要・教育費・教育準備費)	
			②父の扶養義務は母および母方血族の責務の扶養義務に先んじる	1709条
家族	親族との関係	扶養義務の範囲	①直系血族には扶養義務があるが、兄弟姉妹間・姻族間には扶養義務なし	1601条
			②扶養優先順位=1:配偶者・未婚未成年子、2:離婚配偶者、3:既婚子・成年子・その他の親族	1609条
		親族会	①親族会の設置:父あるいは母の終意処分、あるいは、血族・姻族・後見人・後見監督人の申請(後見裁判所が設置の妥当性を判断)により、後見裁判所が設置する	1858～1881条
			②組織:議長は後見裁判官、会員は2～6名	
	非嫡出子の母と父との関係		①父は非嫡出子の母に分娩費・分娩後6週間の扶養料を支払う義務を負う	1715条
			②懐胎期間中に母と同棲した者は子の父とみなすが、懐胎期間中に母が他男とも同棲していた場合にはその限りにあらず(「不貞の抗弁」)	1717条
	養子縁組		①養親となる条件=嫡出卑属を有さない者/50歳以上/子と18歳以上年長/配偶者の同意	1741～1746条
			②養子=養子縁組により嫡出子としての法的地位を獲得/21歳未満の嫡出子には父母の同意が必要、同非嫡出子には母の同意が必要	1747条～1757条

わけ近代国家が国民国家と資本主義的市場経済にもっとも適合的な「基本形態」とみなして選択したのは「単婚小家族」であった。

　ドイツ民法典では、扶養義務は直系血族に限定され(1601条)、扶養の第1順位におかれるのが、配偶者と未成年子である(1609条)。兄弟姉妹と姻族につい

180　　　　　　　第3部　法秩序のなかの家族と生殖

ては扶養義務は発生せず、尊属や既婚子に対する扶養は離婚配偶者に後位する
のである。

◆指標3−①：家族法システム・家族政策

　国家による「基本形態」の選択は「家族法システム」に反映される。それは、
選び出した家族の「自然的形態」を、法政策的配慮の範囲と方向性を確定する
ための「法的形態」へと転化することをも意味する。そのための法的枠組が、
「法律婚主義（強制民事婚）」と「嫡出原理（嫡出子の優越的地位の保障）」であ
る。法的加工を経て、「法律婚」によって成立する夫婦と、夫婦のあいだに生ま
れた嫡出子からなる「法律婚＝嫡出原理」にもとづいて形成された「単婚小家
族」が、扶養・相続・課税・社会福祉等のもっとも基本的な単位として設定さ
れたのである[33]。近代国家は、「近代家族」を創出したのではなく、既存の「家
族」に「近代家族」としての法的加工をほどこしたということができる[34]。

　ドイツでは、19世紀中葉から後半にかけて各ラントおよび帝国で強制民事婚
制度が導入された。嫡出原理の徹底はプロイセンでは1854年非嫡出子法によ
って確立する（本書第8章参照）。民法典では、法律婚主義（1317条以下）、嫡出原理
（1589条以下）に19世紀以来の法的発展が盛り込まれた。

◆指標3−②：市場と「近代家族」

　「近代家族」の構造は、市場にも大きな影響を与えた。男性は「合理的経済
人[35]」として市場で働くことを強いられる。他方、「近代家族」において「再生

---

[33]　フランスでは革命後に法律婚主義が確定したが，ドイツでは19世紀後半まで実現は遅
れる．19世紀前半は「教会婚と法律婚の併存期」であった．嫡出原理の徹底化についてもフ
ランスがドイツに先んじている（本書第8章参照）．しかしながら，ドイツ（プロイセン）で
も，「法律婚＝嫡出原理」を指向していたことは確認できる．

[34]　「近代家族」論では，しばしば，近代国家と家族との緊密な関係が議論のもっとも重要
な柱にすえられる．「近代家族とは近代国民国家の基礎単位とみなされた家族である」（西川
[2000]『近代国家と家族モデル』16ページ），「近代家族を支える装置としての近代国家」（山
田[1994]『近代家族のゆくえ』72ページ），「あらゆる近代国家が普遍的に行う家族を媒介と
した民衆管理の一つのヴァリエーション」としての「家」（牟田和恵[1996]『戦略としての家
族——近代日本の国民国家形成と女性』新曜社，35ページ），「国家の基礎単位としての家族」
（小山静子[1999]『家族の生成と女性の国民化』勁草書房，3ページ）という視角である．上
野千鶴子は，一歩ふみだして，「家」が「明治政府の発明品」であるというにとどまらず，「国
民国家は家族モデルによって作られた」と述べ，国家そのものが家族によって規定されるこ
と（「家族の時代」）こそが「近代」の特徴であると論じた（上野千鶴子[1994]『近代家族の
成立と終焉』岩波書店，69，96ページ）．

産」と「無償ケア労働」の提供者であることを期待された女性は、市場では十分な労働力を提供できない「二流労働者」と位置づけられた。しかし、資本主義市場はけっして女性労働力を排除しようとしたわけではない。むしろ、女性を職場でも「無償ケア労働」の提供を期待できる「二流労働者」の地位にとどめた結果、安価な労働力としても景気の安全弁としても、大量の女性労働力を活用することができ、女性労働力は資本主義市場にとって不可欠の要素でありつづけた[36]。

市場と「近代家族」との関係は夫婦財産関係に表現される。地域ごとに多様であった夫婦財産関係のうち、ドイツ民法典が採用した法定夫婦財産制は、プロイセンで主流を占めた「管理共通制」である (1363条以下)。それによれば、留保財産以外の妻の持参財産・婚姻中の取得財産は夫の管理・収益に服する。他地域の慣習的夫婦財産関係は、夫婦財産契約の締結という個人的選択に委ねられた。また、夫は妻が締結した労働契約を無効にして、妻の就労を阻止することができた (1358条)。しかし、夫の権利濫用に対しては制裁が働く。夫の家父長権は無制限ではない。

◆指標3—③：公共圏と「近代家族」

「公＝男性／私＝女性」といった性別分業は、生活世界に属しながら「公」的性格をもつ公共圏にも持ちこまれ、ボランティア・結社活動における性差が顕著となる。男性は公論形成や自治行政の末端 (名誉職自治) など、システム世界に直結する活動を担った[37]。女性は慈善・宗教活動、道徳的啓蒙活動、近隣・親戚交際など、「近代家族」の機能を補完・強化する活動を担う[38]。近世までは裁判などの国家的機能の末端に位置した女性中心の「うわさ」ネットワークは、私的なゴシップ的興味へと商業化される。

---

[35] 山森亮 [2002]「合理的経済『男』を超えて」(久場嬉子編『経済学とジェンダー』明石書店)，久場嬉子 [2002]「ジェンダーと『経済学批判』」(同上) を参照.

[36] 姫岡とし子 [2004]『ジェンダー化する社会——労働とアイデンティティの日独比較史』(岩波書店).

[37] 名誉職自治については，三成賢次 [1997]『法・地域・都市——近代ドイツ地方自治の歴史的展開』(敬文堂) を参照.

[38] 市民女性による労働者女性の食事に関する「主婦」教育については，南直人 [2003]「食をめぐる身体の規律化の進展——近代ドイツにおける栄養学と食教育」(望田幸男／田村栄子編『身体と医療の教育社会史』昭和堂) を参照.

◆指標4―①～④：4つの家内領域原則

「親密圏」のコアとなる「制度」として定位された「近代家族」は、4つの原理原則にもとづいて機能するものとされた。①家父長制原理、②性別分業原理、③愛情原則、④自助原則である。

①家父長制原理は「近代家族法システム」の中核をなす。ドイツ民法典家族法規定の随所に家父長制的規定が認められる。未成年子の婚姻同意（1305条）、氏（1355、1616条）、夫の権利義務（1354、1358条）、法定夫婦財産制（1363条以下）、親権（1627条以下）などである。

②性別分業原理は、ドイツ民法典では、婚姻の効力と夫婦財産制に表現されている。キリスト教的な相互扶助原則にもとづき、「夫婦の共同性」が定められているが（1352条）、「共同」のあり方にはジェンダー・バイアスがある。妻子の扶養義務は、原則として夫＝父にある（1360、1610条）。婚姻生活費用の負担も夫の義務である（1389条）。これに対して、妻は「共同の家事を管理する権利・義務」を負い（1356条）、ふだんの買い物については妻が単独でおこなうことができたが、債務の最終責任は夫が負った（妻の日常家事代理権）（1357条）。これらの条文はドイツ民法典が「主婦婚」を前提にしていたことをよく示している。

③愛情原則は、「愛の共同体」の崩壊時、すなわち、離婚条文に反映される。ドイツ民法典制定時点はまだ「破綻主義」を採用していない*39。離婚はかならず裁判離婚であり（1564条）、離婚原因が裁判所によって確認される（1565～69条）。「愛の共同体」を崩壊させた側（有責配偶者）の責任は、離婚後もきびしく問われた（有責夫の無責妻に対する扶養義務：1581条など）。1871年ドイツ帝国刑法典は、姦通に対する刑罰に性差をもうけていない。しかし、市民道徳上では性差があり、夫は妻の姦通を理由に離婚を請求できたが、妻は夫の姦通を我慢しなければならないとされた。その限りで、愛情原則で求められた「愛」は夫の経済的責任と妻の献身によって維持される家庭責任を伴う「愛」であり、夫婦が自由・対等に解消可能な「愛」ではなかった。

④自助原則は、扶養義務に反映される。妻に対する扶養義務の基準は「夫の社会上の地位、財産および収益能力」であり（1360条）、子に対する扶養義務の範囲は「生活上の需要・教育費・教育準備費」である（1610条）。子は扶養される

---

*39 「破綻主義」の採用は1976年「婚姻法および家族法改正の第1法律」にはじまる.

かわりに父母のために「家事・勤労の義務」を負う（1617条）。

[3] 指標5—①～③：「近代家族」・「近代家族システム」・「近代家族法システム」

◆「近代家族システム」成立までの全般的動向

いちはやく公私分離を達成した北西ヨーロッパにおいて、家父長制は厳格な性別分業とむすびつき、「近代家族」は「私」的領域のコアとして定位された［指標5—①］。18世紀末から19世紀にかけて、有産／教養市民層に特徴的な家族類型として限定的に生成した「近代家族」は、政治と経済を掌握した有産／教養市民により、市民的秩序形成のための「政治戦略モデル」として活用される[*40]。「近代家族」は、「あるべき生活単位」として措定され、国民国家形成と工業化が軌道にのりはじめた19世紀前半にすでに、労働者家族を規律化するためのモデル家族とされた。「近代家族システム」構築の兆しである。しかし、労働者家族が「近代家族」モデルを受容し、「近代家族システム」が普及・貫徹するのは1880年代以降であった［指標5—②］。

◆1680年代～1780年代（18世紀型家族：「近代家族」の萌芽的生成）

近世から近代への移行期にあたる啓蒙期（1680年代～1780年代）には、近代的諸原理が萌芽的に生成するとはいえ、基本的には身分制社会の枠組みにとどまる。「家父長制原理」は、政治社会にも経済＝家のなかにも貫徹されたが、貴族女性は政治に関与しえたし、生産身分の女性は生産活動に参加した。18世紀の公私未分離段階における家父長制は、「公＝男性／私＝女性」という性別分業をまだその本質的属性としていない。

①家産制的性格を色濃く有する絶対主義国家のもとでは、国王の家政と国家行財政が未分離であり、「宮廷社会」が政治の場となる[*41]。政治への女性の関与は必ずしも排除されていなかったが、「国王—臣民」関係は「父—子」イメージになぞらえられて、権威への恭順がはかられた。ただし、王権や教権の権威は、すでに啓蒙主義による批判にさらされている。

②経済的には、(i)王権に保護される特権的な国際市場、(ii)身分制的・共同

---

*40 阪上孝［1999］『近代的統治の誕生——人口・世論・家族』（岩波書店）.
*41 ノルベルト・エリアス（波田節夫／中埜芳之／吉田正勝訳）［1981］『宮廷社会』（法政大学出版局）.

体的規制をうける伝統的な局地的市場、(iii) 特権的国際市場にも伝統的局地的市場にも属さない新しい自由な商品交換市場の3種が併存して展開していた。このうち、(iii) 自由な商品交換市場は、対等な個人間の取引を媒介し、水林彪のいう「シビルの法理*42」の母胎となる。

③「公共圏」については、「儀礼的公共性*43」から「市民的公共性」形成への過渡期にあたる。18世紀後半以降、結社活動が急速に活性化する(本書第6章参照)。

④家族のあり方は身分・地域ごとに多様であり、国家単位の規範的家族像は成立しえない。貴族の「家」は家臣団や執事等の家産経営奉公人をかかえる家産制的集団であり、都市や農村の共同体成員(生産身分)の「家」は、「核家族＋生産奉公人」からなる生産＝消費単位であった。地域の人口動態や生産力に対応して直系家族や複合家族が志向されることはあるが、それは「危機対応家族モデル」であり、けっして基準的家族ではない*44。近世に大家族が支配的であったというのはいまや「神話」にすぎないとされており*45、「単婚小家族」が量的にも多かったと推定される。しかしながら、「愛情原則」は家族の紐帯とはされていない。「愛情原則」は、18世紀後半以降の啓蒙主義者の文筆活動を通して主張されるようになった。「近代家族」は、啓蒙的知識人が属した「新市民」(身分制・共同体的規制を免れたブルジョア・専門職自由業・官僚など)において萌芽的に生成したのである。

◆ 1780年代～1880年代 (19世紀型近代家族:「市民家族＝女中雇用型」近代家族)

古典的自由主義段階 (1780年代～1880年代) に、「近代家族」は有産／教養市民層 (ブルジョアジー:前段階の「新市民」) において成立する。有産市民層では資本が家父長に集中し、教養市民層 (専門職・高級官僚など) にあっては職業

---

*42 本書第3章注15参照.

*43 ピーター・バーク (石井三記訳) [2004]『ルイ14世——作られる太陽王』(名古屋大学出版会) は, 王権儀礼を通して絶対君主の「公」的イメージがいかに形づくられるかを活写する.

*44 アンドレ・ビュルギエール (藤田苑子訳) [2003]「アンシアン・レジーム期の王権と家族」(二宮宏之／阿河雄二郎編『アンシアン・レジームの国家と社会——権力の社会史へ』山川出版社) 167ページ.

*45 Mitterauer, M./Sieder, R. [1991], *Vom Patriarchat zur Partnerschaft. Zum Strukturwandel der Familie* (4. Aufl.), München, S. 46 ff. (M. ミッテラウアー／R. ジーダー, 若尾祐司／若尾典子訳『ヨーロッパ家族社会史——家父長制からパートナー関係へ』名古屋大学出版会, 27ページ以下).

と家庭が分離して、ともに家庭は消費単位となる。これらのブルジョアジーにあって妻が提供する「無償ケア労働」はすぐれて情緒的な配慮に限定され、妻の差配のもと、実労働は女中が有償で行う。生産階級である労働者大衆については、安価な女性・児童労働力が大量に動員された。児童労働はしだいに制限・禁止されていくが、女性は「二流労働者」として市場で不可欠な存在でありつづける。

①フランス革命は、絶対王政の「父―子」イデオロギーをくつがえし、市民の「友愛（兄弟愛）」原理をうちたてた*46。「公」的領域における「平等＝友愛（ホモソーシャル）」原理と「私」的領域における市民家族の「愛情」原理は表裏の関係とされたのである。「国家（政治的市民社会）」と「市民社会（経済的市民社会）」は分離し、さらに「市民社会」と「家族」も分離する。

②「営業の自由」原則の導入により経済への公的規制が廃止された結果（夜警国家）、市場は自由化する。18世紀以前の経済活動を特徴づけた特権的国際市場と伝統的局地的市場は、自由交換市場へと一体化される。

③啓蒙後期から活性化した「市民的公共性」は、19世紀後半に大衆男性が政治的権利を獲得するころ、書物や新聞・雑誌の低廉化ともあいまって、「大衆的公共性」へと変化する。

④19世紀には、18世紀的「家」モデルから家臣団や家産経営／生産奉公人が自立し、生産活動から分離した家族が叢生する。それが、親密性を紐帯とし、性別役割分業を本質とする単婚小家族（「近代家族」）である。「近代家族」は、家長（予定）男性を徴兵制と税制を支える「国民」として抽出する母体であると同時に、かれらを市場の利益を追求する「合理的経済人」としてフル動員するためのやすらぎ空間であった。それはまた、次世代を「再生産」する場でもあった。主婦は家事・育児の責任者となるが、こまごまとした家事労働は家事奉公人（女中）が担当し、主婦は家事労働を差配した（「市民家族＝女中雇用型」近代家族の成立［指標5―③]）。

⑤この時期は「近代家族法システム」成立期にあたる。1896年に成立したドイツ民法典は「古典的自由主義の晩年の子」と評されるように*47、フランス民

---

*46　リン・ハント（西川長夫／平野千果子／天野知恵子訳）[1999]『フランス革命と家族ロマンス』（平凡社）.

*47　H. シュロッサー（大木雅夫訳）[1993]『近世私法史要論』（有信堂）161ページ以下.

法典のように時代を先取りした法典ではな
く、むしろ古典的自由主義がうちたてた諸
関係を法的に体系化した、ある意味で「時
代遅れ」の法典であった。そのかぎりで、
ドイツ民法典は19世紀をかけて蓄積され
た「近代家族法」の各構成要素を集大成し
て「近代家族システム」を構築した典型的
法典といえる。

◆ 1880年代～1960年代（20世紀型近代
　家族：「大衆家族＝主婦労働型」
　現代家族）

1880年代から第1次大戦終了までの30
～40年間に、ヨーロッパは「大衆社会」に
移行する。「福祉国家」と「高度資本主義市
場社会」が全面的に展開する段階である。

> ## 【資料7－⑧】
> ### 現代家族法の生成
>
> 　「近代法が近代市民社会（商品交換
> 社会）の自己完結＝私的自治を前提と
> した上での統一市民法の体系であった
> とすれば、現代法は、そのような自己
> 完結的装置が崩壊し、資本の法則を支
> える私的商品交換そのものが各種の国
> 家政策によって媒介されるに至った段
> 階で、そのような国家政策の展開を資
> 本の法則に即して全面的に保障すると
> ころの法体系である。
> 　家族の法制度についても、近代家族
> 法は、自己完結的な市民社会の基礎単
> 位としての自立的家族の生産・消費の
> 諸過程を保障するための市民法的装置
> であったが、現代家族法は、家族を保
> 護ないし規制する各種の国家政策によ
> って媒介された法の総体としてあらわ
> れる」。
> 　（渡辺〔1975〕「現代家族法理論」188ペ
> 　ージ以下）

近代市民法のもとで市民社会と同様に国家
から「自律的」存在であった家族もまた、現代市民法（第1次大戦後以降の福
祉国家段階*48）のもとでは国家からの保護・介入を強くうける存在へと変化
する［資料7－⑧］*49。

　①19世紀末から20世紀初頭にかけて、「国家」は経済活動への介入を最小限
にとどめる「夜警国家」から、市場や家族への介入を積極的に強める「福祉国
家（社会国家）」へと移行した。

　②「経済的市民社会」もまた、「単純商品交換市場社会（シビル社会）」から
「高度資本主義市場社会（コマーシャル社会）」へと変化する。労働者女性は専
業主婦を志向しつつも、しばしば市場における「二流労働者」としての有償労
働と家庭における「無償ケア労働」の両方を強いられた。

　③「大衆的公共性」が批判精神を欠くにつれ、2度の世界大戦とファシズムの
時代をむかえて「国家的公共性」が肥大化する。

　④政治的・経済的変化に対応して、「近代家族」は、有産／教養市民に限定的

＊48　渡辺洋三［1998］『法とは何か（新版）』（岩波新書）77ページ．
＊49　渡辺［1975］「現代家族法理論」188ページ．

な類型から、国家の家族法政策や市民女性の啓蒙的ボランティア活動をつうじて、労働者大衆にも拡大した。家事奉公人を雇うだけの経済的余裕がない労働者層の主婦は、家事労働をみずから引き受けざるをえなくなる（「大衆家族＝主婦労働型」近代家族の成立［指標5―③]）。

　⑤「近代家族」イデオロギー（「主婦婚」）とは裏腹に、現実には女性労働は市場を支えつづけ、兼業主婦も数多く存在した。にもかかわらず、家族法も家族政策も「近代家族システム」を前提に立案され、「近代家族システム」は国家と経済のほぼ全域をおさめることに成功する。「近代家族システム」の完成は同時にシステムへの反発も呼び起こす。第1波フェミニズム最後の昂揚期（19～20世紀転換期）にすでに、急進派が「近代家族システム」を批判の俎上にのせている。たしかにこのときにはほとんど共鳴を得なかった。しかし、1960年代以降、第2波フェミニズムによって「近代家族システム」に内在するジェンダー・バイアスが徹底的に洗い出され、その後の諸改革を生みだしていくことになる。

(2) 「家」と「近代家族」

［1］「家」制度の起源

　「近代家族」論争のもう1つの焦点は、近代日本の「家」の性格をどう理解するかであった。それは、(i)「家」制度の「伝統／創出」如何、(ii)「家」と「近代家族」との関係として問われた。

　◆伝統継承説

　①伝統継承説は、「家／近代家族」対立説（①―A）と「家／近代家族」併存説（①―B）に分かれる。①―A対立説は、「イエ」が武家身分に限定的に存在し、それが近代以降、国民すべてに拡大適用されたとする説である。「家」は「家父長制」と不可分の封建遺制（前近代的な「家」）であり、戦後改革による「家」制度廃止によって「民主的」家族（「近代家族」）が成立したと考える（近世武家的「イエ」起源説＝断絶的近代再編説）。

　①―B併存悦は、「イエ」は程度の差はあるものの近世の全身分に遍在し、近世社会秩序そのものが「イエ」を基礎として構築されていたとし、そうした「イエ」伝統の上に近代以降「家」制度が連続的に再編されたとする説である（近

【資料 7—⑨】「家」と「近代家族」

近世の「イエ」と近代の「家」		近代日本における「家」と「近代家族」			備考	
「家」の起源（近世の「家」）	近世と近代の「家」の関係	近代の「家」	「近代家族」	両者の関係		
伝統継承説 武家身分中心に存在	連続性を認めつつ、断絶性を強調	国民全体への拡大（断絶的再編）封建遺制としての「家」	戦後の「民主的」家族	「家／近代家族」対立・継起説	川島武宣	近代派
各身分に偏在 近世的「イエ」秩序	連続性の強調	連続的再編	「家」と「近代家族」は併存する	「家／近代家族」二重構造説	落合恵美子	
近代創出説	完全な断絶性の強調	近代国家により「創出」される	「家」と「近代家族」は併存しつつ、「家」自体に「近代家族」の要素がある	「家／近代家族」複合説	牟田和恵	フェミニズム・ジェンダー論
			「家」は「近代家族」である	「家＝近代家族」一元説	上野千鶴子	
伝統継承説 各身分に偏在 近世的「イエ」秩序	連続性の強調	近代国家により「家」は連続的に再編され、「近代家族」イデオロギーをもつ「家」が「創出」される	「家」と「近代家族」は併存しつつ、「家」自体に「近代家族」の要素がある	「家／近代家族」複合説	三成美保	

世「イエ」的秩序起源説＝連続的近代再編説）。この説は、速水融ら歴史人口学グループの説で、落合恵美子はこのグループに与する*50。

◆近代創出説

②近代創出説の立場を言明するのが上野千鶴子である*51。西川祐子や小山静子*52、そして、「明治期以降の「家」型家族の「伝統」は、ある意味では明治政府が創出したフィクション」とする牟田和恵もまた、「家」制度の近代創出説に属するといえよう*53。

◆併存説の妥当性

「家」制度の起源については即断できないが、①—Ｂが水林彪によって指摘されている日本型「公／私」関係論と符合するように思われる*54。近代的再編の

---

*50　落合［2000］『近代家族の曲がり角』.
*51　上野［1994］『近代家族の成立と終焉』.
*52　小山［1999］『家庭の生成と女性の国民化』.
*53　牟田［1996］『戦略としての家族』35 ページ，同［2002］「家族国家観とジェンダー秩序」（岩波講座『天皇と王権を考える 7——ジェンダーと差別』岩波書店）.
*54　水林彪［2002］「日本的『公私』観念の原型と展開」（『公共哲学 3：日本における公と

本質は、近世の「イエ」の上位集団が複数・重畳的に存在した（共同体や主君の「イエ」など）のに対し、近代的「家」の上位集団が国民国家に集約されたという点に求められよう。「イエ」に臣民「規律化」の末端機能をうけもたせるが、家長の「自律性」を認めず、「私」的領域をできるだけ制限した近世幕藩体制の伝統があればこそ、「公序」としての近代「家」制度の導入に対する抵抗がなかったと考えられるのではあるまいか。

[2] 「家」と「近代家族」との関係性
◆「家／近代家族」一元論と二元論
伝統的な「家」制度論のほとんどは、「家／近代家族」二元論の立場にたち、「家」と「近代家族」の対立性を議論の前提としていた（「家／近代家族」対立説）。フェミニズム以降の「近代家族」論はこの伝統的な考え方を批判する。導き出された日本近代の家族像はほぼ一致するが、説明のタームには違いがある。

上野千鶴子は、「「家」は…日本版近代家族にほかならず、夫婦家族制の姿をとった近代家父長制を確立した*55」と主張した（「家＝近代家族」一元説）。落合恵美子は、「家」と「近代家族」を概念上区別した上で、近代日本においては「家／近代家族」の二重構造が見られたとする（「家／近代家族」二重構造説）。西川祐子は、「家／家庭」二重家族制度そのものを「日本型近代家族」とよぶ（「二重家族制度＝日本型近代家族」説）。牟田和恵は、「近代家族」概念の西洋的偏向を批判し、「家」における「近代家族」的要素を重視して、「家」型家族の「複合的性格」を指摘する（「家／近代家族」複合説）[資料7—⑨]。

「家」制度の諸イデオロギー（家族国家観・良妻賢母規範・天皇制など）には「近代家族」規範が巧妙に利用されている。また、戦後の「近代家族」法制のもとで「家」的な生活実態や慣習がしばらく存続したことは、戦中世代の生活体験を聞いても容易に確認される。「家／近代家族」の併存性・補完性については、いまや十分説得的に論証されつつあるといえよう。

私』），同［2001］「『公私』観念の比較法史学的考察」（『法哲学年報2000』），同［1996］「わが国における『公私』観念の歴史的展開」（歴史と方法編集委員会『歴史と方法1：日本史における公と私』青木書店）.

*55　上野［1994］『近代家族の成立と終焉』94ページ.

◆日本における「近代家族」モデル

　「国家」の権限作用を「経済的市民社会」の紛争解決（夜警国家）、あるいは、経済的弱者の保護（福祉国家）に限定しようとするヨーロッパ的リベラリズムの価値観からすれば、家族に対する国家的介入はあくまで「国家」から自由な「経済的市民社会」と「近代家族」の維持そのもののために正当化された。

　これに比し、近代日本法制上「国家の基礎単位」とみなされた「家」は、すくなくとも理念上は「近代家族システム」を志向するものではない。「家」に関する法政策は、あくまで国家の利害を追求することをめざした。戦後家族法改正が構想した「ポスト近代家族」から逆行して、高度経済成長期の「大衆家族」段階をむかえてはじめて、日本では全面的に「近代家族」が家族法政策の「制度」的基礎単位として措定されたといえよう。

　しかし現実には、大正期から都市部の「新中間層」を中心に「近代家族」（「市民家族＝女中雇用型」）が生成しはじめていた＊56。また、「近代家族」イデオロギーは、天皇制国家維持のためにも、市場経済発展のためにも、巧妙に利用された。「家」的家父制は、西欧市民社会の「近代的家父長制」とは異なり、前近代的な「封建遺制」とみなされてきたが、祖先祭祀と父系の親子関係を重視する「家」的家父長制と、夫＝父の権威を重視する「近代的家父長制」の距離は思うほど遠くない。近代日本の家族が「家／近代家族複合型」になりえた所以である。「近代家族」論争は、「基礎単位」性に関する「定義」論争を超えて、今後、日本近代家族の「複合的性格」の比較史的意味を問う方向へと発展するべきであろう。

　そのさい、日本近代化の「起点」の歴史的位置づけも改めて問い直す必要がある。明治維新をむかえた1868年から明治民法が制定される1894年のあいだは、西欧社会が古典的市民社会のほころびをみせはじめ、家族への国家的介入が正当化される大衆市民社会に移行するさなかにあたる。英仏独米とも変化が顕著にあらわれるのは1880年代である。日本は、複数の「近代」モデルから取捨選択的に法制度を取り入れ、結果としては、西欧諸国のいずれもなしえなかったほど中央集権的で行政権の強い「近代国家」を達成することができた＊57。

＊56　大門正克／安田常雄／天野正子編［2003］『近現代日本社会の歴史──近代社会を生きる』（吉川弘文館）のⅡ─4「「家庭」という生活世界」（沢山美果子）を参照.
＊57　三成賢次編著［2002］『近代法秩序の形成と法学・法律家──日本的視座からみた法秩

日本近代国家がある意味で「近代国民国家」形成の1つの成功モデルであるとすれば、「家」制度は、「近代国民国家」が本来的に家族にいだく「強い関心」を日本的に体現したシステムとみなすこともあながち不適当ではあるまい。

(3) 近代的家父長制

[1] 家父長制を論じる意義

◆家父長制と妻の法的権利

各種特権団体を排除し、差別を否定した近代市民社会において、最後に残ったもっとも重大な差別システムが家族関係にもとづく法的権利の制限である。妻の行為能力の制限は「合理的」と目された。ジェンダー法史学で家父長制を論じる理由はこの点にある。

近代個人主義のもとでは、権利能力は「ひと」固有の権利とみなされる。「ひと」の権利能力の平等を徹底的に追求したのがフランス革命であった。フランス革命以前の法的権利は、各人が属する身分や共同体、家などの団体が享有する権利・特権の反映にほかならず、個人的権利ではなかった。権利の保障も制限もともに団体・集団のなかにおける法的地位によって決定されたのである。法的地位の背後には、生産活動にたずさわる家の経済的利害があった。

フランス革命は、家父長の権利もふくめ、あらゆる団体的特権を廃止した。生活のなかの具体的な人間関係に拘束されずに、抽象的に権利能力が保障されたのである。革命前期の法が男女の平等化にほとんどためらいをみせなかったのは、平等への熱狂的な信奉にもとづく。革命後期に「ゆきすぎた」平等化への反発が強まり、女性は完全に政治から排除され、フランス民法典によって近代的家父長制が法的に確立する。「公」的領域における「ひと＝男性」の平等と、「私」的領域における家父長制は表裏の関係として併存したのである[58]。

◆日本の家父長制論

瀬地山角は、家父長制の分析対象を3つに分類する[59]。①権力をもつ主体

序の比較法史的研究』（平成11〜13年度科学研究費補助金基盤研究（B）研究成果報告書）
[58] 辻村みよ子 [1992]『人権の普遍性と歴史性』（創文社）.
[59] 瀬地山角 [1996]『東アジアの家父長制──ジェンダーの比較社会学』（勁草書房）17ページ.

の性別、②ある特定の家族形態、③ある特定の支配類型である。

　文化人類学は、メイン『古代法』(1861年)の系統的記述を端緒として、patri-archyとしての家父長制（父権制）を論じた。それは、①と②に関する分析であった。家父長制は男性が権力を行使するシステムであり（①）、家父長制家族は母権制の転覆後、単婚家族が成立する以前の過渡的形態と認識された（②）。しかし、父権制が母権制との対比で特徴づけられていること、母権制の存在が疑問視されていることから、フェミニズム的家父長制が語られるころには、父権制概念はもはやあまり活用されなくなっていた。

　社会学は、ウェーバーの言う意味でのpatriarchalism, Patriarchalismusとしての家父長制を論じた。それは、古代ローマを典型とし（②）、伝統的支配類型の典型（③）として位置づけられた*60。法史学では、1970年代初頭に、家父長制の「伝統性」を重視して、「自然発生的」な父の権威を家父長制とみなす石井紫郎と、「権威と恭順」を秩序維持原理とする家族形態を家父長制とみなす鎌田浩とのあいだで家父長制論争が生じる*61。両者はともにウェーバー的なpatriarchalismを前提にしていた点では共通する。社会学においても、法史学においても、権力主体が男性であること（①）は自明視され、そのことのジェンダー・バイアスはほとんど論じられなかった。

[2]　近代的家父長制
◆フェミニズム諸派の家父長制論

　「家父長制」は、フェミニズムやジェンダー研究の中核をなす概念である。フェミニズムで言う「家父長制」は、もっとも広い意味では、「男性の女性に対する支配を可能にする権力関係の総体」と定義される*62。この定義は、しばしば学問上の「逸脱」とみなされた。フェミニズム的「家父長制」概念は、「男性による女性支配」の言い換えでしかなく、歴史性と厳密性に欠け、イデオロギー性が先行していると批判されたのである。しかし、それは、ウェーバー的家父

---

*60　マックス・ウェーバー（世良晃志郎訳）[1970]『支配の諸類型』（創文社）.
*61　鎌田浩編[1992]『家と家父長制』（早稲田大学出版会）21ページ以下.
*62　「家父長制」概念をめぐる諸社会科学の伝統的用語法とフェミニズムの用語法との相違は、よく批判されるところである。フェミニズムにおいても定義は多様であるが、家父長制はもっとも広義には「男性の女性に対する支配を可能にする権力関係の総体」を意味する.「家父長制」「家父長制的資本主義」（『岩波女性学事典』）78ページ以下参照.

長制論に依拠する伝統的な「家父長制」論で軽視された上記①の観点（権力をもつ主体の性別）に着目した定義にほかならない。

　もっとも、フェミニズム／ジェンダー研究の「家父長制」論は、単に「権力主体の性別」への着目にとどまるものではない。「男性による女性支配」をあえて「家父長制」というタームで表現することによって、「男性による女性支配」が「特定の家族形態」および「特定の支配類型」と不可分の関係にあると指弾しようとした点にこそ本来の意義がある。フェミニズム的「家父長制」論から見れば、他の2つの議論は次のような限界をもつ。(i)「特定の支配類型」としての「家父長制」論は、いわゆる「公」的領域における男性間の支配関係を論じるにとどまる。(ii)「特定の家族形態」としての「家父長制」論は、「家族」内部の支配関係が「つねに」「家族」外部の社会的諸関係にも拡大されて一定の社会秩序が構成されることへの視点を欠く。(i)・(ii) ともに、「家族」が「公」的性格を強くおびる「前近代社会」においてのみ、「家父長制家族」が「家父長制的支配」を基礎づけると考えた点に最大の問題があったといえよう。

　従来、近代市民社会で家父長制について語る必要がないとされたのは、次のような観念が支配していたからである。近代市民社会では「公」的領域の男性間における家父長制支配が消滅し、「私」的領域の「親密圏」に定位された「家族」のもとでは「愛情原理」が作用しているため、ここでも「家父長制」は排除されているはずである。

　これに対して、フェミニズム／ジェンダー研究は、(i)「家族」内に性支配が貫徹しており、「愛情原理」は性支配により強制されたものであること、(ii)「公／私」領域の「非対称」な性別分業を支えるのが「家族」内の性支配であることを暴露した。すなわち、「公」的領域の支配構造を決定する鍵は「家族」内部の性支配にあるとして、この性支配をフェミニズムは「家父長制」とよんだのである。なかでも、ラディカル・フェミニズムやソーシャル・フェミニズムによって発展させられた「家父長制」論は、「家父長制的資本主義」（「資本主義的家父長制」）という用語で表現され、近代資本主義と家父長制との不可分の関係を指摘するものであった。そこでは、「家父長制」は「近代的概念」として用いられたのであり、「家父長制」を「伝統的支配」の典型として理解するウェーバーの用語法とはまったく相反する*63。

　フェミニズムの「家父長制」概念は、社会学を中心にしだいに定着しつつあ

194　　　　　第3部　法秩序のなかの家族と生殖

るという*64。これに対して、法史学や歴史学においてはなお抵抗が強いように見うけられる。しかしながら、フェミニズム的「家父長制」論が社会を分析する概念として一定の有用性をもちうるかぎり、それを「家父長制」概念の再定義として積極的に利用することが無意味であるとは思えない。

◆近代市民社会の「本質」としての家父長制（近代的家父長制）

歴史上のいずれの家族類型や支配類型にウェーバー的な家父長制が妥当するのかといった議論は、それ自体あまり生産的とは言えない。むしろ、歴史上の家族類型および支配類型を比較史的・比較文化的に説明する手段として有効であるかぎりで、「家父長制」というタームを活用するべきであろう。本書では、ひとまず「家父長制」を以下のように定義したうえで、「近代的家父長制」を考える。

「家父長制」の本質は、「性支配」（男性による女性の支配）と「世代支配」（年長世代による年少世代の支配）にある。「親世代」の「男性」が「家長」として、家構成員の全員と財産に対して優越的な支配権をもち、構成員がそれに対して人格的に恭順を示し、服従する人的支配関係を「家父長制」とよぶ。

家長が家構成員に対して有する支配権の優越性の程度や射程範囲は、文化や社会のシステムごとに異なる。家構成員の範囲もまた文化によって異なる。これに応じて、家の規模や性格もまた異なる。家長に対する家構成員の恭順・服従を正当化する根拠は、文化によって異なる。根拠としては、たとえば、伝統、実力、性別が考えられる。家父長制を存続させる力学もまた、文化や社会のシステムに従属する。

上記のように定義するならば、「家父長制」は超歴史的な比較尺度としての意義を獲得し、時代や地域・文化による類型化もまた可能となる。「近代的家父長制」は、「古代ローマ家父長制」とならぶ「家父長制」の諸類型の1つである。

---

*63　フェミニズムにおける家父長制論としてもっとも重要な著作の1つである，K. ミレット（藤枝他訳）[1973]『性の政治学』（ドメス出版）では，家父長制（翻訳では「父権制」）は，男による女への支配と，年長者による年少者への支配の二重性をもつとした（72ページ）．また，上野千鶴子[1990]『家父長制と資本制』（岩波書店）をも参照．
*64　『岩波女性学事典』81ページ．

「近代的家父長制」は、「近代市民社会」の存立を規定する「近代家族」の「本質」的要素である。近代的な「公／私」分離のもとで、「公」的領域における「ひと＝男性」の平等と、「私」的領域における「家父長制」が併存した。「家父長制的支配」は「公」の領域では不可視化された。それは、「自由・平等」な男性間ではもはや過去の支配システムとみなされたからである。しかし、それは女性を「公」的諸領域における決定権へのアクセスから排除し、女性が「公的主体」たることを否定する権力装置として機能しつづけた。「近代的家父長制」の「近代的」たるゆえんは、法的に承認された家父長制的要素は「家族」内で完結し、しかもその「家父長制」ですら伝統や権威にもとづくものではなく、「愛情」ゆえの恭順にもとづくというフィクションが構築されたことにある。「性支配」がもたらす弊害はどこまでも隠蔽された。

近代日本の「家」制度は、戸主の伝統的権威に依拠する「『家』的家父長制」と、いわゆる近代家族の形態をとる生活家族の性差を根拠とする「近代的家父長制」が、複合的に併存したものとして理解することができる。しかし、日本の家父長制は、近世においても近代においても、国家などのより上位の集団に対する家長の自律性を否定・制限する家父長制であり、家長の自律性を前提として成立した西洋近代の家父長制とは大きく性格を異にする。日本近代のジェンダー・バイアスは、男性の自律性に根拠を有する性支配ではなく、国家に対する男性の有用性に根拠を有する性支配を、国家が意図的に推進したものととらえることができよう*65。

＊65　近代日本の「家／家族」については今後いっそう厳密な検討を予定している.

第 8 章　「逸脱者」としての「未婚の母」と「婚外子」──

第 1 節　婚外子法制の現状

(1)　ヨーロッパ諸国における婚外子法改正の動向

[1]　近代家族法の 3 大原理

◆「異性愛＝法律婚＝嫡出家族モデル」とその見直し

　近代家族法には 3 つの原理がある。①一夫一婦制の形式をとる「異性愛主義」、②国家による婚姻規制を保障する「法律婚主義」、③法律婚以外の出生子（婚外子）を差別する「嫡出家族主義」（嫡出原理）である。

　これら 3 原理にもとづく単婚小家族モデル（「異性愛＝法律婚＝嫡出家族モデル」）は、1970 年代以降、ヨーロッパ諸国で深刻な危機にさらされるようになった。事実婚が急増し、それにともなって、婚外子出生率が急上昇したのである。「女性差別撤廃条約」(1979 年) や「児童の権利条約」(1989 年) の後ろ盾も得て、「未婚の母」や婚外子に法的不利益をもたらす伝統的な家族法の見直しが各国で急速に進められた[1]。事実婚を法的に容認し、嫡出子と婚外子の平等を達成する法改正が進められるとともに、「同性カップル」もまた認知を得はじめた。

　「異性愛＝法律婚＝嫡出家族モデル」の見直しは、法的意味の「家族」の再定義を迫る。ヨーロッパ諸国の家族法改正は、3 つの段階を経て進められた。1960 年代末以降の婚外子法改正 (I：「嫡出家族主義」の見直し) からはじまり、1970 年代以降の事実婚の法的保護 (II：「法律婚主義」の否定) をへて、1990 年代以降の同性カップルの法的保護 (III：「異性愛主義」の相対化) である。この

---

*1　1998 年, 国連児童の権利委員会は, 日本民法第 900 条 4 号における婚外子の相続差別規定を「児童の権利条約」に反するとして「懸念」を表明し,「とりわけ, 婚外子に対し現存する差別を是正するための立法措置が採られるべきである」と勧告した. 国際女性の地位協会編 [1998]『女性関連法データブック──条約・勧告・宣言から国内法まで』(有斐閣) 184 ページ以下.

3 段階を経るなかで、近代家族法を構成してきた 3 原理のことごとくが見直されるにいたっている。多くの国で、婚外子法改正は、その後の家族法全面改正につながる契機となっている。

◆戦後ドイツの家族法改革

戦後ドイツの家族法改革には、2 度の大きな波がある。第 1 は 1969 年以降の婚外子法改正、第 2 は 1997 年の家族法全面改正である*2。2001 年には「生活パートナーシップ法」が成立し、同性カップルが婚姻に準ずる保護をうけるようになった*3。

「嫡出原理」の見直しにつながる婚外子法改正は、子を区別する表記の改正に取り組むことからはじまった。そもそも、「非嫡出」illegitim, illegitimate, unehelich という表記は、「嫡出」legitim, legitimate, ehelich を正統とする伝統的な価値観にもとづいている。1969 年の婚外子法改正により、ドイツ民法典 (1896 年) で用いられていた「非嫡出子」uneheliches Kind にかえて、より価値中立的な「婚外子」nichteheliches Kind という表記が用いられるようになる*4。1997 年改正では、子を差別する表現自体が条文から消滅した。表記の変化には、婚外子の法的地位の変化がともなっている。1969 年法により、婚外子は嫡出子と事実上同等の相続権 (相続相殺請求権) を認められ、1997 年法により、相続相殺請求権は本来の相続権とされ、法的差別は完全になくなったのである。

ドイツ以外でも、婚外子法改革は、フランス (1972 年)*5、アメリカ (1973 年)、イタリア (1975 年)、スウェーデン (1976 年)、イギリス (1987 年) など、1970 年代以降、欧米諸国で急速に進展している*6。

---

*2　1996 年の親子法大改正については，床谷文雄 [1994-1998]「ドイツ家族法の現状と展望 (1)～(4)」(『阪大法学』44-2＝3，46-6，47-2，48-1) が有益．ドイツ民法典成立期の婚外子法については，田村五郎 [1980]『非嫡出子に対する親権の研究』(中央大学出版部)，野沢紀雅 [1980]「ドイツ法における非嫡出父子関係の変遷」(『法学新報』87-7＝8)，岩志和一郎 [1995]「1896 年 BGB の非嫡出子父子関係——婚姻と親子の再検討の一助として」(『早稲田法学』71-1) を参照．しかし，これらにはジェンダーの観点からの分析はない．
*3　渡邉泰彦 [2004]「ドイツ生活パートナーシップ法の概要 (1) (2 完)」(『戸籍』757，759)．
*4　D. シュヴァープ (鈴木禄弥訳) [1986]『ドイツ家族法』(創文社) 307 ページ．
*5　フランスでは姦通から生まれた子 (姦生子) に対する相続差別が，2001 年 12 月にようやく撤廃された．大村敦志／幡野弘樹 [2003]「フランス相続法改正翻訳」(『法律時報』75-8) 参照．
*6　黒木三郎監修 [1991]『世界の家族法』(啓文堂) 120，127，152，168，302 ページ以下．

(2) 本章の課題

[1] 日本における婚外子の法的地位

◆日本における婚外子差別の「合理性」

現行の日本民法のもとでは、婚外子の法定相続分は嫡出子の2分の1に制限されている。また、「嫡出である／ない」という対比も文言に残されている[資料8―①]。

婚外子相続分の差別は、一般に、法律婚家族（とくに妻と嫡出子）の保護をはかるための「合理的差別」として正当化される。しかしながら、「合理的差別」論は、どれほどの説得力をもつのであろうか。そのさい留意すべきは、①婚外子差別のあり方や社会的意味が日本とヨーロッパでは歴史的にまったく異なっていたこと、②現行法の婚外子差別規定が近代ヨーロッパ法継受の産物であることである。

日本では、すくなくとも近世以来、「法律上公生子と対立した意味をもつ私生子を認める制度がなく*7」、妾腹子は、正妻の子のスペアとして一定の地位を得ることができた。1873（明治6）年の太政官布告第21号により、とくにフランス法を模範にして、「公生」（嫡出）と「私生」（非嫡出）の法的区別が導入される[資料8―②]。しかし、「私生子」は「妻妾外の女性が産んだ子」とされており、「姦生子」を非嫡出子のなかでもっとも差別的に処遇したフランス民法典とは根本的に発想が異なる。また、認知私生子を「庶子」として父の家におき、嫡出女子よりも上位の相続権を保障した*8。明治民法の当初から、嫡出子の2分の1とはいえ、婚外子の法定相続権も認められている。婚外子の法的地位は、ヨーロッパにくらべるとかなり高かったといえる[資料8―③]。

【資料8―①】
現行日本民法における婚外子差別
（民法第900条4号）

4　子、直系尊属又は兄弟姉妹が数人あるときは、各自の相続分は、相等しいものとする。但し、嫡出でない子の相続分は、嫡出である子の相続分の二分の一とし、父母の一方のみを同じくする兄弟姉妹の相続分は、父母の双方を同じくする兄弟姉妹の相続分の二分の一とする。

【資料8―②】
明治6年太政官布告第21号

妻妾ニ非サル婦女ニシ分娩スル児子ハ、一切私生ヲ以テ論シ其婦女ノ引受タルヘキ事。

---

*7　高柳真三[1987]『明治前期家族法の新装』（有斐閣）225ページ以下。
*8　村上一博[2003]『日本近代婚姻法史論』（法律文化社）第2章参照。同書では、私生子の法的問題が明快に整理され、史料を渉猟して豊富な実務が示されている。

【資料8—③】太政官布告とフランス民法典の婚外子

太政官布告21号　　　　　フランス民法典

妻の子　　嫡出子

自然子（婚前出生子）　認知子　非認知子

公生子　私生子　乱倫子（近親相姦子）　非嫡出子

認知可

妾以外の子　姦生子（姦通出生子）　認知不可

妾の子

　しかし、婚外子に保障された明治民法下での諸権利は、およそ婚外子のための権利保障という性格のものではない。近代日本の相続法制は、嫡出子と婚外子とのあいだに「相続分の差異は設けつつも、嫡出でない子に相続人の地位を認めてきた[9]」。こうした変則的な婚外子の処遇は、家制度下で家督と結びついた家財産が家継承者に単独相続される結果、諸子の遺産相続分がきわめて限定されるという前提のもとにおいて意味をなし、他方、婚外子を家督相続人としてストックする必要があるという状況のもとにおいて機能したのである。

　今日、相続分差別規定の合憲根拠として、「一夫一婦制」にもとづく「法律婚主義」を採用していることの当然の結果であるといった主張や、相続権の全面否定ではなく、2分の1の相続分を保障しているから「合理的差別」にあたるという根拠づけ[10]が、しばしばあげられる。しかし、これらは、「市民家族（＝法律婚家族）」を守るために1970年代まで婚外子の法定相続権をいっさい認めなかった欧米の状況と比較しても、歴史的説得力をもたない。家制度を維持するために婚外子に認めた部分的権利を家制度解体後の民法のもとで、あたかも婚外子の権利を保障しているかのように言い繕うことは、歴史的事実の歪曲以外

---

[9]　法務省民事局参事官室編［1994］『婚姻制度等に関する民法改正要綱試案及び試案の説明』（日本加除出版）97ページ.

[10]　最大決平成7・7・5民集49巻7号1789ページ.

のなにものでもない。

日本における「異性愛＝法律婚＝嫡出家族モデル」への固執には、より根本的な理由がありそうである。欧米諸国の法改正の動向をみても、婚外子法改正は、その後につづく抜本的な家族法改正の発端となりうる。日本で婚外子法改正に否定的な論調が強いのは、まさしく、婚外子法改正が家族法の根本的改変につながることを警戒しているからではないだろうか。逆に言えば、婚外子法の改正なくして、家族法の根本的な見直しはできないのである。

◆戦後における家族法改正の動き

日本の現行家族法は、戦後、日本国憲法 24 条が婚姻における両性の平等を規定したことにともない、緊急に改正されて成立したという経緯をもつ。これゆえに、抜本的改正の必要性は当初から認識されていたが、改正は部分的にとどまった*11。

ようやく 1991 年に家族法の全面的見直しへの取り組みがはじまる。もっとも、当初は婚姻と離婚のみの夫婦関係の改正しか議論されていなかった。1993 年東京高裁の非嫡出子相続差別規定違憲判決*12 をうけて、急遽、婚外子法改革も改正内容に盛り込まれる*13。しかし、1995 年に、最高裁が規定の合憲性を認める決定*14 をだし、1996 年、民法改正要綱にもとづいた民法改正法案は国会に上程されることなく、改正作業は頓挫した。その後、何度かにわたって法律案提出の動きがあり、その過程で、法改正の中心的課題は、非嫡出子相続差別撤廃と選択的夫婦別氏制の導入にしぼられていった。1994 年の民法改正要綱試案および 1996 年の民法改正要綱*15 は、家族法の 3 原理を批判的に検討するにはいたっていない。わずかに、非嫡出子相続差別撤廃の提案が「嫡出家族主義」の見直しにつながるものとして見受けられるにとどまる。

法改正の実現はなお予断を許さないが、2000 年以降、新たな展開がみられる。男女共同参画社会基本法（1999 年）にもとづき、家族法改正をジェンダーの視点から推進する動向が強まっているのである。しかしながら、同時に、非嫡

---

*11　大村敦志［1999］『消費者・家族と法』（東京大学出版会）153 ページ以下.
*12　東京高裁平成 5・6・23 高民集 46 巻 2 号 43 ページ.
*13　吉田克己［2003］「家族法改正問題とジェンダー」（『ジュリスト〈特集：ジェンダーと法〉』1237），132 ページ以下.
*14　最大決平成 7・7・5 民集 49 巻 7 号 1789 ページ.
*15　法務省［1994］『民法改正要綱試案』，「民法改正要綱案」［1996］（『ジュリスト』1084）.

出子相続差別撤廃は検討対象からはずされ、夫婦別氏制の処遇にのみ焦点があてられるようになった*16。夫婦別氏制を自由な選択肢とするか、「家裁許可制」にするかといった議論に終始しそうな家族法改正の今後は、「家族」を嫡出親子と異性愛夫婦に限定する伝統的な「家族」概念を真剣に再検討することなく、ヨーロッパ諸国の家族法改正において焦点とされた「生活共同体」の是非をめぐる議論を先送りすることにほかならないように思われる。

[2] 本章の課題——「異性愛＝法律婚＝嫡出家族モデル」のジェンダー・バイアス

「異性愛＝法律婚＝嫡出家族モデル」には、西洋近代社会の「公私二元的＝市民社会型」ジェンダー秩序、および、それと不可分の「性の二重基準」に由来するジェンダー・バイアスが色濃く反映されている。「異性愛主義」と「嫡出原理」は、ヨーロッパ＝キリスト教的家族法の伝統的規範であり、近代に特有のものでない。しかし、近代国家は、「婚姻」を教会の手から奪い、もっぱら国家法に従属させようとした。そのあらわれが「法律婚主義」である。

「法律婚」家族に関する基本的ルールは、国家制定法たる民法家族法（近代家族法）において明示された。民法家族法は、憲法や社会保障法、刑法等の他の国家法とともに「近代家族法システム」*17 を構築したが、「近代家族法システム」が家父長制規定や姦通罪規定にみられるような多くのジェンダー・バイアスをはらむものであったことは、つとに指摘されている。フェミニズムはその第1の波のときに、「近代家族法システム」の男女差別を批判していた。しかし、「異性愛＝法律婚＝嫡出家族モデル」自体の妥当性は、フェミニズムの第2の波を経て、ジェンダーの視点が盛り込まれるようになってはじめて疑問視されるようになったのである。

欧米における法改正の背景にあったのは、個人のライフスタイル決定に関して、法が「異性愛＝法律婚＝嫡出家族モデル」を唯一の「法的家族モデル」として強制し、それ以外の選択を差別抑圧する機能を果たしていたことへの痛切な反省である。家族法改正の基本は、「自由な選択肢の保障」を基礎に据えるこ

---

*16　吉田［2003］「家族法改正問題」132-133 ページ.
*17　「家族法システム」については，利谷信義編［1999］『現代家族法学』（法律文化社）序章，本書第7章参照.

とにおかれたと言ってよい。

　本章では、ドイツ家族法における「嫡出原理」の形成と婚外子法制の変化を検討し、「公私二元的＝市民社会型」ジェンダー秩序にもとづくジェンダー・バイアスが、歴史上のどの時点でいかなる背景のもとに婚外子法制に取り込まれていったかを考察する。「異性愛＝法律婚＝嫡出家族モデル」の時代制約性を明らかにし、モデルにひそむジェンダー・バイアスの検討こそがバイアスの圧力を免れた自由な選択肢を個人に保障する方向性を示すことを展望したい。

第2節　前近代ヨーロッパにおける婚外子法制の展開

(1)　ローマ法と教会法

［1］　ローマ法

◆婚外子の分類

　伝統的なヨーロッパ婚外子法の特徴は「差別の二重構造」にある。①嫡出子に対する婚外子の差別、②婚外子内部の差別である。婚外子はいくつかの種類に分けられ、未婚男女から生まれた自然子（内縁子）が優遇された[18]。婚外子の分類も自然子の優遇もともに、ローマ法に由来する。

　キリスト教が国教とされた後古典期（4～5世紀）以降、ローマでは4種の婚外子が区別された。①自然子 filii naturales（＝単純婚外子）、②姦通から生まれた姦生子 adulterini（＝重婚的婚外子）、③近親相姦から生まれた近親子（乱倫子）incestuosi、④売春婦などの子（売淫子）をふくむその他の婚外子 spurii/vulgo quaesiti である。このうち、姦生子と乱倫子は、「忌むべき生まれの子」liberi ex damnato coitu とよばれた[19]。

◆「自然子の優遇」の確立過程とキリスト教の影響

　ローマで「自然子」と観念されたのは、「内縁」から出生した子である。親族の同意と婚姻の公示をともなわない男女の永続的結合（「内縁」concubinatus）は、しばしば、「正当な婚姻」が成立しえない身分を異にする男女のあいだで成

---

[18]　原田慶吉［1955］『ローマ法・改訂版』（有斐閣）311 ページ以下.

[19]　Becker, H.-J. [1992], Uneheliche, in : *Handwörterbuch der Rechtsgeschichte*, Bd. 5, S. 452-456.

立した。アウグストゥス帝時代に風紀粛正のために公布されたユリウス法[20]により婚姻外性関係の厳罰化がはかられたにもかかわらず、内縁は処罰対象に含まれていない。内縁子は父から財産贈与をうけることが可能であった。嫡出子と自然子の区別は、両親が慣習上認められる婚姻をなせる身分関係にあるかどうかによって決定されたため、社会も皇帝もこれを黙認せざるをえなかったのである[21]。

　古典期ローマ法（1～3世紀）のもとで排除されていなかった内縁は、4世紀末のキリスト教国教化以降、否定されていく。婚外子は、親の「非行」の証明として制裁の対象とされ、父が婚外子に自由に財産を譲渡することが禁じられるようになる。同時に、内縁の解消がめざされたが、伝統的な内縁を否定することはできなかった。妥協策として導入されたのが、「事後婚姻による準正」である。準正は自然子のみ可能とされ、内縁を婚姻に変える動機づけとして利用された[22]。他の非嫡出子に対する自然子の優越的地位が確定する。

　ローマでは、2世紀に嫡出子の扶養請求権が認められていたが、6世紀のユースティーニアーヌス法典（12・13世紀以降「ローマ法大全［市民法大全］」と称される）は、自然子の扶養請求権をも認める。父に妻や嫡出子がいないときには、自然子は遺産の6分の1の法定相続権をもつとされ[23]、父の妻子がいるために相続から排除された自然子は、父の遺産額に応じて、相続人から扶養料を受け取ることができると定められたのである（「新勅法彙纂」第89条）[24]。

◆「忌むべき生まれの子」

　「自然子」の優越的地位が確立する過程で、「忌むべき生まれの子」の地位はいっそう悪化した。父母がそもそも結婚できない関係から生まれた彼らは、準正の対象外とされ、父はおろか、母の財産に対する相続権すらもたないとされ

---

[20]　根幹をなすのが婚姻出産奨励法である．男60歳未満，女50歳未満の独身市民に結婚義務が課せられた．貴族や上層市民における結婚忌避の傾向に歯止めをかけることが目的とされた．本村凌二［1998］「ジェンダーとセクシュアリティ」（岩波講座『世界歴史1，世界史へのアプローチ』岩波書店）171ページ．

[21]　Leineweber, A. [1978], *Die rechtliche Beziehung des nichtehelichen Kindes zu seinem Erzeuger in der Geschichte des Privatrechts*, Königstein, S. 24 ff.

[22]　Nov. 18, 5 (*Corpus Iuris Civilis*, 3 Bde., Berlin 1963, ND Hildesheim 1988).

[23]　Harms-Ziegler, B. [1991], *Illegitimität und Ehe. Illegitimität als Reflex des Ehediskurses in Preußen im 18. und 19. Jahrhundert*, Berlin, S. 73.

[24]　Nov. 89, 12, 6 (*Corpus Iuris Civilis* III, S. 443).

たのである。「忌むべき生まれの子」の扶養は、も
っぱら、母とその尊属にゆだねられた。自然子に
対して保障された権利は、「忌むべき生まれの子」
には、いっさい否定されたのである*25［資料8―
④］。

> 【資料8―④】
> 『新勅法彙纂』89-15
> 「破廉恥な関係、近親相姦、
> 忌むべき性交渉 ―― これらは
> 婚姻とはいえない ―― から生
> まれた者は、自然子とはよば
> れず、父に扶養されず、現行
> の法律といっさいのかかわり
> をもたない」。
>
> (Nov.89,15)

[2] 教会法
◆婚外子の「平準化」とその影響
婚外子に対する教会法の態度は相反する二面性
をもつ。教会法は、一方で、婚外子全体を「忌むべき生まれの子」spurii とよび、
社会的差別につながる烙印をおした*26。他方で、教会法は、「忌むべき生まれ
の子」に対しても父の扶養義務を認めた。

教会法は、ローマ法的な婚外子分類をひきつぎながらも、根本的な改変をも
たらした。「売淫子」を「自然子」とよぶ一方で、「自然子」の優遇を否定して、
婚外子の「平準化」をはかったのである。それは、婚外子と嫡出子との差別化
を徹底するためであった。差別化は、「出生の汚れ」defectus natalium という観
念により正当化される。

「出生の汚れ」観念は、教会組織構成原理にも社会全体にも大きな影響を及ぼ
した。教会組織においては、叙品障碍の制度に差別が反映される。「出生の汚
れ＝非嫡出性」にもとづく叙品障碍は、10～11世紀に登場した。親の罪により
生まれた婚外子は、親の非行をくりかえす恐れがあるため、修道院にはいるか、
特免をうけるか、準正されないかぎり、聖職者職につけないとされたのであ

---

*25 「忌むべき生まれの子」のなかでも、「乱倫子」はローマ法のもとでかなり特異な地位に
ある．いかなる関係を「近親相姦」として定義するかで、「乱倫子」の定義もまた変わるから
である．ローマ社会における「近親婚」の実際上の意義をめぐっては諸説が分かれている．
法的には婚姻禁止親等はさまざまにゆれうごいており、後49年に皇帝とその姪との結婚を合
法化するために許可された3親等内の婚姻は、342年には死刑をもって禁じられ、テオドシウ
ス1世以降、4親等内の婚姻が禁止されるに至った．禁止の強化はむろんキリスト教の影響
であったが、それが貴族家系の「内婚」化を阻む要因として一定の政治的意味を持ったことも
推測できる．ローマにおける近親婚については、南川高志［1993］「ローマ帝政時代の家族と
結婚」（前川和也編著『家族・世帯・家門――工業化以前の世界から』ミネルヴァ書房）187ペ
ージ以下．

*26 Harms-Ziegler [1991], *Illegitimität und Ehe*, S. 73.

る*27。

「出生の汚れ」という観念は、そののち、社会生活にも入りこんでいく。14〜15世紀以降、都市では、ツンフトに加入したり、市民権を取得するにあたって、「嫡出にして名誉ある」echt und recht 出生の証明が求められるようになる*28。1731/32年の帝国議会議決により、婚外子に対する職業差別が禁じられたのちも、ツンフトは、しばしば婚外子の受け入れを拒否し続けた*29。また、婚外子は、その「不名誉さ」ゆえに、裁判関係の公職につくことも禁じられた*30。

◆「忌むべき生まれの子」の扶養請求権

他方で、ローマ法とは対照的に、教会法は、12世紀末以降、「忌むべき生まれの子」に対してもまた、父の扶養義務を認めていく。婚外同衾をきびしく禁じる教会が「忌むべき生まれの子」の保護をはかったのは、寡婦や孤児の保護をつかさどる「衡平」aequitas や「憐憫」misericordia の理念にもとづく。以後の法学では、しばしば、厳格なローマ法、柔軟なカノン法という対比がなされた。

(2) 婚外子の権利と父の義務——近世法と自然法

[1] 「忌むべき生まれの子」の扶養請求権の保障

◆中世後期〜近世の世俗法

15〜16世紀に、ドイツは外来法であるローマ法を本格的に継受する。ローマ法はドイツの立法・司法に多大な影響を与えた*31。以降のドイツ世俗法は、ローマ法的な自然子優遇を法定しながらも、「忌むべき出まれの子」にもまた、

---

*27 Leineweber [1978], *Die rechtliche Beziehung*, S. 58-60.

*28 クヌート・シュルツ（拙訳）[1995]「中世後期都市のツンフト権・市民権における嫡出規範」（『摂南法学』14）159ページ以下.

*29 Schubart-Fikentscher, G. [1967], *Die Unehelichen-Frage in der Frühzeit der Aufklärung*, Berlin, S. 103.

*30 「今後，裁判所，監獄，徴税，関税関係の役人は，嫡出の生まれでなくてはならない」（1516年バイエルン・ラント法），「婚外子は，裁判官，弁護人，証人になれない」（1570年バイエルン裁判条令）. Engelmann, T. [1896], *Die rechtliche Stellung der unehelichen Kinder nach bayrischem Landrecht*, München, S. 83-85.

*31 ドイツにおけるローマ法継受が「法の学問化」をうながしたことについては，ヴィーアッカー（鈴木禄弥訳）『近世私法史』（創文社）.

206　　　第3部　法秩序のなかの家族と生殖

父に対する扶養請求権を認めた。17～18世紀のポリツァイ条令のなかには、父の扶養義務をこまかく定めているものがある*32。

子の種別をとわず、すべての子に対して扶養請求権を保障することは、世俗権力にとっては、むしろ都合がよかった。父に責任を負わせることにより、国家や共同体は、経費のかかる婚外子の保護義務を免れることができたからである。近世の世俗法には、まだ、母性論的な発想は弱い。母は、しばしば、扶養のために、子を父に引き渡さなければならなかった。帝国や領邦国家当局は、風俗犯罪の取り締まりと罰則を強化して婚外子出生を阻もうとし、一方で、生まれてしまった婚外子の殺害を厳罰をもって禁じ、生育を保障すべく、父に対する扶養請求権を保障したのである［資料8—⑤］。

【資料8—⑤】
1698年ホーエンツォレルン・ラント条令
（QNP II-1, S. 707）

第5条：姦通と売春について
　4．不名誉にも未婚娘と同衾し、実際に結婚して彼女に名誉をあたえることができない者はいずれも、罰として、20フローリンを支払い、すくなくとも8日間、塔に閉じこめられ、水とパンしかあたえられない。しかし、娘も、男とおなじく8日間の塔幽閉ののち、子とともに、わが領国から去らなくてはならない。ただし、父は、わが当局の判断にしたがい、扶養のために子に一定額の金銭をあたえるべきである。

◆都市法と婚外子差別

都市は、近世社会でもっともきびしく婚外子を排除した。しかし、婚外子の法的権利を保障する時代の流れには一定の対応を示している。たとえば、ローマ法の影響を強く受けた改革都市法典には、子への扶養料を明記するものがあらわれている。ニュルンベルク改革都市法典（1479年）第16章第1条*33、フライブルク都市法典（1521年）第3編第8章第4、9条*34などである。ただし、これらの法典では、自然子以外の婚外子に対しては最低限の扶養料しか認めていない。

都市社会の場合、婚外子問題は、自都市民内部の単純な問題というより、一

---

*32 「忌むべき生まれの子」もふくめて、婚外子の父は、子が12歳になるまで子を扶養しなければならず、扶養額は、裁判官が父母の財産状況をかんがみて判断する。父に支払い能力がなければ、父の両親が扶養義務を負い、全遺産を扶養料支払いのために拘束すると規定された。Leineweber [1978], *Die rechtliche Beziehung*, S. 130 ff.

*33 Schmelzeisen, G. K. (Hg.) [1968], *Quellen zur Neueren Privatrechtsgeschichte Deutschlands* [=*QNP*], 2 Bde., Weimar, I-1, S. 21.

*34 Schmelzeisen [1968], *Quellen zur Neueren Privatrechtsgeschichte*, I-1, S. 312 f.

方では貴族や皇帝権力との緊張関係の問題であり、他方では他所から流入してくる徒弟志願者の排除の問題であった*35。したがって、婚外子の扶養についてローマ法を利用して父の義務を明記することと婚外子排除のシステムとはほとんど矛盾しなかった。婚外子の扶養義務を都市が引き受けずにすむように、婚外子の法的権利もまた明記したと考えられる。

◆普通法（近世ローマ法）

「忌むべき生まれの子」の扶養請求権が、ローマ法上も容認される権利として理論化されたのは、ようやく17世紀後半のことである。オランダの法学者フーバー Huber, U. (1636-1694) は、ローマ法大全婚外子規定の新しい解釈を示した。

「新勅法彙纂」第89条で禁じられているのは、「忌むべき生まれの子」が、自然子に保障された権利を行使すること——父の死後、相続人に対して扶養料を請求すること——にすぎない。父は、生きているかぎり、子を扶養しなければならない。それは、ローマ法大全全体から明らかである。したがって、「忌むべき生まれの子」もまた、父存命中に、扶養請求権をもつ。これが、フーバーの見解であった。フーバーによれば、扶養請求権の範囲は、子が18歳になるまで、子の必要に応じた最低限のものとされた。しかし、扶養額は、関係者の資産や身分に応じて決まるとされたため、それなりの扶養料が子に与えられた*36。

「パンデクテンの現代的慣用*37」Usus modernus Pandectarum の著名な法律家たちは、フーバーの「新勅法彙纂」第89条の解釈変更を受けいれただけでなく、後述する自然法をもまた、扶養請求権の根拠として利用した。カルプツォフ Carpzow, B. (1595-1666) は、父子の自然的な血縁関係を扶養請求権の根拠として重視し、シュトリーク Stryk, S. (1640-1710) は、出生という自然的事実によって父に生じる責任を厳格な法的責任とみなしたのである。

◆「不貞の抗弁」の否定

父子の自然的血縁関係だけでは、法的に禁じられている関係から生まれた子

---

*35　シュルツ [1995]「中世後期都市の嫡出規範」.
*36　Leineweber [1978], *Die rechtliche Beziehung*, S. 186.
*37　ローマ法をドイツの当世（「現代」）の実務に適合させて，利用していこうとする17-18世紀の法学様式.

208　　　第3部　法秩序のなかの家族と生殖

に対してもまた父の扶養責任をきびしく問うための根拠としては不十分である。かわって優勢になったのが、「不法行為＝慰謝料弁済論*38」である。

「不法行為＝慰謝料弁済論」によれば、「忌むべき生まれの子」の扶養請求権の根拠は、父の婚外同衾という不法行為に対して、母が慰謝料を請求する権利をもつことによるとされる。この説明は、「忌むべき生まれの子」への差別を前提としているかぎりで、理論上は、一種の逆行といえる。しかし、実際には、婚外子とその母にとって、かつてないほど、有利な条件がととのえられた。普通法では認められていた「不貞の抗弁（多数当事者の抗弁)*39」exceptio plurium concubentium が、否定されたからである。婚外同衾が不法行為である以上、懐胎期間中の母の同衾者はすべて、共同責任を負うとされた。

「不貞の抗弁」を否定する見解は、しだいに、実務で受けいれられていく。理論のうえでも、父は、子を殺してはならないのと同様、子から扶養料を奪ってはならないのであり、父が悪意で子への扶養料支払いを放棄することは、故殺にも等しいとされた*40。

[2]　婚外子の自然法上の権利

近世の世俗的自然法（理性法）は、「忌むべき生まれの子」を含む婚外子の「自然的権利」を理論化した。父の扶養義務を、市民法上の義務とは区別して、「自然的義務」とすることは、扶養義務を道徳的義務にとどめる恐れがある。しかし、その反面、自然法を市民法に優越させるならば、婚外子差別の根拠が、ことごとく消えてしまうことになる。

◆グローティウス

理性法の確立者であるフーゴー・グローティウス Grotius, H. (1583-1645) は、

---

*38　Harms-Ziegler [1991], *Illegitimität und Ehe*, S. 142-146.

*39　父にたいする認知訴訟において，子の母が懐胎期間中に被告以外の男とも性的交渉があったとして，原告側の主張をしりぞけようとする被告の抗弁．わが国では，1912（明治45）年の大審院判決が，不貞の抗弁をみとめるリーディングケースとされ，明治民法がさだめた父の捜索（強制認知）の制度を，事実上，骨抜きにした．戦後，1957（昭和32）年の最高裁判決は，抗弁を提出する男のほうが，女の不貞を証明しなければならないとして，大審院判決をくつがえした．もっとも，不貞の抗弁そのものが否定されたわけではなく，他男との情交が証明されれば，不貞の抗弁が成立する．泉久雄 [1991]『判例で学ぶ家族法入門』（有斐閣）85-91ページ．

*40　Harms-Ziegler [1991], *Illegitimität und Ehe*, S. 146

『戦争と平和の法』（1625年）で、はじめてローマ法とも教会法とも異なる新しい婚外子論に言及した。

かれによれば、親子間の権利・義務関係は、子の出生によって生じる。それは、両親の関係——婚姻・内縁・禁じられた関係——によって決まる性質のものではない。父母はともに、子に対する扶養養育義務を負い、この義務は、直接、自然法に由来する。したがって、すべての婚外子は、父から遺言により扶養料をもらう権利がある。また、内縁は婚姻とみなされるので、自然子は嫡出子と同等の相続権をもつ（lib.2 cap. 5, 7）*41。

◆プーフェンドルフ

契約論にもとづいて、親子間の権利・義務関係を理論化するのに大きく貢献したのは、サミュエル・プーフェンドルフ Pufendorf, S. (1632-1694) である。

プーフェンドルフによれば、親子の権利・義務関係は、親子間の黙示の契約から発生する。父権 patria potestas は、父母のあいだに婚姻契約があったときにのみ生じる。婚姻共同体においてのみ、人間の共同生活の秩序が保たれ、子の養育や生活の改善などの目的が達成できるからである（lib. 6 cap. 2）*42。したがって、父の扶養義務は、本来は、嫡出子に対してしか生じない。ただ、親の罪のゆえに無責の貧しい婚外子が飢えることがないように、親には、婚外子にもまた扶養料を保障する義務がある（lib. 6 cap. 11 §6）。ただし、かれは、子の扶養請求権の根拠については、詳述しなかった。

◆ヴォルフの家族論と婚外子の位置づけ

体系的な社会構成論のなかで婚外子を位置づけたのは、クリスチャン・ヴォルフ Wolff, C. (1679-1754) である。かれの議論は、プロイセン一般ラント法（1794年）にも大きな影響をあたえた。

ヴォルフは、社会を3段階に区別する。①大複合社会＝国家、②小複合社会＝家、③自然人を構成員とする単純社会（①夫と妻、②親と子、③主人と奉公人の3種）である［資料8—⑥］。国家の目的は、自然法に即した社会と個人の完全性の実現（公共の福祉の実現）にあり、国家契約の当事者は家である。家には、3種の単純社会が同時に存在し、そのうち、「親子社会」societas paterna の自然的目的は、子の養育におかれる。

---

*41 Grotii, H., *De iure belli ac pacis*, Molhuysen, P. C. (ed.), 1965.

*42 Pufendorf, S. L. B. A. [1744], *De jure naturae et gentium*, Frankfurt/Lipsiae.

【資料8―⑥】ヴォルフの社会論

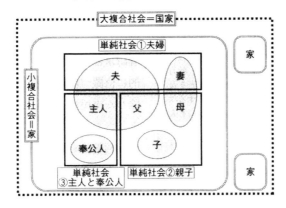

ヴォルフによれば、「あらゆる権利は、義務にもとづく*43」。人間の自然的義務は、「自己の完成」「他人の幸福への配慮」であり、自然的権利は、「平等・自由・完全を要求する権利」「愛による奉仕を要求する権利」である。したがって、嫡出・非嫡出をとわず、すべての子の親には、子の養育義務が発生することになる*44 [資料8―⑦]。

ヴォルフは、親子間の契約を、親側の意思しか確定できない「準契約」quasi pactum とみなす。婚姻外の性的関係では、父の側に子をもうけるという同意が欠けているとみなされ、婚外子と父とのあいだには、「親子社会」は成立しない。しかし、両者のあいだには、市民法上の親子関係はなくとも、自然法上の親子関係が存在する。

ヴォルフは、この自然法上の親子関係を根拠に、父には、婚外子を扶養養育する義務が生じ、相続権において嫡出子と婚外子を差別する理由はないと考えた。親の遺産に対する子の権利は、嫡出か否かという市民法上の関係によって決まるのではなく、子の自然法上の権利(扶養養育請求権)が完了しているかどうかによって決まる。養育を終えていない子が、遺産に対して優先的請求権

---

*43 Wolff, C. [1740-48], *Jus naturae* (*Wolff, C., Gesammelte Werke*, hg. von Thomann, M., Bd. 18), §23.
*44 Wolff, C. [1754], *Institutiones juris naturae et gentium*, (WGW26), §855. 資料8―⑦の訳については、石部雅亮 [1959]「プロイセン普通国法における親権の特質——ヴォルフの自然法理論との関連において」(『香川大学経済論叢』32-3・4・5) 415ページを参照.

【資料8—⑦】
ヴォルフ『自然法・万民法提要』(1754)

「生まれたばかりの子は、自己の生存に必要なことをみずから配慮したり、自己の行為を自然法にしたがって決定したり、独力で人間らしい生活をおくる能力をまだそなえていない。人は、自己の種を維持するべきであるので、子をもうける者は子にも人間らしい生活を独力でいとなむ能力をあたえてやらなければならない。そのためには養育が必要であるから、子をもうける者は、子を養育しなければならない。養育には、父と母の世話と熱意が必要であり、二人とも、子の養育に献身すべきである」。

(Wolff〔1754〕, *Institutiones*, §855)

を得るのである。

　ヴォルフの婚外子論には、矛盾する側面があった。それは、①婚外子の扶養請求権を自然法上の権利として積極的に位置づける一方で、②婚外子を排除した市民法上の家を国家の基礎単位としたことである。かれは、自然法上の権利義務を優先させることで、この矛盾を回避しようとした。しかし、現実の立法作業では、法的制度としての家の保護と婚外子の保護の調整は、大きな難問となる。

第3節　「未婚の母」の変化——啓蒙期法典編纂

(1)　フランス民法典

[1]　啓蒙期の法典編纂
◆啓蒙期の2大法典における婚外子

　18世紀後半から19世紀初頭にかけて、ヨーロッパ大陸諸国では、後期自然法と啓蒙主義の影響をうけた法典が成立する。一連の運動を啓蒙期法典編纂とよぶ*45。これらの法典では、婚外子の問題は父よりも母に結びつけられて論じられた。婚外子の問題は、「未婚の母」の問題と不可分に結びついていく。

　「未婚の母」をどのように位置づけるかによって、啓蒙期諸法典における婚外子の法的地位は異なる。プロイセン一般ラント法 Allgemeines Landrecht für die Preussischen Staaten (1794年) は婚外子と「未婚の母」にもっとも手厚く、多くの保護規定をもつ。他方、フランス民法典（コード・シヴィル）Code Civil (1804年) は彼らに対してもっとも冷淡であった。

---

*45　石部雅亮／笹倉秀夫 [1995]『法の歴史と思想——法文化の根柢にあるもの』(放送大学教育振興会). クライトマイヤ編集によるバイエルン諸法典, プロイセン一般ラント法 (1794年), フランス民法典 (1804年), オーストリア一般民法典 (1811年) がよく知られる.

◆プロセイン一般ラント法の「近代化」

プロイセン一般ラント法は、19世紀に、より「近代的」な法典へと改訂される。その結果、婚外子と「未婚の母」の保護規定が改められ、プロイセンあるいはドイツでも、フランス民法典に近い「嫡出原理」が導入される。

19世紀のフランスとプロイセンが採用した2つの「嫡出原理」はともに、伝統的なキリスト教的「嫡出原理」の近代的再編であり、その「強化」といえるものであった。結果として、19世紀には「未婚の母」とその子への差別がいちじるしく顕著となる。このような「嫡出原理」の強化は、家父長制の近代的再編*46ときわめて親和的関係にたった。

[2] フランス民法典の婚外子法規定

◆旧法〜中間法

旧法（アンシャン・レジーム期の法）時代にも、たしかに婚外子は法的に不利な地位に甘んじた。ローマ法の影響のもと、婚外子とその父のあいだにはなんら家族法的な関係はないとされ、父に対する婚外子の相続権は否定された。限定的な範囲での贈与・遺贈が許されたにとどまる。しかし、当局の負担を減らすためとはいえ、教会法にもとづいて、すべての婚外子が扶養料を請求することも認知されることも可能であり、「父の捜索」が許された*47。

革命期の中間法（1789〜1799/1804年）のうち、とくに革命前期（1789〜1794年）の法は、全体として強く平等原理を志向した。親子法についても同様である。1793年デクレでは、不十分ながら、嫡出子と婚外子の平等化がはかられた。認知子は、嫡出子とまったく平等とされ、乱倫・姦生子にも、嫡出子の3分の1の法定相続権が認められたのである。しかし、民法典は、後者を否定し、前者に制限をもうけた。父に嫡出子や父母・兄弟姉妹などの相続人がいる場合、認知子の法定相続権は、彼らの3分の1〜4分の3に制限されたのである（756・757・762条）。

---

*46　啓蒙期〜19世紀前半の家族法とその家父長制的性格については，石部雅亮 [1974]「プロイセン国家の家族観」（『講座家族8』弘文堂），同 [1978]「サヴィニーの家族法論」（磯村哲先生還暦記念論文集『市民法学の形成と展開，上』有斐閣），同 [1982]「3月前期の家族法」（『家族史研究5』大月書店），同 [1992]「18世紀ドイツにおける『家長権』の観念について」（永原慶二／住谷一彦／鎌田浩編『家と家父長制』早稲田大学出版部）を参照．

*47　Leineweber [1978], *Die rechtliche Beziehung*, S. 249.

第8章　「逸脱者」としての「未婚の母」と「婚外子」　*213*

> **【資料8—⑧】仏蘭西法律書民法**
> （箕作麟祥訳：1871 年）
>
> 第三百三十五条　乱倫及ヒ姦通ニ因リ生レシ子ハ我子ナリト認ルコトヲ得ス
> 第三百三十七条　夫又ハ婦其配偶者ト婚姻ヲ為シタル以前ニ其配偶者ニ非サル男又ハ女ニ因リ挙ケシ私生ノ子ヲ其婚姻ノ後我子ナリト認メタルト雖トモ其配偶者又ハ其婚姻ニ因リ生マレシ子ノ権利ヲ害スルコトナカル可シ…
> 第三百四十条　私生ノ子人ヲ指シテ我父ナリト訴エ出ル事ハ之ヲ禁ス…
> （前田達明編[2004]『史料民法典』成文堂、38ページ）

◆「父の捜索」の禁止

　フランス民法典には、後期自然法や市民革命の理念が反映されているが、民法典婚外子法は、「もっぱら市民的家父長制的道徳観という保守的傾向に支配された独自の発展の成果[48]」と評される。民法典の法政策目標が、「婚姻制度を道徳的頽廃から保護すること、とりわけ、強制認知を認めることによって避けるべくもないスキャンダラスな訴訟から保護すること[49]」におかれたからである。

　フランス民法典では、認知自然子 enfant naturel reconnu 以外の婚外子（単純自然子 enfant naturel simple と乱倫・姦生子 enfant nés d'un commerce incestueux ou adultérin）は、父と家族法上の関係をいっさいもたない。「父の捜索はこれを禁じる」との原則のもと、子が訴訟を提起して父を確定すること（「父の捜索」＝強制認知）を禁じた（340条）。認知子の権利は嫡出子に近づいたが、認知するか否かはもっぱら父の「自由意思」に委ねられたのである。乱倫・姦生子の認知は否定された（335条）[資料8—⑧]。婚外子の扶養料請求権について、民法典には明文規定がない。「父の捜索」の禁止は、未認知子の扶養料請求権を否定するものであった。結果的に、婚外子の法的地位は、旧法期よりも後退したといえる。

---

*48　Leineweber [1978], *Die rechtliche Beziehung*, S. 249.
*49　Leineweber [1978], *Die rechtliche Beziehung*, S. 250. 稲本洋之助 [1985]『フランスの家族法』（東京大学出版会），327 ページ以下，57-61 ページ.

(2) プロイセン一般ラント法における「未婚の母」と婚外子の保護

[1] 婚外子保護の背景

◆プロイセン一般ラント法

　革命の精神を体現した法典とされるフランス民法典に比し、プロイセン一般ラント法は、「妥協の法典」と評される。編纂作業にたずさわっていた啓蒙官僚たち（「新市民」）が属する改革派[*50]と伝統的特権を掌中にする守旧派との「妥協」は、なによりもまず、「ラント法」という名称にあらわれている。編纂作業はフランス革命前からはじまっていたが、いったんまとめられた「プロイセン一般法典」（1790年）は革命をよびよせるとして貴族たちの反対にあい、近世以来使い慣らされてきた「ラント法」という名称に改められた[*51]。

　また、プロイセン一般ラント法は、形式的には、2万条にもおよ

【資料8—⑨】
「プロイセン一般ラント法」の全体構成

序
第1部（全23章）
　第1章　ひととその権利一般
　第2章　ものとその権利一般
　第3章　行為と行為から生じる権利
　第4章　意思表明
　第5章　契約
　第8章　所有
　第12章　死因処分
第2部（全20章）
　第1章　婚姻　　　　　　　　　　　　　家
　第2章　親子相互の権利義務　　　　　　族
　第3章　その他の家族成員の権利義務　　法
　第4章　家族共同の権利　　　　　　　　規
　第5章　主人と奉公人の権利義務　　　　定
　第6章　諸団体一般、とくに結社
　第7章　農民身分
　第8章　市民身分
　第9章　貴族身分の権利義務
　第10章　国家官僚の権利義務
　第11章　教会・宗教的結社の権利義務
　第12章　初等・中等学校
　第13章　国家の権利・義務一般
　第14章　国家収入と財政権
　第15章　街道・河川・港湾・海岸に関する国家
　　　　　の権利と特権
　第16章　無主物に対する国家の権利
　第17章　臣民保護に関する国家の権利義務
　第18章　後見と後見人
　第19章　救貧施設その他の施設
　第20章　犯罪と刑罰

ぶ「総合法典」であり、「完璧さ」を追及するあまり、煩雑な規定が多い。内容面では、身分制を温存するとともに、啓蒙専制国家的な後見主義とフランス革命にも通じる自由主義的な側面が混在するという特異な性格をもつ[*52]［資料8

---

*50　編纂作業にたずさわったのは，委員長のカルマーをのぞいてすべて「新市民」の官僚であり，ハレ大学出身者である．
*51　プロイセン一般ラント法とその時代背景については，石部雅亮［1969］『啓蒙絶対主義の法構造——プロイセン一般ラント法の成立』（有斐閣）が有益．

—⑨]。プロイセン一般ラント法には近代市民法としての限界が多かった。これゆえに、19世紀になってまもなく法改正がはじまる。婚外子法もまた改正の重要な対象とされた。

◆婚外子法の「近代化」

プロイセンにおける婚外子法の「近代化」にさいして焦点とされたのは、婚外子とその母の保護規定の廃止である。ただし、プロイセンでは、保護の廃止にかえて、フランス流の「強制認知を排除した嫡出原理」はとらず、「不貞の抗弁をセットした嫡出原理」を採用した。

プロイセン一般ラント法は、自然法と「ローマ法の現代的慣用」後期の理論をうけついでおり、婚外子とその母の法的地位について、きわめてくわしく定めている*53。同法が、フランス民法典とは異なり、未婚の母と婚外子に手厚い保護規定をもうけたのには2つの理由があった。1つは、後進国ならではの富国強兵策である。人口増強は国家の急務とされた。もう1つは、嬰児殺防止のためである。嬰児殺は、1780年代の1大トピックであり、啓蒙的刑法改革の象徴的課題とみなされた*54。

[2] 「家」と婚外子の関係

ヴォルフが解決しなかった「家」と婚外子の関係という問題について、プロイセン一般ラント法は、一定の妥協策を示した。婚外子を「家」から排除し、相続権も認めないが、扶養養育権については保障すると定めたのである。これは、「嫡出原理」を堅持しつつ、婚外子に伝統的な債権としての請求権を保障することを意味した。

プロイセン一般ラント法によれば、婚外子は、父母のいずれの「家」にも属

---

*52　自由主義的側面としては，離婚の破綻主義の採用があげられる．若尾祐司 [1996]『近代ドイツの結婚と家族』（名古屋大学出版会）の第1部「結婚と家族の法制化」所収の諸論文を参照．

*53　プロイセン一般ラント法の第2部第1章第11節「婚姻同衾の法的結果について」（第1027〜1131条），第2章第9節「非嫡出子の権利，扶養・養育」（第592〜665条）が，該当条文であり，関連するものとして，第20章第11節「身体侵害について，嬰児殺」（第887〜928条）がある． *Allgemeines Landrecht für die Preußischen Staaten von 1794*. Textausgabe mit einer Einf. von Hattenhauer, H., und einer Bibliographie von Bernert, G., 3. erw. Aufl., Neuwied/Kriftel/Berlin 1996.

*54　本章第2部参照．

さない（第2部第2章第9節639条）。婚外子と父母の親族とのあいだには、いっさいの相続関係がなく（同660条）、父に対しては、婚外子は、原則として相続権をもたない（同651条）。しかし、未払いの扶養養育料については、遺産から先取りでき（同647条）、嫡出子がいないときには、遺産の6分の1を取得できる（同652条）。母に対しては、婚外子は、嫡出子と同じ権利をもつ（同656条）。

　「家」の正式成員にならないとはいえ、扶養のためには、婚外子を「家」に引きとらざるをえない。4歳までは、母が子を養育し、費用は父が負担する（同621条）。満4歳になれば、父は子を引きとることができるが、母が自己負担で子を育てたいと言えば、反対できない（同622、623条）。近世世俗法が、扶養のために子を父に引き渡す旨を定めていたのと比べると、「母子の自然的一体性」が前面にでていることがわかる。

[3]　「未婚の母」と婚外子の保護
◆「未婚の母」の「特権」

　プロイセン一般ラント法婚外子法の最大の特徴は、「無責」の「未婚の母」を妻に準じるとみなす規定にある。結婚の約束をして妊娠させた男性は、裁判官から、その女性と結婚するよう勧告される（第2部第1章第11節1047条）。男性が結婚をかたくなに拒否した場合、強制はできないが（同1048条）、妊娠した女性

【資料8―⑩】プロイセン一般ラント法における「未婚の母」の請求権

請求権をもつ女性の条件		分娩費	賠償金	結婚
淫婦	①公娼宿にいる売春婦・もぐりで売春行為をした女性	×	×	×
	②相手男性を誘惑して同衾した女性	△	×	×
	③かつて婚外妊娠したことのある女性・夫と別居中の妻・かつて公娼宿にいたことがあるか、身持ちが悪いと風評がある女性	○	×	×
淑女	①結婚約束があり、婚姻障碍がない場合	○	○	○
	②結婚約束はあるが、婚姻障碍がある場合	○	○	△
	③結婚約束がない場合	○	○	×
淫婦・淑女とも	①同衾後210～285日以外の出産	×	×	×
	②同衾後に法定離婚事由に該当する行為をおこなった場合	×	×	×
	③他男と結婚した場合	×	×	×
	④相手男性の求婚を拒んだ場合	○	×	×
	⑤求婚を拒む理由が相手側男性にある場合	○	○	×
	⑥出産後2年をすぎた場合	×	×	×
	⑦相手男性の相続人にたいする請求	○	○	×
	⑧複数の妊産婦が同一男性にたいして結婚を請求する場合	他女	他女	最初

は、相手男性と「無責で離婚した妻」として遇せられる（同1049条）。母が、裁判官により、父の事実上の妻であると認定された場合、子は、嫡出子とみなされる（同第2章第9節592条）。

婚外同衾規定の冒頭で、基本原則が定められている。「婚姻外で人を妊娠させた者は、妊産婦に対して損害賠償を支払い、子を扶養しなければならない」（1027条）。損害賠償として、2種が区別された。

◆第1種の損害賠償請求権

「第1種の損害賠償」とは、「分娩・産褥費用」をさす。これについては、「一般に、いかなる妊産婦も、相手男性から、分娩と子の洗礼にかかった費用、彼女の身分に応じた6週間分の生活費を要求できる」（1028条）のであり、「産前産後にかかったその他の必要な費用についてもまた、相手男性は支払う義務を負う」（1029条）。そのさい、「妊産婦が他の男性とも同衾したという抗弁は、被告を、この「第1種の損害賠償」支払いから免れさせるものではない」（1036条）。「不貞の抗弁」は、否定されている。

「第1種の損害賠償」は、婚外妊娠歴をもつ女性に対しても保障された。この種の請求権を認められないのは、売春婦（公娼・私娼）、出産期間に瑕疵ある者、法定離婚事由に該当する行為をおこなった者、他男と結婚した者、ならびに、時効（出産後2年）のケースにかぎられた。

◆第2種の損害賠償請求権

「第2種の損害賠償」には、婚姻締結請求権と損害賠償請求権が含まれる。婚約後に「未婚の母」となった女性が婚姻の締結を請求する権利は、すでに教会法により保障されており、けっして新しいものではない。むしろプロイセン一般ラント法独自のユニークな規定は、1049条の「無責で離婚した妻」としての地位を女性に与えるという規定であった。この場合、子は嫡出子として法定相続権をもつことになり、母

【資料8―⑪】
プロイセン一般ラント法における
「未婚の母」の「特権」（第2部第1章）

第1047条　同衾相手が結婚の約束をして女性を妊娠させ、なんら婚姻障碍が存在しない場合には、この者は、裁判官から、場合によっては聖職者臨席のもとで、妊産婦と実際に婚姻を締結するようきびしく勧告され、説得されねばならない。

第1048条　かれが頑としてこれを拒んだ場合には、たしかに、聖職者の面前での婚姻締結を強制することはできない。

第1049条　しかしながら、作成されるべき判決文において、妊産婦には相手男性の氏、身分、地位ならびに、無責と宣言されて離婚した妻がもつべきあらゆる権利が付与されることとする。

もまた、離婚時の慰謝料相当を受け取ることができる。最大で、男性の財産の4分の1をもらうことができるのである［資料8―⑪］。

「離婚した無責の妻」という位置づけは、嬰児殺規定でもくりかえされる。「嬰児殺をできるだけ防止するために、法律は、品行正しい unbescholtene 独身女性が結婚の約束をして妊娠・出産した場合には、妻 Ehefrau としての権利と名誉を与え、実際に結婚しなかった場合でも、主婦 Hausfrau としての権利と名誉を与えると定めた」（第2部第20章888条）。嬰児殺を防止するために、結婚の約束をしていたかぎりにおいて、婚外出産を恥辱とはみなさず、「未婚の母」に妻や離婚女性としての名誉を与えることが法の意図であると明記されている。

◆婚外子の扶養請求権と「不貞の抗弁」の否定

「不貞の抗弁」の否定は、婚外子とその血族との法的関係を定めた「非嫡出子の権利」に関する条文で大きな意味をもつ。婚外子の扶養請求権は、自然法的な血縁関係論と「不法行為＝慰謝料請求権」にもとづいて認められた。自然法的な血縁関係論にもとづき、婚外子の扶養請求権は、母が父に慰謝料を請求したかどうかとは無関係に発生する（第2部第2章613条）。当局は、婚外子の存在を確認した時点で、職権により、婚外子に後見人を指定する（同615条）。扶養料の支払いは、子が満14歳になるまで続き（同633条）、その額は、物価上昇や子の必要に応じて決められるとされた（同627条）。父が子を扶養できないときには、父方の祖父母が扶養しなければならない（同628条）。

婚外同衾を「不法行為」とみなす観点から、父が特定できないときには、懐胎期間中に母と同衾したすべての男が連帯で責任を負うとされた（619条）。母が損害賠償請求権をもたなかったり、損害賠償を請求しなかった場合でも、後見裁判所が職権によって任命する後見人が、父に対する非嫡出子の権利を行使する旨定められた（613～620条）［資料8―⑫］。

【資料8―⑫】
プロイセン一般ラント法における「不貞の抗弁」の否定（第2部第2章）

第619条　懐胎期間中に母が複数の男と同衾した場合、後見人が非嫡出子に負うべき義務を履行するために、父と名指しされた者たちのうち最初にだれにたいして要求をなすかは、後見人が状況に応じておこなった調査結果による。

第620条　しかし、この［後見人が最初に指名した］者が義務を免除されたり、この義務をはたすことができない場合には、後見人は子の権利を、その他の買春者にたいしてもまた、つぎつぎと要求することができる。

第8章　「逸脱者」としての「未婚の母」と「婚外子」

[4] 「兵士の特権」と批判

◆「兵士の特権」

婚外子の扶養請求権はきわめて強く保護されたが、1つだけ例外がもうけられた。父が兵士の場合には、父の扶養義務が軽減されたのである。これを、「兵士の特権」Privilegien der Soldaten とよぶ。「兵士の特権」は、「未婚の母」の特権に優先された。

プロイセン一般ラント法では、兵役期間中、将校は君主の許可、下士官・兵卒は上官の許可がなければ、結婚を許されなかった（第2部第1章34、35条）。独身を強要された兵士たちは、駐屯地付近で数多くの婚外子をもうけた。これらの兵士については、扶養料支払い義務が軽減され、女性は損害賠償を請求できないというのが、「兵士の特権」である。

兵士の婚外子問題については、プロイセン一般ラント法制定後すみやかに、補則制定により対応がはかられた。全18条からなる「軍事法廷へのプロイセン一般ラント法導入に関する布告*55」（1797年）である。その第8条では、「兵士の子」Soldatenkinder を産んだ「未婚の母」とその子に対する規定が詳細に定められている。規定によれば、「兵士の特権」の主な柱は2点であった。①婚外子に対して支払う扶養料の軽減、②相手女性の損害賠償請求からの免除である。

①扶養料は、「父親が一般兵卒である場合には、月16グロッシェン、下士官である場合には月20グロッシェン、上級士官である場合には階級に応じて、月2〜4ターラーに固定」（第1項）され、洗礼・分娩・産褥費用は、「下士官もしくは一般兵卒に対しては、1ターラー18グロッシェンから2ターラー以上請求してはならない」（第2項）とされた。兵役俸給から子の扶養料を天引きすることは禁じられ、未婚の父が俸給以外になんら資産も収入ももたない場合には、かれの資産状況が好転するまで、母が子の扶養責任を負うとした（第3項）。

一般兵卒に課せられた婚外子扶養料16グロッシェンは、当時の扶養料の相場から見てもかなり低い。それは、当時の裁判所が命令した婚外子扶養料平均額のおよそ3分の1にすぎず、1818年のベルリン市における女性奉公人月収の12分の1にしかならない。

---

*55　Mannkopff, A. J. (Hg.) [1835], *Ergänzungen und Abänderungen der preussischen Gesetzbücher*, Berlin 1835-1847 (ND 1985) Bd. 1, S. 12-17.

②兵士と結婚の約束をして「未婚
の母」となった女性は、その兵士が
事前に上官から婚姻許可をもらって
いたのでなければ、「第2種の損害
賠償」を請求することができないと
された。また、軽微な「第1種の損
害賠償」ですら、下士官・一般兵卒
からは請求できないと定められた。
兵士は、事実上、損害賠償支払い義
務を免除されていたに等しい。

◆「兵士の特権」に対する批判

「兵士の特権」の制定は、「未婚の
母」と婚外子の権利を否定すること
になるため、制定当初から強い批判

> **【資料8—⑬】**
> クライン『プロイセン立法・法律学年
> 報』第23巻の掲載記事（1805年）
>
> 「わたしは、裁判で、妊娠させた男が休
> 暇中の兵士で裕福な農民の息子であるよ
> うなケースをすでにいくつもみてきた。
> それらのケースでは、男たちは、おそら
> く数ヶ月で2ターラーを遊興に使っても、
> 扶養料を支払うという思いやりの気持ち
> に欠けるために、法定額以上を支払おう
> とせず、哀れな母子を見捨てていた。し
> かも、妊娠させた相手男性の父親は補助
> 的義務しか負わないために、男の父親が
> 大農場主であっても、主たる債務者が法
> 定扶養料を支払っているかぎり、彼女は
> それ以上を男の父親からもらうことはで
> きなかったのである」。
>
> (Klein, *Annalen*, Bd. 23〔1805〕, S. 73)

がなされた。プロイセン一般ラント法刑事法部分の編纂にたずさわった官僚ク
ライン Klein, E.F. が編集した『プロイセン立法・法律学年報』第23巻（1805年）
には、「未婚の母」と婚外子を放置する結果となる「兵士の特権」を憂える一文
が掲載されている*56 [資料8—⑬]。「婚外で生まれた兵士の子の扶養料につい
て」という匿名の記事である。筆者は、軍事法廷判事をつとめるなかで、兵士
に見捨てられた数多くの哀れな未婚の母を目の当たりにし、憤懣やるかたなく
筆をとったと思われる。

匿名子によれば、兵役勤務は、「国家にたいする義務」であるから、子を養う
という「自然法＝実定法上の義務」に優先されるのは当然である。しかし、実
状は、男の無責任な態度が目にあまる。

「未婚の母」が絶望のあまりわが子を殺しても死刑にするのは不憫だという
匿名子の論調は、同じ年報でクラインがとりあげているいくつかの嬰児殺判例
に共通している*57。1800年前後には、「未婚の母」については、男に見捨てら

---

*56　Klein, E. F. (Hg.), *Annalen der Gesetzgebung und Rechtsgelehrsamkeit in den
Preußischen Saaten*, Bd. 23 [1805], Berlin/Stettin (ND), S. 70-75.
*57　婚外子、未婚の母、嬰児殺を論じたものは以下のとおり。Klein, *Annalen*, Bd. 1
[1788], S. 8 ff., 17 ff., Bd. 3 [1789], S. 3 ff., Bd. 4 [1789], S. 31 ff., Bd. 5 [1790], S. 276 ff., Bd.

れた哀れな犠牲者としての側面が強調され、立法による保護の必要性が訴えられたのである。

◆ 「兵士の特権」に関する判例の動向

徴兵制に対するブルジョアジーの認識は 19 世紀前半のうちに変化した。1806 年、兵士の大半を傭兵部隊に頼るプロイセン軍は、フランス国民軍に大敗を喫した。敗戦処理として締結されたティルジット和約はプロイセンには屈辱的な内容であり、これを機に、1807 年以降、プロイセンで「上からの近代化」が進展した（「シュタイン＝ハルデンベルクの改革」）。改革は、社会経済改革・行政改革・教育改革・軍制改革など、国家機構の全分野に及んだ。ナポレオンの凋落を招いた 1813/14 年の解放戦争では、多くのブルジョアジー青年たちがプロイセンへの熱烈な愛国心に燃えて、義勇軍を結成し、戦争に自発的に参加した。「男が武器をもち、女がかまどを守る」といった性別役割分担を吹聴する詩歌が人気を博し、男性の戦闘行為が「男らしさ」を象徴する行動として定式化されはじめたのもこのころからである*58。

しかし、自由主義を信奉するブルジョアジーたちは、徴兵制には露骨な嫌悪感を示した。「徴兵制度は、全国民の野蛮化と堕落をうみだし、皆が粗野になり、すべての文化や教養身分を否定する」とは、1808 年の金融業者ニーブアの言である。徴兵制は市民の自由を奪う「奴隷制」に等しいと考えられたのである。軍制改革の柱として、1813 年にプロイセンで導入された徴兵制は、当初は戦時限定であったが、翌 1814 年に恒常的制度とされる。逃亡兵に対して「公民権剥奪」および「後見人による保護」を罰則として定めることにより、兵役義務と公民権がリンクさせられた。「国民の学校」としての徴兵制は、こうして、プロイセン社会に根づいていった*59。

---

6 [1790], 巻末表, Bd. 11 [1793], S. 275 ff., Bd. 12 [1794], S. 211 ff., Bd. 13 [1795], S. 121 ff., 162 ff., 340 ff., Bd. 14 [1796], S. 154 ff., 249 ff., Bd. 16 [1798], S. 93 ff., Bd. 17 [1798], S. 118 ff., 202 ff., 247 ff., Bd. 18 [1799], S. 3 ff., 50 ff., 171 ff.

*58　ウーテ・フレーフェルト [1997]「兵士，国家公民としての男らしさ」（トーマス・キューネ編 [星乃治彦訳]『男の歴史——市民社会と〈男らしさ〉の神話』柏書房）72 ページ.

*59　フレーフェルト [1997]「兵士，国家公民としての男らしさ」79 ページ以下. 解放叙事詩については，カーレン・ハーゲマン [1997]「愛国的な戦う男らしさ」（キューネ編『男の歴史』）. 他に，アルフレート・ファークツ（望田幸男訳）[1994]『ミリタリズムの歴史——文人と軍人』（福村出版），オットー・ダン（末川清／姫岡とし子／高橋秀寿訳）[1999]『ドイツ国民とナショナリズム——1770-1990 年』（名古屋大学出版会）.

こうした状況と平行して、「兵士の特権」に関する判例もまた変化した。プロイセン一般ラント法は、婚外子の扶養義務を負う者を、①父、②父方祖父母、③母、④母方祖父母の順位で定めていた (第2部第2章628、629条)。そもそもは、「兵士の特権」規定によっても、第2順位の父方祖父母による婚外子の扶養義務は免除されなかった。

1837年の裁判でもまた、一般兵卒・下士官の両親は、息子の婚外子に月2ターラーの扶養料を支払う旨の判決がだされている*60。しかし、1839年に判例が変更される。兵役期間中の兵士の親もまた「兵士の特権」にあずかるため、扶養料支払いの義務を免れると判示されたのである*61。

以降、39年判例が定着し、後述する1854年プロイセン非嫡出子法では、父方祖父母の扶養義務規定が削除される。同時に、「兵士の特権」の前提であった「未婚の母」の特権がそもそも否定されてしまう。プロイセン婚外子法の「近代化」の過程で、婚外子扶養義務を軽減される「兵士の特権」が「国民」たる男性一般に拡大適用されていき、婚外子に対する父と父方親族の義務が逓減されていったのである。

[5]　プロイセン一般ラント法婚外子規定にあらわれたジェンダー・バイアス

プロイセン一般ラント法婚外子規定は、「未婚の母」と婚外子に対して、きわめて手厚い保護を与えようとした。これは、フェミニズムの立場から、しばしば高く評価されている*62。しかし、これらの保護規定には、2点のジェンダー・バイアスを認めることができる。2点のジェンダー・バイアスとは、18世紀後半以降、啓蒙主義的知識人男性によって定式化された性別本性論*63が反

---

*60　*Entscheidungen des Königlichen Geheimen Ober-Tribunals*, Berlin Bd. 3, No. 16, S. 141-147.

*61　*Entscheidungen des Königlichen Geheimen Ober-Tribunals*, Bd. 5, No. 2. S. 13-23.

*62　Weber, M. [1907], *Ehefrau und Mutter in der Rechtsentwicklung. Eine Einführung*, Tübingen (ND Aalen 1971), S. 340 ; Gerhard, U. [1978], *Verhältnisse und Verhinderungen. Frauenarbeit, Familie und Rechte der Frauen im 19. Jahrhundert. Mit Dokumenten*, Frankfurt/M., S. 176.

*63　啓蒙期に，性差を二項対立的に論じる傾向がつよまる．男性は，公的世界・理性的・能動的・暴力．女性は，私的世界・情緒的・受動的・愛情．女性の美徳は，貞節・純潔・礼儀・美などにもとめられた．Hausen, K. [1976], Die Polarisierung der 'Geschlechtschara

映されたものであり、バイアスの内容は以下のとおりである。

①請求権の基準は、婚外子自身の生活状態等ではなく、母たる女性の「品行」にもうけられていること。「母子一体主義」の考え方が強くあらわれている。

②「未婚の母」は男性にだまされた「被害者」であるとの前提があること。法の前提に合致しない女性は、「不品行」と判断され、「不品行」の程度に応じた制裁として、損害賠償請求権を制限される。

プロイセン一般ラント法婚外子規定の原則は、「無責」の女性に妻としての地位と名誉を保障し、それによって、婚外子を嫡出子として処遇するということであった。女性が、①公然たる売春婦、②別居していない妻であるとき、③男性を誘惑した場合には、女性の「無責」性は消失する。①・②のときには、女性には、第1種、第2種ともいっさいの損害賠償請求権はなくなり、③の女性には、困窮時にしか、両者の請求権が認められなかった（第2部第1章1027条以下）。

プロイセン一般ラント法では、子の扶養請求権は、たしかに、母の「無責」性とは無関係に保障されるが、「無責」の母の子は、嫡出子として特別に扱われ

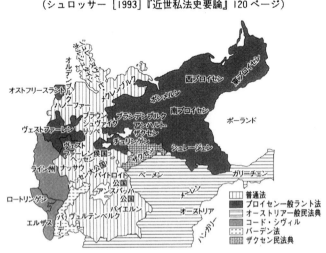

【資料8—⑭】19世紀ドイツ私法地図
（シュロッサー［1993］『近世私法史要論』120ページ）

ktere'. Eine Spielung der Dissoziation von Erwerbs und Familienleben, in: Conze, W. (Hg.), *Sozialgeschichte der Familie in der Neuzeit Europas,* Stuttgart, S. 368.

【資料8—⑮】19世紀婚外子法の比較

法	父の捜索	不貞の抗弁	不品行女性の請求権
プロイセン一般ラント法	可	不可	一部認める
ライン法（フランス法）	不可	可	認めず
普通法（ローマ法）	可	可	一部認める
ドイツ民法典（1896年）	可	可	認めず

る。また、「不貞の抗弁」の否定は、男性の責任をきびしく問うものではあったが、女性を不法行為の「被害者」として設定している。プロイセン一般ラント法婚外子法は、子の地位を、母の「無責」性によって決定し、父の責任を被害者である母の権利の延長上に位置づけるという限界をもっていたのである。19世紀前半に、「未婚の母＝被害者」という神話がくずれたとき、婚外子の保護もまた容易にくずれていく。

第4節　19世紀前半のプロイセン婚外子法改革とジェンダー

(1)　自由主義的な法改正の試み

[1]　改革の3段階

◆婚外子法「近代化」の意味

　法の「近代化」には、法の統一が不可欠である。婚外子法についてもまた、複数の法体系の併存により生じていた矛盾を克服することが課題となった。19世紀ドイツには、3つの重要な私法体系が併存していた。プロイセン一般ラント法、ライン法（＝フランス法）、普通法（＝ローマ法）である［資料8—⑭］。

　3つの法のうち、ライン法が未婚の母と婚外子にもっともきびしい。「父の捜索」を認めて「不貞の抗弁」を否定したプロイセン一般ラント法は、ライン法とは正反対の法構造をもっていた。両者の中間に位置するのが普通法である。それは、強制認知は保障するけれども、「不貞の抗弁」を認めて、父の責任を限定していた。しかし、一定の範囲で「不品行な」女性の請求権を認めている［資

第8章　「逸脱者」としての「未婚の母」と「婚外子」　　225

【資料8―⑯】プロイセン婚外子法改革の3段階

期	年	特徴
第1期	1808～1830年	プロイセン一般ラント法改訂が提案されて、自由主義的な1830年草案が提出されるまでの時期。この時期には、なお、啓蒙期の「未婚の母＝被害者」論の影響がのこっている。
第2期	1830～1854年	7月革命にたいする反動をうけて保守派が台頭し、3月革命（1848年）が挫折したのち、反動期をむかえたプロイセンで、1854年非嫡出子法が成立するまでの時期。「未婚の母＝淫婦」論がしだいに優勢をしめていく。
第3期	1854～1896年	1854年プロイセン非嫡出子法成立から、1896年ドイツ民法典[BGB]成立までの時期。未婚の母と婚外子の存在が「社会問題」化していく。

料8―⑮]。

　プロイセン一般ラント法婚外子法の改正法である1854年プロイセン非嫡出子法とそれを継承したドイツ民法典婚外子法（1896年）は、普通法にほぼ等しいが、女性が「不品行」とみなされる場合にいっさいの請求権を認めなかった点で、フランス民法典に近づいている。プロイセン一般ラント法婚外子法の「改正」＝「近代化」とは、普通法の原則にもどりながら、実質をフランス民法典に近づけていく過程でもあったのである。

　◆法改正の時期区分

　プロイセン一般ラント法婚外子法の「改正」過程は、3期に分けることができる*64。以下の3期のうち、転換期として特徴づけられるのは第2期である[資料8―⑯]。

［2］　自由主義的な法改正作業

◆改訂作業の開始

　プロイセン一般ラント法の改正は、すでに1808年閣令で提案されていたが、

---

　*64　19世紀プロイセンの家族法改革については，ブーフホルツ Buchholz, S. の一連の研究を参照．Buchholz, S. [1979], Savignys Stellungsnahme zum Ehe-und Familienrecht, in : *Ius Commune* 8 ; ders. [1980], *Beiträge* zum Ehe-zum Familienrecht des 19. Jahrhunderts, in : *Ius Commune* 9 ; ders. [1981], *Eherecht zwischen Staat und Kirche. Preußische* Reformversuche in den Jahren 1854　bis 1861 (*Ius Commune.Sonderheft* 13) Frankfurt/ M.; ders. [1981], Preußische Eherechtsreform in Vormärz (1830-1844), in : *Vortäge zur Geschichte des Privatrechts* (*Ius Commune, Sonderheft 15*), Frankfurt/M. 最近のものでは，Heinrich, T. [1993], *Das preußische Nichtehelichenrecht : Von der Aufklärung zur Reaktion*, Frankfurt/M. なお，若尾祐司 [1996]「19世紀前半プロイセンの離婚法問題」（同『近代ドイツの結婚と家族』名古屋大学出版会）をも参照．

1825年1月15日閣令により、本格的に着手される。改正作業は、16部に分けて進められ、第15課題が人法・家族法に関するものであった。婚外子法は、このなかに含まれる。第15課題改訂委員会での実質的な作業は、上級ラント裁判所判事ヴュンシュ Wünsch がうけもった。

◆ 1830年草案

1830年5月27日、ヴュンシュが起草した改訂草案が理由書をそえて、司法大臣ダンケルマン von Dankelmann 伯爵に提出される*65。理由書の冒頭で、プロイセン一般ラント法婚外子法の「一般原則」——「婚姻外で人を妊娠させた者は、妊婦に慰謝料を支払い、子を扶養しなければならない」(第2部第1章1027条)——が論じられている*66。委員会は、プロイセン一般ラント法支持派、フランス民法典導入派、両者の折衷説で三分されていた。

さまざまな見解をあげたのち、ヴュンシュは、改訂の道徳的基礎として重視したフィヒテ Fichte, G.『自然法論、第2補論、婚姻論』(1795年) の言説*67をひきながら、「肉欲ゆえに服従する」ことは、「女性の本性」die Natur des Weibes に反すると述べ、「愛ゆえの服従が婚姻の根拠である」から、男女間に愛情があれば、「たとえ明確な結婚の約束はなくとも、実際には結婚が成立している」と主張した*68。

「結婚=愛」論にたてば、結婚の約束をして母となった未婚女性を妻とみなしても、さしつかえない。ただし、彼女たちは結婚できないため、無責の離婚女性に等しいとみなされる。ヴュンシュは、第1期を総括する30年草案において、プロイセン一般ラント法婚外子法一般原則の継承を宣言したのである。

---

*65　石部雅亮 [1982]「三月前期の家族法」(『家族史研究5』大月書店) 72ページ以下参照.

*66　*Gesetzrevision (1825-1848). Quellen zur preußischen Gesetzgebung des 19. Jahrhunderts*, Schubert, W. (Hg.) *Abt. II, Bd. 5 : Familienrecht I, Bd. 6 : Familienrecht II.*, Vaduz, 1985, 1987 (ND), Entwurf 1830, Motive, S. 478-502 [S. 546-570].

*67　Fichte, J., *Grundlage des Naturrechts nach Principien der Wissenschaftslehre*, Hamburg 1960 (藤澤賢一郎他訳 [1995]『フィヒテ全集6——自然法論』哲書房, 390-391ページ).

*68　*Gesetzrevision, Abt. II, Bd. 6*, S. 502 [S. 570].

(2) 1854年プロイセン非嫡出子法とその立法過程

[1] 「聖なる婚姻」の擁護

◆ 1842年離婚法草案

1830年草案は、7月革命に対する反動のあおりで、棚上げされてしまう。保守派プロテスタントの立場から、婚外子法改革の必要性を鮮明に示したのが、ゲルラッハ Gerlach, L. v. の匿名の書『婚姻法の現在の姿』(1833年) である。かれは、プロイセン一般ラント法婚外子法の改革こそ、保守的婚姻法改革の出発点であるとみなした。未婚の母の厚遇や婚外子の保護は、ゲルラッハにとって、「淫行との等置により、婚姻の完全な撲滅をはかるためのまごうかたなき一歩」にほかならなかったのである[69]。

1842年、ゲルラッハが、サヴィニー Savigny, F. C. v. とともに、婚姻法改訂作業の中心にたつと、婚外子法もまた、決定的な変化をこうむっていく。両者によって起草された1842年離婚法草案は、プロイセン一般ラント法で保障されていた「未婚の母」の2つの「特権」を、以下のように変更した[70]。

①結婚の約束があった場合に未婚の母を無責の離婚女性と同等に扱い、婚外子を嫡出子とみなすことは、廃止する。

②妻帯者と知っていながら、男性とつきあった女性は、慰謝料を請求できない。

立法委員会委員の過半数は、草案を支持した。これに対して、プロイセン一般ラント法を裁判実務で利用していた上級ラント裁判所の判事たちは、草案に反対した。枢密院は、婚外妊娠の結果についての規定を婚姻法からはずし、特別法を制定するとして、プロイセン一般ラント法婚外子法の改訂を先送りしようとした。

◆ サヴィニーの婚外子法改革提言

サヴィニーは、1843年11月24日、1つの提言をあらわす。それは、19世紀をつうじて、婚姻法改革の指針となった[71]。提言には、次のようにある。プロ

---

[69] (Gerlach, E. L. v.) [1833], *Über die heutige Gestalt des Eherechts*, Berlin 1833, S. 24 -31.

[70] *Gesetzrevision, Abt. II, Bd. 6*. Entwurf 1842, Motive, S. 16 [S.646].

[71] Buchholz [1979], Savignys Stellungsnahme, S. 188 ff.

【資料8―⑰】サヴィニー婚外子法改革提言の要点

項目		サヴィニーの主張の要点
他法との関係	普通法	プロイセン一般ラント法婚外子法は普通法婚外子法と、表面上は似ているが、実質的に異なる。
	フランス法	フランス法の導入は、法の民族性・歴史性に照らして愚行である。
姦淫	婚姻の神聖さ	未婚の母と婚外子は姦淫を助長し、婚姻の神聖さを汚す。
	刑事制裁	近代法のもとでは姦淫は不処罰である。
未婚の母	未婚の母の本質	未婚の母は、しばしば保護規定を悪用している。
	不貞の抗弁	普通法上の「不貞の抗弁」を復活することにより、未婚の母による法の悪用を阻止できる。

イセン一般ラント法は、「女性としての名誉や良俗を低い地位におとしめ、淫行や姦通を厚遇し、それらを女性にとってのもうけ仕事にする」法である。かといって、婚外子にきびしいフランス民法典は、その「権威主義」や「歴史主義」のゆえに、導入すべきではない*72。

サヴィニーは、「パンデクテンの現代的慣用」後期の不法行為論を誤りとして否定する。婚外同衾が不処罰となった19世紀には、婚外同衾を不法行為とみなすこと自体が、すでになりたたない。かれは、婚外子の請求権の根拠を、父の自然的扶養義務に求める。父の義務が成立する前提は、明確な父性の確定にある。サヴィニーは、プロイセン一般ラント法で否定された「不貞の抗弁」を復活するよう提案した*73［資料8―⑰］。

【史料】サヴィニー提言*74（1843年11月24日）――――――――――
プロイセン一般ラント法がこの問題［婚外妊娠・出産 stuprum］の前提としている基本原則は、たしかに、普通法の基本原則と異なるものではない。普通法の実務では、結婚するか嫁資を与えるか aut ducat aut dotet という同衾男性の義務と、婚外子に扶養料を支払うという父親の義務は勅法から導きだされている。しかしながら、これにもとづいてプロイセン一般ラント法が構築した法体系は、その精神においても効果においても、普通法の精神・効果とは本質的に異なってい

――――――――――――
*72 (Planck, G.) [1880], Begründung des Entwurf eines Familienrechts für das Deutsche Reich, Vorlage des Redaktors Planck, Berlin, S. 168-170.
*73 Harms-Ziegler [1991], *Illegitimität und Ehe*, S. 295 f.
*74 Schubert, W. (Hg.) [1983], *Die Vorlagen der Redaktoren für die erste Koimmision zur Ausarbeitung des Entwurf eines Bürgerlichen Gesetzbuches. Familienrecht*, 3 Teile (Verfasser: Planck, G.), Berlin/New York, S. 168 f.

る。

　普通法は、少なくともその古い見解によれば、婚姻の神聖さを認め、姦通や性的不品行 Unzucht を処罰し、女性としての名誉 weibliche Geschlechtsehre の喪失を重大な恥辱とみなし、婚外出産を生涯にわたる汚点とみなす習俗 Sitte を前提としており、肉欲犯罪にたいする教会の取り締まりと分かちがたくむすびついている。したがって、普通法で認められてきた未婚の母 spuprata と非嫡出子の権利は、姦淫や姦通を優遇したものではありえず、それを助長するものでもありえない。むしろ逆に、前世紀中頃、普通法の体系は、未婚の母や非嫡出子に対して冷淡であったと思われるのであり、嬰児殺をひきおこした責任は普通法体系にあった。ところがいまや、嬰児殺防止という思想が、この領域における立法のほとんど唯一の指導理念になっており、反面、良き習俗や女性としての名誉、婚姻への配慮は後景に退かざるをえなくなっている。スワレツなど、ためらいもみせずにこう主張している。「名誉や恥辱といった根の深い観念は実定法により変更できるものではないので」、未婚の母を従来の状況から救いだし、未婚の母自身の立場と未婚の母にたいする世間の見方という少なくとも2つの観点から彼女をみなければならない、と。

　姦淫には、いかなる刑罰も、いかなる恥辱も、いかなる不利益や困窮も科せられてはならない。

　ほぼ半世紀にわたり婚外妊娠問題に関して発せられた数多くの法令の基礎におかれていたのは、この原則にほかならない。これらの法令は、ありとあらゆる公布手段をもちいて、すみずみにまで周知せられた。教会では説教壇から告示され、年頃になった娘たちにはとくに知らしめられた。同時に、婚外出産にまつわる汚辱は、ほとんどぬぐいさられた——売春宿が保護され、かつてないほどにまで同棲と内縁が認められた——。姦通は罰せられないも同然になり、離婚はあまりに簡単になりすぎて、婚姻を勝手気ままに早く解消することがほとんど一般化してしまったほどである。

　今日、女性としての名誉と良き習俗をいやしくも低くおとしめ、姦淫と姦通を保護して、それを女性にとって金儲けのチャンスにし、あまねくもっとも恥ずべき類の訴訟の口実を与えているような法状態が生じている。その原因は、立法や実務のこうした体系全体にある。けっして、普通法とプロイセン一般ラント法に共通する基本原則それ自体に原因があるのではない。それらの訴訟では、誤った証拠や偽証がはびこっている。また、訴訟そのものが司法の核心をなす習俗を苦しめている。というのも、司法は、現行の法体系をつかさどることを通じて、姦

淫に手を貸して報酬をもうけさせ、刑罰を科すどころか、うそ偽りであると判決をくだすことさえできないでいるからである。

したがって、こうした状態を改革するために必要なのは、普通法の条文を放棄して、一挙に、これに対立するナポレオン法典の体系にのりかえることではない。歴史的な法発展の土壌を軽視するのはきわめて危険である。いかなる根本的改革も、改革にたいする不満に対抗して、人びとが納得するような権威をもちだすことができなければ、個々の点について執拗な抵抗にあうだろう。それはゆゆしき事態である。

むしろすでに、いままで述べてきた批判に、正しい方法をふたたび見いだすための方法が示されている。婚姻の神聖さを認めること、そして、姦通と姦淫を処罰すること、これがふたたび立法や実務の基本原則にならなければならないのである。

一般的には、こうしたより厳格な原則が、現在の新刑法典草案や新離婚法草案の基礎におかれている。しかしながら、従来の経験から推測できるように、支配的な観念や習俗にかんがみ、肉欲犯罪にたいする処罰はきわめて狭く限定されることになるだろう。その結果、上述したように、普通法上の未婚の母と非嫡出子の請求権を承認することから生じる弊害をとりのぞくような法体系が成立するとは考えられない。ここでとくに重視した単純姦淫の可罰性については、とりわけ、新刑法典草案ではまったくふれられていない。

姦淫に対して旧来の厳罰を復活できないが、これは、主として、ナポレオン法典の体系にあてはまる。ナポレオン法典では、姦淫は不可罰であるが、他方で同時に、姦淫にもとづく請求権はいっさい認められず、父の捜索は禁じられている。

しかしながら、ラント法が妥当する諸ラントの法現状の本質的改革をめざして歩みだすことはできる。未婚の母と非嫡出子の請求権に関して普通法とプロイセン一般ラント法に共通する上述の基本原則を、これまでラント法でおこなわれてきたようにいたずらに拡大することをやめ、請求権を一定の狭い範囲に限定しさえすればよい。法を無理やり改変することは避け、良き習俗を支え、それを促進するような改革をめざす。普通法はこれまで、請求権の範囲の確定を実務と特別法にゆだねてきた。しかし、そのようなことができたのは、さきに述べたようにもはや適切とはいえない諸前提のもとであったからにすぎない。

未婚の母と非嫡出子の請求権を制限すればどのような実際上の不利益が生じるかについて、配慮する必要はない。現行法のもとでもまた、父を捜し出せなかっ

【資料8─⑱】婚外子出生率

ラント名	1816年	1830年	1843年	1854年	1875年
プロイセン全体	7.5	6.7	7.3	7.2	7.5
ベルリン市	19.6	15.7	15.7	14.8	13.5
ブランデンブルク州**	―	―	8.1	8.2	9.7
ライン州	3.8*	―	3.6	3.6	3.1
ザクセン	―	12.1	15.0	14.3	12.7
ヴュルテンブルク	10.8	11.7	11.7	13.0	8.5
バイエルン	―	18.9	21.1	21.2	12.6

*1870年　　**ベルリン市を除く

(Köllman〔1980〕, *QuellenI*, S.34, 52, 64, 190, 214, 226 より作成)

たり、父が支払不能である場合など、非嫡出子が援助をうけられないケースは多いからである。そしてまた、ナポレオン法典によりあらゆる請求権がまったく否定されているも同然な地域、すなわち、ライン州からですら、プロイセン旧州よりも嬰児殺が多いとか、非嫡出子の特別な非行化がめだつといったことが報告されているわけではないからである。──

◆サヴィニー提言の社会的背景

　サヴィニーのような見解があらわれたのには、相応の背景がある。18世紀末から19世紀初頭にかけて、ヨーロッパ全域で未婚の母と婚外子が急増した*75。18世紀末までは、婚外子出生率は、1パーセント前後にすぎない。婚前妊娠しても、出産直前に駆け込み結婚するケースが多かったからである。ところが19世紀初頭にいったんあがった婚外子出生率は、19世紀をつうじてほとんど下がらなかった〔資料8─⑱〕。ベルリンなどの都市部では、生まれてくる子の5人から7人に1人が婚外子であった。

　婚外子急増の社会的背景としては、経済構造の変化を指摘できる。工業化が進むとともに、「家」を単位とする伝統的な経済構造がくずれて、家の外で収入を得るチャンスがひろがり、かつては結婚できなかったような下層民の結婚意欲が高まった。結婚数が増えるときには、その近縁現象として内縁や婚前交渉もまた増大する*76。こうした変化の副産物として、未婚の母として人目に触

---

*75　Köllmann, W. (Hg.) [1980], *Quellen zur Bevölkerungs-, Sozial- und Wirtschaftsstatistik Deutschland 1815-1875, Bd. I*., Boppard；Mitterauer, M. [1983], *Ledige Mütter. Zur Geschichte unehelicher Geburten in Europa*, München 1983.

れるのは、主として、家事奉公人や工場労働者、そして売春婦となったのである*77。

◆ 1845年草案〜1853年草案

サヴィニー提言にもとづき、1845年草案が作成された。審議は、3月革命 (1848年) により中断されたものの、革命後のプロイセン議会で、婚外子問題は、第1の審議事項とされる。1851年12月16日、ロイターが第2院 (のちの庶民院) に婚外子法草案を提出する。翌年5月、ロイター案は司法委員会をとおり、1853年12月5日、政府草案が完成した。

サヴィニーのプロイセン一般ラント法批判をほぼことばどおりうけついだ婚外子法政府草案の審議が、貴族院ならびに貴族院委員会ではじまったころから、婚外子法のとらえかたにはっきり変化が生じてくる。プロイセン一般ラント法における未婚の母の厚遇に、批判が集中しはじめるのである。とりわけ、母の複数の同衾相手に子の扶養料を請求することを認めた第619条は、「自然に反する異常な規定」とされ、婚外子をめぐる訴訟は、「きわめて恥知らずな訴訟」で、「女性にとって有利な取引」であり、多くの平和な家族を危機におとしいれると攻撃された*78。

委員会の多数派は、一挙に、認知子以外の婚外子にいっさいの請求権を認めないフランス民法典婚外子法の導入にかたむいた。不貞の抗弁を導入しつつも、認知・扶養料請求権を制限するにとどめようとするサヴィニー案を支持したのは、少数派にすぎなかった。本議会でもフランス民法典導入派が優勢であったが、政府は、外国法の導入を警戒して、少数派を援護した。その結果、サ

---

*76　結婚意欲の増大と婚外子出生率との関係については，ピーター・ラスレット（川北稔／指昭博／山本正訳）[1986]『われら失いし世界——近代イギリス社会史』(三嶺書房) 239ページ参照.
*77　19世紀なかごろ，都市部の女性は4人に1人が働いていた．18世紀まで，奉公は，青年期の男女がライフサイクルの1段階としてくぐりぬける教育期間であり，奉公人は家長権に服したが，19世紀にはその性格が変化した．19世紀になると，教育は学校にゆだねられ，奉公はもはや市民男女がかかわるべきものではなく，雇用契約に媒介される単なる収入獲得機会となる．とりわけ家事奉公は貧しい独身女性特有の仕事となり，しばしば売春婦への転落の一途とみなされるようになった．19世紀の女性論については，川越修 [1990]「19世紀ドイツにおける女性論」（川越修／姫岡とし子／原田一美／若原憲和編著『近代を生きる女たち——19世紀ドイツ社会史を読む』未来社）20ページ参照.
*78　Buchholz [1981], *Eherecht zwischen Staat und Kirche*, S. 24 f.

ヴィニー案が、1854 年婚外子法に取り入れられることになる＊79。

[2] 1854 年非嫡出子法の立法過程
◆「道徳退廃」への危機感

1854 年 4 月 24 日、プロイセン非嫡出子法が成立する＊80。この法律は、1900 年にドイツ民法典が施行されるまで、およそ半世紀にわたって妥当した。全 23 条からなる 54 年非嫡出子法は、プロイセン一般ラント法婚外同衾規定（第 2 部第 1 章第 11 節）の全面改正であったが、婚外子の権利に関しては 74 規定のうち 63 規定を残している。婚外子保護規定はある程度温存しつつ、未婚の母に関する保護規定のみを全面的に改めたわけである。

立法過程でサヴィニーの見解を代弁したのは、議会第 1 院（＝貴族院）の終身議員であったベルリン大学法学部法哲学・国法学教授シュタール Stahl, F. J. と、第 2 院（＝庶民院）議員で国王の信任あつかったゲルラッハ Gerlach, L. von であった。両名ともルター派の保守主義者としてよく知られ、ゲルラッハは、1840 年代、サヴィニーが立法大臣をつとめたさいの婚姻法改革の実質的責任者であった＊81。

1854 年非嫡出子法制定の直接のきっかけとなったのは、1851 年 12 月 16 日にケーニヒスベルク出身の代議士ロイター Reuter 一派が議会第 2 院に提出した法案である。法案理由書は、プロイセン一般ラント法が「道徳頽廃」Entsittlichung をうながしており、婚外子の増大が犯罪の温床になっていると指摘する。全 5 条は、次のような内容からなる＊82。

①婚外妊娠訴訟に関する煩雑な証拠規則を撤廃し、裁判官の裁量にゆだねる。

＊79　Buchholz [1981], *Eherecht zwischen Staat und Kirche*, S. 26 f.

＊80　Gesetz, betreffend die Abänderungen des Abschnitts 11. Titel 1. Theil II. und des Abschnitts 9. Titel II. des Allgemeinen Landrechts, vom 24. April 1854, in : *Preußische Gesetzsammlung 1854*, No. 15, S. 193-198.

＊81　Buchholz [1979], Savignys Stellungsnahme, S. 189. シュタールについては，Kleinheyer, G./Schröder, J., Deutsche Juristen aus fünf Jahrhunderten（小林孝輔監訳 [1988]『ドイツ法学者事典』学陽書房，270-273 ページ），望田幸男 [1960]「19 世紀前半期プロイセン保守主義の一考察」(『西洋史学』47) を参照. ゲルラッハについては，若尾 [1996]「離婚法問題」63 ページ以下参照.

＊82　Heinrich [1993], *Nichtehelichenrecht*, Anlagen, S. 315 f.

②「不貞の抗弁」は復活しないが、不法行為論にもとづく共同責任論をも否定する。

③男性が18歳未満の場合には損害賠償義務と扶養義務を免除する。

④父方祖父母の扶養義務を免除する。

⑤司法大臣に審議を要望する。

ロイター案は、第2院に設置されていた司法制度委員会 Kommision für das Justizwesen で審議された。1852年5月17日に作成された報告書は、ロイター案を支持しながらも、急速な変化には警戒感を表明した。委員会を構成する8名の代議士全員が裁判官の経歴をもち、ライン法をプロイセン本国に導入することに強い抵抗を示したのである。会期末をむかえ、法案は第2院本議会には出されず、司法省が独自に事態の解決にむけて動きはじめる。

◆ライン法（フランス法）をめぐる攻防

1853年12月5日の勅令にもとづき、司法大臣ジーモン Simon は、政府案を議会第1院に提出した。この政府案の理由書は、サヴィニー提言に依拠していた[83]。政府案は、まず、第1院法務委員会 Kommision für die Rechtspflege で審議に付された。議論の焦点となったのは、「父の捜索」を禁じるライン法（フランス法）を法改正の原則とするか否かである。ライン法支持派は、ライン地域における婚外子出生率の低さをあげ、反対派は、自治体による婚外子扶養の負担増と男性の道徳低下をうながす危険性を指摘した。結果的に、委員会は、11対2の圧倒的多数をもって、一定の制限つきでライン法婚外子規定を原則とすることを決定する。1854年1月17日に報告された委員会案は、政府案を「中途半端」と評し、婚外妊娠訴訟にいっさいの請求権を認めないライン法を法改正の原則とするよう提言した。もっぱら婚約期間中や性犯罪の被害による妊娠等にかぎって、父の捜索が認められたが、それは、これらのケースでは多数性交がありえないという理由からであった。母子の請求権を認めない以上、「不貞の抗弁」を認める必要もなかった。

政府案と委員会案は、1854年1月17日に第1院で審議された。大勢は、委員会案支持にかたむいた。これに対し、委員会で少数派に属したシュタールははげしい批判を展開した。政府代表もまたフランス法導入に強い警戒感を示

＊83　Heinrich [1993], *Nichtehelichenrecht*, S. 217 f.

【資料8—⑲】 1854年プロイセン非嫡出子法における未婚の母の請求権

	損害賠償請求権の範囲	請求者の条件
[I]	「完全損害賠償請求権」(「最高額の損害賠償」を請求できる)が認められるケース	①強姦、無意識・心神喪失状態、結婚詐欺・錯誤(1条) ②婚約期間中に婚約者により妊娠した場合(2条) ③身持ちのよい14〜16歳の少女が誘惑されて妊娠した場合(6条)
[II]	「妊娠・出産必要経費請求権」(「分娩・洗礼費用、6週間の生活費、その他の分娩・産褥費用」を請求できる)のみ認められるケース	①上記 [I] 以外で、下記 [III] にも該当しない場合(7、8条)
[III]	「妊娠・出産必要経費請求権」もふくめていっさいの請求権が否定されるケース(9条)	①姦通により婚外妊娠した既婚女性 ②懐胎期間中に多数性交をおこなった未婚女性(第1項) ③「性的不品行」とみなされた女性(第2項)

し、委員会案が多数支持を得れば、案そのものを撤回すると示唆した。その結果、総会で委員会案はしりぞけられ、法案は第1院法務委員会にさしもどされてしまう。

　およそ2週間後の1月30日、第1院法務委員会は、当初の法案報告を補足修正するかたちで第2案を発表した。法改正の原則問題にはふれないとの了解のもと報告された第2案には、根本的な変更が含まれていた。それが、「不貞の抗弁」の導入にほかならない。委員会第2案は、2月に第1院を通過し、3月に第2院総会にはかられた。そのさい、第2院委員会の報告者をつとめたゲルラッハが、シュタール路線を支持するよう議員に強力にはたらきかけた。3月20日、第2案は、記名投票なしで第2院を通過し、4月24日に公布されたのである＊84。

[3]　1854年プロイセン非嫡出子法にみるジェンダー・バイアス

◆女性の請求権のランクづけ

　1854年4月24日に成立したプロイセン非嫡出子法には、婚外妊娠・出産の女性ならびに婚外子に対して、きびしい規定がならぶ＊85。プロイセン一般ラント法の婚外同衾規定は大幅に改められ、ほぼ正反対の構造をもつようなった。男性側の責任が軽減され、女性の性的品行のあり方が損害賠償権の有無を決定するようになるのである [資料8—⑲]。

＊84　Buchholz [1981], *Eherecht zwischen Staat und Kirche*, S. 19-28.
＊85　Gesetz 1854（注80）.

婚外子の扶養請求権は、①母が請求権をもつ場合、②公的文書により父を確定できる場合にかぎって、認められた（13条）。母が慰謝料を請求できる条件を限定的に列挙し、婚外子の請求権を母の請求権に従属させている点で、1854年法は、普通法以来の伝統をひきついでいる。しかし、請求条件は、はるかにきびしい。

女性の請求権は、女性の性的品行の程度により、3ランクに区別された。犯罪行為や婚約者によって妊娠した女性には最高額の請求権が認められる一方で、婚外妊娠歴があるな

【資料8—⑳】
プロイセン非嫡出子法（1854年）

9条　既婚女性は、1条から7条までに規定された損害賠償をいっさい請求することができない。そして、同様のことは、以下のような妊産婦については、未婚女性にも妥当する。
1)懐胎期間中(15条)に、複数の男性と同衾した場合、または、
2)性的関係において不品行bescholteneである女性、とりわけ、以下のような場合。
　a)同衾を許すかわりに、金銭もしくは贈り物で代償をうけとった場合、
　b)自堕落な生活態度をおくっていると悪評がある場合
　c)過去に婚姻外で、子の父以外の男性によって妊娠したことがある場合
　d)過去に姦通の罪に問われたことがある場合
　e)自分よりも若くかつ20歳未満の男性を誘惑して同衾した場合

ど、性的品行になんらかの落ち度のある「不品行」な女性にはいっさいの請求権が否定されたのである。

女性が、相手方男性に対して請求できる「最高額」の額も、プロイセン一般ラント法にくらべて、大幅にダウンしている。分娩・洗礼費、妊婦の状態に応じた最高6週間までの世話、その他妊娠・分娩に関係する必要最低限の費用にかぎられているのである（7条）。上記 [I] 以外のケースでは、分娩・洗礼にかかった必要最低限の費用の代償を請求できるにとどまる（8条）。

第9条には、妊娠した女性側に、いっさいの請求権が認められないケースが列挙されている [資料8—⑳]。第1、2、6条と第9条をくらべるとき、未婚の母は本質的に不道徳な存在との前提があることが、明らかに読みとれる。また、父に扶養能力がないとき、父の尊属は、扶養義務を免除された。婚外子の扶養義務は、母ないし母方の祖父母に属したのである（20条）。

◆「性的不品行」

立法者のジェンダー・バイアスがもっとも明確に表現されているのが [III] のケース、すなわち、9条の制定である。一方、のちの裁判において裁判官のジェンダー・バイアスが顕著にあらわれるのは、[III] の③、すなわち、9条2項

の解釈をめぐってであった＊86。

　条文から読みとれるように、「性的不品行」は条文で明確な定義を与えられているわけではない。もっぱら、9条2項に5つの該当例が列挙されているにすぎない。したがって、解釈の余地が大きく、事実、裁判ではこの9条2項の解釈をめぐる紛争が多く発生している。ボルス Bors, M. は、プロイセン最高裁判所判事の姿勢を「道徳中立的」moralindifferent であったと結論づけた。「不貞の抗弁」は、父性の確定ができない場合にかぎって、法技術的に利用されたというのである＊87。しかしながら、後述するように、裁判官たちによって書かれた判決理由を丹念に読んでいくならば、女性の「性的不品行」を女性にはきわめて不利に解釈している姿勢がうかびあがってくる。

　◆法のなかのジェンダー・バイアス

　「大いなる発展＊88」といわれてドイツ民法典に継承された1854年プロイセン非嫡出子法は、その立法過程から推察できるように、全23条のなかで9条を「改革」の中核に据えた法律にほかならない。9条は、「不品行」の定義を明確にしないまま、女性側にすこしでも「不品行」といえる点があれば、その制裁としていっさいの請求権を奪うという立法者の姿勢を明記したものであった。これゆえに、9条は、当時の立法者のジェンダー・バイアスを顕著に表現する条文ともなったのである。

　他方、54年法を解釈適用する裁判官たちもまた、文言のはしばしに「不品行」な女性への反感をあらわにしつつ、法律への忠誠を示した。9条は、そのあいまいさゆえに、当時の判決理由から読みとれる司法のジェンダー・バイアスに光をあてるのに好都合な手がかりともなるのである。さらに、訴えられた男性たちは、9条1項を根拠に「不貞の抗弁」を提起し、損害賠償責任と子に対する扶養義務を免れようとした。男性たちのこのような行動を社会背景のなかで位置づけ、司法の判断を検討してみることは、立法者のジェンダー・バイアスが現実の紛争解決を通じて、どのような社会層に効果的に受容されたのかをさぐ

＊86　Gesetz vom 24. April 1854, S. 195.

＊87　Bors, M. [1998], *Bescholtene Frauen vor Gericht. Zur Rechtsprechung des Preußischen Obertribunals und des Züricher Obergerichts auf dem Gebiet des Nichtehelichenrechts*, Frankfurt/M., S. 168 f.

＊88　Gerhard [1978], *Verhältnisse und Verhinderungen*, S. 177.

ることにもつながる。

【資料 8—㉑】婚外妊娠訴訟数

年	判決数	婚外子数	婚外子出生率(%)
1835	4958	37999	7.1
1836	7071	38162	6.9
1837	6944	39501	7.1
1838	7624	39774	7.0
1839	7261	39919	6.9
1840	7357	40948	7.0
1841	7450	42129	7.1
計	48665	278432	平均7.0

(Blasius〔1992〕, Ehescheidung, S.101f. より作成)

(3) 判例にみるジェンダー・バイアス

[1] 判例の動向

◆婚外妊娠訴訟

1854 年プロイセン非嫡出子法制定期には、婚外妊娠訴訟の数はかなり多い*89 [資料 8—㉑]。1837 年から 79 年までほぼ 40 年間にわたってプロイセン最高裁判所判例集に収録されている婚外妊娠訴訟は毎年数件ある。そのうち、54 年法以前には、「兵士の特権」や「離婚した無責の妻」としての地位の保障をめぐる訴訟が多く、54 年法以降は「不貞の抗弁」がめだつ*90。以下では、第 9 条の「不貞の抗弁」をめぐる裁判において、判決理由の文言にどのようなジェンダー・バイアスがひそんでいるかを検討しておきたい。主たる争点は、①「同衾報酬」(第 2 項 a)、②婚外妊娠歴 (第 2 項 c)、③「強姦」と「婚外妊娠歴」の優先順位 (第 1 条、第 9 条第 2 項 c)、④「姦通歴」(第 2 項 d) である。

◆強姦による妊娠

1860 年 12 月 14 日、婚外子をもつ女性が別の男に強姦されて妊娠した場合、強姦した男に損害賠償等を請求できるか否かにつき、最高裁は、第一審の区裁判所、控訴審裁判所に続き、請求権を否定した*91。この当時、強姦による妊娠についても中絶は合法化されていない*92。

原告女性側は、第 9 条の規定は、自由意思で婚外同衾に合意し、妊娠した女性にのみあてはまることであり、第 1 条に定めるケースでは、たとえ婚外妊娠

---

*89 Blasius, D. [1992], *Ehescheidungen in Deutschland im 19. und 20. Jahrhundert*, Frankfurt/M., S. 101 f.

*90 *Entscheidungen des Königlichen Geheimen Ober-Tribunals*, Bd. 1 [1837]-16 [1848], Berlin, *Entscheidungen des Königlichen Ober-Tribunals*, Bd. 17 [1849]-83 [1879], Berlin.

*91 *Entscheidungen des Königlichen Ober-Tribunals*, Bd. 44, No. 26, S. 173-182.

*92 1871 年帝国刑法典は中絶の完全禁止を定めた (218 条)。第 2 次大戦直後に連合軍・ソ連軍兵士による集団強姦に対応して一時的に強姦による中絶が認められたが，まもなく再び禁止され，西ドイツでは 1976 年の刑法 218 条改正により強姦を理由とする中絶が認められた．

【資料8—㉒】
ゲルラッハの「未婚の母」論

「母親が不品行である場合には、父性の不確実性があまりに大きすぎて、婚外妊娠・扶養料請求訴訟をみとめることはできないというのが、委員会の見解である。なぜならば、性的関係において不品行な女性は、彼女が請求している男性以外の男性ともまた関わりをもったことがあると信ずるに足る。不品行により、不確実性はきわめて高くなるのである」。
(*Entscheidungen des Königlichen Ober-Tribunals*, Bd. 44, S.181)

歴があっても、請求権は認められると主張した。

これに対して、最高裁は、判決理由で次のように述べている。「1854年2月4日の審議で、議会第1院委員会の報告者は、法律全体の重点は法案の第9条にあると言明した」。3月18日と20日の第2院本会議での審議では、強姦時などのように女性側にまったく非がない場合の妊娠についてまで損害賠償請求権を認めないのは不合理だとの反対論に対し、第2院委員会報告者(ゲルラッハ)が反駁している*93[資料8—㉒]。

最高裁は、1854年非嫡出子法立法過程での議論をひきあいにだしながら、第9条でいう「同様のこと」は、「第1条から第7条までに規定された損害賠償をいっさい請求できない」ことと解釈し、本件は、第2項cの「婚外妊娠歴」をもつケースに該当するため、たとえ強姦による妊娠であっても、母子ともに、相手男性に対して、扶養料、損害賠償などをいっさい請求できないと判示した。法律の解釈としては正当であるが、第2院で指摘されたような条文そのものの不合理性については不問に付している。性的に不品行な女性の主張には信頼がおけないとのゲルラッハの見解に与していることは明らかである。

◆姦通歴

姦通歴については、1859年1月7日の判決がある*94。そこでは、過去に被告との姦通で処罰された女性は「不品行」にあたるか否かが争われた。最高裁は、第9条第2項dにいう「姦通」は、かならずしも第三者との姦通に限らないとして、被告男性の「不貞の抗弁」を認めた。

[2] 同衾報酬

男性から女性に渡された金品が、通常のプレゼントにあたるのか、それとも

---

*93 *Entscheidungen des Königlichen Ober-Tribunals*, Bd. 44, No. 26, S. 179-181.
*94 *Entscheidungen des Königlichen Ober-Tribunals*, Bd. 40, No. 29, S. 212-219.

「同衾報酬」にあたるのかをめぐっては、しだいに解釈が厳密になる傾向がうかがえる。①1862年4月7日判決では婚約中に贈られたイヤリング、②1862年12月5日判決では同衾直後にわたされた洋服代が問題にされている。

◆ 1862年4月7日判決[95]

本件では、婚約中に金のイヤリングを贈られることを条件に同衾を許した女性は、損害賠償等を請求できるか否かが争われた。男性は他女と結婚後、死亡している。被告側（男性の相続人）は、男性は原告女性との結婚を父に断固反対されて出産前に他女と結婚しており、また、原告女性はイヤリングを贈られるまで同衾を許しはしなかったとして、9条2項aの「同衾報酬」に該当するため、請求は無効であると主張した。

これに対する最高裁の判決は以下のとおりである。「婚約中の女性が婚約相手から受け取った贈り物はいずれも、たとえ彼女がその直後にかれに身をゆだねたとしても、必然的に、9条2項aのいう同衾を許すための報酬と解されたり、みなされたりしてはならないということは、明らかである[96]」。したがって、本件では、イヤリングは通常の贈り物とみなされ、男性の相続人は、分娩費10ターラー、子の扶養料月2ターラー、女性にたいする損害賠償1000ターラーを支払うべきである。本件の解釈にしたがえば、2条に該当する婚約中に妊娠した女性については、9条に定める不貞の抗弁を提起できないということになる。

◆ 1862年12月5日判決[97]

本件では、父権下にあった男性が結婚約束をして同衾し、あるときの同衾直後に洋服代として2ターラーを女性に渡したのち、女性が妊娠した。しかし、結婚は成立せず、女性が男性に損害賠償を請求した。最高裁は、同衾は何回にもわたっており、洋服代は通常の贈り物に相当するとして、被告男性に、分娩費、子の扶養料、損害賠償220ターラーの支払いを命じた。

◆ 1866年1月22日判決[98]

本件では、同衾のつどもらったわずかのパン代が同衾報酬と解されている。

---

[95] *Entscheidungen des Königlichen Ober-Tribunals*, Bd. 47, No. 33, S. 271-277.
[96] *Entscheidungen des Königlichen Ober-Tribunals*, Bd. 47, No. 33, S. 277.
[97] *Entscheidungen des Königlichen Ober-Tribunals*, Bd. 48, No. 36, S. 223-227.
[98] *Entscheidungen des Königlichen Ober-Tribunals*, Bd. 56, No. 33, S. 220-224.

争点は、妊娠前に他男と数回同衾し、そのつどパン代として6グロッシェンばかりのわずかの金銭をもらっていた女性が、婚外妊娠した場合、子の父に損害賠償等を請求できるか否かであった。最高裁は、請求権をみとめなかった。他男との同衾は懐胎期間中の同衾ではないため、9条1項には該当しないが、受け取ったパン代は同衾報酬とみなされるため、9条2項aに該当するというのが、判決理由であった。

以上3つの判例からは、贈り物の金額が問題とされているのではないことがわかる。婚約期間中の同衾であるかぎりにおいて、贈り物の金額が多くても不問に付される。しかしながら、過去に婚外同衾経験をもつ場合には、ごくわずかな金額でも報酬とみなされているのである。

[3] 婚外妊娠歴

婚外妊娠歴の解釈をめぐっては、1858年2月15日の判決が興味深い。そこでは、過去に婚外妊娠したのち、胎児の父と結婚し、婚姻中に子を出産したことのある女性が、寡婦となったあとにふたたび妊娠し、その妊娠にもとづき相手男性に訴訟を提起した場合、この寡婦は「貞淑な女性」Unbescholtene とみなされるかどうかが争われた。

【史料】プロイセン最高裁判所の判決（1858年2月15日）＊99【9条2項c】────
【事実の概要［要約］】

夜警E（1853年4月10日に死去）の寡婦X女（原告・控訴人）は、1856年1月18日、1名の婚外子を出産した。彼女ならびに子の後見人は、奉公人Y男（被告・上告人）を子の父として損害賠償を請求した。Y男は、法定懐胎期間中のX女との同衾は認めたが、X女にたいし「不貞の抗弁」を提起し、この抗弁にもとづき、原告の請求棄却を求めた。

原告X女にいっさいの悪評はなかったが、彼女が、1842年10月16日、夜警Eと結婚し、その79日後の1843年1月3日、男児を出産していたことがわかった。妊娠が結婚以前であることは明らかであるので、被告Y男は次のように主張した。婚姻前の妊娠歴は1854年非嫡出子法第9条2項に該当し、X女は、過去に他男によって妊娠したことがあるために、彼女と子はY男にたいして損害

────────────
＊99　*Entscheidungen des Königlichen Ober-Tribunals*, Bd. 38, No. 26, S. 178-183.

賠償請求をなすことはできないと主張した。これにたいし、X女は、男児は婚姻期間中に生まれており、また、事後婚姻により嫡出子の地位を与えられているうえに、夜警Eが自分の名で洗礼を子にさずけていることにより男児の父であることを認めていたと主張した。

1審（1856年9月12日）は、1854年非嫡出子法第9条2項を厳格に解釈すべきとし、X女がY男以外の男性とのあいだに婚外子をもうけた事実にもとづき、X女の請求を棄却した。X女は、子が嫡出子とされているのだから、母を不貞とみなすことはできないとして控訴した。2審（1857年5月13日）は、婚姻期間中に生まれた子は夫の子とみなすという父性推定の原則と子が夫の名で洗礼をうけているという事実にもとづき、本件では、X女を不貞とみなすことはできないとしたうえで、Y男にたいし、X女に分娩諸費用10ターラー、子が満14歳に達するまでの扶養料として年15ターラーの支払いを命じ、子にY男の法定相続権を認めた。Y男は、この決定を不服として上告した。

【判旨】

1854年法第7、9、13、15条の適用に誤りがあるとして、2審判決破棄、1審判決支持。

判決理由

「…しかしながら、この［2審の］判決理由は、不貞概念については十分と言い難い。1854年4月24日法が、婚外妊娠した女性による損害賠償訴訟の前提としているのは、彼女が性関係において不品行ではないこと、彼女の過ちがたった1度きりのものであること、彼女が被告男性以外のだれとも婚外同衾したことがないことである。さらにこう付け加えることもできる。この唯一の同衾者がのちに彼女と結婚したならば、婚外子は、プロイセン一般ラント法第2部第2章第596条にもとづき、嫡出子と同等とされ、母は婚姻により不品行であるとのそしりを免れると。プロイセン最高裁判所もまたかつて、1857年1月23日の判決において、以上の点を前提としたことがある。当該事件では、寡婦でありながら妊娠した原告女性は、かつて婚外妊娠したことがあり、子自身を婚外子として生み、その出生後ようやく当該相手男性と結婚した。このため、父親がだれであるかは教区簿冊からはまったくわからなかった。しかし、このケースでは（以下がとりわけ注目に値する点であるが）、原告女性は、必要な宣誓までして、のちに夫となった男性と婚約中に妊娠したのであり、結婚できなかった場合には、1854年4月24日法第2条にもとづき、損害賠償を請求できたはずであると陳述した。

本件においてもまた同様の事実が確定されていたとすれば、第9条第2項の意

味における不品行概念——原告女性が、子の父とされた男性以外の男性により、過去に婚姻外で妊娠したことがあるならば——を修正せざるをえなかったことだろう。第1審の裁判官は、原告女性の性的不品行を、1842年の妊娠相手男性が被告男性とは別人であるということだけに帰した点でゆきすぎがあった。

　しかしながら、本件が上述のケースと本質的に異なるのは、1842年に原告女性が婚約していなかったにもかかわらず妊娠したことである。すくなくとも、婚約後の妊娠であるという主張はなされていないし、判決により確定されてもいない。確定されているのは、もっぱら、原告女性が1843年に婚姻期間中に第1子を出産したこと、ならびに、その後この子が嫡出子として洗礼記録簿に登録されたということにすぎない。さて、たしかに、プロイセン一般ラント法は、第2部第2章第1条以下で、婚姻期間中に生まれた子を夫によって懐胎した子とみなすという推定を根拠あるものと宣言していた。すなわち、夜警Eは、1843年1月3日出生の子の嫡出性を同第7条で定める期間内に否認せず、洗礼記録簿への子の登録を自らの名で行うことを拒否しなかった。また、かれは、子が出生したのち10年生き、なんら異議申し立てをしなかった。したがって、夫であるEにたいしては、子を合法的な嫡出子であるとみなすことができた。しかしながら、今回の被告にたいしては、事情は異なる。かれが、原告女性は1843年に他男と婚姻外で妊娠したため不品行であると非難するのはもっともである。したがって、かれにたいして、原告女性もまた、本法第9条第2項cにもとづき、彼女の婚約者にしてのちの夫である男性以外と1842年に同衾したという疑いをはらさなければならなかった。しかしながら、彼女は、当時婚約中であったとは主張していない。したがって、公然と婚約している女性であれば、婚約者以外の男性に身を任さず、複数の男性と不品行な行為にふけることもあるまいと推測する余地はまったくない。原告女性は、Eが懐胎可能期間中の唯一の同衾相手であるとは1度も主張しておらず、他方、結婚にいたったEの動機はまったく不明である。かれが原告女性と結婚したのは、かれが婚約中の彼女を妊娠させたからなのか、それとも、複数の同衾者がいる可能性を度外視して、結婚相手が貞淑な女性であるのかそれとも不品行な女性であるのかをまったく顧慮せずに何らかの理由から結婚を決心したのかは、まったくわからず、かれが亡くなった今となっては知ることもむずかしいといえる。

　よって、控訴審判決は、1854年4月24日法第9条第2項cの一部不適切な適用があったために、破棄されるべきである。」――――――――――――

[4] 判例にみるジェンダー・バイアス

◆「性の二重基準」論と「女性二分」論

プロイセン最高裁判所の「不貞の抗弁」をめぐる判例には、「性の二重基準」論と「女性二分」論が顕著にあらわれている。すなわち、姦通や強姦のとらえかたにみてとれるように、女性の性的不品行と男性の性犯罪とをくらべて、女性の過去に不品行の経歴がある場合には、男性は、みずから犯した性犯罪にたいしてすら、責任を免除された。また、同姦報酬に関する訴訟が示すように、婚約している女性とそうでない女性とでは、同姦と婚外妊娠にたいする扱いがまったく異なっている。強姦については、第9条が他の条文に優越するとされながら、婚約については、第9条よりも第2条が優先されている。このような解釈上の齟齬は、貞淑な女性と不品行な女性とで意識的に判断基準をずらすことから生じるものにほかならない。

婚外子と未婚の母を厚遇したとはいえ、婚外子の法的地位の保障という点では、たしかに、プロイセン一般ラント法には、多くの限界があった。婚外子の地位を母の権利に従属させる、婚外同姦を不法行為とみなしたうえで婚外子の扶養請求権を保障する、また、子の生きる権利の保障のうらに国家の富国強兵策があるなどの点に、それはみてとれる。しかし、19世紀の婚外子法改革で問題にされたのは、子の権利保障という点からみたばあいのプロイセン一般ラント法婚外子法の限界ではない。父の利害と父の家をまもるために、婚外子法が見直されたのである。

プロイセン一般ラント法にすでにあらわれていた近代的性差論は、1854年法では、強調点をかえて、利用された。啓蒙専制国家は、婚外子から「罪の子」という烙印をとりのぞくよう努力した。かわって、前面にでてきたのが、①強姦など男性の性犯罪や不実の結果、②女性自身の悪徳の産物としての婚外子像である。①は、女性の「弱さ」や「受動性」を前提にした議論であり、②は、女性の「美徳」である純潔や貞節に反する行為を攻撃する議論である。

啓蒙期には、①の観点が大勢を占めた。そののち、経済苦から結婚できない下層民のあいだで「野合（内縁）」とその産物たる婚外子がふえて、婚外子問題が社会問題化するにつれ、②の見解が有力になっていく。市民道徳になじまない下層民の恋愛行動は、とりわけ、女性の不道徳を攻撃する形で、市民の批判をあびたのである。

②の主張の延長上にあるのが、「不貞の抗弁」をみとめる発想である。近代市民社会では、複数の男性と性的交渉をもつこと自体が女性にあるまじき不道徳とみなされるようになる。女性の不道徳さの批判は、婚外子の扶養養育の必要性よりも、男性側の免責論理を優先するのに、好都合であった。プロイセン一般ラント法で婚外子の地位を母の無責性に従属させたのとおなじように、19世紀後半には、婚外同衾という不道徳をおかした女性一般の責任が、婚外子にかぶせられたのである。

ヨーロッパでは、教会法により父の扶養義務が宣言されて以来、「忌むべき生まれの子」をふくむ婚外子のすべてに、程度の差はあれ、父にたいする扶養請求権がみとめられていった。近世自然法は、婚外子の自然的権利を理論化して、かれらの法的地位の向上に寄与した。人口・福祉政策上の利害が背景にあったとはいえ、プロイセン一般ラント法は、婚外子と未婚の母に手厚い保護をあたえようとした。

婚外子保護の長い歴史にむしろ逆行する法制度をととのえたのが、フランス民法典にはじまる近代市民法にほかならない。啓蒙期以来のジェンダー論にもとづいて純潔や貞節をもとめられる市民女性は、婚外子を産むべくもない。性の自由を謳歌する市民男性にとって、婚外子は、予期せぬ「やっかいもの」であり、かれらは、市民家族をおびやかす存在として定式化された。嫡出家族の保護という近代家族法の理念のかげに、ジェンダー論がかいまみえることは、軽視されるべきではない。

◆まなざしの変化

「未婚の母」にたいする立法者や裁判官のまなざしは、啓蒙期から19世紀にかけて大きく変化した。それは、4つの局面に分けてとらえることができる。

①プロイセン一般ラント法婚外同衾規定の成立から、1854年非嫡出子法成立までの経過をみるかぎり、「未婚の母」を「被害者」から「淫婦」とみなす傾向が強まっている。これにともない、法改正を通じて、「未婚の母」の請求権は大幅に削減されていった。そのさい、「未婚の母」の保護を減じることが、「婚姻の神聖さ」を維持し、「法律婚嫡出家族」を保護するには必須であると主張された。

②「女性二分」論が、19世紀にはいっそう顕著になる。女性たちは、働かざるをえないがゆえに売春婦に堕落しやすい「淫婦」と、市民男性に保護される

「淑女」に二分されていった。その結果、「淫婦」である「未婚の母」と婚外子は、市民家族の「邪魔者」として定式化されていく。

③「性の二重基準」が立法や裁判にはいりこんでいく。プロイセン最高裁判所の判決理由にもあらわれていたように、性的逸脱行為にたいする制裁が女に厳しく、男に寛容であることへの疑いはほとんどさしはさまれていない。

④「兵士の特権」は、当初から「未婚の母」の特権より優遇された。このことは、近代法のジェンダー・バイアスが、「未婚の母」をはじめとする弱い立場にある女性の地位にのみあらわれているのではないことを示唆している。男性もまた、ジェンダー・バイアスの犠牲者となった。女性が、つくられた「女らしさ」にしばられたように、男性もまた「男らしさ」のくびきにがんじがらめにされていったことが推測される。

第9章 「家族の保護」と「子の保護」の競合────

──ワイマール～ナチス期の婚外子法改革論──

第1節 ドイツ民法典婚外子法

(1) 法律婚の保護と婚外子の保護

[1] ドイツにおける家族法の統一

　国家と家族と個人のあいだには、つねに緊張関係が存在する。しかし、個人主義を基本原理とするはずの近代社会で、3者の緊張関係はしばしばきわめて尖鋭化した。家族形成の契機となる婚姻の「法化」が進み、「制度としての婚姻」が公益に資するものとして、国家的保護をうけたからである。婚姻を基礎として形成される親族関係は「嫡出」として法的保護に値するが、そうでない関係にたつ個人は「非嫡出」として著しい不利益を被った。「家族保護」原則は、平等原則を容易に制限したのである[*1]。

　ドイツではじめての統一家族法を生み出したのは、ドイツ民法典 Bürgerliches Gesetzbuch [＝BGB] (1896年) であった。全5編からなるドイツ民法典において、「家族法」Familienrecht は第4編に位置し、「婚姻」、「親族」、「後見」の3章からなる。夫婦・親子関係を規律する「家族法」編の独立は、けっして近代法に共通の現象ではない。それは、パンデクテン法学とよばれるドイツ近代私法学の産物であった。

　最初の近代法典とされるフランス民法典 (1804年) にも、また、同時期の啓蒙期法典編纂の代表とされるプロイセン一般ラント法 (1794年) やオーストリア一般民法典 (1811年) にも「家族法」編はない。これら3法典は、近世自然法の理念を法典に結実させたものであり、家族を国家と個人のあいだに位置する重要な基礎集団として位置づけている。にもかかわらず、3法典とも、各編・各章

---

*1　広渡清吾 [1996]「婚姻・家族の変容と同権化──フェミニズムの挑戦」(坂井榮八郎／保坂一夫編『ヨーロッパ＝ドイツへの道──統一ドイツの現状と課題』東京大学出版会), 同 [1984]「西ドイツの家族事情──finis familiae?」(『法律時報』56-4) 参照.

248　　　　　　第3部　法秩序のなかの家族と生殖

【資料9—①】
フランス民法典とドイツ民法典の家族法規定
（斜体部が家族・相続法規定、箕作訳を参照）

フランス民法典（1804年）	ドイツ民法典（1896年）
インスティツティオーネース編別	パンデクテン編別
序章	第1編　総則
第1編　人事	第2編　物権法
①民権・②民生証書・③住所・④失踪・	第3編　債権法
⑤婚姻・⑥離婚・⑦父子関係・⑧養子・	*第4編　家族法*
⑨親権・⑩後見・⑪治産等（⑨⑩⑪は家族法規定を含む）	*婚姻・親族・後見*
第2編　財産及財産所有ノ種類	*第5編　相続法*
①財産の区別・②所有・③入額・④土地	
第3編　財産所有ヲ得ル種々ノ方法	
①遺物相続・②遺贈・③契約・④無契約・	
⑤夫婦財産契約・⑥売買・⑦交換・⑧賃貸・	※日本民法典も同様
⑨会社契約・⑩賃借・⑪付託・⑫年金・	
⑬名代証書・⑭保証・⑮和解・⑯禁固・	
⑰質・⑱抵当権・⑲抵当権・⑳先占	

にまたがり個々の家族法関連条文はもつものの、体系的な「家族法」編をもたない［資料9—①］。

「家族法」編の創出に寄与したのは、「制度としての婚姻」を重視したドイツ近代私法学の祖サヴィニー Savigny, F. C. von. である。かれの弟子ブルンチュリ Bluntshcli, J. C. が起草したチューリヒ私法典（1853-55年）において、はじめて「家族法」が独自の編としてまとめられた*2。これがドイツ民法典にひきつがれ、わが国の民法典第4編「親族」として継受されることになる。

独立の「家族法」編は、国家の基礎単位たる「家族」像をより体系的に、より鮮明に提示することができる。そもそも家族の態様は地域ごとに多様で、慣習法が強く残存し、単一の家族法にはなじみにくい。法の統一をめざす近代国家は、しばしば複数ある家族モデルのうちもっとも好都合なモデルを選択し、多様な存在形態の家族を特定の家族モデルへと収斂させようとした。それが、わが国では「家」制度であり、ドイツでは、法律婚と嫡出性の原則によって成立し、家族存続中には家父長制と主婦婚原理がはたらく単婚小家族である（いわゆる「近代家族」）。近代家族法は、その出発点において「家族形成の複数性」

---

*2　W. ミュラー・フライエンフェルス（田村五郎編訳）[1993]『ドイツ現代家族法』（中央大学出版部）4-5 ページ.

を排除し、きわめて強いジェンダー・バイアスを内在させていた（本書第7章参照）。

[2] 本章の課題

民法典施行（1900年）から20年後、ワイマール憲法（1919年）は、憲法史上はじめて家族保護をうたった。婚姻にたいする「憲法の特別の保護」を定め（119条）、両親は子の教育に対する義務と権利を有し、その行使は国家共同社会の監督下におかれるものとした（120条）。法律婚嫡出家族を国家の保護単位としていることは明白である。しかし同時に、ワイマール憲法は、婚外子（非嫡出子）の保護（121条）と母性の保護（119条）をもまた明言している[*3]。

法律婚嫡出家族の保護と、婚外子および未婚の母の保護を同時に追求することは、多くの矛盾をはらむ。121条が要請した婚外子保護立法は、民法典婚外子法の改正を不可避とした。法改正は、ワイマールからナチスを通じて模索されつづけたにもかかわらず、実現しなかった。ワイマール憲法の家族・母性・婚外子保護条項は、戦後、ボン基本法（1949年）6条にほぼそのまま継承される。しかし、ここでもまた立法化は遅れ、ようやく1969年法が嫡出子と婚外子の実質的平等を達成したのである。

本章では、ドイツ民法典編纂からワイマール～ナチス期にかけて展開した婚外子法の改正論議を検討する。そのさい、国家・家族・個人の緊張関係にジェンダー・バイアスの考察をからめたとき、新たにどのような点を指摘できるか検討してみたい。

(2) ドイツ民法典婚外子法と社会背景

[1] ドイツ民法典編纂時の婚外子法論議

◆民法典編纂時の議論

1871年、ドイツ帝国が成立した。それとともに、帝国諸法典の編纂作業が開始する。民法典の編纂事業は1874年にはじまった。第1草案（1888年）、第2草案（1890年）、第3草案（1896年）の審議を経て、1896年、帝国議会を通過したの

---

*3 *Die Verfassunng des Deutschen Reichs vom 11. 8. 1919* (hg. v. Mosler, H., Stuttgart 1977), S. 39 f.

第3部 法秩序のなかの家族と生殖

ち、皇帝の認証を経てドイツ民法典が公布された。施行は 1900 年である*4。フェミニズム運動がその統合的組織であるドイツ婦人団体連合を結成するのは 1894 年、第 2 草案発表後にあたる。連合は、草案のなかの「家族法」規定をきびしく批判した。

1854 年プロイセン非嫡出子法をどのように継承するかについては、見解はわかれた。1880 年、家族法準備草案の起草者プランク Planck, G. は、1854 年法の厳しさを緩和して、「不貞の抗弁」をふたたび否定し、子の扶養期間を 18 歳までのばすよう提案している*5。

ドイツ民法典第 1 草案 (1888 年) の婚外子の法的地位に関する一般条項 (1568 条) は、婚外子と母ならびに母の血族とのあいだには、嫡出子とおなじ関係が存すると定めた。理由書は、婚外子に対する父の関心をきわめて弱いものとみなし*6、「不貞の抗弁」にかかわる箇所では、婚外子の母の「狡猾さ」に対する強い警戒を示している*7〔資料9―②〕。

第 2 委員会もまた、「不貞の抗弁」の廃止は、「不道徳をうながすおそれがある」とみなした。「法的不利益を気にしなくてよいとなれば、一人の男と同衾した女性は、他の男たちとも同衾するであろう」し、また、彼女たちは、「複数の男た

【資料9―②】
ドイツ民法典第 1 草案理由書

①父の無関心
「たいてい、父は、婚外子につめたく、疎遠である。父は、婚外子を重荷とみなし、子の健康や心身の成長には、なんら関心をもたない」。(*Motive IV*. S.851)

②狡猾な未婚の母
「子どもが、ないしは、事実上、母親が、複数の同衾者のうち、財産その他の理由からもっとも適切とおもわれる人物を選ぶことができたり、あるいは、複数の同衾者全体につぎつぎと請求できるというのは、きわめて腹立たしく、法感情を害するものとおもわれる」。
(*Motive IV*. S.886)

---

*4 *Bürgerliches Gesetzbuch : In der Fassung vom 1. Januar 1900*, Berlin 1896 (ND Goldbach 1997). 編纂の経緯については, 石部雅亮 [1999]「ドイツ民法典編纂史概説」(同編『ドイツ民法典の編纂と法学』九州大学出版会).

*5 *Die Vorlagen der Redaktoren für die erste Kommission zur Ausarbeitung des Entwurf eines Bürgerlichen Gesetzbuches. Familienrecht* [= *Vorlagen*], 3 Teile (Verfasser : Planck, G.), Schubert, W. (Hg.), Berlin/New York 1983, Teil 1 : Entwurf 1880 : §§ 386, 391.

*6 *Motive zu dem Entwurfe eines Bürgerlichen Gesetzbuches für das Deutsche Reich. Bd. IV. Familienrecht. Amtliche Ausgabe*, Berlin/Leipzig 1888 (ND Goldbach 2000), [= *Motive IV*] S.851.

*7 *Motive IV*, S. 886.

第 9 章 「家族の保護」と「子の保護」の競合　　　*251*

ちのなかで品定めし、資産をもつ男たちを加えることによって、自分と子ども
の将来をよくするために、ほかの男たちを誘惑しようとさえしはじめるだろ
う」からである*8。

◆民法典婚外子法規定

ドイツ民法典の婚外子規定は、妥協の産物であるといわれる。父の自由意思
を尊重する自由主義的な立場から、婚外子とその父とのあいだに法的血族関係
はないとされた（1589条2項）。他方、「社会問題」を解決しようとする立場から
は、父の扶養義務は、母や母方血族にさきだつと定められた（1708条以下）。後者
の立場が、次代のワイマール憲法にひきつがれたと説かれる*9。

しかし、父の扶養義務の容認は、長い伝統のうえにたっている。非嫡の父子
関係に法的血族関係をみとめない議論もまた、ローマ法にさかのぼる。19世紀
後半のドイツ婚外子法の特徴は、プロイセン一般ラント法でもみられた両者の
妥協にあるのではない。むしろ、婚外子の保護は不道徳を助長するおそれをは
らむとの前提のもとに、婚外子出生という「不始末」の責任を淫婦たる女性に
のみ負わせようという発想こそ、近代市民社会特有の論理なのである。そし
て、この論理を実現するための道具が、「不貞の抗弁」にほかならない。

「家族法」の第1章「婚姻」では、婚姻上の共同生活に関する夫の決定権（1354
条）や夫による妻の財産管理権（1363条）など、家父長制的な性格が顕著に示され
ている。第2章「親族」は、血族・姻族を扱い、婚外子法はこの章に含まれる。
子は母との関係ではつねに嫡出とみなされるため（1705条「非嫡出子は母及び
その血族との関係においては嫡出子の法的地位を有する」）、非嫡出規定は本質
的に父子関係の規律となる。

婚姻と嫡出子の保護は、キリスト教ヨーロッパの伝統的規範であり、近代法
に固有のものではない。近代法に特徴的なことがらは、①世俗官庁への届出に

＊8　Schubert, W. [1986], *Die Projekte der Weimarer Republik zur Reform des Nichteheli-chen-, des Adoptions- und des Ehescheidungsrechts*, Paderborn/München/Wien/Zürich, S. 35-36.

＊9　野沢紀雅 [1980]「ドイツ法における非嫡出父子関係の変遷」（『法学新報』87-7＝8) 160ページ.

＊10　広渡清吾 [1982]「19世紀ドイツにおける『民事婚 Zivilehe』の成立過程」（『家族史研究5』大月書店），若尾祐司 [1996]『近代ドイツの結婚と家族』（名古屋大学出版会）107ページ以下，常岡史子 [1999]「ドイツ民法典への強制的『民事婚』と有責主義的離婚制度の導入」（石部編『ドイツ民法典』）参照.

よってのみ婚姻の成立を認める強制民事婚制度＊10が成立した結果、婚姻・嫡出にかかわる管轄権が教会から国家に移行したこと、②道徳と法の分離にともない、婚前交渉や同棲・内縁がもはや風俗犯罪ではなくなったため、婚姻外生活共同体や婚外子の民事法上の不利益をより鮮明にする必要が強まったことである。フランス民法典からほぼ1世紀遅れて成立したドイツ民法典は、①・②に加え、③急速な都市化・工業化にともなって増大する「婚外子問題」への社会政策的配慮を盛り込まざるをえなかった。

婚外子を「市民家族をスキャンダルにまきこむ危険な存在」とみなして「父の捜索」を禁じたフランス法に対し、ドイツ法は、「父の捜索」を認めるかわりに、「不貞の抗弁」を導入した。懐胎可能期間中に母が他男と同衾した場合、父と名指しされた男はこの抗弁を申し立てることにより、子の扶養義務を免れるという原則である。このような方向性は、婚姻の「神聖さ」を強調する保守的論調と立法大臣サヴィニーの意向をうけ、1854年のプロイセン非嫡出子法によって確立し、民法典に継承された。「父の捜索」を認めたのは、子の扶養にかかる社会福祉負担を増やさぬよう、できるだけ父を特定して扶養料支払いの義務を課すためであり、他方、「不貞の抗弁」を導入したのは、父に不利な父性の不確実性を極力排除するためであった（本書第8章参照）。

[2] 婚外子とその母の法的不利益

◆父との法的血族関係

「法律婚嫡出家族」の保護というタテマエにのっとり、民法典は、婚外子とその母にさまざまな不利益を課した。成立当初から批判され、のちの改正論議の焦点となったのは、①父との法的血族関係、②母の親権、③不貞の抗弁、④子の扶養義務範囲である。

婚外子とその父の関係については、血族「ではない」ではなく、「とはみなさない」という法的擬制がとられた。それは、父が認知した婚外子は、父と「自然（法）上の父子関係」をもつけれども、「法律（実定法）上の父子関係」は発生しないという区別の論法を採用したことを意味する。父は、「自然法上の義務」として子の扶養義務を負うが、民法上は父と婚外子は他人とみなされ、子は父の姓を名乗ることができず、父に対する相続権ももたない。両者のあいだには、家族法上の関係（法的血族関係）はなく、債権法上の関係（子は父に対

【資料9―③】
ドイツ民法典における非嫡父子関係

①ドイツ民法典1589条
「非嫡出子とその父は血族とはみなさない」。

②ドイツ民法典第1草案理由書
「[法的]血族関係の基礎は嫡出の血縁にある。[たしかに]血族関係の自然の概念にとっては、それを媒介した生殖が婚姻間の性結合によるものか否かはさしたる問題ではない。子をつくった男とその母との双方から血をひいているという点では、非嫡出子でも嫡出子でも変わりはない。しかし、私法の領域では、種々の権利義務の基となる家族結合の条件は婚姻によって媒介された生殖にあるということが堅持されなければならない」。
(*Motive I*. S.65)

して扶養請求権をもつ)があるにすぎない。ドイツ法独特の父と婚外子の関係を「支払の父」とよぶ[11]。

非嫡父子間の法的血族関係を否定した理由を、第1草案理由書はこう語る。「法的血族関係の基礎は嫡出の血縁」にあり、「私法の領域では、種々の権利義務の基となる家族結合の条件は婚姻によって媒介された生殖にあるということが堅持されなければならない[12]。父子関係成立の根拠は法律婚におかれたが、母子関係の基礎は自然の血縁関係に求められたのである[資料9―③]。

◆母の親権

「親権」には、①身上監護権、②財産管理権、③代理権が含まれる。母に「親権」を認めないとは、②と③の財産上の権限を認めないということを意味する。

日本民法は「完全親権主義」をとるが、西欧諸国では多くの場合、婚外子の母の親権はさまざまな制約を受けた。その制約により3タイプに分けられる[13]。ドイツ民法典は「後見主義」をとる。改正案では「後見・親権主義」が主流となり、1969年法は「制限的親権主義」をとった[資料9―④]。

嫡母もまた父がいる間は親権を行使できないが、父死亡・離婚後等には親権

---

[11]　ドイツにおける婚外子法の変遷については、田村五郎[1980]『非嫡出子に対する親権の研究』(中央大学出版部)、野沢[1980]「ドイツ法における非嫡出父子関係の変遷」、岩志和一郎[1995]「1896年BGBの非嫡出父子関係――婚姻と親子の再検討の一助として」(『早稲田法学』71-1)、片山英一郎[1997]「1896年ドイツ民法典制定時における嫡出性概念の変遷過程――法律上の父子関係の決定法理と嫡出子概念の要否の検討の布石として」(『白鷗法学』8)を参照。ただし、これらの研究にジェンダーの視点はない。
[12]　*Motive zu dem Entwurfe eines Bürgerliches Gesetzbuches für das Dentsche Reich, Bd. 1. Allgemeine Theil, Amtliche Ausgabe,* Berlin/Leipzig 1888 (ND Goldbach 2000), [= *Motive I*.], S. 65.
[13]　田村[1980]『親権の研究』70ページ以下。

者となる。第1草案理由書は、婚外子の母に親権を認めない理由として、婚外子の母の「母性」に対する懐疑を表明した*14［資料9―⑤］。父が母に優位し、かつ、嫡母と婚外子の母を対立的にとらえる女性二分論がみられる点で、親権については二重のジェンダー・バイアスが顕著であった。

【資料9―④】母の親権の考え方

親権の内容	①身上監護権（身の回りの世話・養育）②財産管理権 ③代理権	
考え方	法典と改正案	備考
後見主義	1896年ドイツ民法典	親権を否定し、母子ともに後見に服する
後見・親権主義	1920-30年代改正案	後見主義を原則とするが、一定条件下で母に親権を認める
制限的親権主義	1969年婚外子法	母が自動的に親権者となるが、特定事項については親権を認めない
完全後見主義	日本民法典	婚外子の出生と同時に、母が単独で完全な親権を有する

　1896年6月の帝国議会本会議第2回審議において、社会民主党のベーベル Bebel, A. は、条文中の「有さない」から「ない nicht」の削除を強く求めた*15。ベーベルによれば、労働者階級の婚外子はたいてい父母の後婚により準正される。婚外子問題は、父が上層階級に属し、母が下層階級に属する子の問題にほかならないという前提のうえで、かれは、婚外子の母にも「母性」があると主張する*16［資料9―⑥］。

　しかし、「親権」を与える根拠を、父と母の階級差に由来して婚外子の母がこうむる「被害」に求めている点で、別の意味でのジェンダー・バイアスを免れてはいない。かれの論法は、女性の「弱さ」や「受動性」を強調する啓蒙期の「未婚の母」論を彷彿とさせる（本書第5章参照）。

◆「不貞の抗弁」と父の扶養義務

　「懐胎期間中に母と同衾した者は、…非嫡出子の父とみなす。ただし、この期間中に母が他男とも同衾したときには、この限りではない」（1717条）。多数当事者の子（懐胎期間中に母が複数当事者と性的関係をもった子）は、母の「不品行」により、父を特定するチャンスを失い、その結果、扶養請求権をも失う

---

*14　*Motive IV*, S. 861.

*15　Mugdan, B. (Hg.) [1899], *Die gesammten Materialien zum Bürgerlichen Gesetzbuch für das Deutsche Reich, Bd. 4. Familienrecht*, 1899 (ND Aalen 1979), S. 1388.

*16　Mugdan [1899], *Materialien 4*, S. 1368. 労働者層にとって婚前性交がけっしてタブーでなかったことについては、川越修／姫岡とし子／原田一美／若原憲和編著 [1990]『近代を生きる女たち――19世紀ドイツ社会史を読む』（未来社）233ページ以下参照。

> **【資料9―⑤】**
> **ドイツ民法典における婚外子と母との関係**
>
> **①ドイツ民法典1707条**
> 「母は非嫡出子に対して親権を有さない。母は子の心身を監護する権利を有し、義務を負うが、子を代理する権利を有さない。子の後見人は、母が監護権を有する範囲において補佐人の法律上の地位を有する」。
>
> **②ドイツ民法典第1草案理由書**
> 「経験上、婚外子は、身体的にも精神的にもあまりにもしばしばないがしろにされている。これら多くの子の利益ならびに間接的とはいえ社会の利益のためには、子が心身ともに良き養育を受け、人間社会の有用なメンバーに育つことができるだけ確実に保障されることが切に望まれる。しかし、もし母に婚外子に対する親権を認めたりすれば、まず、このような保障は消え失せてしまうであろう。たとえ、婚外子の母が親権と結びついた権利・義務を果たし、ないしは、行使する能力をみずから有していたとしても、とかく彼女には善意と十分な真摯さが欠けているのである。多くの場合、婚外子の母は、子に対して、嫡出子の母に匹敵するほどの関心や、子の最善を念ずる献身的愛情を抱いてはいない」。
> (*Motive* IV. S.861)

というのが、「不貞の抗弁」である。この場合、女性側が他男との同衾事実がなかったことを証明しなければならない。性の二重基準のもと、近代法では女性の不品行には男性よりきびしい民・刑事上の制裁が科せられたが、「不貞の抗弁」によって婚外子がこうむる不利益もまたこうした制裁の一環であった。

「父は、子の母および母方血族に先だち扶養義務を負う」(1709条)とされたが、その範囲は、「子が満16歳になるまで母の生活状況に応じた扶養」(1708条)にとどまった。改正論議では、扶養料の算定基準に父の生活状況を考慮する方向が強かっ

たが、父方血族を扶養義務者の範囲に含むかどうかについては見解が分かれた。

扶養義務を免れるために、男性は、しばしば、「不貞の抗弁」を利用した。1935年出生婚外子のばあい、4人に1人 (25%) がこの抗弁を提出されている。全婚外子の35% で父性があらそわれたことをみるなら、父性確定訴訟の70%以上で、「不貞の抗弁」が利用されていたことがわかる[17]。

---

[17] 田村 [1980] 『親権の研究』220 ページ以下.

(3) 婚外子の「実態」調査と
フェミニズムの対応

[1] 「社会問題」としての
婚外子問題

◆「実態調査」のジェンダー・
バイアス

19世紀末以降、「婚外子問題」は
「社会問題」として社会調査の対象
となる。しかし、18世紀末から19
世紀にかけて急激に上昇した婚外子
出生率は、その後は高い水準のまま
ほとんど変わっていない。婚外子出
生率の高さを決定する最大の要因は
農業構造にあった。農地相続制度と
の関連で初婚年齢が高くなる地域で

【資料 9 ─ ⑥】
本会議におけるベーベルの見解

「条文で、子の身上監護の権利・義務が母に
認められるのであれば、子に対する親権を母
に帰属させることこそ正当であり、同じく、
子の代理についても、母にその権利があると
みなすべきです。母が子に対するもっとも重
要な諸義務を履行するというのに、なにゆえ、
彼女が母としてまず心にかけるに違いない、
そして誠実に行使するであろう諸権利を、母
から剥奪しようとするのでしょうか。非嫡出
子の母を汚辱にまみれた人物とみなしている
がゆえに、世間がこの提案に反対することは
十分に承知しています。しかしながら、社会
に対して犯したと称される罪に対して、母が
父よりも苛酷に評価されるべきではありませ
ん。なぜならば、たいていの場合、父が誘惑
者であり、罪の責任の大半は父にあると考え
なくてはならないからです」。

(Mugdan〔1899〕, *Materialien*, S.1368)

は、婚外子出生率もまた著しく高まる傾向があった。バイエルンでは20パー
セント以上、オーストリア・ケルンテンにいたっては40パーセントを超え
る。これらの地域では、婚外子出生は「社会問題」ではありえず、社会の存続
に不可欠な機能であった[18]。

「婚外子問題」が「社会問題」として認識されるようになったのは、国家が教
会の影響力を排除して婚姻と出生を管理するシステムを確立させ、それを徴兵
制のために利用しようとして、「不健全」な国民の存在に気づいたからにほかな
らない。社会調査は、国家の利害に即した調査を行い、婚外子の「実態」を統
計数字であらわした。婚外子法改革論の前提とされる婚外子の「実態」が、す
でに一定のバイアスを含んでいたのである。

◆スパンの調査

のちの婚外子法改革論議で「社会科学」的根拠としてしばしば引用されたの
は、スパン Spann, O. によるフランクフルトの婚外子実態調査（1905年）であ

---

[18] Mitterauer, M.. [1983], *Ledige Mütter. Zur Geschichte unehelicher Geburten in
Europa*, München, S. 23 ff.

第9章 「家族の保護」と「子の保護」の競合

る*19。かれは、フランクフルト徴兵名簿から1870-81年出生の婚外子を抽出し、①婚外子の平均寿命の短さを指摘したうえで、②婚外子と父母の関係、③婚外子の心身の健康について論じた。

スパンは、身体的健康度を徴兵検査の合格率ではかる。かれは、婚外子のなかでも継父にひきとられている婚外子は嫡出子（50.2%）を上回る徴兵検査合格率（52.4%）を示し、未婚の母のもとにいる婚外子はわずか3人に1人しか合格しない（36.8%）と指摘した。また、精神的健康度をはかる尺度とされたのは、犯罪率である。一般に婚外子の犯罪率が嫡出子よりも高いとしながらも、ここでも徴兵検査の結果と同様、継父子は犯罪率が比較的低いと示唆する。このように、スパン調査では、婚外子が「父」をもつ必要性が強調され、未婚の母と暮らす婚外子の心身発達の遅れがことさらに際だたされた*20。

スパンによる婚外子「実態」調査は、手法・結論ともども、それ自体大きなジェンダー・バイアスをはらんでいる。調査にあたってスパンが利用したデータは、婚外「男子」の健康であり、「女子」は入っていない。調査結果は、兵士として国家に貢献し、社会的逸脱行動をしない男性を確保することに努力していた政府の利害にも合致した。しかし、フェミニズム運動もスパンの調査を歓迎した。同趣旨のスパンの論文2篇は、急進派の機関誌『母性保護』と『新世代』にも掲載されている*21。ワイマール期の婚外子法改革論議において、政府側にも、またそれを批判する側にも、議論の前提として、母の養育能力の不足をカバーし、継父にかわって「父」的役割を果たす存在（公的機関）の必要性が説得力をもっていたと推定される。

---

*19　Spann, O. [1905], *Untersuchungen über die uneheliche Bevölkerung in Frankfurt am Main*, Dresden.

*20　1951年，ネールリッヒがボン調査において1910, 1925, 1930年出生の婚外子3万人弱のデータをもとに，未婚の母のもとにいる婚外子の犯罪率は嫡出子と変わらないこと，準正子や継父子，養子の婚外子の犯罪率はかなり高いことを指摘する。Nährlich, W. [1951], *Die Kriminalität der unehelich Geborenen*, Bonn.

*21　Spann, O. [1907], Die Lage und das Schicksal der unehelichen Kinder, in : *Mutterschutz* 3, S. 345-358 ; ders. [1910], Die Bedingungen der Unehelichkeit, statistisch betrachtet, in : *Neue Generation* 1, S. 28-35.

[2] フェミニズムによる民法典婚外子法批判

◆フェミニズム主流派＝穏健派と急進派

　フェミニズムは、民法典家族法の家父長制的性格の修正を要求する陳情書を帝国議会に提出し、署名活動に取り組むなど、活発な批判活動を展開した。婚外子法改革提案もその重要な柱に位置づけられた。提案内容のほとんどは当時受け入れられなかったが、フェミニズム穏健派の主な指導者が属するドイツ民主党を通じて、ワイマール期の婚外子法改革論に継承されていく。

　民法典成立とともに、フェミニズム主流派たる穏健派は法改正の対象を家族法から刑法（姦通罪・堕胎罪）へと移したと言われる＊22。しかし、指導者ボイマー Bäumer, G. は、婚外子法改正案が出されるたびに見解を示しており、政府案に大きな影響を与えた。他方、ヘレーネ・シュテッカー Stöcker, H. 率いる急進派の母性保護同盟（1905年結成）は、同盟綱領の第1目標の1つとして婚外子と嫡出子の平等化を掲げていた。同盟は、各地に相談所をもうけて実践的活動もおこない、機関誌（当初は『母性保護』、のち『新世代』）には、毎号、婚外子問題に関するレポートを掲載した。活動報告、判例、調査結果、外国法の紹介など内容は多岐にわたる。また、ワイマール憲法制定時の婚外子保護条項をめぐる国民議会での議論を載録するほか、児童保護・職業後見人団体の代表者の論攷も随時掲載して、婚外子法改正を訴え続けた。

　穏健派と急進派は、婚外子と未婚の母の保護を訴える点では共通したが、手段・目的は根本的に異なった。穏健派が法律婚の保護に固執し続けたのに対し、急進派は「新しい倫理」を掲げて、「未婚の母」の単なる保護にとどまらず、事実婚すら積極的に容認したからである＊23。母性保護同盟は、ドイツ婦人団

＊22　ドイツ女性史については, Frevert, U. [1986], *Frauen-Geschichte. Zwischen bürgerlicher Verbesserung und neuer Weiblichkeit*, Frankfurt/M.（若尾他訳 [1990]『ドイツ女性の社会史』昂洋書房）, レナード・ブライデンソール／アキナ・グロスマン／マリオン・カプラン（近藤和子訳）[1992]『生物学が運命を決めたとき——ワイマールとナチスドイツの女たち』（社会評論社）, 姫岡とし子 [1993]『近代ドイツの母性主義フェミニズム』（勁草書房）, 田村雲供 [1998]『近代ドイツ女性史——市民社会・女性・ナショナリズム』（阿吽社）, ジゼラ・ボック [1998]「女性の貧困, 母の権利, そして福祉国家」（G.デュビィ／M.ペロー監修『女の歴史Ⅴ：20世紀2』藤原書店）, 同 [1998]「ナチズム——ドイツの女性差別政策と女性たちの生活」（同上『女の歴史Ⅴ：20世紀1』）参照. また, 若尾祐司 [1996]『近代ドイツの結婚と家族』（名古屋大学出版会）の第Ⅲ部をも参照.

＊23　「新しい倫理」とは, ①性愛の基盤を婚姻ではなく, 男女相互の愛情と責任にもとめる,

体連合への加盟を拒否され、主流派と袂を分かつことになる。「妻＝嫡母」と
「未婚の母」の対立はフェミニズム運動を二分する結果をもたらしたといえ
る。

　「母性主義フェミニズム」と称される穏健派は市民女性を担い手としたが、家
族法問題については、労働者政党である社会民主党と主張のほとんどを共有し
た*24。民法典第1草案の家父長制的規定に対する失望は強かったが、女性の
地位改善のための声はなおまばらで、ことに法律家からの抗議はなく、帝国議
会に提出した請願書は無視されたも同然であった。第2草案の第2読会でも女
性の地位についてほとんど変更されず、連合は、ドイツ語圏初の女性法律家ケ
ンピン Kempin, E.*25のパンフレットを出版し、広範な層への訴えかけにとりく
もうとしたが失敗した。むしろ、女性運動内に普及したのは、講壇社会主義の
立場から民法典を批判したことでよく知られるメンガー Menger, A. の『民法典
と無産階級』*26である。

◆運動の挫折

　1895年、ドイツ婦人団体連合第1回総会において、法的問題は「最重要の課
題」と目され、連合の行動綱領に取り入れられた。しかし、精力的な署名活動
も功を奏さなかった。連合は、9月の民法典公布前に帝国議会に提出すべき新
たな請願書を作成し、要求を3点にしぼる。①夫婦財産制（妻の財産を夫が排
他的に利用することの禁止と法定夫婦財産制としての別産制の導入）、②親権

---

②事実婚（自由婚）の承認，③個人の尊厳の尊重，④自己決定権の容認であった．①は婚姻制
度の崩壊をうながし，②は婚外出産を肯定し，③は同性愛を認め，④は女性の「産まない権
利」を擁護して，人工妊娠中絶の合法化と避妊具普及を促進することにつながる．姫岡
[1993]『母性主義フェミニズム』98ページ以下．なお，エイミー・ハケット [1992]「ヘレー
ネ・シュテッカー──左翼インテリ，性改革者」（ブライデンソール／グロスマン／カプラン
『生物学が運命を決めたとき』），水戸部由枝 [2000]「ヘレーネ・シュテッカーと帝政ドイツの
堕胎論争」（『西洋史学』198）をも参照．

*24　Lange, H./Bäumer, G. (Hg.) [1901], *Handbuch der Frauenbewegung, II. Teil*,
Berlin, S. 142 f.

*25　*Handbuch II* [1901], S. 136. 屋敷二郎 [2001]「法律家としてのエミリー・ケンピン＝
シュビーリ──ドイツ民法典と女性運動をめぐって」（『一橋論叢』126-1）39ページ以下．な
お，同 [2001]「エミリー・ケンピン＝シュビーリ研究序説──没後100年を機に──」（『一
橋大学法学部創立50周年記念論文集』）をも参照．

*26　Menger, A. [1890], *Das Bürgerliche Recht und die besitzlosen Volksklassen*, Tübin-
gen. 全編（全226ページ）のほぼ3分の1を家族法（S. 39-108）が占め，その大半が婚外子
法に費やされている（57-102ページ）．

（父と共同かつ平等な親権を母にも認めること）、③婚外子法（未婚の母にも親権を付与し、子に対する父の扶養義務を適正化すること）である。

結局、民法典家族法への反対運動は挫折した。その理由は、法律家たちの反発と女性自身の失望にある。「伝統的法律的概念とほとんど相容れない要求にまったく理解をもちえなかった大多数の」法律家たちは、「他の文明諸国では久しく女性たちに承認されているような女性の権利を主張するドイツの女性法律家たちを、『非常識』、『言語道断』、『すこぶる素人くさい』と非難し、講演や一連のパンフレット、雑誌論文で、女性法律家たちの要求は支持できないと女性たちに説いてまわり、これらの要求をまったく少数の急進派のものとして片付けてしまおうとした*27」。女性たちも、議会での展開に失望して請願書の修正等に期待を見いだせなくなった。民法典施行直前の1899年秋に帝国議会に提出された請願書にはわずかの署名しか集められず、議会ではほとんど無視されたのである。

第2節　ワイマール〜ナチス期の婚外子法改革論

(1)　ワイマール期の婚外子法改革論

[1]　憲法の婚外子保護条項と民法改正案
◆第1次大戦中の論議

民間で高まっていた婚外子保護論に比し、政府側で婚外子保護の必要性が認識されはじめたのは、第1次大戦による人的損害を契機とする。

戦争がはじまってまもない1915年、プロイセンにおける戦争の人的損害はおよそ55万人にのぼった。翌16年5月、プロイセン内務省で、出生率低下策について審議がはじまる。人口減の一要因として指摘されたのが、婚外出生の乳幼児死亡率の高さであった。しかし、政府内にも見解の相違があり、人口政策に腐心する内務省は婚外子法改革を推進し、司法省は法改正に慎重な態度をくずさなかった。結局、戦争終結とともに、改革論は中断した。

---

*27　*Handbuch II*［1901］, S. 146 f.

> **【資料9—⑦】**
> ワイマール憲法（1919年）の家族保護条項
>
> 　119条　婚姻は、家庭生活および国民の維持・増殖の基礎として、憲法上、特別の保護を受ける。婚姻は、両性の平等にもとづく。
> 　家族の純粋な維持、健康、社会的促進は、国家と諸自治体の任務である。
> 　母性は、国の保護と配慮を求める権利を有する。
> 　120条　子を身体的、精神的、社会的に有用な人物に育てることは、両親の最高の義務であり、自然の権利である。その行使は、国家共同社会の監督下におかれる。
> 　121条　非嫡出子には、立法により、肉体的、精神的および社会的成長について、嫡出子と同様の条件がつくりだされるべきである。

◆ワイマール憲法婚外子保護条項の成立

　ワイマール共和国の成立をうけ、状況が一変する。平等原則をアピールしつつ、人的資源の確保もはかることができる婚外子対策は全国的課題となった。1919年7月の憲法制定国民議会第2読会で、婚外子の地位について議論された[28]。嫡出子と婚外子の「完全平等」を主張したのは、独立社会民主党と社会民主党である。他の諸政党は、「完全平等」案は制度としての婚姻を危機にさらすとして大いに警戒した。7月末の第3読会で、「完全平等」を拒否するかわりに、中央党の提案をうけ、当初は婚姻・家族・母性保護を定める119条の第2文におかれていた婚外子条項を121条として独立させることが決まる。

　中央党は、立法により婚外子が生育するための「適切な」条件づくりを義務づけることを提案したが、婚外子と嫡出子の「同等」や「平等」には言及を避けた。最終的に憲法の条文に取り入れられたのは、ドイツ民主党の案である。民主党案は、婚外子に嫡出子と「同等」の生育機会を保障するための立法措置をとることを憲法上の要請と定めた。しかし、婚外子が父の家では育たないことを前提として、婚外子保護を憲法そのものではなく、社会立法に委ねることを明示した点では、ドイツ民法典婚外子法が追求した婚姻＝家族保護と婚外子保護との妥協をはかった案であったといえる［資料9—⑦］。

---

[28]　Unehelichkeit und Nationalversammlung, in: *Neue Generation* 16 (1920), S. 25-33, 97-103, 259-265. 人口政策については，依田精一 [1981]「資本主義ドイツにおける家族政策と家族法」（福島正夫編『家族——政策と法4：欧米資本主義国』東京大学出版会）216ページ以下.

【資料9─⑧】ワイマール～ナチス期婚外子法改正案の比較

各法案	父と婚外子との関係			母の「不品行」に対する抗弁	後見裁判所の権限	父母の権限		備考
	任意認知子	強制認知子	多数当事者子			父	母	
ドイツ民法典	①父とは法的血族関係をもたない ②「支払の父」(父を特定)			「不貞の抗弁」	─	─	身上監護権	親権は任意後見人(通常は親族)が行使　後見主義
1922年政府法案	①父と法的血族関係をもつ ②第2順位の相続権保障	「支払の父」(全当事者の連帯責任)		「媚婦の抗弁」	「父性」の確定	共同親権		父の「自由意思」の偏重
1925年政府法案	①父と法的血族関係をもつ ②相続権否定／扶養料未払い分を義務分にて決済	「支払の父」(全当事者の連帯責任)		認めず	①「父性」の確定 ②婚外子の扶養全般の管理・監督	①面接交渉権 ②身上監護権・親権取得可能	親権	「地位改善主義」　後見・親権主義
1929年政府法案	①父と法的血族関係をもつ ②相続権否定／扶養料未払い分を義務分にて決済	「支払の父」(全当事者の連帯責任)		認めず	①「父性」の確定 ②婚外子の扶養全般の管理・監督	父母同居時のみ親権取得可能	親権	25年改正案の発展版
1928年対案	①父と法的血族関係をもつ ②嫡出子と同等の相続権保障	「支払の父」(父を特定)		認めず	親権は後見監督庁(職権後見人)が行使	職業教育権	身上監護権	「平等化主義」への接近 明白な性別分業　後見主義
1934年ミュンヘン案	①父と法的血族関係をもつ ②嫡出子に次ぐ第2順位の相続権保障			認めず	①父を職権により確定 ②親権・身上監護権の停止・剥奪	親権　／　父性確定後=親権	親権　／　身上監護権	父の責任強化 明白な人種主義　後見・親権主義
1937年ドイツ法アカデミー案	①父と法的血族関係をもつ ②嫡出子と同等の相続権保障(②は子が父の家に引き取られたときのみ)	「支払の父」(全当事者の連帯責任)		認めず	親権は後見監督庁(職権後見人)が行使	子を家に引き取った場合には親権	身上監護権	父の家の保護 明白な人種主義(「劣る方」に従う)

[2]　1920年代の民法改正3法案

◆政府の3法案

　1920年代に、ワイマール共和国（ライヒ）政府は、婚外子法改正にむけて3度の政府案を作成した（22・25・29年法案）[29]。実質的な起草者ブランディスBlandis は、ナチス期にドイツ法アカデミー委員会会員となり、ライヒ裁判所大法廷判事に任命された人物である。

＊29　ワイマール期の婚外子法改革の概要と法史料については，Schubert, [1986], *Die Projekte der Weimarer Republik*（注8）.

3法案はともに、父と認知子の法的血族関係を認め、「特別の事由から子の利益になるとき」のみ、後見裁判所が、母か父の申立てにもとづき、各親に親権を付与するとされた（後見・親権主義）。また、「不貞の抗弁」を原則的に否定し、16歳までの扶養料の基準を父母の経済状況に求めた点で共通する。しかし、父への親権付与の条件、子の相続権、多数当事者の子の処遇については見解が分かれた。子の法的地位に関して、22年案はノルウェー法、25・29年案はスウェーデン法とオーストリア法に範をとった。ノルウェー法は、認知婚外子を嫡出子とほぼ平等に扱う平等化主義をとり、後2者は、婚外子と嫡出子のあいだの法的差別を温存するという地位改善主義をとる［資料9—⑧］。

◆ **1922年法案**

1920年7月12日、ライヒ司法省は、婚外子法改正案を作成し、各ラントや福祉団体・児童年保護団体代表の意見を求めた。1922年7月末、「婚外子法・養子法」改正案（22年法案）が各ラントに送付され、9月末、バイエルン・バーデンが保守的、プロイセンが中道と立場こそ違え、基本的に諸ラントは政府案に同意した。

22年案が採用した「平等化」とは、父の自由意思を前提とする限りでの「平等化」にすぎない。任意認知子（父が自由意思で認知した子）と強制認知子（裁判により認知された子）・多数当事者子（父を特定できない子）とのあいだに差をもうけ、任意認知子のみ嫡出子に準じた法的地位をもつとしたのである。任意認知子は父と法的血族関係にたち、嫡出子の次に第2順位（妻）とならんで4分の1の相続権をもつとすらされた。

父の自由意思が反映されていない強制認知子と多数当事者子については、「支払の父」原理が継続する。父性確定は後見裁判所の権限とされ、父を特定できないときでも、母が売春婦でなかった限りにおいて（「娼婦の抗弁」）、当事者男性すべてが連帯して扶養料支払い義務を負うとされた。共同親権を認めたとはいえ、子の権利は、父の自由意思と母の不品行に左右されて大きく異なったのである*30。

◆ **1925年法案**

1924年12月末、ライヒ政府は「婚外子法・養子法」改正案を議決し、翌年5

＊30　Der Nichtehelichenrechtsentwurf von 1922, in: Schubert [1986], *Projekte*, S. 121-153.

月、ライヒ参議院に議案として提出された (25年法案)。25年案は、後見裁判所に父性確定・婚外子の扶養全般を管轄させる。それは父性の誤認を避けて父性確定を一元的に管理し、扶養料を確実に徴収するためであった。22年案とは異なり、25年案は、任意認知子と強制認知子との差をほとんどなくした。認知子と父との間の法的血族関係は認めたが、子の相続権を否定し、扶養料未払分を義務分にて決済できるとした (地位改善主義)。

多数当事者子は、家族法上の父をもたず、後見裁判所の判断に従い、多数当事者の1人と扶養料弁済契約を結ぶ。契約者は他の当事者に応分負担を請求することができるとされ、子と扶養料弁済責任者との間には「支払の父」原理が妥当する。「不貞の抗弁」の廃止により母の不品行が助長される恐れを表明しながらも、子の福祉のために「娼婦の抗弁」は否定された。また、法的父に子との面接交渉権を与えたが、それは、子への関心を高め、扶養料支払いの意思を強めるためであった。母の同意のもと、父が子を永続的に家で扶養しており、父の妻の同意がある場合には、後見裁判所が父を審査して、父に身上監護権や親権が付与された[*31]。

父の自由意思の偏重と母の不品行の制裁を子に科す悪弊は消えたが、かわって、親権付与をはじめとする父母たる資格の判断がもっぱら後見裁判所に委ねられて、国家的介入が著しく強められた点、同時に、父の責任感に訴えるような方向が強まった点が25年案の特徴といえる。1928年、ワイマール最後の社会民主党政権であるミュラー内閣成立をうけ、9月末よりライヒ参議院の司法＝内政委員会において25年政府案の第1読会がひらかれる。11月の第2読会で修正をうけた25年案は、11月末、ライヒ参議院を通過した。

◆ 1929年法案

1929年1月、ライヒ法務大臣コッホ＝ヴェーザー Koch=Weser, E. は、法案をライヒ議会に提出する (29年法案)。共産党は反対したが、民主党・中央党・社会民主党の賛成を得て、法案は法務委員会に移送され、1929-30年に全6回の審議が行われた。この間、児童福祉団体と職権後見人組織の委員会が協力して、対案をまとめている (28年対案)。

親権付与については、29年案はおおむね25年案に従うが、父が子を家にお

---

*31　Reichstagsvorlage vom 22.5.1925, in: Schubert [1986], *Projekte*, S. 153-188.

くときという条件は付されず、父の面接交渉権に関する規定もない。多数当事者子の扱いはほぼ25年案と同様であった。法務委員会の審議では、親権は母に付与するものとし、父母が同居している場合に限って父にも付与できると決定された。共産党は、非婚生活共同体の婚外子については嫡出子と完全に同等とする旨提案したが、却下された。もっとも紛糾したのは、多数当事者子の扶養問題である。全当事者の連帯責任とする点は一致したが、全当事者が一種のペナルティとして扶養料全額をそれぞれ支払い、児童保護局が婚外子扶助料に利用するという案（社会民主党）、血液鑑定などの医学的根拠に従うとする案（ドイツ国家人民党）など諸政党は自案をゆずらなかった。1930年5月、中央党ブリューニング内閣成立により、委員会での審議がとまる。翌31年2月、収拾がつかなくなっている委員会審議の決定を盛り込まずに29年案そのものをライヒ議会にかけようとしたが、7月、婚外子法案のライヒ議会提出は「不適当」との首相の指示により、いっさいの審議が停止した*32。

[3] 法案への批判
◆福祉の観点からの批判

　3法案に対しては、各界からさまざまな批判があびせられた。もっとも強力な異論をとなえたのは、児童福祉・職業後見人関係の団体である。それらの団体は、25年案は1924年に導入された職権後見人制度 Amtsvormundschaft をないがしろにしていると考えた。職権後見人制度とは、婚外子出生地の児童保護局が子の出生と同時に自動的に後見人官庁となる制度である*33。

　28年対案は、認知子には嫡出子と同等の相続権を認めるとする点で、3法案よりも一歩進んでいる。しかし、親権を母にも父にも与えず、後見人官庁に委ね、父母を後見人の監督下におくべきとした。父母の役割は性別に分けられ、身上監護権は母にのみ与え、父にはもっぱら職業教育などの責任を負わせるとした。「不貞の抗弁」については、団体内部でも見解が分かれた。対案は、抗弁

＊32　Reichstagsvorlage vom 11. 1. 1929, in : Schubert [1986], *Projekte*, S. 364-386.
＊33　1904年、児童福祉事業の理論的指導者であったクルムカーは，スパンらとともに，職業後見制度 Berufsvormundschaft の概念を生み出し，婚外子の後見人を福祉機構が担う制度を提唱した．このプランは，1922年，ライヒ児童福祉法制定とともに，児童局による職権後見人制度に継承される．Schubert [1986], *Projekte*, S. 37 ff.
＊34　Gegenentwurf von 1925, in : Schubert [1986], *Projekte*, S. 301-308.

を否定しつつ、1人の父を特定する立場をとったが、児童保護専門家委員会では、抗弁存続を擁護する意見もだされた。後見人官庁の努力により抗弁の提起は極力抑えられているため、実務上は抗弁を廃止してもさしつかえない。しかし、抗弁の否定は「不誠実な」性関係を助長することにつながり、性倫理を頽廃させ、婚外子の父母から責任感を失わせてしまうというのが存続論の論拠であった*34。

28年対案における後見人官庁の権限強化は、子を貧困から救うためであった。しかし、子の父から扶養料を確保して国家の福祉負担を軽減しつつ、父に代わって福祉担当の役人が子の養育に関わるという意味では、家族への公的介入の度合いが著しく強い。背景には、婚外子の母の養育能力に対する不信があり、父は婚外子に関心をもたないという神話があった。28年対案は、その国家的介入の強さゆえに、ナチス期に再評価されることになる。

◆フェミニズムからの批判

母性保護同盟は、当初より、児童保護・職業後見人団体と緊密な関係を保った。機関誌『新世代』上で、憲法成立時に発表された婚外子法改革に関する論攷でも、冒頭から官庁後見人制度の生みの親クルムカー Klumker, J. の言を引用し、民主的社会国家を志向する共和国は、婚外子に対する「不正義」を根本から改めねばならず、人口政策的見地からも、子の扶養の第一義的責任は国家あるいは自治体が担うべきであると論じている*35。29年法案に対しても、クルムカー自身による手厳しい批判を掲載した。かれによれば、29年案はとりわけ28年対案を十分にくみ尽くしていない。「不貞の抗弁」を存続させると訴訟継続中に子は父をもてないが、父の連帯責任を認めることは子に「共同株出資の子」という烙印を押すことになり、差別が拡大する。後見人官庁の手で速やかに1人の父を特定すべきというのが、クルムカーの主張であった*36。穏健派の機関誌『女性』では、ボイマーが基本的に25年案を支持して、婚外子保護は父母の婚姻による準正を促す方向でめざされるべきであると主張し、草案起草者ブランディスに大きな影響を与えた*37。

---

*35 Rosenthal, [1919] Die Reform der Rechtsstellung des unehelichen Kindes, in: . *Neue Generation* 15, S. 127.

*36 Klumker, J. [1929], Der neue Gesetzentwurf über die Rechtsstellung der unehelichen Kinder, in: *Neue Generation* 25, S. 1 ff.

(2) ナチス期の婚外子法改革論への影響

[1] 1934年ミュンヘン案

◆ナチスの家族政策

1930年にいったん頓挫した婚外子法改革論議は、33年のナチス政権樹立後ふたたび復活する。ナチス期には、人口政策との関連で、未婚の母と婚外子が優遇されたとしばしば言われる。しかし、婚外子法改正論議を見る限り、母子が優遇されたというよりも、母に対する父の優位、父母に対する国家（後見裁判所）の優位が模索されたという側面のほうが強い。その結果、ワイマール期の職業後見人団体がだした28年対案にもっとも近い案が、ナチス法律家によって準備される。35年成立の「ドイツ人の血と名誉を守るための法律」との整合性もめざされ、改正論でも人種主義的方向が明示された。

◆婚外子法改革

1935-38年に、ナチス法律家による婚外子法改正のための諸案がでそろう。そのうち、もっとも急進的な平等化をめざしたのが、34年のミュンヘン民法・民事訴訟法ワーキンググループ案である[38]。この案には人種主義と父性主義が顕著であり、後見裁判所の権限強化もはかられた。案は、父・父の血族との法的血族関係の承認、嫡出子につぐ第2順位の相続権の付与（ただし義務分に限定）により、認知婚外子の法的地位を大幅に嫡出子に近づけることをめざす。父母の役割分担は明確である。父性確定以前には母に帰属した親権は、父が確定するや父に委ねられ、母には身上監護権のみ帰属するとされた。

子の健全育成という名目のもと、公的介入の余地も大きい。後見裁判所は、婚外子の父を職権により確定する権限をもち、親権や身上監護権の停止・剥奪権も行使できる。職業訓練まで含めて、婚外子の扶養・養育にかかるコストは、子の必要に応じて、両親・両親の直系血族が負担する。1人の父を特定できない多数当事者子については、多数当事者すべてが、子を管轄する地方社会

---

[37]　Bäumer, G. [1928/29], Der Unehelichenschutz und die legitime Familie, in: *Die Frau* 36, S. 339 f.

[38]　Schubert, W. (Hg.) [1989], *Akademie für Deutschs Recht, 1933-1945, Protokolle der Ausschüsse, Bd. III. 2. Familienrechtausschuß. Unterausschuß für Eheliches Güterrecht*, Berlin, S. 272 ff.

福祉団体に扶養料を支払い、団体が、母の扶養義務とは別に、そこから必要な
生活費を子に渡すとされた。平等化法案の背景には、「婚外子は嫡出子と同じ
く民族共同体の1員である」との起草者の認識があった。次世代の国民育成の
ためには、公権力が確定した父の優位のもとで血を分けた父母が性別役割分担
を行い、それを公権力が監督するという図式が望ましい（「子に対する責任は、
民族共同体に対する責任意識の明白な表現である*39」）という理念が、法案に
明示されているといえよう。

[2] 1937年ドイツ法アカデミー案

◆アカデミー委員会

1937年、ドイツ法アカデミー家族法委員会で婚外子法改正が審議され、翌
年、草案がまとめられた。委員会で司会をつとめたのは、ミュンヘン弁護士会
会長をつとめるナチ党員法律家メスマー Mößmer, F. である。かれ自身のプラ
ンは、25年政府案に近い。メスマーは、1933年以前から、「わが法生活のなか
で憂うべき現象」たる婚外子の法的地位改善の必要性を強く訴えていた。「現
行法のもとでは、婚外子はほとんど2等級の人間として扱われている。婚外子
に対する扶養義務の規則はとくにドイツ的感情を逆なでするものである*40」。

37年、メスマーは、アカデミー委員会において、13項目にわたる婚外子法改
正案骨子を提出する。かれは、無責の婚外子が母の不品行の犠牲になるのはし
のびないとして、多数当事者の子については当事者男性すべてが連帯責任を負
うべきであると唱えた。しかし、25年案と同様、父の「家」の存続にも配慮し、
子の平等化については、子が父の家にひきとられた場合にかぎって、嫡出子と
同等とするという慎重な留保条件をつける。人種主義は鮮明であり、「混血の
子、あるいは、遺伝病をもつ者の交わりから生まれた子は、監護権、代理、姓、
相続権に関して、『劣る方』に従う」とした*41。

7月13日の委員会における婚外子法審議のさいには、ライヒ大臣をつとめる
アカデミー委員会長フランク Frank, H. のほか、ライヒ司法省、内務省、統計

---

*39 Schubert [1989], *Akademie*, S. 21 f.

*40 Schubert [1989], *Akademie*, S. 20.

*41 Schubert [1989], *Akademie, S.* 401 ff. メスマーについては，南利明『ナチス・ドイ
ツの社会と国家——民族共同体の形成と展開』（勁草書房）284-286 ページ.

第9章 「家族の保護」と「子の保護」の競合　　*269*

局、ナチ人種政策課などから総勢33名が出席した。メスマーの提言骨子が基本的に了承されたが、後見人の権限を強化する修正を加えたため、結果的に、委員会草案は、児童福祉・職業後見人団体の28年対案に近づく＊42。1937年12月、ライヒ司法省が婚外子法改正案をまとめた。この案は、ごくわずかの変更を経て、1940年5-6月にライヒ内閣に送られたが、7月、ヒトラーによって拒否される。婚外子とその母の法的地位の改善には不十分というのがその理由であった。時局は総力戦に突入し、改革論はふたたび停止する。

◆フェミニズムの対応

　フェミニズムの諸団体は解散させられていたが、雑誌『女性』は刊行され続けた。誌上で、リューダース Lüders, M. E.（1932年までドイツ民主党代議士）は、ミュンヘン案を「ボルシェビキの法に等しい」として拒否し、家族という単位がなければ、「親権のようにきわめて包括的な権利を行使する本質的前提、すなわち、養育共同体が父には欠如する」と指摘した。「家族擬制にもとづく法規定は非嫡出子にとっても、ひいては民族共同体にとっても、きわめて危険なものとなるであろう。というのは、ドイツで生まれる子の8人にほぼ1人が非嫡出子であるため、法律該当者が相当数にのぼるからである＊43」。あくまで、「制度としての婚姻」を親権行使の基礎とし、婚外子と嫡出子の平等化に反対したのである。

(3)　婚外子法改革論とジェンダー・バイアス

［I］　家族への国家の介入

◆ジェンダー・バイアスの固定化

　民法典成立後およそ40年間にわたる婚外子法改革案の攻防からは、子の保護という観点から見て、諸法案が一定の「進歩」を示したことがうかがえる。しかしながら、その「進歩」には国家によるジェンダー・バイアスの固定化がはらまれていた。

　婚外子問題に対する国家の関与のしかたは、民法典と改正案とでは大きく異

＊42　Schubert [1989], *Akademie*, S. 598 ff.
＊43　Lüders, M.-E. [1934/35], Zur Reform des Unehelichenrechts, in: *Die Frau*, 42, S. 212, 215.

なる。民法典婚外子法は、「古典的自由主義の晩年の子」と評される民法典の性格に相応して、家長（夫＝父）の権利濫用のときのみ国家が介入するという原則の下に、婚外子保護を私法たる家族法の枠内に入れようとはしなかった。しかし、そもそも婚外子と父の法的血族関係を否定するというもっとも基本的な前提において、国家のみが「家族」を定義しうるという国家のスタンスを明確に表現した。母性は法律婚を前提にして法的保護をうけたにすぎず、父の責任に関する議論はほとんどない。婚外性交に対する制裁をうけるのは女性とその子であり、男性の性道徳違反に対するペナルティ発動はきわめて弱い。

◆婚外子法改革とジェンダー・バイアス

25・29年案はともに、後見裁判所を通じて婚外子問題を一元的に管理しつつ、同時に、父の責任も重視する傾向を強めた。児童福祉関係者はいっそう強力な国家的介入をもとめ、28年対案では、後見人官庁に親権を委ねようとする。しかし、それは親の役割を軽視したからではない。親は性別役割分担をしながら、協力して子の育成にあたることが望まれた。ナチス期には、婚外子法は人種政策の一環に組み込まれ、ミュンヘン案が示すように、子の「平等化」は父権主義の拡大とひきかえにされた。子の国家的保護の観点が強まるほど、父母の責任はむしろ重大となり、とりわけ父による子の教育が重視されるようになる。婚外子問題への国家的介入の強化は、母役割の内容をほとんど変えず、むしろそれを母性保護の名目で固定化しつつ、父の責任を拡大する方向を示した。

ワイマール憲法における母性保護もまた、けっして父＝母＝子という個人的関係を築くための保障ではなかった。「民族の維持・増殖の基礎」たる婚姻生活において、相応の国家的義務を負うと期待された上での母性保護にすぎない。フェミニズムもまた、生殖を女性の崇高な国家的貢献として自賛した。量的拡大をはかる人口政策は、容易に質的向上をめざす人種政策にいきつく。質を担保しようとするとき、まず男性の血統が優先されるが、「産む性」としての女性の役割もまた存在意義を増す。母性主義フェミニズムや急進派フェミニズムがともにナチスの父権主義と親和的関係にたったのは偶然ではない。

◆親子関係

親子関係の種別としては、①自然の血縁関係、②法的血族関係、③嫡出親子関係がある。本稿で検討した時期のドイツ法は、これら3種に関して父母の間

にズレがある。母子については一貫して、①「自然的親子」から当然に②「法的親子」と③「嫡出親子」が引き出される（①＝②＝③）。父子関係は民法典と改正案で異なる。民法典では、①と②が峻別され、②は③と同義となる（①≠②＝③）。改正案は、①のうち、嫡出推定子と認知子が父と法的血族関係（②）にたち、そのうち嫡出推定子と準正子が嫡出子（③）となる（①＞②＞③）。「嫡出性」が「法律婚」を前提とする限りでは、母についてもまた、少なくとも①＝②＞③となるのが合理的であるにもかかわらず、母についてのみ、母子関係の「自然性」や密着度を根拠に、自然の親子関係が無条件に嫡出性の根拠とされる。他方、民法典は、多数当事者子が扶養請求するのを阻む手段を保障したが、改正案では、父を特定できない限りで、子は自然の父以外の者を「支払いの父」（④）とすることができる。国家が担いきれない扶養という経済的負担が、「父」については自然の血縁関係に優越する。父母と子の関係を決定する基準に明白な性差が認められるのである。

[2] 今後の展望

　20世紀前半を通じて、ドイツの婚外子法改革論にみる国家・家族・個人の関係の規律化は、父を軸にしてはかられたといえる。国家は、つねに父の法律婚家族の保護と父のための父子関係確定にもっとも意を用いた。「制度としての婚姻」は「制度としての婚外子」を生み、父を母子に優越させ、婚姻保護を個人保護に優越させる。1960年代以降、第2波フェミニズムは、憲法による婚姻保護は婚姻の特権化をもたらすと論じて、非婚生活共同体の排除を批判した。20世紀前半のドイツ婚外子法改正論は、父の法律婚の特権化をほとんど自明視することにより、「制度としての婚外子差別」の温存にジェンダー・バイアスがいかに深く関わっているかを如実に示しているのである。

第3部　法秩序のなかの家族と生殖

第10章　生殖管理のジェンダー・バイアス────
──ナチス優生政策と断種法──

第1節　ナチス優生学の歴史的位相

(1)　優生思想のタブー化と内面化

[1]　タブーとしての優生思想

◆「優生学」の成立

　生殖管理は人口調整を第一義の目的とするが、「質」と「量」の管理は不可分にむすびつく。優生学は「質」の管理をささえる理論である。優生学をふくむ考え方一般を「優生思想」といい、優れた者の出生促進(「積極的 positve 優生思想」)と劣った者の出生抑制(「消極的 negative 優生思想」)を楯の両面とする。優生思想は、なんらかの基準にもとづいて人間の優劣を決定し、生存の適否をはかることにその本質があるといえよう。

　1883年に、ギリシア語由来の eugenes(良き生まれ)をもとに「優生学」eugenics という新語を生みだしたフランシス・ゴルトン Galton, F. は、1904年、イギリス社会学会発足時に優生学をこう定義した。「優生学とは、ある人種(race)の生得的質の改良に影響するすべてのもの、およびこれによってその質を最高レベルにまで発展させるための学問である[*1]」。優生学は、新興学問の1つであった社会学の影響力ある少数派として「知」の舞台に登場し、国ごとの優生学会が組織されるにおよんで学問として自立した。1912年にロンドンで第1回国際優生学会が開催されたころから、国際的学問へと成長する。第1次大戦により優生学の国際協調はいったん崩れたが、1920〜30年代にはいっそう活性化した。各国で立法化もあいつぐ。しかし、隆盛をほこった優生学の時代も第2次大戦の終結とともにおわる。もっとも、それは「優生学者なき優生学[*2]」時代のはじまりをつげるものであった。表舞台から去った優生学は非国

[*1]　Galton, F. [1905], Eugenics Its definition, scope and aim, in : *Sociological Papers*, 1, p. 45-50.

家化され、内面化されて（「内なる優生思想」）、かえって広範に浸透し、わたしたちは意図せざる「優生社会」のなかに生きているともいえよう。

◆現代的「優生社会」

現代的「優生社会」は、国家＝政治領域（政治的市民社会）における優生思想のタブー化と、経済＝市場領域（経済的市民社会）・公共圏（非政治的・非経済的市民社会）・「私」的領域（親密圏・プライバシー）における脱タブー化という二極構造のきわどいバランスの上に成り立っている。今日、多くの国で生殖関連立法や政策立案過程における優生条項の明文化は慎重に排除される。日本で1996年に優生保護法の優生関連条項が削除されて母体保護法に改められたのは、それを象徴するできごとといってよい。他方で、生殖の営利化がすすみつつあり、医療界やマスコミは遺伝子や胎児の段階で障害の有無がわかると喧伝し、障害児を産み育てることへの「不安」をあおる。「内なる優生思想」の危険性にいかに自覚的であろうとも、個々の家族や女性に対していわゆる選択的中絶を非難するのはむずかしい*3。

国家＝政治領域における優生思想のタブー視は、ナチスという歴史的経験に由来する。「優生学＝国家主義＝人種差別」という観念連合*4と結びつけて語られるナチス優生学は、二度と繰り返してはならない過ちを歴史に刻んだ。しかし、現実の技術発展はやすやすとタブーをのりこえ、タブーをタブーでなくするしかけをつねに用意しようとする。かぎりなく発展する生命諸科学はその本性上、優生思想を免れることができるのか。非国家化し、内面化した現代的優生思想に、わたしたちはどのようなスタンスをとるべきなのだろうか。

[2] 本章の課題

本稿では、優生思想をタブー視する決定的な歴史的要因としてのナチス優生

---

*2　Kühl, S. [1997], *Die Internationale der Rassisten. Aufstieg und Niedergang der internationalen Bewegung für Eugenik und Rassenhygiene im 20. Jahrhundert*, Frankfurt /M.

*3　「内なる優生思想」については，森岡正博 [2001]『生命学に何ができるか——脳死・フェミニズム・優生思想』（勁草書房）第6章，立岩真也 [2000]『弱くある自由へ——自己決定・介護・生命の技術』（青土社）が示唆的である．優生思想の「営利化」を痛烈に批判したものとして，佐藤孝道 [1999]『出生前診断——いのちの品質管理への警鐘』（有斐閣）第3章を参照．

*4　米本昌平 [1989]『遺伝管理社会』（弘文堂）．

法制を検討する。そのさい、「優生学＝国家主義＝人種差別」という観念連合が
外在的に形成されたこと、ナチスは当時の国際社会において多くの「社会国家」
がめざした「生殖管理国家」の１つであったことを明らかにし、ナチス優生法
制の客観化を試みる。それはけっしてナチスを相対化して免罪するためではな
く、歴史のなかで変容する人間観・生命観・生殖技術・自己決定のあり方を的
確に理解してはじめて、現代的優生思想への批判的視点の手がかりが得られる
と考えるからである。

(2) ナチス優生学の評価——「巨悪」から「日常」へ

[1] 「優生学＝国家主義＝人種差別」イメージの成立

◆被害補償の動き

1945 年 11 月から翌年 8 月まで 400 回以上の公判が開かれたニュルンベルク
国際軍事裁判において、ナチス戦争犯罪が裁かれたことはよく知られる。その
後開かれた「ニュルンベルク継続裁判」のなかに、「強制収容所での人体実験」
に関する医事裁判があった[5]。安楽死プログラムの１つとして「大量断種[6]と
不妊のための実験的予備作業」が裁かれ、レントゲン線照射による大量断種実
験の主犯者 1 名が死刑を宣告されたが、断種法そのものとその実践は不問にさ
れた。断種法は一部の州では実践こそ停止されたが、戦後も有効であり続けた
のである。その結果、強制断種の被害者は、ナチス被害者への国家賠償を定め
た「連邦補償法」(1953 年) の対象外とされつづけた。1980 年代にようやく補償
が実現する[7]。しかしこのときも補償の対象とされたのは、当時の断種法に照
らして誤った判断がなされたケース、すなわち、障害を過度に重く評価した
ケースにすぎない。障害者に対する強制断種を合法化した法制度自体は補償論議
の対象とならなかった。

---

*5　A. ミッチャーリッヒ／F. ミールケ編 (金森誠也／安藤勉訳) [2001]『人間性なき医学
——ナチスと人体実験』(ビイング・ネット・プレス, 原著 1949 年) は, 医事裁判記録を解説
つきで編集したものである. 原著は, 出版当初ほとんど注目されなかった.
*6　以下では,「不妊化措置」のうち,「去勢」と「断種」を分けるためにあえて「断種」と
いう用語を用いる.
*7　Weintgart, P./Kroll, J./Bayertz, K. [1992], *Rasse, Blut und Gene. Geschichte der
Eugenik und Rassenhygiene in Deutschland*, Frankfurt/M.

◆バイオエシックスの展開

ナチス裁判が人体実験を裁きこそすれ、断種法と優生政策そのものを裁かなかったことは、国際社会の優生思想とバイオエシックス Bioethics（生命倫理）*8 の展開に大きな影響を与えた。1965 年に人体実験に関する倫理綱領（「ニュルンベルク・コード」）が世界医師会で確認され、アメリカ国内における人体実験の告発とともに、バイオエシックス第 1 期が到来する。このころまで、優生思想は問題視されないか、場合によっては、楽天的・肯定的に語られていた。

1970 年代半ばから「生命の始まりと終わりをめぐる線引き」をトピックとするバイオエシックス第 2 期に入る。優生思想に対するイメージは、第 1 期から第 2 期への転換期に大きく変化した。米本がいう「危機イメージとしての優生学*9」が成立するのである。第 1 期と重なる公民権運動を機にマイノリティとしての障害者の権利獲得運動が展開したことや DNA 研究進展の結果、戦後の裁判では不問に付されたナチス優生政策が否定的に再発見された。「優生学＝国家主義＝人種差別」という観念連合がこの時点で確立する。こののち、ナチス優生学は、先端技術の進展があるたび批判的検証のひきあいにだされ、バイオエシックスの重要な批判的基準点を構成する歴史モデルとして利用されるようになるのである［資料 10—①]。

[2]　優生学史研究の展開

◆研究の開始と国際化

優生学史研究の展開をふりかえったとき、その問題点はおもに次の 3 点にまとめられる。①ステレオタイプ化された優生学イメージの成立、②国際的視点の欠如、③ナチス優生学そのものの批判的検証の遅れである。

①バイオエシックス第 1 期をむかえた 1960 年代半ばころから、優生学は科学史と歴史学の重要なトピックとなる。しかし、英米が中心であり、優生思想や優生政策を否定する見地からの研究が歓迎された。ステレオタイプ化された優生学イメージ——優生学は人種差別と本質的にむすびつく右派の「反動学

---

*8　市野川容孝編［2002]『生命倫理とは何か』（平凡社），『生命倫理事典』[2002]（太陽出版).
*9　米本昌平／松原洋子／橳島次郎／市野川容孝［2000]『優生学と人間社会——生命科学の世紀はどこへ向かうのか』（講談社）240 ページ.

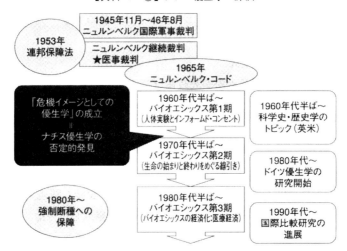

【資料10—①】ナチス優生学の評価

問」たる「エセ科学」であり、正統科学たる遺伝学の「鬼子」である——がうまれ、かえって、優生学の客観的研究は妨げられる。

②優生学研究は伝統的に国家単位で行われ、比較の視点や国際的視点が希薄であった*10。1990年代から優生学の比較史研究が登場する。アダムズAdams, M. B. 編『比較「優生学」史』(1990年)は、優生学が世界中に甚大な影響を与えたとして、各国の歴史実態に即した研究の必要性を説いた*11。キュールKühl, S. は、『ナチ・コネクション』でアメリカとナチスの優生学者の密接な関わりを指摘したが、『人種主義者の国際性』(1997年)では、優生思想をナショナリズムと結びつけた結果、第2次世界大戦の終結をもって優生思想がおわりをつげたかのような誤解が生じ、戦後国際社会の優生思想との断絶性が強調されたと告発する*12。近未来の優生学的危険に対して「体系的懐疑」と「畏怖」を比較

---

*10 鈴木善次／松原洋子／坂野徹「展望：優生学史研究の動向（Ⅰ）〜（Ⅲ）」(『科学史研究』180 [1991年], 182 [1992年], 194 [1995年]).
*11 Adams, Mark B. (ed.) [1990], *The wellborn science : Eugenics in Germany, France, Brazil, and Russia*, Oxford (マーク・B・アダムズ編, 佐藤雅彦訳 [1998]『比較「優生学」史——独・仏・伯・露における「良き血筋を作る術」の展開』現代書館).
*12 Kühl, S. [1994], *The Nazi connection : eugenics, American racism, and German nationalsocialism*, Oxford (シュテファン・キュール, 麻生九美訳 [1999]『ナチ・コネクション——アメリカの優生学とナチ優生思想』明石書店), Kühl [1997], *Die Internationale der*

史研究から得るべきだとのメッセージが込められた米本他『優生学と人間社会』(2000年) は、英米・北欧・ドイツ・フランス・日本の優生学を各個性をもったものとして描く＊13。

◆ドイツにおける優生学研究

③ドイツでは、強制断種や安楽死政策は長く学界でもタブーとされつづけた。ドイツ人自身に対する非人道的行為については追及や処分を甘くした結果、ナチス協力者が戦後ドイツの医学界・司法界に長く君臨したからである。かれらのほとんどが第一線をしりぞく1980年代になってようやく、ドイツでもまたナチス優生学研究が本格化する。すでに70年代の先駆的な医学史・科学史研究により、社会ダーウィニズムと人種衛生学の密接な関連が指摘されていたが、80年代以降の研究ブームはそれらの成果を継承した＊14。

1980年、ドイツ保健学会総会シンポジウム「医学とナチズム、タブーの過去か、不動の伝統か」では、ドイツ医学界が長年のタブーをやぶってはじめて医療犯罪を論じた＊15。その後、クレー Klee, E.『第三帝国と安楽死』(1983年)、ミュラー＝ヒル Müller = Hill, B.『ホロコーストの科学』(1984年) が歴史的関心を喚起し、ヴァイントリング Weindling, P. やボック Bock, G. の研究は新しい方向性

Rassisten.

＊13　米本他［2000］『優生学と人間社会』.

＊14　「優生学史研究の動向（II）」67ページ，石田勇治［2002］『過去の克服――ヒトラー後のドイツ』（白水社）.

＊15　米本［1989］『遺伝管理社会』16ページ以下. Pross, C./Aly, G. [1989], *Der Wert der Menschen : Medizin in Deutschland 1918-1945*, Berlin（C・プロス／G・アリ編，林功三訳［1993］『人間の価値――1918年から1945年までのドイツの医学』風行社）.

＊16　Klee, E. [1985], „*Euthanasie" im NS-Staat : die „Vernichtung lebensunwerten Lebens"*, Frankfurt/M.（エルンスト・クレー，松下正明監訳［1999］『第三帝国と安楽死――生きるに値しない生命の抹殺』批評社），ベンノ・ミュラー＝ヒル（南光進一郎監訳）［1993］『ホロコーストの科学――ナチの精神科医たち』（岩波書店），Weindling, Paul [1989], *Health, race and German politics between national unification and Nazism, 1870-1945*, Cambridge；Bock, G. [1986], *Zwangssterilisation im Nationalsozialismus. Studien zur Rassenpolitik und Frauenpolitik*, Opladen；Kaupen-Haas, H. [1986], *Der Griff nach der Bevölkerung. Aktualität und Kontinuität nazistischer Bevölkerungspolitik*；Rudnick, M. [1985], *Behinderte im Nationalsozialismus. Von der Ausgrenzung und der Zwangssterilisation zur „Euthanasie"*, Weinheim und Basel, Kröner, H.-P. [1998], *Von der Rassenhygiene zur Humangenetik. Das Kaiser-Wilhelm-Institut für Anthropologie, menschliche Erblehre und Eugenik nach dem Kriege*, Stuttgart.

を示した*16。前者は、19世紀後半からナチスにいたるまでの医学や保健衛生など国家的医療体制を論じ、後者は女性史の視点からナチス優生学を論じたのである。

　こうしたなかで、「優生学＝国家主義＝人種差別」というナチス図式そのものの妥当性が疑問視されるようになる。優生学は、政治的信条を異にする多くの専門家（遺伝学者・医師・法曹・教師・福祉職など）の期待を一身にあつめた新興科学であった。国家・市場（企業）・学問（大学・研究所）・公共圏（世論）・家庭という社会生活の全域が自発的に協力関係を取り結んで優生思想が展開したという事実の掘り起こしは、ナチス政府の弾劾によってだれも免罪されるわけではないことを痛烈に告発した。

　以上のように、ナチス優生学は、ある特定の歴史的文脈において「発見」され、「犯罪」として定式化された。それは、差別の極限形の歴史的モデル、生殖技術の飛躍的進展に対するアンチテーゼとしての役目を負わされて「発見」されたのであり、「非人道性」という極に定位されたといえる。対極が用意された結果、逆説的に、ナチス的手法をとらない差別や生殖技術が容認される条件も醸成された。ナチス優生学の戦略的発見は、「巨悪」としてのナチスの「特殊性」を際だたせることにつながり、わたしたちを容易に免罪する。歴史的に問われるべきは、ステレオタイプ化されたナチスの「巨悪」をリストアップして満足することではない。ナチス期の優生思想や優生政策が日常的なレベルといかに接点をもったのか、他国の動向といかに関係していたのかを適切に問い直し、ナチス優生思想を身近な歴史的経験として読み直すことが求められよう。

第2節　ナチス優生法制の背景と比較

(1)　国際社会のなかのナチス優生法制

[1]　人口の質量管理——その社会的背景

◆2つの要因

「人種衛生学」Rassenhygiene とよばれるドイツ優生学*17の登場には、2つの

---

*17　プレッツ Ploetz, A. の1895年の書物（『わが民族の優秀性と弱者の保護：人種衛生学の試み』）に由来する．当時のドイツでは一般に，右派が「人種衛生学」Rassenhygiene（論者

背景がある。①人口革命（多産多死から少産少死への移行）の展開、②「社会問題」の出現である。

①ドイツは、1870年代から1920年代のわずか2世代に満たない短期間に、「多産多死社会」から「少産少死社会」に完全に移行する[*18]。軍国主義的傾向を強めるドイツ帝国政府の関心は人的資源の確保に向けられた。出生率減少と高い乳児死亡率への対策が、人口の質量管理の中心課題となる。人種衛生学は、乳児死亡率への対応を論じる有効な学問として自己をアピールしたのである。

②人口革命と同時におこった農業国家から工業国家への急速な転換は、ブルジョアジーを主体とする「古典的市民社会」から「大衆市民社会」への移行をも意味した。教養市民層は、犯罪の多発、売春やアルコール問題、精神障害者の存在などを一括して「社会問題」soziale Frage とよび、解決策を熱心に論じた。「社会政策」を展開して、労働者を体制内に取り込むことがもくろまれたのである[*19]。人種衛生学は、「反社会的・非生産的人間」に対する「社会政策」に積極的に寄与する学問として自負することができた。

◆人口管理の社会的要請

もっとも、人種衛生学はすぐに一般の支持をえたわけではない。第1次大戦以前の優生学の拠点はイギリスとアメリカであり、ドイツは傍流にすぎなかった。敗戦による人的損失（人口の1割減）を埋め合わせようとする政府サイドの人口政策では量的拡大が論じられ、質に比重をおく人種優生学は軽視された。しかし20年代半ばになると事情が変わってくる。

ワイマール期には人口が増え、労働市場の競争が激化し、女性の社会進出もすすんだ。急速に拡大した都市中間層は、アメリカ型の「モデルネ」文化を模した大衆消費文化の担い手となる。豊かな生活を享受するために子の数を制限

によっては「民族衛生学」という訳をあてることもある），左派が「優生学」Eugenik という語を用いたとされるが，左派のグロートヤーン Grotjahn, A. は生殖衛生学 Fortpflansungs-hygiene，同じく左派のシャルマイヤー Schallmayer, W. は複数人種間の差別を排除するためにあえて単数形を用いて Rasse-hygiene という語をつかった．米本 [1989]『遺伝管理社会』113 ページ．ドイツ優生学の歴史的背景については，川越修 [2004]『社会国家の生成――20 世紀社会とナチズム』（岩波書店）が有益．

[*18] 川越 [2004]『社会国家の生成』44-45 ページ．

[*19] 川越修は，20 世紀社会を「社会国家」の生成・展開過程としてとらえる．川越 [2004]『社会国家の生成』26 ページ．

【資料10―②】ドイツ優生思想の背景

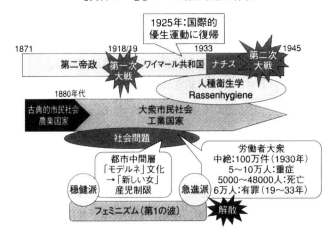

するのは当然のなりゆきであった。生活の「質」を高めるための「産児制限」という形で、生殖コントロールが自発的に選択されたのである。

他方、経済苦から危険なヤミ堕胎を余儀なくされるプロレタリア女性も続出した。堕胎件数は急速に増加し、多くの女性が生命の危機に瀕した。ワイマール期の堕胎実施数は毎年20～50万件と報告される。とりわけ、大恐慌後の経済破綻は、女性にも家計を支えることを強い、仕事と家庭の両立をはかるために既婚女性の中絶が急増する。1930年の堕胎数は100万件に達した。31年には堕胎件数が出生件数をこえる事態にまでなっている。非合法堕胎により毎年5～10万人が重症となり、5,000～48,000の女性が死亡し、1919～33年に6万人が有罪を宣告された[20]［資料10―②］。

人口の質量管理は、国家の関心事である以上に、国民が家族単位でめざしていた生活上の課題にほかならなかった。しかし、人口の量的拡大をめざす政府と量には関心を示さない国民とのあいだには大きな溝があった。この溝を架橋したのが人種衛生学である。「社会国家」を志向しつつも財政難にあえぐワイマール政府にとっては、限られた福祉予算を「健康」家族に投下して出生率の上昇をはかるプランは魅力的であった。市民道徳から逸脱しがちな大衆の馴化

---

[20] 田村栄子［2003］「『医の既存世界』を越える『女性個人の身体』論──ワイマル期『ドイツ女性医師同盟』に見る」（望田幸男／田村栄子編『身体と医療の教育社会史』昭和堂）291-293ページ。

に心をくだき「社会問題」の解決を模索する教養＝有産市民層にとっても、また、生活の質や生計を維持するために危険な堕胎や不安定な避妊に頼らざるをえない大衆にとっても、「不健康不健全」な子どもの出生を「安全簡易」に阻止することはヒューマニズムに即した福音のように歓迎された。生命の代償をともなわない生殖コントロールの可能性は、理想的未来への扉をあける鍵となったのである。

[2] 法令の比較
◆生殖管理国家としてのナチス

ナチスは歴史上もっとも徹底した「生殖管理国家」であった。それは、「超医療管理国家[21]」としてのナチスが、生殖においても「健康と健全」を追求したことによる。しかし、ナチスのような「生殖管理国家」は当時の国際社会において決して例外ではない。1880年代以降の大衆市民社会到来のなかで「社会国家」形成をめざす必要性と力量をそなえた国家が、率先して生殖管理にのりだしていたからである。北欧諸国はその典型であった。また、先進諸国がのきなみ工業国に変貌するなかで貧から富への人口移動（移民）を阻止するための人種差別も国際的枠組みで生じていた。これは移民国家アメリカでもっとも顕著にあらわれる。

ナチス断種法に範をとる日本の国民優生法（1940年）がほとんど実効性をともなわなかったのは、戦前日本が「社会国家」をめざす段階にいたっていなかったためである。欧米ですでに克服された感染症（結核）対策に悩む日本では、保健衛生の主眼を生殖におくことができなかった[22]。

以下で、ナチス断種法のモデルとされたアメリカ断種法制と、ナチスとは異なる立場から断種法制を展開した北欧の例を比較のためあげておきたい。

◆アメリカ

アメリカ優生学は1910〜20年代にピークをむかえ、30年代にナチスとの協力関係が顕著になるにつれて衰退したが、断種の実施そのものはむしろナチスの刺激を受けて1930〜40年代にピークに達する[23]。

---

[21] 米本[1989]『遺伝管理社会』115ページ以下.
[22] 鈴木善次[1983]『日本の優生学——その思想と運動の軌跡』（三共出版），藤野豊[1998]『日本ファシズムと優生思想』（かもがわ出版）.

優生学興隆の拠点となった優生学記録局（1910年創設）は、人類遺伝に関する膨大なデータを収集保管する一大センターとなる。その副所長をつとめたラフリンは主流派優生学者の1人として知られたが、熱心なナチス断種法支持者であり、反ユダヤ的立場を示した。カーネギーなどアメリカ優生学を支えた大財団は、ナチス優生学をも支援した*24。

ラフリンらの意図に沿い、移民国家アメリカの優生法制は、連邦の絶対移民制限法（1924年）と漸次32州で成立した断種法によって支えられた。人種差別は前者にゆだねられ、後者は障害者と犯罪者をターゲットにおさめる。アメリカ諸州の断種法は、絶対移民制限法とのいわば「分業」により、直接的には人種差別的色彩を帯びず、長く非難を免れたのである。

19世紀末のアメリカでは、優生的措置は、精神障害者に対する隔離と婚姻規制、常習犯や性犯罪者に対する去勢によって実施されていた。1899年、インディアナ州感化院付き外科医シャープが若年軽犯罪者に対する断種（精管切除）を開始する。目的は、去勢という懲罰ではなく、「安全で簡便な」断種をほどこして、若者を社会復帰させることにあった。断種法成立以前に彼は400名以上に断種措置を講じたが、当初は犯罪者を念頭においていた断種をしだいに精神障害者にまで拡大する。インディアナ州では、1905年に精神障害者やアルコール依存症者の結婚を制限する州初の優生的法律が成立していたが、1907年、シャープの働きかけにより世界初の断種法が制定された。それは、公立施設に収容された中・重度の精神遅滞者や強姦犯のうち、2人の外科医によって改善の余地なしと判断された人物に対し、低廉な費用で強制断種をほどこすことを定めた*25。

---

*23　アメリカにおける強制断種については，Reilly, P. R. [1991], *Surgical : A History of Involuntary Sterilization in the United States*, Johns Hopkins Univ. Press. 中村満紀男編著 [2004]『優生学と障害者』（明石書店）第Ⅱ章「アメリカ合衆国における優生断種運動の開始と定着」232ページ．スティーブン・トロンブレイ（藤田真利子訳）[2000]『優生思想の歴史──生殖への権利』（明石書店）第4, 7章参照．

*24　ラフリンは，ナチスの断種プロパガンダ映画『遺伝病』のアメリカ上映に尽力した．Kühl [1994], *The Nazi connection*（キュール『ナチ・コネクション』94, 134ページ），トロンブレイ『優生思想の歴史』第7章．

*25　中村 [2004]『優生学と障害者』表Ⅱ-2-1, 3, 4（88, 100-101, 106ページ），108, 111ページ．トロンブレイ [2000]『優生思想の歴史』84ページ以下．米本他 [2000]『優生学と人間社会』34-35ページ，Kühl [1994], *The Nazi connection*（キュール『ナチ・コネクション』

1909年にアメリカで3番目に成立したカリフォルニア州断種法は、1920年代にはその実施件数の多さゆえに国内外で大きな注目を浴びるようになっており、ナチス断種法の重要なモデルとなる*26。当初は性犯罪者と累犯者の断種を念頭においていた同法は、13年改正により精神障害者や同性愛者、17年改正により梅毒患者にまで対象を広げた。州精神委員会による断種手術適否の認定、両親か後見人の同意などが盛り込まれていたが、実際には、施設監督者や医師の判断だけで断種が可能であり、本人の同意は不要とされた。軽度の精神遅滞者が被施術者の多数を占め、男女比はしだいにほぼ半々に近づいている。婚外子出生など女性の性的行動が問題視され、断種手術後に退所という手続がとられた*27。

1960年代以降、優生法制への批判が登場する。絶対移民制限法は、公民権法第7編の成立をうけて人種差別的として廃止され、移民国籍法（1965年）に変わる。断種については、1962年にカリフォルニア州で断種措置をうけた精神遅滞者50名に対する調査報告がだされ、本人同意がとられていないこと、手術の告知もされていないことが暴露された。しかし、60年代にはまだ反断種運動は組織化されず、1974年にようやく断種ガイドラインが断種に関するインフォームド・コンセントを定義した。しかし、ガイドライン策定まで、性的非行を犯した貧困な少年少女や刑務所に収監された性犯罪者に対して強制断種は当然のようにおこなわれていた。1970年代前半で230万件の女性断種が実施されたが、対象者はヒスパニック系や黒人に偏り、彼女たちに十分な説明をせずに子宮摘出をおこなっていたことも明らかにされた*28。人種差別的な優生断種が合法的におこなわれていたのである。

◆デンマーク

1928年にスイス・ヴォー州でヨーロッパ初の断種法が生まれた。デンマーク（1929年）、スウェーデン（1934年）などがこれにつづく。

デンマークにおける断種法の成立経緯は、ナチスのそれとまったく文脈が異

43ページ）.

*26　1921年までのアメリカ全土で実施された不妊化手術のうち，カリフォルニアのものが8割近くを占めた．中村［2004］『優生学と障害者』表II-3-4，5（170-171ページ）.

*27　トロンブレイ［2000］『優生学の歴史』85ページ以下，中村［2004］『優生学と障害者』192ページ以下.

*28　トロンブレイ［2000］『優生学の歴史』270-271ページ，第11章.

284　　　　第3部　法秩序のなかの家族と生殖

なる。断種法を支持したのは、政権党である社会民主党と福祉関係者そしてフェミニズムであった。社会福祉対象者の減少による社会福祉の充実と性犯罪からの女性の防衛をめざしたからである。

1929年断種法は、同性愛者を含む「性犯罪者」と精神障害者に対する断種手術を合法化した。しかし、断種法は単独で機能したわけではない。法改正の過程で、一連の優生法制がでそろう。22年に精神障害者・知的障害者の婚姻規制が定められていたが、33年の公的扶助法は知的障害者のケアをすべて国庫負担とした。34年には知的障害者の強制収容と強制断種が規定され、35年法で遺伝性障害者と性犯罪者の断種が定められた。デンマークでは、断種手術対象者の九割を占める知的障害者に対して完全な公的ケアを提供するかわりに、周囲への情報収集と本人への種々の強制をおこなったといえる*29。

◆スウェーデン

スウェーデンでもまた、社会民主党政権下で展開した「福祉国家（「国民の家」）」構想が優生政策をささえた。1915年に婚姻法改正により知的障害者や精神障害者の婚姻禁止が定められたが、20年改正によって断種手術をうけるのとひきかえに婚姻禁止がとかれる。38年に制定された中絶法は、医学的・犯罪的・社会的・優生学的理由による中絶を合法化したが、優生学的理由による中絶には断種手術が義務づけられた。こうした法的環境のなかで、34年断種法は精神障害者・知的障害者に対する強制断種を合法化する。しかし、強制断種制度が同意能力をもつ人間に対する断種手術をためらわせることになって実効性がともなっていないとの非難をうけるにおよび、41年改正により強制断種が廃止され、同意原則が明記された。

しかし、戦後も強制断種は実施されつづける。90年代になり、強制断種の被害者が補償をもとめて訴えはじめ、99年、強制断種被害者補償法が成立した*30。スウェーデンで断種手術の主たる対象となったのは、デンマークと同じく知的障害者である。しかも、断種手術のジェンダー・バイアスが大きく、

---

*29　中村［2004］『優生学と障害者』第Ⅴ章「北欧の優生学」，米本他［2000］『優生学と人間社会』110-117ページ．北欧諸国については，Broberg, G./Roll-Hansen, N. ［1996］, *Eugenics and the Welfare State, Sterilization Policy in Denmark, Sweden, Norway, and Finland*, Michigan, State Univ. Press を参照．

*30　二文字理明／椎木章編著［2000］『福祉国家の優生思想——スウェーデン発強制不妊手術報道』（明石書店），米本他［2000］『優生学と人間社会』117-125ページ．

女には身体上の危険がある場合でも手術が実施された。運用上、同意原則は軽視され、専門家の判断がしだいに重視されるようになった。人種差別はロマの移入禁止という形で顕在化した。

(2) ナチス生殖管理法制の構造

[1] 生殖管理法制のなかの断種法

◆生殖管理法制のなかの断種法

ナチス断種法を生殖管理法制全体のなかに位置づけるとき、それは4つの局面に分類される。①生殖管理システムの構築、②積極的優生法制としての婚姻・出産奨励策、③消極的優生法制としての断種法・中絶対策、④非人道的政策への傾斜である。

◆生殖管理システム

生殖管理のために、予防・摘発・処分の3段階にわたる管理システムが機能した。①予防と国民啓蒙を担ったのが保健衛生システム（保健衛生局・結婚相談所）と学校教育であり、②現場での摘発にあたったのが障害者を収容した病院・福祉施設であった。③処分の是非は遺伝裁判所が判断した。

①ナチス保健衛生制度は、ワイマール期のそれと「制度的連続性と理念上の非連続性[31]」をもつ。1934年7月3日公布の保健衛生制度統一法は、自治体に委ねられたワイマール保健行政の「非効率性」への反省にたち、「民族の健康な部分」を守るために「公衆保険業務の中核」をつかさどる保健衛生局（保健所）を設置すべきことを定めた。保健衛生局は原則として国立で、全国745カ所（1938年時点）に設置された[32]。当時、ナチス医師会は22,000名の医師を擁したが、保健衛生局には全部で1,523名の官医 Amtsarzt が配属され、官医が局長に任ぜられた[33]。保健衛生局の業務は、精神障害者の監視や遺伝相談など18項目に及んだ。各種証明書の発行や衛生・医療業務を中心に、各局は週平均100件近くの業務を処理し、フル稼働していたと推察される[34]。

---

*31 川越［2004］『社会国家の生成』187ページ以下.
*32 木畑和子［2002］「民族の『健康』を目指して——第三帝国の保健衛生行政」（川越修／矢野久編『ナチズムのなかの20世紀』柏書房）165ページ.
*33 Weintgart/Kroll/Bayertz［1992］, *Rasse, Blut und Gene*, S. 473.

1935年3月の第3施行令は、保健衛生局に2つの任務を義務づけた。結婚相談所の設置と「遺伝・生物学的カルテ」の作成・管理である。結婚相談所にはライヒ民族保健衛生奉仕委員会が作成した「配偶者のための10の掟」が掲示され、配偶者の遺伝的素質に留意すべきことが警告された*35。「カルテ」は、曾祖父母にさかのぼる各種データを記載した「家系図」をもとに作成され、病院や裁判所の記録によって随時補完された。優劣にかかわらず、重要な遺伝情報はライヒ内務省に送付され、保管された*36。ナチスは、膨大な個人健康情報をストックした個人情報集積国家でもあったのである。

ナチス期には初等・中等教育で優生学関連科目（人種衛生学・人口政策・遺伝学・人種学・系譜学）が教えられた。そこでは、「理想のドイツ人像」が教え込まれるとともに、個人主義を克服し民族共同体に資するために家族の重要性が説かれた。人種衛生学を担当したのは生物学教師であり、かれらは研修をうけて、健康な男女は多子であるべきこと、家族を持たない者は民族共同体の落伍者であり、遺伝的障害者は家族をもつべきではないと教え、障害者に対する反感を根づかせるのに加担したのである*37。

②優生学の興隆を諸分野の専門家がこぞって支えたことはいまではよく知られる。なかでも近年、急速に進んでいるのが障害者福祉施設の現場に関する研究である。岡田英己子によれば、1880年代の社会保険制度導入とともに、官僚国家ドイツでは、新興職業集団としての福祉職は専門性をかかげて行政官僚にすりよっていき、「構造化された援助」としての対人サーヴィス機構が生みだされた。「構造化された援助」とは、援助が「医療―教育―社会事業」として組織化されているとともに、援助対象者である乳幼児・女性・障害者・貧困者のあいだで序列化が進行したことをさす。序列上位におかれた乳幼児と母性は積極的優生学の範疇で保護され、序列最下位の障害者は消極的優生学の暴力的言説

---

*34　18項目の保健所業務, 保健所人数等については, 川越[2004]『社会国家の生成』191ページ以下.

*35　南利明[1998]『ナチス・ドイツの社会と国家——民族共同体の形成と展開』（勁草書房）323ページ以下.

*36　家系図とカルテの見本は, 南[1998]『ナチス・ドイツの社会と国家』341, 343ページ.

*37　シーラ・フェイス・ワイス[1996]「第三帝国下の学校生物学と優生学教育」（ジョジアンヌ・オルフ＝ナータン編, 宇京頼三訳『第三帝国下の科学——ナチズムの犠牲者か, 加担者か』法政大学出版局）参照.

にさらされた。福祉現場で（準）専門職員として補助職的に働く女性たちは、職業訓練のための学校教育で消極的優生学にかなった実習訓練をつんだのち、積極的優生学の保護（母性保護）を受けて仕事に就き、自己に内面化している母性主義にほとんど疑いをもたないまま、最前線で相談や書類作成に専念した[38]。社会全体の強いジェンダー・バイアスのもとで積極的優生学と消極的優生学が現場職員のなかで一体化していたという岡田の指摘は傾聴に値する。

◆積極的優生政策

　婚姻・出産奨励策として特筆されるのは、婚姻資金貸付制度、多子家族児童補助金制度、独身税[39]、母性保護と母性顕彰（母の日・母親十字勲章）である。なかでも前2者には、優生的配慮が顕著であった。

　① 1933年6月1日公布の婚姻奨励法には、婚姻資金貸付制度が定められた。これはもともと失業解消法の一環であり、妻の退職と再就職禁止を貸与条件とした。完全雇用が達成された37年には妻の退職・再就職禁止条件はなくなり、貸付制度はもっぱら優生政策に寄与するものとなる。制度の骨子は、当時の被雇用者平均年収の3分の2に相当する最高1,000マルクの家財道具購入券を無利子で一括貸与し、計4人の子どもが生まれたら返済免除とする仕組みにあった。まもなく、第1施行令（6月20日）で遺伝性疾患を有していないことが条件とされ、第2施行令（7月26日）は健康診断の受診と婚姻適格証明書の提出を申請者に義務づける。翌年3月の38年指針は優生的条件をいっそう拡大強化した。さらに、39年指針は、申請者の「肉体的かつ精神的健全性および性格的適性」、「申請者の氏族の遺伝的健全性」を要件と定める。39年上半期で医学検査申請者は男女ともほぼ17万人、不合格率は2〜3パーセントで、7割は遺伝性疾患によるものであった[40]。貸付制度が遺伝性疾患洗い出しの効果をもっていたことがわかる。

　② 1935年10月1日の児童補助金給付命令にもとづく多子家族児童補助金制度にもまた、「両親および子どもは遺伝的な精神的・肉体的疾患を持つ者でな

---

[38]　中村編［2004］『優生学と障害者』第Ⅲ章「ドイツにおける優生学運動」の岡田英己子論文を参照.

[39]　独身者には所得税に1割の付加税が課せられた. また, 独身者からは, 賃金の2-5パーセントになる婚姻資金拠出金が徴収され, 課税最低額も低かった.

[40]　南［1998］『ナチス・ドイツの社会と国家』294-300ページ.

い」という要件が盛り込まれていた。しかし、「劣等な者たちが補助金目当てに子どもをつくるといった危険性」(「逆淘汰」)が強まったと認識され、38年に補助金制度は廃止される*41。

◆消極的優生政策の周辺

消極的優生政策として利用された手段には、断種のほかに中絶がある。中絶は理由の如何を問わず、帝国刑法典 (1871年) 第218～220条で明文をもって禁じられていた。実際には19世紀末に医学適応 (母体の生命維持のため) については中絶が実施されており、強姦を理由とする中絶はワイマール期に判例上確定された。しかし、経済的理由や自由意思による中絶は認められておらず、中絶解禁はフェミニズムの重要課題の1つとなっていた。

1933年改正刑法は、堕胎罪に加えて、堕胎手段の広告、堕胎のための申し出の罪を追加して、中絶を厳しく規制する*42。これに対して、改正断種法 (35年6月26日) は、医学適応と優生学的理由による中絶を容認した。改正断種法成立後まもなく、第4施行令 (35年7月18日) は、すべての中絶・流産・早産を官医に文書によって報告するよう義務づける。文書は各地区刑事警察に送付され、事件性があるものについて捜査された。

フェミニズム急進派の指導者ヘレーネ・シュテッカー Stöcker, H. が、中絶を「自己決定権」としてとらえつつ、他方で優生思想に親和性をもったことはつとに指摘されている*43。しかし、ナチスの中絶容認はけっして「自己決定権」の保障ではなかった。それは何よりも、断種のがれの「駆け込み妊娠」を摘発・処理するための法改正であった。第4施行令にみるとおり、中絶には厳密なチェックが働いたのであり、実際に処罰された女性も多い。

断種の違法性については明文規定がなかったが、刑法の傷害罪にあたると考えられた。したがって、断種を合法化するには、刑法を改正する必要があった。1933年、同意にもとづく人体への「侵襲」が合法化される。

---

*41　南 [1998]『ナチス・ドイツの社会と国家』301-303ページ.

*42　ナチス期の刑法改正については、*Quellen zur Reform des Straf‐ und Strafprozessrechts, Abt. II NS-Zeit (1933-1939): Strafgesetzbuch* (Hg. v. Regge, J./Schubert, W.), Bd. 1, 2. Berlin 1994.

*43　水戸部由枝 [2000]「ヘレーネ・シュテッカーと帝政ドイツの堕胎論争」(『西洋史学』198), 市野川容孝 [1996]「性と生殖をめぐる政治——あるドイツ現代史」(江原由美子編『生殖技術とジェンダー』勁草書房).

> **【資料 10—③】ライヒ公民権法**
>
> 第1条 1 国民とは、ライヒ共同体に属し、このために特別の義務を負うものをいう。
> 2 国民の資格は、ライヒ公民・国籍法にしたがってこれを取得するものとする。
> 第2条 1 ライヒ公民は、ドイツ人またはこれに類する血統を有する国民にかぎられ、公民はその行為を通じて、ドイツ民族およびライヒに誠実に奉仕することを欲し、かつその能力を有することを証明しなければならない。

35年には、中絶解禁と同時に、生殖をともなわない性愛としての同性愛が禁じられた[44]。36年10月11日に帝国犯罪警察局内部に設置された「同性愛と堕胎克服帝国センター」が同性愛者弾圧の中心機関となる。女性同性愛者が入っていないのは、自己のセクシュアリティを決定する権利をそもそも女性に認めていなかったからである。男性同性愛者は、「民族再生産」を危機にさらす「国家の敵」として「淘汰」されるべき対象とされた。ナチス期に5万人を数える175条（同性愛禁止条項）違反者のうち、5,000〜15,000人が強制収容所に送られ、「根っからの」同性愛者は断種ではなく、より危険な去勢手術をほどこされて、「非男性化」Entmannung された[45]。「誘惑された改善可能な」同性愛者は、「矯正・治療」されたのである。

35年のニュルンベルク諸法（ライヒ公民権法・婚姻規制法）は、国民共同体に属するメンバーの範囲を定義した法律である。国民共同体に属する条件は、「ドイツ人の血統を行為で示せる」かどうか、「ドイツ民族と国家に対する忠誠をもつ意思と能力があるか」どうかであった。意思力・判断力に欠ける者あるいは体制への抵抗者は、国民共同体から排除されるべき「異分子」であることが明示されたのである［資料10—③］。

［2］ 非人道的政策への傾斜

◆連続性と断絶性

1939年、断種は名目上、停止された。同時にはじまった安楽死もまた、2年ほどで表面上は中止されたが（1941年）、実際には続けられた。家族を通じて世間に知られやすい精神病入院患者の抹殺にかえて、共同体不適格者としての政治犯の安楽死が実行されるようになったからである。安楽死計画のかっこつき

---

*44 星乃治彦［2003］「ナチズムとホモセクシュアリティ」（『思想』955）93ページ以下.
*45 Bastian, T. [2000], *Homosexuelle im Dritten Reich. Geschichte einer Verfolgung*, München, S. 65.

の中止とほぼ同時に、ユダヤ人問題の「最終解決」という名目でのホロコースト（ユダヤ人絶滅）が決定した（1942年ヴァンゼー会議）。

「断種法—安楽死—ホロコースト」の連続性を重視するか、それとも、優生思想と人種差別との本質的違いを認めるかについては意見が分かれている*46。たしかに、安易な連続説は「優生学＝国家主義＝人種差別」の観念連合を助長してきた。それは、国際社会でのナチス断種法の特異性をきわだたせ、一国史としては断種法をホロコーストの影に隠して見えにくくする弊害をともなう。しかしながら、やはり3者の連続性をみすごすことはできない。成立しなかったとはいえ、安楽死法案（「治癒不可能な病人における死の幇助に関する法」最終案、1940年10月）第2条は、「治癒不可能な精神病」者の生命を「本人が知覚できない形で終わらせることができる」と定めており、もっとも紛糾したこの第2条の是非をめぐる議論では、賛否双方の立場とも断種法下での実践を前提に論じているからである*47。安楽死の明文化は諸外国を刺激するとして秘密措置にこだわるヒトラーによって、法案は拒否された。

◆なぜ？

当時の「社会国家」の一般的傾向に即した生殖管理法制がなぜ大量安楽死やホロコーストにつながったのかは、3側面に分けて考える必要がある。①優生思想の本質に内在する問題、②人種衛生学としてのドイツ優生思想独自の問題、③ドイツ社会の特質である。

①優生思想の本質は、人間選別を繰り返す結果、「望ましい人間」の範疇がしだいに限定されていき、人間の多様性が否定されることにある。その「望ましい人間」を特徴づける最大公約数は「（肉体的・精神的）健康」である。優生思想は、科学主義・医療発展・衛生志向がもたらした「健康至上主義」の申し子にほかならない*48。「健康」に高い価値をおく限り、優生思想は免れようがな

---

*46　3者を連続的にとらえる見解が有力であるが，市ノ川容孝は安易な連続説を警戒する。

*47　Roth, K. H. (Hg.) [1984], *Erfassung zur Vernichtung : Von der Sozialhygiene zum „Gesetz über Sterbehilfe"* Berlin, S. 112 ff, 法案史料は，S. 176 f. 佐野誠 [1999]「幻に終わったナチスの安楽死法——ナチズムの生態と病理」（比較法史学会編『複雑系としてのイエ』未来社）参照.

*48　ロバート・N・プロクター（宮崎尊訳）[2003]『健康帝国ナチス』（草思社）は，ナチスにおける徹底したガン撲滅運動（タバコ撲滅）や強烈な自然回帰主義を論じている.

第10章　生殖管理のジェンダー・バイアス　　*291*

い。

　留意すべきは、「健康」の内容が、時代によっても文化によっても異なること
である。生命科学・医療技術水準の相違や人間観の相違によって、想定される
「健康」イメージは変容する。1532年のカロリナ刑事法典では、四肢に欠損の
ある嬰児の殺害は処罰されなかった[49]。「身体的健康」により「生きる価値」
が判断されていたのである。これに対して、近・現代社会では、しばしば理性
的判断力が人間存在の本質とみなされる。この場合、「身体的健康」よりも「精
神的健康」の確保に異常な関心がよせられ、精神障害者排除が徹底されがちと
なる。古代志向が強いはずのナチスがさまざまな側面で「近代性」を発揮した
ことはすでによく指摘されるが、それは「精神的健康」の重視という点にも認
めることができよう。

　②ドイツ優生学は、北欧の社会民主主義政権がめざしたような社会衛生学と
右派的な人種衛生学のなかでゆれうごきながら、人種衛生学の優位に達し
た[50]。ナチスはさらに人種衛生学そのものをも改変する。「ひとという種」の
淘汰という部分を「アーリア人種」の淘汰へとおきかえて人種主義を鮮明に
し[51]、淘汰のための「健康」概念については「国家生活への奉仕」という国家
主義的基準を強調したのである。

　「断種法―安楽死―ホロコースト」の連続性は、国家にとっての「不健康・不
健全」概念の果てしない拡大を意味する。断種法では「遺伝的疾病」に限定さ
れていた「不健康」部分が、安楽死計画では「共同体不適格者」という形で政
治犯や性的モラルの違反者すなわち同性愛者にまで拡大される。思想信条や精
神的特性など、精神面での国家不適合性が「不健康」と判断されるようになる
のである。ホロコーストにいたっては、ユダヤ人やポーランド人、ロマなどの
特定の人種・民族に属することがそのまま国家全体の「不健康」な病質部分と
され、「健康体」であるべき国家からの「切除」が論じられた。

　③ワイマール共和国はその発足当初からきわめて不安定な政権運営を強いら
れていた。19世紀後半から顕著になったミリタリズムの傾向はますます強ま
り、ナチスのような右派の泡沫政党が多数発生する[52]。世界ではじめて「社会

＊49　カロリナ刑法典131条．本書第5章参照．

＊50　川越 [2004]『社会国家の形成』第3章参照．

＊51　Adams [1990], *The wellborn science* (アダムズ [1998]『比較「優生学」史』) 第2章．

権」を保障したワイマール憲法（1919 年）は、議会制民主主義を徹底しようとした現代型憲法である。しかし、同時に、大統領に強大な「非常大権」を認めており（憲法 48 条）、「権威主義」国家を基礎づけることになった。「国家的公共性」が極限まで市民生活を脅かしたのがナチス体制である*53。そのとき、優生学は「国家的公共性」をささえる「科学的」根拠として利用された。

第 3 節　ナチス断種法の手続と実態

（1）　断種法の根拠と手続

［1］　立法趣旨
◆国家のコストと個人の「不幸」

断種法の立法趣旨としては、①遺伝学の成果、②コスト論、③不幸論があげられた。これら一見合理的な 3 つの根拠を一言で言い表したのが、のちに途方もなく拡大解釈される④「生きるに値しない生命」という論法である。

①断種法制定後まもなく、法制定にもっとも大きな影響力をもった官僚ギュット Gütt, A. は、ラジオ放送で、ドイツと諸外国の遺伝学者が「価値ある遺伝素質の継続的喪失ならびに遺伝病者の増大がすべての文化民族の重大な退化をもたらすにちがいない」と演説した*54。ナチス成立期におけるドイツ生命諸科学の躍進はめざましいものがあり*55、国内外から多額の研究資金が流入していた*56。大量の医師を戦傷者治療に振り向ける必要から断種法を停止した

---

*52　アルフレート・ファークツ（望田幸男訳）［1994］『ミリタリズムの歴史――文民と軍人』（福村出版）参照.

*53　佐藤卓己［1996］「ファシスト的公共性――公共性の非自由主義モデル」（岩波講座『現代社会学 24：民族・国家・エスニシティ』岩波書店）177 ページ以下．ジョージ・L・モッセ（佐藤卓己／佐藤八寿子訳）［1996］『ナショナリズムとセクシュアリティ――市民道徳とナチズム』（柏書房）, 同（同訳）［1994］『大衆の国民化――ナチズムに至る政治シンボルと大衆文化』（柏書房）, 同（植村和秀他訳）［1998］『フェルキッシュ革命――ドイツ民族主義から反ユダヤ主義へ』（柏書房）, デートレフ・ポイカート（木村靖二／山本秀行訳）［1991］『ナチス・ドイツ――ある近代の社会史：ナチ支配下の「ふつうの人びと」の日常』（三元社）.

*54　南［1998］『ナチス・ドイツの国家と社会』321 ページ.

*55　ハイドルン・カウベン＝ハース［1996］「生殖と遺伝学の技術の起源としての第三帝国」（オルフ＝ナータン『第三帝国下の科学』）参照.

> **【資料 10—④】**
> **ビンディング「生きるに値しない生命」**
>
> 「第二のグループは治療不能な知的障害者からなる。ただし、生まれつきか、それとも、例えば麻痺患者のように苦しみの最終段階でそうなったのかは問わない。
> 　この人たちには生きようとする意志もなければ、死のうとする意志もない。そのため、考慮されるべき殺害への同意も彼らの側にはないし、他方で殺害が生存意思に抵触し、これを侵害したにちがいないということもない。彼らの生にはいかなる目的もないが、そのことを彼らは耐え難いとは感じていない。家族にとっても、社会にとっても彼らはとてつもない重荷になっている。彼らが死んだとしてもほとんど心が傷つくことはない。もちろん、場合によっては母親や誠実な介護婦の感情では別であろうか。ともかく、彼らには手厚い介護が必要なので、この必要性にもとづいて、絶対的に生きている価値がない命を何年も何十年もかろうじて生かし続けることを仕事とする職業が成り立っているのである。ここには恐るべき不条理が含まれている。つまり、生命力が尊厳なき目的のために濫用されていることは否定できない」。
> （ビンディング／ホッヘ〔2001〕『「生きるに値しない生命」とは誰のことか』45ページ）

のちは、より「効率的」で「手術不要」な放射線を用いた大量断種の技法が研究されたが、それこそが戦後裁かれた収容所での断種人体実験にほかならない。

②コスト論は、学校教育でも法案審議のさいにも好んで用いられた。それらはきまって、障害者援助にかかる費用を公共施設建設費用や労働者年収・一般家計費と比べて、前者がいかに多額にのぼるかを計算させる手法をとった[57]。

③不幸論とは、「生まれてくることが本人にとっても家族にとっても不幸」という考え方である。前提には、「健康」を第一義の指標とするステロタイプの幸福像がある。「家族にとっての不幸」の背後には、介護等の負担を国家が負うことを忌避する姿勢が見え隠れする。

◆生きる「価値」

④「生きるに値しない生命」という議論でよく知られるのは、ビンディング／ホッヘ Binding, K./Hoche, A.『生きるに値しない生命の抹殺の解除[58]』(1920年) である［資料 10—④］。本書刊行後には反対意見が強く、社会が安楽死肯定へと動いたわけではない。ナチス期に本書が利用されるきっかけをつくったのは、ヒトラーの侍医モレル Morell, T. である[59]。断種法は生殖機能を奪って生

---

*56　アメリカからの資金流入については，キュール［1999］『ナチ・コネクション』参照.
*57　オルフ＝ナータンに引用された中等クラス用「人類学」教科書や，南［1998］『ナチス・ドイツの社会と国家』310ページ以下に引用された内務大臣フリックの断種法案説明を参照.
*58　カール・ビンディング／アルフレート・ホッヘ（森下直貴／佐野誠訳著）［2001］『「生きるに値しない命」とは誰のことか──ナチス安楽死思想の原典を読む』(窓社).

かすことに重きをおくが、安楽死は生命の抹殺をめざす点で発想が根本的に異なる。安楽死そのものについても、ビンディング＝ホッヘの論法とナチス的安楽死とでは人間観が異なる。

第2帝政期の典型的な教養市民に属する刑法学者ビンディングの議論で前提にされているのは、「知性」優位の人間像である。「知性」を備えた人間の自発的意思（同意）が最大限尊重されるべき価値とされた。「生きるに値しない人間」とは、「生きようとする意思も死のうとする意思」ももたない「意思能力」なき人間である。「生きる目的」を持たない治療不能者には「同情」から安楽死をほどこすべきであり、治療不可能かどうかの判定には審査委員会による厳格な「科学的手続」が必要である。しかし、治療不能者に対して長く介護を続けてきた母親にとっては安楽死決定は過酷な決断になろうから、治療不能者はそもそも生まれないようにしたほうがよい——これがビンディングの主張であった。

医師ホッヘの人間観は基本的にビンディングと共通する。しかし、「社会国家」を否定的に修正し、「国家有機体」の健康を維持するために「有害部分」の「廃棄」を主張する点では、ビンディングよりも強く国家主義的色彩を帯びている。

1940年ころのナチス安楽死法案をめぐる論では、ビンディング以来の伝統にたつ法学者たちは「意思能力」を根拠に安楽死慎重論を唱えた。しかし、推進派は「生きるに値しない人間」をもはや「意思能力」の有無によるのではなく、「共同体の異分子」かどうかという基準ではかろうとした。それに該当したのが、重度の遺伝的障害、反ナチス的思想、異民族などがある。かれらの「意思能力」は尊重されなかった。

断種法は、人間像の基準が「意思能力」から「共同体異分子」へと移行する狭間に位置する法律である。手続上は「意思能力」が最大限尊重されるしくみになっていたにもかかわらず、運用の基準は「共同体の担い手」を増やし、「共同体の異分子」を減ずるという1点にしぼられた。「意思能力」の有無の判断には科学的・専門的診断が必要であるが、「国家共同体」という基準について適否を判断する権限は国家以外にはおよそありえない。

＊59　同上所収の佐野「評中1」を参照. モレルの考え方については, Roth [1984], *Erfassung zur Vernichtung*, S. 123-128.

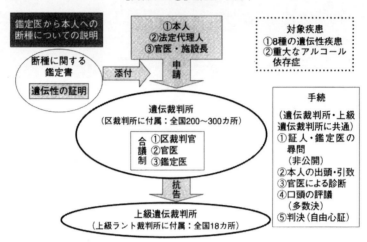

[2] 手続

◆遺伝裁判所

遺伝裁判所は最末端の司法機関である区裁判所に附属し、区裁判官、官医、認定医（断種鑑定書の作成者）の3名からなる合議制裁判所であった[60]。官医は検察の役目をはたした。自由心証にもとづき、3名のうち2名の多数決で断種が決定された。

当初、1,000カ所の遺伝裁判所設置がもくろまれたが、実際には200〜300カ所にとどまった。1936年に、遺伝裁判所は205、控訴審かつ最終審たる上級遺伝裁判所は18存在する。当時およそ1万人にのぼった裁判官・検察官のうち、1939年までに500名が遺伝事件に関与し、15,000人の弁護士のうち、1,000〜1,500名が遺伝裁判所で弁護にあたった。35年以降、弁護士依頼費用は断種候補者の自弁とされ、2,000〜3,000マルクという多額の金がかかった[61]。

◆手続

断種は基本的に本人申請に基づいて実施される。本人に判断能力がなけれ

---

*60 遺伝裁判所の実態については、Hinz-Wessels, A. [2004], *NS-Erbgesundheitsgerichte und Zwangssterilisation in der Provinz Brandenburg*, Berlin; Daum, M. [1991], *Zwangssterilisation in Frankfurt am Main 1933-1945*, Frankfurt/M. を参照。
*61 Bock [1986], *Zwangssterilisation im Nationalsozialismus*, S. 195 ff.

ば、法定代理人、あるいは、官医や精神病院施設長が申請できた。ただし、ほとんどの申請は本人が行っており、官医や精神病院長による申請はわずかであった。官医は地域住人との軋轢を避けるために、自分からすすんで住民の断種申請をしようとはしなかったと言われる*62［資料10—⑤］。

断種の申請時には、遺伝病を証明する鑑定書を添付しなければならなかった。鑑定書は遺伝病を認定する医師が作成したが、この医師は、本人に断種の結果と方法について説明する義務を負った。1種のインフォームド・コンセントである。申請は遺伝裁判所に提出された。判決がでてから2週間以内に抗告することができ、弁護士をつけることもできた。上級遺伝裁判所が最終審である。

このように、断種認定の手続きは、インフォームド・コンセントにもとづく書面の添付、法律家と医師双方の専門家が関与する合議制裁判所での審議、二審制の採用など、一見すると、断種をうける者の権利保障が慎重にはかられるしくみになっていた。しかし、それは、「有用な子孫」を不用意に失わないための厳格さにほかならなかった。「有用性」の判定には細心の配慮がはらわれたのであり、断種法の真髄は、「低価値遺伝子」の抹殺という以上に、「有用・不要」を選別するための手続にあったといっても過言ではない。

◆対象者

断種の対象者は限定列挙された。遺伝性疾患8種（精神遅滞・統合失調・躁鬱・てんかん・ハンチントン病・盲目・聾唖・重大な奇形）と重度のアルコール依存症者である*62。被施術者の半数を占めるのは精神遅滞者であり、しかも、軽度あるいは回復した障害者の断種を優先するよう指示がだされていた。重度の障害者は生殖過程そのものから自然に排除されやすいが、軽度の者は普通に結婚する恐れがあると考えられたからである。断種手術の費用は、社会保障基金によってまかなわれた*63。

---

*62　Bock ［1986］ *Zwangssterilisation im Nationalsozialismus*, S. 254 ff.
*63　Gütt, A./Rüden, E./Ruttke, F. ［1936］, *Das Gesetz zur Verhütung erbkranken nachwuchses vom 14. Juli 1933*, München 2. Aufl.

(2) 運用の実態

[1] 断種の「強制」

◆統計から

　断種の全国統計は初年度（1934年）しかないが、地域史料などから全体でおよそ40万件実施されたと見積もられている。実施対象者は男女ほぼ半々である。1934年（人口6,520万人）の1年間における全申請件数は84,525件、判決がでたのは56,244件であった。後者に対する抗告件数は14パーセント（8,219件）にのぼるが、断種決定に対する抗告のほとんどは最終審で却下されている。結果的にはほとんどが申請通り断種が決定されており、申請＝断種決定の実態があったといえる。断種理由は、遺伝性疾患が96パーセントを占め、なかでも、「先天性精神薄弱」が半数近く（45.7パーセント）にのぼった。ブランデンブルクの場合も精神疾患が95パーセント以上を占める[64]［資料10―⑥］。

◆誘導としての「強制」

　統計によれば、強制断種は少なく、ほとんどが自己申請であった。しかし、

【資料10―⑥】断種理由

決定内容 断種理由	決定総数		決定の内訳			
			断種許可		断種不許可	
	総数	%	総数	%	総数	%
先天性精神薄弱	505	68.7	436	86.3	69	13.7
精神分裂症	139	18.9	121	87.1	18	12.9
遺伝性てんかん	51	6.9	44	86.5	7	13.5
躁鬱病	6	0.8	2	33.3	4	66.7
遺伝性ハンチントン病	0	0	0	0	0	0
遺伝性盲目	3	0.4	3	100	0	0
遺伝性聾唖	16	2.2	11	68.8	5	31.2
重大な奇形	9	1.2	9	100	0	0
重度のアルコール依存	6	0.8	4	66.7	2	33.3
計	735	100	630	85.7	105	14.3

(Hinz-Wessels〔2004〕, *NS-Erbgesundheitsgerichte*, S.81)

これはけっして「自己決定」とはいえない。自己申請もまた事実上は、さまざまな誘導がほどこされていたからである。たとえば、断種決定され、手術がほどこされた者の半数近くが退院を認められている[65]。これは、断種が病状が軽い者を対

---

*64 Hinz-Wessels［2004］, *NS-Erbgesundheitsgerichte und Zwangssterilisation* S. 81, 南［1998］『ナチス・ドイツの社会と国家』319ページ以下.

*65 たとえば，ライン州立病院では，1934年4月1日から9月30日のあいだに，収容者12,390名のうち2,044件の断種申請があり，1,568件で断種が決定されたが，1935年末までに949件手術され，うち416名が退院した．Bock［1986］, *Zwangssterilisation im National-sozialismus*, S. 262.

298　　　第3部　法秩序のなかの家族と生殖

【資料10—⑦】断種のジェンダー・バイアス

		女性	男性
全国	被施術者数	約20万人	約20万人
	死者総数	約4500人（90％）	約500人
*ブランデンブルク	年齢層	30歳以下70.4％ （20歳以下32.3％）	30歳以下63％ （20歳以下31.5％）
	家族関係	独身者82.7％	独身者85.2％
	学歴	小学校未修者・養護学校など68.9％	同左67％
手術方法		全身麻酔（≒盲腸手術）	皮膚切開
対象者		知的障害者（性比＝女6：男4）	知的障害者
テスト内容		家事育児能力・性的潔癖さ	社会的自立
断種の意味		断種しなければレイプによる妊娠の 恐れあり	性交能力は奪われない

＊ブランデンブルク（男性406名、女性341名）
（ブランデンブルクについては、Hinz-Wessels〔2004〕,
NS-Erbgesundheitsgerichte, S.101-105より作成）

象に行われ、退院の条件が断種とされたことによる。断種を拒否すると経済的
負担や人身拘束がまっていた。断種を拒否したある男性は自己負担で施設入居
を強いられ、病気が回復した後も退院を認められなかった。他方、断種を自己
申請した貧しい未婚の母は、審査の結果、断種を許可されなかった。経済的理
由による不妊化を望んだためと判断されたからである＊66。

　ナチス期の断種の本質は、本人の同意がないという法的意味での「強制断種」
ではない。それは、本人の同意を「強制的」にひきだすという意味での「強制」
にあったといえよう。

[2]　断種のジェンダー・バイアス

◆男女「差」のあらわれかた

　ナチス優生政策は、男女の生殖パーツを等分に国家的管理下においたという
点で、歴史的にはきわだった特徴をもつ。断種は、生殖パーツのコントロール
への道を開く最初の技術の1つであった。しかし、このコントロールにもジェ
ンダー・バイアスが作用している［資料10—⑦］。

　断種手術の男女同数は、男女平等を意味しない。言説のうえでも、実践のう
えでも、断種手術には大きな偏りがあった。①手術方法と危険性、②対象者の

━━━━━━━━

＊66　Bock〔1986〕, *Zwangssterilisation im Nationalsozialismus*, S. 262 f., 276.

細分、③断種がもたらした個人への影響の点では、女性の負担が格段に大きかったのである。

①当時、既婚男性への断種が勧められたが、それには3つの理由があげられた。女性を断種すると売春婦になりやすい。女性の断種手術のほうがコストがかかる。男性の断種手術のほうが安全性が高い。

男性は簡単な皮膚切開ですむが、女性は今日の盲腸手術と同様の全身麻酔手術となった。当時の技術ではそれほど安全とはいえず、合併症の危険も高かったとされる。およそ40万の断種者の性差はほぼ半々であったが、手術にともなう死者5,000人の9割は女性であった。手術後の自殺者を入れるともっと女性死者は多いと思われる*67。このように、女性への断種手術をためらわせる要因が大きかったにもかかわらず、被施術者数が男女同数となっていること自体にすでに、女性の負担の大きさが反映されている。

②断種者の3分の2は、精神遅滞者であった。被施術者の男女比がほぼ半々であったのに対し、断種手術を受けた精神遅滞者の性比は、男4に対して女6となる。基準が男女で異なっていたためである。精神状態を調べるためにテストが実施されたが、男には社会的自立の可否が重視され、女には家事育児能力と性的潔癖さが重視された。父のわからない婚外子の母はしばしば精神遅滞に分類された。

◆断種とセクシュアリティ

③男性には断種が性交能力を奪うものではないことがマスコミを通じてさかんにアピールされた。他方、女性については断種しなければレイプによって妊娠する恐れを払拭できないと危機感があおられた。男性断種では、すでに子を持つ者の断種は容易に行われ、女性については、未婚者が積極的に断種された。不妊をおそれた女性たちが、断種手術をおそれて、かけこみ妊娠があいつぎ、その結果として、優生学的理由にもとづく中絶がみとめられたことはすでに述べたとおりである。積極的優生政策のもとで母性保護をはかり、母性をさかんに顕彰する社会秩序のなかで、軽度の精神遅滞者に対して母性を否定することの圧力を考えたとき、当事者の精神的ストレスには多大なものがあったと推測される。

---

*67　Bock [1986], *Zwangssterilisation im Nationalsozialismus*, S. 380.

(3) 「自己決定」と人間像

[1] 優生思想の本質

　ナチスはその総合的な生殖管理法制を通じて男女の生殖パーツを管理下にお
いたが、負担は著しく女性身体に偏った。ナチス期を通して女性は労働市場で
活躍したが、ナチスにとって女性の本質は、母親勲章や婚姻資金貸与制度など
の母性保護政策にもよくあらわれているように、再生産におかれたのである。
フェミニズム急進派が批判したのは女性身体の「再生産機械」化にほかならな
い。女性個人の身体性を保護しようとするフェミニズム的な「自己決定」論は、
生殖パーツを個人的人格から切り離して国家的管理下におこうとするナチス的
な生殖管理法制とはまったく相反するものであった。

　優生思想と結びついた生殖管理の本質は、選別されるべき人間の枠を著しく
狭める可能性を常にもつという点に尽きる。ナチス優生政策は、共同体異分子
や国家共同体のよそ者を抹殺する方向へといきついた。しかし、フェミニズム
のように、ひとの抹殺につながらなければ許されるというものではない。生き
る権利をもつひとの範囲と条件を画一的にすることに優生思想の根本的な問題
があると考えるべきである。

[2] 「自己決定」基準としての「幸福」と「健康」

　「産む性」としての女性の「自己決定」論の陥穽は、その人間像と決定基準に
ある。心身ともに「健康」な「合理的人間」が追求すべき「幸福」と「健康」
が「自己決定」の「標準」的な決定基準とされるからである。そのかぎりで、
「自己決定」論は優生思想と容易に親和的関係にたつ。しかし、「内なる優生思
想」を含むおそれがあるという理由で生殖コントロールをいっさい認めないこ
とは現実的とはいえない。受精卵や胎児の段階でのコントロールを認めなけれ
ば、出生後の非合法コントロール（嬰児殺・嬰児遺棄など）が増えることは歴
史的にも明らかである。胎児生命の保護という視点から「中絶の権利」を否定
することは、「出産の義務」という圧力を女性身体に及ぼす。それが歴史的にい
かに女性の身体と精神を拘束してきたかを振り返るならば、「産」に関する女性
自身の「自己決定」権を安易に否定することはできない*68。

　ワイマール憲法はその「社会権」規定のなかで、「人間たるに値する生活」

（151条）を保障した。日本国憲法も「健康で文化的な最低限度の生活を営む権利」（25条）を保障する。「人間たるに値する生活」や「健康で文化的な生活」の保障は必要である。しかし、ときにそれは「幸福」や「健康」への国家的介入を招き、定義の一律化をよびおこす。「自己決定」の是非を語る前提としてもっとも必要であるのは、「健康な生活を営む権利」と同様に、「病気」や「障害」をもったままで尊厳を保持できる権利の最大限の保障であろう。

　個人が抱く人間像は社会や国家によって決定的に規定される。人間像や幸福像が社会的・文化的産物であるとの認識を欠いては、優生思想の内面化を個人的責任に帰するだけとなり、結果的には、現実にもっとも負担をこうむる「産む性」としての身体機能をかかえる女性の「自己決定」を否定することに帰着する。ナチス優生法制の歴史がわたしたちにつきつけるのは、その非人道的な数々のいまわしい事実よりもむしろ、国家と社会と個人がこぞって追求したあるべき人間像の一面性がいかに不気味な結末をもたらすかということであったように思われる。

＊68　当時，ナチス断種法を正面から批判できたのはカトリック教会であったが，教皇ピウス 11 世の回勅は同時に中絶の自由も否定している．しかし，カトリックもまた「弱い消極的優生思想」の担い手であったことについては、Richter, I. [200], *Katholizismus und Eugenik in der Weimarer Republik und im Dritten Reich. Zwischen Sittlichkeitsreform und Rassenhygiene*, Paderborn, S. 511 ff. 参照．

主要文献目録

〈史料・同時代文献〉

Allgemeines Landrecht für die Preußischen Staaten von 1794. Textausgabe mit einer Einf. von Hattenhauer, H. und einer Bibliographie von Bernert, G. (3. erw. Aufl.), Neuwied/Kriftel/Berlin 1996

Anmerkungen zum Strafgesetzbuch für das Königreich Baiern nach den Protokollen des königlichen geheimen Rathes, 3 Bde, München 1813-14 (ND Goldbach 2002)

Bäumer, G. [1928/29], Der Unehelichenschutz und die legitime Familie, in : *Die Frau* 36

Bleich, L. [1848], *Verhandlungen des im Jahre 1848 zusammenberufenen Vereinigten Ständischen Ausschüsses*, 4 Bde. (ND Frankfurt/M. 1991)

Bode, J. J. C. [1994], *Journal von einer Reise von Weimar nach Frankreich. Im Jahr 1787*, München.

Code Civil des Francais. Edition originale et seule officielle 1804, Paris 1974

Corpus Iuris Civilis, 3 Bde. , Berlin 1963 (ND Hildesheim 1988)

Drei Preisschriften über die Frage : Welches sind die besten ausführbarsten Mittel dem Kindermorde abzuhelfen, ohne die Unzucht zu begünstigen ? [1784], Mannheim

Entscheidungen des Königlichen Geheimen Ober-Tribunals, Bd. 1 [1837] -16 [1848], Berlin

Entscheidungen des Königlichen Ober-Tribunals, Bd. 17 [1849] -83 [1879], Berlin

Feuerbach, A. v. [1801], *Lehrbuch des gemeinen in Deutschland geltenden Peinlichen Rechts*, Gießen (ND Frankfurt/M. 1985)

Fichte, J. [1795], *Grundlage des Naturrechts nach Principien der Wissenschaftslehre*, Anhang I. Familienrecht, Hamburg 1960 (藤澤賢一郎他訳 [1995] 『フィヒテ全集6——自然法論』哲書房)

Galton, F. [1905], Eugenics Its definition, scope and aim, in : *Sociological Papers*, 1

(Gerlach, E. L. v.) [1833], *Über die heutige Gestalt des Eherechts*, Berlin

Gesetz, betreffend die Abänderungen des Abschnitts 11. Titel 1. Theil II. und des Abschnitts 9. Titel II. des Allgemeinen Landrechts, vom 24. April 1854, in : *Preußische Gesetzsammlung 1854*

Gesetzrevision (1825-1848). Quellen zur preußischen Gesetzgebung des 19. Jahrhunderts, (Hg. von Schubert, W./ Regge, J.,) Vaduz, Lichtenstein

    Abt. I. Bd. 1- 6 : *Straf-und Strafprozeßrecht* [1981-1996]

    Abt. II. Bd. 5 : *Familienrecht I* [1985]

    Abt. II. Bd. 6 : *Familienrecht II* [1987]

Globig, H. E. v./Huster, J. G. [1783], *Abhandlung von der Criminal = Gesetzgebung. Eine von der ökonomischen Gesellschaft in Bern gekrönte Preisschrift*, Zürich (ND 1969)

Grotii, H. , *De iure belli ac pacis*, Molhuysen, P. C. (ed.), 1965

Gütt, A./Rüden, E./Ruttke, F. [1936], *Das Gesetz zur Verhütung erbkranken nachwuchses vom 14. Juli 1933* (2. Aufl.), München

Habermas, R., (Hg.) [1999], *Das Frankfurter Gretchen. Der Prozeß gegen die Kindesmörderin Susannna Margaretha Brandt*, München

Hansen, J. [1933], *Quellen zur Geschichte des Rheinlandes im Zeitalter der Französischen Revolution 1780-1801*, 3 Bde. , Bonn

Hegel, G. W. F. , *Grundlinien der Philosophie des Rechts oder Naturrecht und Staatswissenschaft im Grundrisse*, Stuttgart 1976 (参考：長谷川宏訳 [2000]『法哲学講義』作品社)

Hinske, N. (Hg.) [1973], *Was ist Aufklärung ? Beiträge aus der Berlinischen Monatsschrift*, Darmstadt

Kant, I., [1797] *Metaphysiche Anfangsgründe der Rechtslehre*, Königsberg (ND 1970) (吉澤傳三郎／尾田幸雄訳 [1969]「人倫の形而上学」『カント全集』第11巻，理想社)

Klein, E. F. (Hg.) [1788-1810], *Annalen der Gesetzgebung und Rechtsgelehrsamkeit in den Preußischen Saaten*, 26 Bde. , Berlin/Stettin (ND)

Klumker, J. [1929], Der neue Gesetzentwurf über die Rechtsstellung der unehelichen Kinder, in : *Neue Generation* 25

Kollmann, W. (Hg.) [1980], *Quellen zur Bevölkerungs-, Sozial- und Wirtschaftsstatistik Deutschland 1815-1875*, 2 Bde. , Boppard

Lange, H. / Bäumer, G. (Hg.) [1901], *Handbuch der Frauenbewegung*, 2 Bde. , Berlin

Lüders, M.-E. [1934/35], Zur Reform des Unehelichenrechts, in : *Die Frau*, 42

(Lamezan, F. A. von), Preisfrage, in : *Rheinische Beiträge zur Gelehrsamkeit* 1780/II

Mannkopff, A. J. (Hg.) [1835-1847], *Ergänzungen und Abänderungen der preußischen Gesetzbücher*, 10 Bde. , Berlin (ND 1985)

Menger, A. [1890], *Das Bürgerliche Recht und die besitzlosen Volksklassen*, Tübingen

Motive zu dem Entwürfe eines Bürgerlichen Gesetzbuches für das Deutsche Reich. Bd. IV. Familienrecht. Amtliche Ausgabe, Berlin/Leipzig 1888 (ND 1983)

Mugdan, B. (Hg.) [1899], *Die gesammten Materialien zum Bürgerlichen Gesetzbuch für das Deutsche Reich, Bd. 4. Familienrecht* (ND Aalen 1979)

Neue und Vollständige Sammlung der Reichsabschiede [1747], Bd. 1 (Teil I-II), Bd. 2 (Teil III-VI), (ND Osnabrück 1967)

Pestalozzi, J. H. , Über Gesetzgebung und Kindermord. Wahrheiten und Träume, Nachforschungen und Bilder, in : *Samtliche Werke* (Hg. v. Buchenau, A. et al.), Bd. 9, Berlin / Leipzig 1930 (杉谷雅文訳 [1959]「立法と嬰児殺し」長田新編『ペスタロッチー全集』第5巻，平凡社)

(Planck, G.), [1880], *Begründung des Entwurf eines Familienrechts für das Deutsche Reich, Vorlage des Redaktors Planck*, Berlin

Pufendorf, S. L. B. A. [1744], *De jure naturae et gentium*, Frankfurt/Lipsiae.

Quellen zur Reform des Straf- und Strafprozeßrechts, Abt. II NS-Zeit (1933-1939) - Strafgesetzbuch (Hg. v. Regge, J./Schubert, W.), Bd. 1, 2. Berlin 1994

Radbruch, G. (Hg.) [1951], *Die Peinliche Gerichtsordnung Karls V. von 1532 (Caro-*

lina), Stuttgart（塙浩訳 [1992]「カルル五世刑事裁判令（カロリナ）」同『西洋法史研究 4』信山社）

Rosenthal, H. [1919], Die Reform der Rechtsstellung des unehelichen Kindes, in: *Neue Generation* 15

Rotteck, C. von / Welcker, C. (Hg.) [1843], *Das Staats-Lexikon oder Encyklopädie der Staatswissenschaften, in Verbindung mit vielen der angesehensten Publicisten Deutschland*, 10 Bde., Altona

Schmelzeisen, G. K. (Hg.) [1968], *Quellen zur Neueren Privatrechtsgeschichte Deutschlands*, 2 Bde., Weimar

Schubert, W. (Hg.) [1983], *Die Vorlagen der Redaktoren für die erste Kommision zur Ausarbeitung des Entwurf eines Bürgerlichen Gesetzbuches. Familienrecht*, 3 Teile (Verfasser: Planck, G.), Berlin/New York

Schubert, W. [1986], *Die Projekte der Weimarer Republik zur Reform des Nichtehelichen-, des Adoptions- und des Ehescheidungsrechts*, Paderborn/München/Wien/Zürich

Schubert, W. (Hg.) [1989], *Akademie für Deutsches Recht, 1933-1945, Protokolle der Ausschüsse, Bd. III, 2. Familienrechtausschuß. Unterausschuß für Eheliches Güterrecht*, Berlin

Spann, O. [1905], *Untersuchungen über die uneheliche Bevölkerung in Frankfurt am Main*, Dresden

Spann, O. [1907], Die Lage und das Schicksal der unehelichen Kinder, in: *Mutterschutz* 3

Spann, O. [1910], Die Bedingungen der Unehelichkeit, statistisch betrachtet, in: *Neue Generation* 1

Strafgesetzbuch für das Königreich Baiern, München 1813（ND Frankfurt/M. 1986）

Unehelichkeit und Nationalversammlung [1920], in: *Neue Generation* 16

Die Verfassunng des Deutschen Reichs vom 11. 8. 1919（Hg. v. Mosler, H., Stuttgart 1977）

Weber, M. [1907], *Ehefrau und Mütter in der Rechtsentwicklung. Eine Einführung*, Tübingen（ND Aalen 1971）

Wolff, C., *Gesammelte Werke, II. Abt. Lateinische Schriften*, hg. von Thomann, M., Hildesheim 1969

Bd. 18-22: *Jus naturae* [1740-1748]

Bd. 26: *Institutiones juris naturae et gentium* [1754]

〈研究文献（欧文）〉

Adams, Mark B. (ed.) [1990], *The wellborn science: Eugenics in Germany, France, Brazil, and Russia*, Oxford（佐藤雅彦訳 [1998]『比較「優生学」史——独・仏・伯・露における「良き血筋を作る術」の展開』現代書館）

Bastian, T. [2000], *Homosexaelle im Dritten Reich. Geschichte einer Verfolgung*, München

Beck, R. [1983], Illegitimität und voreheliche Sexualität auf dem Land. Unterfinning,

1671-1770, in: Dülmen, R. v (Hg.), *Kultur der einfachen Leute. Bayerisches Volksleben vom 16. bis zum 19. Jahrhundert*, München

Becker, H.-J. [1992], Uneheliche, in: *Handwörterbuch der Rechtsgeschichte*, Bd. 5

Becker, M./Bowman, C. G./Torrey, M. [1994], *Feminist Jurisprudence Taking Women Seriously. Cases and Materials*

Behringer, W. [1990], Mörder, Diebe, Ehebrecher. Verbrechen und Strafen in Kurbayern vom 16. bis 18. Jahrhundert, in: Dülmen, R. v (Hg.), *Verbrechen, Strafen und soziale Kontrolle. Studien zur historischen Kulturforschung*, Frankfurt/M.

Birkner, S. (Hg.) [1973], Leben und Sterben der Kindsmorder in Susanna Margaretha Brandt, Frankfurt/M. (佐藤正樹訳 [1990]『ある子殺しの女の記録——18世紀ドイツの裁判記録から』人文書院)

Blasius, D. [1992], *Ehescheidungen in Deutschland im 19. und 20. Jahrhundert*, Frankfurt/M.

Bleek, W. [1972], *Von der Kameralausbildung zum Juristenprivileg. Studium, Prüfung und Ausbildung des höheren Beamten des allgemeinen Verwaltungsdienstes in Deutschland im 18. und 19. Jahrhundert*

Blickle, P. [1985], *Gemeindereformation. die Menschen des 16. Jahrhunderts auf dem Weg zum Heil*, München

Bock, G. [1986], *Zwangssterilisation im Nationalsozialismus. Studien zur Rassenpolotik und Frauenpolitik*, Opladen

Bode, G. [1914], Die Kindestötung und ihre Bestrafung im Nürnberg des Mittelalters, in: *Arch. f. Strafrecht u. Strafprozess* 61

Bödeker, H. E. [1988], Aufklärung als Kommunikationsprozeß, in: Vierhaus, R. (Hg.), *Aufklärung als Prozeß* (=*Aufklärung*; Jg. 2, H. 2), Hamburg

Bödeker, H. E./Herrmann, U. (Hg.) [1987], *Aufklärung als Politisierung——Politisierung der Aufklarung*, Hamburg

Bors, M. [1998], *Bescholtene Frauen vor Gericht. Zur Rechtsprechung des Preußischen Obertribunals und des Zuricher Obergerichts auf dem Gebiet des Nichtehelichenrechts*, Frankfurt/M.

Braun, R. [1960], *Industrialisierung und Volksleben. Die Veränderungen der Lebensformen in einem ländlichen Industriegebiet vor 1800* (*Zürcher Oberland*), Zurich

Braun, R. [1978], Early Industrialization and Demographic Change in the Canton of Zürich, in: Tilly, C. (ed.), *Histrical Studies of Changing Fertility* (高橋秀行訳「チューリヒ州におけるプロト工業化と人口動態」フランクリン・F・メンデルス他, 篠原信義他編訳『西欧近代と農村工業』北海道大学図書刊行会)

Breit, S. [1991], *„Leichtfertigkeit" und ländliche Gesellschaft. Voreheliche Sexualität in der frühen Neuzeit*, München

Broberg, G./Roll-Hansen, N. [1996], *Eugenics and the Welfare State, Sterilization Policy in Denmark, Sweden, Norway, and Finland*, Michigan State Univ. Press

Buchholz, S. [1979], Savignys Stellungsnahme zum Ehe- und Familienrecht, in: *Ius Commune* 8

Buchholz, S. [1980], Beiträge zum Ehe- zum Familienrecht des 19. Jahrhunderts, in : *Ius Commune* 9

Buchholz, S. [1981], *Eherecht zwischen Staat und Kirche. Preußische Reformversuche in den Jahren 1854 bis 1861 (Ius Commune. Sonderheft 13)* , Frankfurt/M.

Buchholz, S. [1981], Preußische Eherechtsreform in Vormärz (1830-1844), in : *Vortäge zur Geschichte des Privatrechts (Ius Commune, Sonderheft 15)*, Frankfurt/M.

Connel, R. W. [2002], *Gender*, Cambridge

Dann, O. [1976], Die Anfänge politischer Vereinsbildung in Deutschland, in : Engelhardt, U./Sellin, V./Stuke, H. (Hg.), *Soziale Bewegung und politische Verfassung. Beiträge zur Geschichte der modernen Welt*, Stuttgart

Dann, O. [1977], Lesegesellschaften des 18. Jahrhunderts und der gesellschaftliche Aufbruch des deutschen Bürgertums, in : Gopfert, H. G. (Hg.), *Buch und Leser. Schriften des Wolfenbütteler Arbeitskreises für Geschichte des Buchwesens*, Bd. 1. , Hamburg

Dann. O. [1978], Die Anfänge demokratischer Traditionen in der Bundeshauptstadt. Zur Gründung der Bonner Lesegesellschaft im ausgehenden 18. Jahrhundert, in : *Bonner Geschichtsblätter* 30

Dann, O. [1979], Die deutsche Aufklärungsgesellschaft und ihre Lektüre. Bibliotheken in den Lesegesellschaften des 18. Jahrhunderts, in : *Buch und Sammler-private und öffentliche Bibliotheken im 18. Jahrhundert*, Heidelberg

Dann. O (Hg.) [1981], *Lesegesellschaften und bürgerliche Emanzipätion. Ein europäischer Vergleich*, München

Dotzauer, W. [1971], Bonner aufgeklärte Gesellschaften und geheime Sozietäten bis zum Jahr 1815 unter besonderer Berücksichtigung des Mitgliederbestandes der Freimauerloge "Frères courageux" in der napoleonischen Zeit, in : *Bonner Geschichtsblätter* 24

Dülmen, R. van [1986], *Die Gesellschaft der Aufklärer. Zur bürgerlichen Emanzipation und aufklärerischen Kultur in Deutschland*, München

Dülmen, R. van [1991], *Frauen vor Gericht. Kindsmord in der frühen Neuzeit*, Frankfurt /M.

Dülmen, R. van [1993], Die Aufklärungsgesellschaften in Deutschland als Forschungsproblem, in : ders. , *Gesellschaft der frühen Neuzeit : Kulturelles Handel und sozialer Prozess. Beiträge zur historischen Kulturforschung*, Wien/Köln/Weimar

Dülmen, R. van [1994], *Kultur und Alltag in der Fruhen Neuzeit*. 3Bde. , München (佐藤正樹訳 [1998]『近世の文化と日常生活──16 世紀から 18 世紀まで 1～3』鳥影社)

Engelmann, T. [1896], *Die rechtliche Stellung der unehelichen Kinder nach bayrischem Landrecht*, München

Engelsing, R. [1978], Die Perioden der Lesergeschichte in der Neuzeit, in : ders. , *Zur Sozialgeschichte deutscher Mittel- und Unterschichten*, Göttingen (2. erw. Aufl.)

Engelsing, R. [1973], *Analphabetentum und Lektüre. Zur Sozialgeschichte des Lesens in Deutschland zwischen feudaler und industrieller Gesellschaft*, Stuttgart (中川勇治訳

[1985]『文盲と読書の社会史』思索社)

Engelsing, R. [1974], *Der Bürger als Leser. Lesergeschichte in Deutschland 1500-1800*, Stuttgart

Erler, A./Kaufmann, E. (Hg.) [1971-1998], *Handwörterbuch zur deutschen Rechtsgeschichte*, 5 Bde. , Berlin

Felber, A. [1961], *Unzucht und Kindsmord in der Rechtsprechung der freien Reichsstadt Nördringen 15. bis 19. Jahrhundert*, Diss. Bonn

Frevert, U. [1986], *Frauen-Geschichte. Zwischen bürgerlicher Verbesserung und neuer Weiblichkeit*, Frankfurt/M. (若尾祐司／原田一美／姫岡とし子／山本秀行／坪郷実訳 [1990]『ドイツ女性の社会史――200年の歩み』晃洋書房)

Gerhard, U. [1978], *Verhältnisse und Verhinderungen Frauenarbeit, Familie und Rechte der Frauen im 19. Jahrhundert. Mit Dokumenten*, Frankfurt/M.

Gerhard, U. (Hg.) [1997], *Frauen in der Geschichte des Rechts*, München

Gerth, H. H. [1976], *Bürgerliche Intelligenz um 1800. Zur Soziologie des deutschen Frühliberalismus*, Göttingen

Geschichtliche Grundbegriffe. Historisches Lexikon zur politisch-sozialen Sprache in Deutschland, hg. von Brunner, O./Conze, W./Koselleck, R. , Stuttgart 1978 (ND 1993)

Haase, K. [1965], Der Bildungshorizont der norddeutschen Kleinstadt am Ende des 18. Jahrhunderts. Zwei Bücherverzeichnisse der Lesegesellschaften in Wunstorf aus dem Jahr 1794, in: Brunner, O. et. al. (Hg.), *Festschrift Hermann Aubin zm 80. Geburtstag*, Wiesbaden

Habermas, J. [1990], *Strukturwandel der Öffentlichkeit. Untersuchungen zu einer Kategorie der bürgerlichen Gesellschaft : mit einem Vorwort zur Neuauflage 1990*, Frankfurt/M. (細谷貞夫／山田正行訳 [1995]『公共性の構造転換・第2版』未来社)

Hammerstein, N. [1977], *Aufklärung und katholisches Reich. Untersuchungen zur Universitatsreform und Politik katholischer Territorien des Heiligen Römischen Reichs deutscher Nation im 18. Jahrhundert*, Berlin

HRG = Handwörterbuch der Rechtsgeschichte. 1992

Hanisch, C. [1970], The Perspnal in Political, in: id. , *Notes from the Second Year*

Hardtwig W. [1997], *Genossenschaft, Sekte, Verein in Deutschland. Vom Spatmittelalter bis zur Französischen Revolution*, München

Harms-Ziegler, B. [1991], *Illegitimität und Ehe. Illegitimität als Reflex des Ehediskurses in Preußen im 18. und 19. Jahrhundert*, Berlin

Hausen, K. [1976], Die Polarisierung der 'Geschlechtscharaktere'. Eine Spielung der Dissoziation von Erwerbs und Familienleben, in: Conze, W. (Hg.), *Sozialgeschichte der Familie in der Neuzeit Europas*, Stuttgart

Heinrich, T. [1993], *Das preußische Nichtehelichenrecht. Von der Aufklärung zur Reaktion*, Frankfurt/M.

Hermand, J. (Hg.) [1975], *Von deutscher Republik 1775-1795. Texte radikaler Demokraten*, Frankfurt/M.

Hinckerldey, Ch. (Hg.) [1984], *Justiz in alter Zeit*, Rothenburg o. d. T.

Hinz-Wessels, A. [2004], *NS-Erbgesundheitsgerichte und Zwangssterilisation in der Provinz Brandenburg*, Berlin

Höroldt, D./Rey, M. van (Hg.) [1989], *Geschichte der Stadt Bonn*, 3 Bde. , Bonn

Hull, I. V. [1997], Sexualstrafrecht und geschlechtsspezifische Normen in den deutschen Staaten des 17. und 18. Jahrhunderts, in : Gerhard. U. (Hg.), *Frauen in der Geschichte des Rechts*, München

Jordan, L. [1844], *Über den Begriff und die Strafe des Kindsmordes nach peinlichen Gerichtsordnung Karls V. mit Rücksicht aus das Römische und altgermanische Recht* (ND Wiesbaden 1982)

Kaupen-Haas, H. [1986], *Der Griff nach der Bevölkerung. Aktualität und Kontibuität nazistischer Bevölkerungspolitik*, Nördlingen

Kirchner, J. [1958], *Das deutsche Zeitschriftswesen. Seine Geschichte und seine Probleme*, Teil I. (2. erw. Aufl.), Wiesbaden

Kirchner, J. (Hg.) [1969], *Bibliographie der Zeitschriften des deutschen Sprachgebietes bis 1900*, Bd. I. , *Die Zeitschriften des deutschen Sprachgebietes von Anfängen bis 1830*, Stuttgart

Klee, E. [1985], *„Euthanasie" im NS-Staat : die „Vernichtung lebensunwerten Lebens,"* Franfurt/M. (松下正明監訳 [1999]『第三帝国と安楽死―生きるに値しない生命の抹殺』批評社)

Kleinheyer, G./Schröder, J. [1989], *Deutsche Juristen aus fünf Jahrhunderten : eine biographische Einführung in die Geschichte der Rechtswissenschaft* (3. neubearb. u. erw. Aufl.), Heidelberg (小林孝輔監訳 [1988]『ドイツ法学者事典』学陽書房)

Köpitzsch, F. [1981], Lesegesellschaften im Rahmen einer Bürgerrepublik. Zur Aufklärung in Lübeck, in : Dann, *Lesegesellschaften*

Kröner, H.-P. [1998], *Von der Rassenhygiene zur Humangenetik. Das Kaiser-Wilhelm-Institut für Anthoropologie, menschliche Erblehre und Eugenik nach dem Kriege*, Stuttgart

Kühl, S. [1994], *The Nazi connection : eugenics, American racism, and German nationalsocialism*, Oxford (麻生九美訳 [1999]『ナチ・コネクション――アメリカの優生学とナチ優生思想』明石書店)

Kühl, S. [1997], *Die Internationale der Rassisten. Aufstieg und Niedergang der internationalen Bewegung für Eugenik und Rassenhygiene im 20. Jahrhundert*, Frankfurt/M.

Leineweber, A. [1978], *Die rechtliche Beziehung des nichtehelichen Kindes zu seinem Erzeuger in der Geschichte des Privatrechts*, Königstein

Martens, W. [1968], *Die Botschaft der Tugend. Die Aufklärung im Spiegel der deutschen Moralischen Wochenschriften*, Stuttgart

Martino, A. [1990], *Die deutsche Leihbibliothek. Geschichte einer literarischen Institution* (*1756-1914*) , Wiesbaden

Milstein, B. M. [1968], *Eight Eighteenth Century Reading Societies. A sociological Contribution to the History of German literature*, Diss. Princeton

Mitterauer, M. [1979], Familienformen und Illegitimität in ländlichen Gebieten Österreichs, in: *Archiv für Sozialgeschichte* 19

Mitterauer, M. [1983], *Ledige Mütter. Zur Geschichte unehelicher Geburten in Europa*, München

Mitterauer, M./Sieder, R. [1991], *Vom Patriarchat zur Partnerschaft. Zum Strukturwandel der Familie* (4. neubearb. Aufl.), München（若尾祐司／若尾典子訳［1993］『ヨーロッパ家族社会史──家父長制からパートナー関係へ』名古屋大学出版会）

Möller, H. [1986], *Vernunft und Kritik. Deutsche Aufklärung im 17. und 18. Jahrhundert*. Frankfurt/M.

Müller, H. [1990], Sittlichkeitsverbrechen, in: *Handwörterbuch zur deutschen Rechtsgeschichte*, Bd. IV, Berlin

Mulpfordt, G. [1981], Radikale Aufklärung und nationale Leserorganisation. Die Deutsche Union von Karl Friedrich Bahrdt, in: Dann, *Lesegesellschaften*

Nährlich, W. [1951], *Die Kriminalität der unehelich Geborenen*, Bonn

Nipperdey, T. [1976], Verein als soziale Struktur in Deutschland im späten 18. und frühen 19. Jahrhundert, in: ders. , *Gesellschaft Kultur, Theorie. Gesammelte Aufsätze zur neueren Geschichte*, Göttingen

Pross, C./Aly, G. [1989], *Der Wert der Menschen : Medizin in Deutschland 1918-1945*, Berlin（林功三訳［1993］『人間の価値──1918 年から 1945 年までのドイツの医学』風行社）

Prüsener, M. [1972], Lesegesellschaften im 18. Jahrhundert. Ein Beitrag zur Lesegesellschaften, in: *Archiv für Geschichte des Buchwesens*, 13-1/2

Reilly, P. R. [1991], *Surgical : A History of Involuntary Sterilization in the United States*, Johans Hopkins Univ. Press

Richter, I. [2001], *Katholizismus und Eugenik in der Weimarer Republik und im Dritten Reich. Zwischen Sittlichkeitsreform und Rassenhygiene*, Paderborn

Riedel, M. [1979], Bürgerliche Gesellschaft, in: *Geschichtliche Grundbegriffe*, hg. von Brunner/Conze/Koselleck, Bd. 2, Stuttgart（河上倫逸／常俊宗三郎編訳［1990］『市民社会の概念史』以文社）

Roche, D. [1981], Literarische und geheime Gesellschaftsbildung im vorrevolutionaren Frankreich : Akademien und Logen, in: Dann, *Lesegesellschaften*

Roetzer, K. [1957], *Die Delikte der Abtreibung, Kindstötung sowie Kindsaussetzung und ihre Bestrafung in der Reichsstadt Nürnberg*, Diss. Erlangen

Roth, K. H. (Hg.) [1984], *Erfassung zur Vernichtung : Von der Sozialhygiene zum „Gesetz uber Sterbehilfe"*, Berlin

Rückstuhl, K. [1961], Geschichte der Lese- und Erholungsgesellschaft in Bonn, in: *Bonner Geschichtsblätter* 15

Rudnick, M. [1985], *Behinderte im Nationalsozialismus. Von der Ausgrenzung und der Zwangssterilisation zur "Euthanasie"*, Weinheim / Basel

Schmelzeisen, G. K. [1955], *Polizeiordnungen und Privatrecht*, 2. Bde., Münster / Köln

Schmidt, E. [1983], *Einführung in die Geschichte der deutschen Strafrechtspflege* (3.

Aufl.), Göttingen

Schmidt, S. [1990], *Die Abhandlung von der Criminal = Gesetzgebung von Hanns Ernst von Globig und Johann Georg Huster. Eine 1782 von der Ökonomischen Gesellschaft Bern gekrönte Preisschrift*, Berlin

Schneiders, W. (Hg.) [1995], *Lexikon der Aufklärung. Deutschland und Europa*, München

Schubart-Fikentscher, G. [1967], *Die Unehelichen-Frage in der Frühzeit der Aufklärung*, Berlin

Schulte, R. [1989], *Das Dorf im Verhör. Brandstifter, Kindsmörderinnen und Wilderer vor den Schranken des bürgerlichen Gerichts*——Oberbayern 1848-1910, Hamburg

Schuster, P. [1992], *Das Frauenhaus. Städtische Bordelle in Deutschland 1350-1600*, Paderborn

Schuttler, H. [1991], *Die Mitglieder des Illuminatenordens 1776-1787/93*, München

Schwab, D. [1986], *Familienrecht* (4. überarb. Aufl.), München (鈴木禄弥訳 [1986] 『ド イツ家族法』創文社)

Schwab, D. [1995], *Geschichtliches Recht und moderne Zeiten. Ausgewählte rechtshistorische Aufsätze*, Heidelberg

Sirges, T. [1984], *Zensur in Marburg 1538-1832. Eine lokalgeschichtliche Studie zum Bücher- und Pressewesen*, Marburg

Sirges, T. [1991], *Lesen in Marburg 1758-1848. Eine Studie zur Bedeutung von Lesegesellschaften und Leihbibliotheken*, Marburg

Sirges, T. [1994], *Die Bedeutung der Leihbibliothek für die Lesekultur in Hessen-Kassel 1753-1866*, Tübingen

Stuke, H. [1972], Aufklärung, in : *Geschichtliche Grundbegriffe*, Bd. 1.

Stützel-Prüsener, M. [1981], Die deutschen Lesegesellschaften im Zeitalter der Aufklärung, in : Dann. O (Hg.), *Lesegesellschaften und bürgerliche Emanzipation. Ein europäischer Vergleich*, München

Ulbricht, O. [1990], *Kindsmord und Aufklärung in Deutschland*, München

Wächtershäuser, W. [1973], *Das Verbrechen des Kindesmord im Zeitalter der Aufklärung. Eine rechtsgeschichtliche Untersuchung der dogmatischen, prozessualen und rechtssoziologischen Aspekte*, Berlin

Weber, B. [1974], *Die Kindsmörderin im deutschen Schrifttum von 1770-1795*, Bonn

Wehler, H.-U. [1987], *Deutsche Gesellschaftsgeschichte, Bd. I. 1700-1815*, München

Weigand, R. [1981], Zur mittelalterlichen kirchischen Ehegerichtsbarkeit, in : *Zeitschrift für Rechtsgeschichte (Kanonisches Recht)* , LXVII.

Weigand, R. [1984], Ehe-und Familiensrecht in der mittelalterlichen Stadt, in : Haberkamp, A. (Hg.), *Haus und Familie in der spätmittelalterlichen Stadt*, Köln/Wien

Weindling, Paul [1989], *Health, race and German politics between national unification and Nazism, 1870-1945* , Cambridge

Weintgart, P./Kroll, J./Bayertz, K. [1992], *Rasse, Blut und Gene. Geschichte der Eugenik und Rassenhygiene in Deutschland*, Frankfurt/M.

Wittmann, R. [1999], *Geschichte des deutschen Buchhandels*, (2. erw. Aufl.), München

Ziessow, K.-H. [1988], *Ländliche Lesekultur im 18. und 19. Jahrhundert. Das Kirchspiel Menslage und seine Lesegesellschaften 1790-1840*, 2 Bde. Cloppenburg

〈邦語文献：翻訳を含む〉

アーガス，ヤスミーヌ［1998］「主体としての女性——1960-80 年代のフェミニズム」（デボー，フランソワーズ編『女の歴史 V——20 世紀 2』藤原書店）

浅倉むつ子［2000］『労働とジェンダーの法律学』有斐閣

浅倉むつ子／戒能民江／若尾典子［2003］『フェミニスト法学』明石書店

足立昌勝［1993］『国家刑罰権力と近代刑法の原点』白順社

アハメド，ライラ（林正雄／岡真理／本合陽／熊谷滋子／森野和弥訳）［2000］『イスラームにおける女性とジェンダー——近代化論争の歴史的根源』法政大学出版局

阿部謹也［1991］『西洋中世の男と女』筑摩書房

網野善彦他［2001］『歴史のなかのジェンダー』藤原書店

アームストロング，カレン（高尾利数訳）［1996］『キリスト教とセックス戦争——西洋における女性観念の構造』柏書房

新井皓士［1994］『近世ドイツ言語文化史論——「祖国」と「母語」が意識されゆくころ』近代文芸社

有賀夏紀［1988］『アメリカ・フェミニズムの社会史』勁草書房

有賀美和子［2000］『現代フェミニズム理論の地平』新曜社

アーレント＝シュルテ，イングリット（野口芳子／小山真理子訳）［2003］『魔女にされた女性たち——近世初期ドイツにおける魔女裁判』勁草書房

イエシェック，H.-H./ヴァイゲント，T. (西原春夫監訳)［1999］『ドイツ刑法総論第 5 版』成文堂

石井美智子［1994］『人工生殖の法律学——生殖医療の発達と家族法』有斐閣

石井三記／寺田浩明／西川洋一／水林彪編［2001］『近代法の再定位』創文社

石部雅亮［1959］「プロイセン普通国法における親権の特質——ヴォルフの自然法理論との関連において」（『香川大学経済論叢』32-3・4・5）

石部雅亮［1969］『啓蒙的絶対主義の法構造——プロイセン一般ラント法の成立』有斐閣

石部雅亮［1974］「プロイセン国家の家族観」（『講座家族 8』弘文堂）

石部雅亮［1978］「サヴィニーの家族法論」（磯村哲先生還暦記念論文集『市民法学の形成と展開上』有斐閣）

石部雅亮［1982］「ドイツ・三月前期の家族法」（『家族史研究 5』大月書店）

石部雅亮［1992］「18 世紀ドイツにおける『家長権』の観念について」（永原慶二／住谷一彦／鎌田浩編『家と家父長制』早稲田大学出版部）

石部雅亮／笹倉秀夫［1995］『法の歴史と思想——法文化の根柢にあるもの』（放送大学教育振興会）

石部雅亮編［1999］『ドイツ民法典の編纂と法学』九州大学出版会

泉久雄［1991］『判例で学ぶ家族法入門』有斐閣

市野川容孝［1996］「性と生殖をめぐる政治——あるドイツ現代史」（江原由美子編『生殖技術とジェンダー』勁草書房）

市野川容孝編［2002］『生命倫理とは何か』平凡社

伊藤公雄［1993］『〈男らしさ〉のゆくえ——男性文化の文化社会学』新曜社

伊藤公雄［1996］『男性学入門』作品社

稲本洋之助［1982］「フランス近代の家族と法」（『家族史研究5』大月書店）

稲本洋之助［1985］『フランスの家族法』東京大学出版会

井上輝子他編［1995］『日本のフェミニズム別冊——男性学』岩波書店

井上洋子／古賀邦子／富永桂子／星乃治彦／松田昌子［1998］『ジェンダーの西洋史』法律文化社

井上／上野／江原／大沢／加納編［2002］『岩波女性学事典』岩波書店

イリイチ，イヴァン（玉野井芳郎訳）［1984］『ジェンダー——女と男の世界』岩波書店

イルジグラー，F.／ラゾッタ，A.（藤代幸一訳）［1992］『中世のアウトサイダーたち』白水社

岩男寿美子／原ひろ子［1979］『女性学ことはじめ』

岩志和一郎［1995］「1896年BGBの非嫡出子父子関係——婚姻と親子の再検討の一助として」（『早稲田法学』71-1）

岩波講座［1966］『現代法8：現代法と市民』岩波書店

岩波講座［1996］『現代社会学10：セクシュアリティの社会学』岩波書店

岩波講座［1995］『現代社会学11：ジェンダーの社会学』岩波書店

岩波講座［1996］『現代社会学19：〈家族〉の社会学』岩波書店

岩波講座［1996］『現代社会学24：民族・国家・エスニシティ』岩波書店

岩波講座［1997］『現代の法11：ジェンダーと法』岩波書店

ヴァイグル，エンゲルハルト（三島憲一／宮田敦子訳）［1997］『啓蒙の都市周遊』岩波書店

ヴィーアッカー，フランツ（鈴木禄弥訳）［1961］『近世私法史——特にドイツにおける発展を顧慮して』創文社

ヴィルヘルミー＝ドリンガー，ベートラ（糟谷理恵子／林真帆／斎藤尚子／茂幾保代／畑澤裕子／渡辺芳子訳）［2003］『ベルリンサロン』鳥影社

上野千鶴子［1990］『家父長制と資本制』岩波書店

上野千鶴子［1994］『近代家族の成立と終焉』岩波書店

上野千鶴子編［1982］『主婦論争を読むⅠ・Ⅱ』勁草書房

上山安敏［1964］『ドイツ官僚制成立論』有斐閣

ウォルツァー，マイケル編（石田淳他訳）［2001］『グローバルな市民社会に向かって』日本経済評論社

ウルストンクラーフト，メアリ（白井堯子訳）［1980］『女性の権利の擁護』未来社

エーアリッヒ，オイゲン（川島武宜／三藤正訳）［1975］『権利能力論』（改訳版）岩波書店

エヴァンズ，メアリ（奥田暁子訳）［1998］『現代フェミニスト思想入門』明石書店

エステライヒ，ゲルハルト（坂口修平／千葉徳夫／山内進編訳）［1993］『近代国家の覚醒——新ストア主義・身分制・ポリツァイ』創文社

江原由美子［2000］『フェミニズムのパラドックス』勁草書房

江原由美子［2002］『ジェンダー秩序』勁草書房

江原由美子編［1990］『フェミニズム論争——70年代から90年代へ』勁草書房

江原由美子／金子淑子編［1997］『フェミニズム』新曜社

江原由美子／金井淑子編［2002］『フェミニズムの名著50』平凡社

エーベル，W.（西川洋一訳）［1985］『ドイツ立法史』東京大学出版会

江守五夫［1980］「近代市民社会の婚姻と法——資本主義家族研究の理論枠組のために」（『家族史研究1』大月書店）

エリアス，ノルベルト（波田節夫／中埜芳之／吉田正勝訳）［1981］『宮廷社会』法政大学出版局

エンネン，エーディト（阿部謹也／泉眞樹子訳）［1992］『西洋中世の女たち』人文書院

大澤武男［1999］『「ファウスト」と嬰児殺し』新潮社

大沢真理［1993］『企業中心社会を超えて——現代日本を〈ジェンダー〉で読む』時事通信社

大沢真理編［2002］『改訂版21世紀の女性政策と男女共同参画社会基本法』ぎょうせい

太田素子編［1997］『近世日本マビキ慣行史料集成』刀水書房

大村敦志［1999］『消費者・家族と法』東京大学出版会

荻野美穂［2002］『ジェンダー化される身体』勁草書房

荻野美穂／田邊玲子／姫岡とし子／千本暁子／長谷川博子／落合恵美子［1990］『性・産・家族の比較社会史——制度としての〈女〉』平凡社

落合恵美子［1989］『近代家族とフェミニズム』勁草書房

落合恵美子［1997］『21世紀家族へ（新版）』有斐閣

落合恵美子［2000］『近代家族の曲がり角』角川書店

オルセン，フランシス・エリザベス（寺尾美子訳）［1997］「アメリカ法の変容（1955-1995年）におけるフェミニズム法学の役割（上・下）——日本のポストモダニズム的理解に向けて」（『ジュリスト』1118，1119）

オルセン，フランシス・エリザベス（紙谷雅子訳）［1998］「フェミニスト法理論」（『アメリカ法』1998年1号）

オルフ＝ナータン，ジョジアンヌ編（宇京頼三訳）［1996］『第三帝国下の科学——ナチズムの犠牲者か，加担者か』法政大学出版局

戒能民江編著［2001］『ドメスティック・バイオレンス防止法』尚学社

片山英一郎［1997］「1896年ドイツ民法典制定時における嫡出性概念の変遷過程——法律上の父子関係の決定法理と嫡出子概念の要否の検討の布石として」（『白鷗法学』8）

鎌田としこ／矢澤澄子／木本喜美子編［1999］『講座社会学14——ジェンダー』東京大学出版会

鎌田浩編［1992］『家と家父長制』早稲田大学出版会

紙谷雅子［1998］「フェミニスト法理論：コメント，あるいは，「フェミニズムと法」」（『アメリカ法』1998年1号）

川越修［2004］『社会国家の生成——20世紀社会とナチズム』岩波書店

川越修／姫岡とし子／原田一美／若原憲和編著［1990］『近代を生きる女たち——19世紀ドイツ社会史を読む』未来社

川島武宜［1951］『民法（3）』有斐閣

川島武宜［1957］『イデオロギーとしての家族制度』岩波書店

木本喜美子［1995］『家族・ジェンダー・企業社会——ジェンダー・アプローチの模索』ミネルヴァ書房

キャルホーン，クレイグ編（山本啓／新田滋訳）［2002］『ハーバーマスと公共圏』未来社

キューネ，トーマス編（星乃治彦訳）［1997］『男の歴史——市民社会と〈男らしさ〉の神話』柏書房

金城清子［1983］『法女性学のすすめ——女性からの法律への問いかけ』（有斐閣）

金城清子［2004］「ジェンダー法学の歴史と課題」（『ジェンダーと法』創刊号）

金城清子［1996］『法女性学——その構築と課題』日本評論社（第1版は1991年）

クニビエール，イヴォンヌ／フーケ，カトリーヌ（中嶋公子／宮本由美他訳）［1994］『母親の社会史——中世から現代まで』筑摩書房

久場嬉子編［2002］『経済学とジェンダー』明石書店

クレッシェル，K.／ヴィンクラー，W.（田山輝明訳）［1984］『西ドイツの農家相続——法制度の歴史と現状』成文堂

黒木三郎監修［1991］『世界の家族法』啓文堂

「〈公私〉の再構成」［2001］（『法哲学年報 2000』）

国際女性の地位協会編［1998］『女性関連法データブック——条約・勧告・宣言から国内法まで』有斐閣

コッカ，ユルゲン編著（望田幸男監訳）［2000］『国際比較・近代ドイツの市民—心性・文化・政治』ミネルヴァ書房

小林章夫［1984］『コーヒーハウス，都市の生活史——18世紀ロンドン』駸々堂

小林章夫［1985］『クラブ，18世紀イギリス——政治の裏面史』駸々堂

小林章夫他［1991］『クラブとサロン——なぜ人びとは集うのか』NTT出版

小山貞夫［1992］『絶対王政期イングランド法制史抄説』創文社

小山静子［1999］『家庭の生成と女性の国民化』勁草書房

コンネル，R. W.（加藤隆雄／越知康詞訳）［1993］『ジェンダーと権力——セクシュアリティの政治学』三交社

齋藤純一［2000］『公共性』岩波書店

齋藤純一編［2003］『親密圏のポリティクス』ナカニシヤ出版

斉藤光［1996］『セクシュアリティの社会学』

阪上孝［1999］『近代的統治の誕生——人口・世論・家族』岩波書店

佐々木毅／金泰昌編［2001-2002］『公共哲学』全10巻，東京大学出版会

笹倉秀夫［2002］『法哲学講義』東京大学出版会

笹沼朋子［1995-96］「アメリカ労働保護法の源流 (1)(2完)——ミュラー判決及びブランダイス・ブリーフに対するフェミニズム的検討」（早大大学院『法研論集』75・76）

笹沼朋子［1996］「アメリカ最低賃金法にみる平等原則——アドキンス判決の今日的意義」（早大大学院『法研論集』77）

佐藤孝道［1999］『出生前診断——いのちの品質管理への警鐘』有斐閣

佐藤卓己［1996］「ファシスト的公共性——公共性の非自由主義モデル」（岩波講座『現代社会学24：民族・国家・エスニシティ』岩波書店）

沢山美果子［1998］『出産と身体の近世』勁草書房

ジェイ，マーティン編（竹内真澄監訳）［1997］『ハーバーマスとアメリカ・フランクフルト学派』青木書店

『ジェンダーと法』1［2004］「今，なぜジェンダー法学か」（ジェンダー法学会編）日本加除出版

『思想』898 ［1999］「特集・ジェンダーの歴史学」岩波書店

『思想』925 ［2001］「公共圏／親密圏」岩波書店

『思想』955 ［2003］「ポスト国家／ポスト家族──ジェンダー研究の射程」岩波書店

シャルチエ，ロジェ（福井憲彦訳）［1992］『読書の文化史──テクスト・書物・読解』新曜社

シャルチエ，ロジェ編（水林章他訳）［1992］『書物から読書へ』みすず書房

シューベルト，ゲルノート（山中敬一訳）［1980］『1824 年バイエルン王国刑法典フォイエルバッハ草案』（関西大学出版部

シュミット，フランツ（藤代幸一訳）［1987］『ある首切り役人の日記』白水社

『ジュリスト』1237 ［2003］「特集──ジェンダーと法」有斐閣

『ジュリスト増刊』3 ［1976］「現代の女性──状況と展望」有斐閣

シュルツ，クヌート（三成美保訳）［1995］「中世後期都市のツンフト権・市民権における嫡出規範」（『摂南法学』14）

シュロッサー，H.（大木雅夫訳）［1993］『近世私法史要論』有信堂

ショット，クラウスディーター（三成美保訳）［1995］「啓蒙主義における婚姻目的をめぐる議論」（『法学雑誌』41-3）

神寶秀夫 ［1994］『近世ドイツ絶対主義の構造』創文社

スコット，ジョーン・W.（荻野美穂訳）［1992］『ジェンダーと歴史学』平凡社

瀬地山角 ［1996］『東アジアの家父長制──ジェンダーの比較社会学』勁草書房

世良晃志郎 ［1977］『封建制社会の法的構造（新版）』創文社

世良晃志郎 ［1991］『西洋中世法の理念と現実』創文社

大門正克／安田常雄／天野正子編 ［2003］『近代社会を生きる──近現代日本社会の歴史』吉川弘文館

高橋友子 ［2000］『捨児たちのルネッサンス──15 世紀イタリアの捨児養育院と都市・農村』名古屋大学出版会

高橋直人 ［1996］「近代刑法の形成とバイエルン刑事法典（1751 年）──啓蒙と伝統との交錯のなかで」（『同志社法学』47-6）

高橋直人 ［1998］「マクシミリアン三世ヨーゼフの内政改革──バイエルン刑事法典（1751 年）編纂の背景」（『同志社法学』50-1）

高柳真三 ［1987］『明治前期家族法の新装』有斐閣

竹村和子 ［2000］『フェミニズム』岩波書店

田崎英明 ［2000］『ジェンダー／セクシュアリティ』岩波書店

立岩真也 ［2000］『弱くある自由へ──自己決定・介護・生命の技術』青土社

タトル，リサ（渡辺和子監訳）［1998］『フェミニズム事典［新版］』明石書店

田中真砂子／白石玲子／三成美保編 ［2005］『国民国家と家族・個人』早稲田大学出版部

田村雲供 ［1998］『近代ドイツ女性史──市民社会・女性・ナショナリズム』阿吽社

田村五郎 ［1980］『非嫡出子に対する親権の研究』中央大学出版部

ダン，オットー（末川清／姫岡とし子／高橋秀寿訳）［1999］『ドイツ国民とナショナリズム──1770-1990 年』名古屋大学出版会

角田由紀子 ［2001］『性差別と暴力──続・性の法律学』有斐閣

辻村みよ子 ［1992］『人権の普遍性と歴史性──フランス人権宣言と現代憲法』創文社

辻村みよ子［1997］『女性と人権——歴史と理論から学ぶ』日本評論社

辻村みよ子／金城清子［1992］『女性の権利の歴史』岩波書店

常松洋／南直人編［1998］『日常と犯罪——西洋近代における非合法行為』昭和堂

デュビィ，ジョルジュ（篠田勝英訳）［1984］『中世の結婚』新評論

デュビィ，ジョルジュ／ペロー，ミシェル監修（杉村和子／志賀亮一監訳）［1994-2001］『女の歴史』全5巻10分冊，藤原書店

デュビィ，ジョルジュ／ペロー，ミシェル編（小倉和子訳）［1996］『「女の歴史」を批判する』藤原書店

寺尾美子［2003］「ジェンダー法学が切り拓く地平」（『ジュリスト』1237）

寺田光雄［1996］『民衆啓蒙の世界像——ドイツ民衆学校読本の展開』ミネルヴァ書房

東京刑事法研究会編『啓蒙思想と刑事法——風早八十二先生追悼論文集』勁草書房

ドゥーデン，バーバラ（井上茂子訳）［1994］『女の皮膚の下——18世紀のある医師とその患者たち』藤原書店

利谷信義［1987］『家族と国家——家族を動かす法・政策・思想』筑摩書房

利谷信義編［1999］『現代家族法学』法律文化社

床谷文雄［1994-1998］「ドイツ家族法の現状と展望（1）～（4）」（『阪大法学』44-2＝3，46-6，47-2，48-1）

土場学［1999］『ポスト・ジェンダーの社会理論』青弓社

トムプソン，ドロシー（古賀秀男／小関隆訳）［2001］『階級・ジェンダー・ネイション——チャーチズムとアウトサイダー』ミネルヴァ書房

トロンブレイ，スティーブン（藤田真利子訳）［2000］『優生思想の歴史——生殖への権利』明石書店

ドンズロ，ジャック（宇波彰訳）［1991］『家族に介入する社会——近代家族と国家の管理装置』新曜社

内閣府編［2004］『平成16年度版男女共同参画白書』

直江真一［2000］「ヴァカリウスの婚姻論」（『法学』63-6）

中里見博［1996-97］「合衆国最高裁判所における女性労働『保護』法理の成立（1）（2完）——最高裁判所のジェンダー分析に向けて」（名古屋大学『法政論集』166・167）

中里見博［1997］「合衆国最高裁判所における女性労働『保護』法理の展開——女性最低賃金法違憲判決のジェンダー分析」（名古屋大学『法政論集』171）

中里見博［2003］「公共圏・親密圏・ジェンダー」（森英樹編『市民的公共圏形成の可能性——比較憲法的研究をふまえて』日本評論社）

長尾龍一／田中成明編［1983］『現代法哲学2：法思想』東京大学出版会

長野ひろ子［2003］『日本近世ジェンダー論——「家」経営体・身分・国家』吉川弘文館

中村満紀男編著［2004］『優生学と障害者』明石書店

中山道子［2000］『近代個人主義と憲法学』東京大学出版会

成瀬治／山田欣吾／木村靖二編［1996］『ドイツ史2』山川出版社

西川理恵子［1993］「法と女性——アメリカにおけるフェミニズム法学の展開」（『アメリカ法』1993年1号）

西川祐子［2000］『近代国家と家族モデル』吉川弘文館

西原道雄［1966］「現代の家族と法」（岩波講座『現代法8：現代法と市民』岩波書店）

西村稔［1987］『知の社会史——近代ドイツの法学と知識社会』木鐸社

西村稔［1998］『文士と官僚——ドイツ教養官僚の淵源』木鐸社

二宮周平／榊原富士子［1996］『21世紀親子法へ』有斐閣

二宮宏之／阿河雄二郎編［2003］『アンシャン・レジームの国家と社会——権力の社会史へ』山川出版社

野崎綾子［2003］『正義・家族・法の構造転換——リベラル・フェミニズムの再定位』勁草書房

野沢紀雅［1980］「ドイツ法における非嫡出父子関係の変遷」（『法学新報』87-7・8）

ハイデン＝リンシュ，ヴェレーナ・ファン・デア（石丸昭二訳）［1998］『ヨーロッパのサロン——消滅した女性文化の頂点』法政大学出版局

バーク，ピーター（石井三記訳）［2004］『ルイ14世——作られる太陽王』名古屋大学出版会

ハーシス，ヘルムート・G.（壽福眞美訳）［1990］『共和主義の地下水脈——ドイツ・ジャコバン派1789-1849年』新評論

波多野敏［1987］「中世末期フランスにおける婚姻の成立（1）（2）」（『法学論叢』121-2, 122-2）

波多野敏［1989］「アンシャン・レジームにおける婚姻の成立（1）（2）」（『法学論叢』125-1, 125-3）

バダンテール，エリザベート（鈴木晶訳）［1998］『母性という神話』筑摩書房

バトラー，J.（竹村和子訳）［1999］『ジェンダー・トラブル——フェミニズムとアイデンティティの攪乱』青土社

浜本隆［1991］『ドイツ・ジャコバン派——消された革命史』平凡社

林毅［1972］『ドイツ中世都市法の研究』創文社

林毅［1980］『ドイツ中世都市と都市法』創文社

原ひろ子／大沢真理／丸山真人／山本泰編『相関社会科学2：ジェンダー』新世社

原田慶吉［1955］『ローマ法・改訂版』有斐閣

ハルダッハ＝ピンケ，イレーネ／ハルダッハ，ゲルト（木村育世他訳）［1992］『ドイツ／子どもの社会史——1700～1900年の自伝による証言』勁草書房

ハルトゥング，フリッツ／フィーアハウス，ルドルフ（成瀬治編訳）［1982］『伝統社会と近代国家』岩波書店

ハント，リン（西川長夫／平野千果子／天野知恵子訳）［1999］『フランス革命と家族ロマンス』平凡社

『ハンナ・アーレントを読む』［2001］情況出版

姫岡とし子［1993］『近代ドイツの母性主義フェミニズム』勁草書房

姫岡とし子［2004］『ジェンダー化される社会』岩波書店

平野隆文［2004］『魔女の法廷——ルネサンス・デモノロジーへの誘い』岩波書店

ビンディング，カール／ホッヘ，アルフレート（森下直貴／佐野誠訳著）［2001］『「生きるに値しない命」とは誰のことか－ナチス安楽死思想の原典を読む』窓社

ファイアストーン，シュラミス（林弘子訳）［1972］『性の弁証法——女性解放革命の場合』評論社

ファークツ，アルフレート（望田幸男訳）［1994］『ミリタリズムの歴史——文人と軍人』福村出版

福島正夫編［1975-1984］『家族——政策と法』全7巻，東京大学出版会

福島瑞穂［1997］『裁判の女性学——女性の裁かれ方』有斐閣

福島瑞穂他［1998］『セクシュアル・ハラスメント［新版］』有斐閣

福地陽子［1956］「カトリック教婚姻非解消主義の生成と発展」（『法と政治』［関西学院大］7-4)

フーコー，M.（渡辺守章／田村俶訳）［1986-1987］『性の歴史 I〜III』新潮社

藤田苑子［1994］『フランソワとマルグリット——18世紀フランスの未婚の母と子どもたち』同文館

冨士谷あつ子編［1979］『女性学入門——女性研究の新しい夜明け』サイマル出版会

二文字理明／椎木章編著［2000］『福祉国家の優生思想－スウェーデン発強制不妊手術報道』明石書店

ブラジウス，ディルク（矢野久／矢野裕美訳）［1990］『歴史のなかの犯罪——日常からのドイツ社会史』同文館

ブラン，オリヴィエ（辻村みよ子訳）［1995］『女の人権宣言——フランス革命とオランプ・ドゥ・グージュの生涯』岩波書店

ブリックレ，ペーター（服部良久訳）『ドイツの臣民——平民・共同体・国家1300〜1800年，ひとつの異議申し立て』ミネルヴァ書房

フリーダン，ベティ（三浦冨美子訳）［2004］『新しい女性の創造，改訂版』大和書房

プロクター，ロバート・N（宮崎尊訳）［2003］『健康帝国ナチス』草思社

ペロー，ミシェル編（杉村和子／志賀亮一監訳）［2001］『新版・女性史は可能か』藤原書店

ベーン，マックス・フォン（飯塚信雄他訳）［1984］『ドイツ18世紀の文化と社会』三修社

ボイカート，デートレフ（木村靖二／山本秀行訳）［1991］『ナチス・ドイツ——ある近代の社会史：ナチ支配下の「ふつうの人びと」の日常』三元社

ボーヴォワール，シモーヌ（生島遼一訳）［1966］『第二の性』（『ボーヴォワール著作集』第6・7巻，人文書院）

『法哲学年報2000年度』［2001］「〈公私〉の再構成」有斐閣

法務省民事局参事官室編［1994］『婚姻制度等に関する民法改正要綱試案及び試案の説明』日本加除出版

星野英一［1998］『民法のすすめ』岩波書店

星乃治彦［2003］「ナチズムとホモセクシュアリティ」（『思想』955)

ホーフ，ウルリヒ・イム（成瀬治訳）［1998］『啓蒙のヨーロッパ』平凡社

堀米庸三［1976］『ヨーロッパ中世世界の構造』岩波書店

マイヤー，C. L.／オバーマン，M.（岩本隆茂他訳）［2002］『わが子を殺す母親たち』勁草書房

前川和也編著『ステイタスと職業——社会はどのように編成されていたか』ミネルヴァ書房

マッキノン，キャサリン（奥田暁子／加藤春恵子他訳）［1993］『フェミニズムと表現の自由』明石書店

マッキノン，キャサリン（村山敏彦訳）［1999］『セクシュアル・ハラスメント・オブ・ワーキング・ウィメン』こうち書房

マッキノン，キャサリン／ドゥオーキン，アンドレア（中里見博／森田成也訳）［2002］『ポルノグラフィと性差別』青木書店

的場昭弘［1986］『トリーアの社会史——カール・マルクスとその背景』未来社

マネー，J.／タッカー，P.（朝川新一訳）［1979］『性の署名』人文書院

水林毅［1996］「わが国における『公私』観念の歴史的展開」（歴史と方法編集委員会『歴史と方法 1：日本史における公と私』青木書店）

水林彪［2001］「日本『近代法』における民事と商事」（石井三記／寺田浩明／西川洋一／水林彪編『近代法の再定位』創文社）

水林彪［2001］「『公私』観念の比較法史学的考察」（『法哲学年報 2000』）

水林彪［2002］「日本的『公私』観念の原型と展開」（『公共哲学 3：日本における公と私』）

水田珠枝［1973］『女性解放思想の歩み』岩波書店

溝口明代他編［1992-94］『資料日本ウーマン・リブ史Ⅰ〜Ⅲ』ウィメンズブックストア松香堂

ミッチャーリッヒ，A.／ミールケ，F. 編（金森誠也／安藤勉訳）［2001］『人間性なき医学——ナチスと人体実験』ビイング・ネット・プレス

三成賢次［1997］『法・地域・都市——近代ドイツ地方自治の歴史的展開』敬文堂

三成賢次編［2002］「近代法秩序の形成と法学・法律家——日本的視座からみた法秩序の比較法史的研究」（平成 11〜13 年度科研費基盤研究（B）（1）報告書）

三成美保［1988］「西欧前近代の家族に関する研究の現状」（『法制史研究』38）

三成美保［1989］「宗教改革期におけるチューリヒ婚姻裁判所」（『阪大法学』39-2）

三成美保［1993］「近世チューリヒ市の夫婦財産制」（前川和也編『家族・世帯・家門——工業化以前の世界から』ミネルヴァ書房）

三成美保［1994］「死後の救済をもとめて——中世ウィーン市民の遺言から」（関西中世史研究会編『西洋中世の秩序と多元性』法律文化社）

三成美保［1996］「裁判と学識——ローマ法継受とバーゼル市の裁判」（佐藤篤士／林毅編著『司法への民衆参加—西洋における歴史的展開』敬文堂）

三成美保［1997］「大学の貴族化と法学部——ゲッティンゲン大学法学部の創設をめぐって」（前川和也編『ステイタスと職業——社会はどのように編成されていたか』ミネルヴァ書房）

水戸部由枝［2000］「ヘレーネ・シュテッカーと帝政ドイツの堕胎論争」（『西洋史学』198）

南利明［1998］『ナチス・ドイツの社会と国家——民族共同体の形成と展開』勁草書房

前川和也編著『家族・世帯・家門——工業化以前の世界から』ミネルヴァ書房

南野佳代［1996-97］「近代家族と女性労働者（1）（2 完）——保護と身体化」（『法学論叢』139-6，142-1）

ミレット，ケイト（藤枝澪子他訳）［1985］『性の政治学』ドメス出版

牟田和恵［1996］『戦略としての家族——近代日本の国民国家形成と女性』新曜社

岩波講座［2002］『天皇と王権を考える 7：ジェンダーと差別』岩波書店

ムッツァレリ，M.G.（山辺規子訳）［2003］「中世・近世ヨーロッパにおける女性観と食物——歴史における一つの関係論」（『家政学研究』49-2）

村上一博［2003］『日本近代婚姻法論』法律文化社

村上淳一［1983］『「権利のための闘争」を読む』岩波書店

村上淳一［1985］『ドイツ市民法史』東京大学出版会

望田幸男／田村栄子編［2003］『身体と医療の教育社会史』昭和堂

モッセ，ジョージ・L.（佐藤卓己／佐藤八寿子訳）［1996］『ナショナリズムとセクシュアリティ——市民道徳とナチズム』柏書房

モッセ，ジョージ・L.（佐藤卓己／佐藤八寿子訳）［1994］『大衆の国民化——ナチズムに至る政治シンボルと大衆文化』柏書房

モッセ，ジョージ・L.（植村和秀他訳）［1998］『フェルキッシュ革命——ドイツ民族主義から反ユダヤ主義へ』柏書房

本村凌二［1998］「ジェンダーとセクシュアリティ」（岩波講座『世界歴史1：世界史へのアプローチ』岩波書店）

森岡正博［2001］『生命学に何ができるか——脳死・フェミニズム・優生思想』勁草書房

屋敷二郎［1999］『紀律と啓蒙——フリードリヒ大王の啓蒙絶対主義』ミネルヴァ書房

山口定［2004］『市民社会論——歴史的遺産と新展開』有斐閣

山下泰子他［1996］『法女性学への招待』有斐閣

山田昌弘［1994］『近代家族のゆくえ——家族と愛情のパラドックス』新曜社

義江明子［2004］『古代女性史への招待——〈妹の力〉を超えて』吉川弘文館

吉田克己［1999］『現代市民社会と民法学』日本評論社

吉田克己［2003］「家族法改正問題とジェンダー」（『ジュリスト：特集ジェンダーと法』1237）

善積京子［1993］『婚外子の社会学』世界思想社

米本昌平［1989］『遺伝管理社会』弘文堂

米本昌平／松原洋子／橳島次郎／市野川容孝［2000］『優生学と人間社会—生命科学の世紀はどこへ向かうのか』講談社

ラサグレン，ジョージ（安部圭介訳）［1998］「アメリカ法に対するフェミニズムの影響：雇用差別の分野を例として」（『アメリカ法』1998年1号）

ラスレット，ピーター（川北稔／指昭博／山本正訳）［1986］『われら失いし世界——近代イギリス社会史』三嶺書房

ラスレット，ピーター（酒田利夫／奥田伸子訳）［1992］『ヨーロッパの伝統的家族と世帯』リブロポート

ルソー，J. J.（樋口謹一訳）［1986］『エミール』全3巻，白水社

ロシオ，ジャック［1992］『中世娼婦の社会史』筑摩書房

若尾典子［1997］『闇のなかの女性の身体』学陽書房

若尾祐司［1986］『ドイツ奉公人の社会史——近代家族の成立』ミネルヴァ書房

若尾祐司［1993］「プロト工業家族の歴史的位相」（『歴史評論』515）

若尾祐司［1996］『近代ドイツの結婚と家族』名古屋大学出版会

若尾祐司編著［1998］『近代ヨーロッパの探究——②家族』ミネルヴァ書房

若桑みどり［2000］『象徴としての女性像——ジェンダー史から見た家父長制社会における女性表象』筑摩書房

若曽根健治［1995］「近世刑事史断章——都市ゲンゲンバッハの文書を中心に」（『熊本法学』83）

脇田晴子／ハンレー，S. B.編［1994］『ジェンダーの日本史（上）（下）』東京大学出版会

和田卓朗［1982-84］「中世後期・近世におけるバイエルン・ラント法史研究序説（平和・ポリツァイ・憲法）——クライトマイアを中心に（1）（2）」（『北大法学論集』33-3, 34-6）

渡辺浩［2001］「『おほやけ』『わたくし』の語義——『公』『私』，"Public" "Private" との比

較において」(『公共哲学1：公と私の思想史』)

渡邉泰彦 [2004]「ドイツ生活パートナーシップ法の概要 (1) (2完)」(『戸籍』757, 759)

渡辺洋三 [1998]『法とは何か（新版)』岩波書店

あとがき

(1) 法科大学院時代と法史学の課題

2004年4月の法科大学院発足をうけて、日本の法学教育は戦後最大の転機を迎えた。しかし、深い人間的洞察と豊かな教養を身につけさせるはずの法科大学院教育は構想の過程でゆがみ、法曹養成の行方にはすでに暗雲が立ちこめている。新司法試験が競争試験にとどまり、その合格率が個々の法科大学院の死活問題として浮上したからである。試験科目に含まれない基礎法学（法史学・法哲学・法社会学・比較法学など）は切実に存在意義を問われはじめた。

基礎法学の存在意義は、実定法学を批判的に検証する視座を提供することに尽きる。本来的に批判学としての性格を有する基礎法学は、自己の学問上のバイアスに対しても、実定法学以上にいっそう自省的であらねばなるまい。

法史学は、歴史的視座から法制度や法文化を読み解き、現行法や法解釈、法システム全体に内在するさまざまなバイアスを抽出して、それに歴史的解釈をほどこすことを課題とする。ひとが歴史的解釈に耳を傾けるのは、時空の軸にまたがる変化のダイナミズムを、史料的根拠にもとづき説得的に説明できたときにほかなるまい。その場合、法史学は、一般歴史学に増して、現代的現象への透徹したまなざしを求められるように思われる。実定法学者を研究成果の重要な名宛人の1人とするからである。現代日本の法制度と実定法学という明確な批判対象をもつことに自己の存在意義を見いだす以上、法史学はそれ自体で完結した学問領域たりえない。もとより、批判的考察のありようは多様である。すべての法史学研究が現代的法現象を直接的に取り上げる必要はない。現代に痕跡を残さぬ法現象については、歴史の過程で否定された理由を語ることで、十分に現代を相対化できよう。

本書で企図した「ジェンダー法史学」は、二重の意味で新しい批判のあり方を模索する。①学問の俎上にのらなかった新しいバイアス（ジェンダー・バイアス）を自覚的に取り上げ、②実定法学内部の批判学としての性格を色濃く有する「ジェンダー法学」を補完するとともに、それ自体のバイアスをも歴史的に検証しようとするからである。現代的法現象との関わりを強く意識する「ジ

ェンダー法史学」は、その限りで、法科大学院時代における法史学の生き残り策の1つとして一定の役割を担いうる。本書は、「ジェンダー法史学」構築のためのじつにささやかな試みである。なお多くの限界や問題点も残すが、次の新たな研究への一歩となることを願ってやまない。

（2）　所収論文の初出

本書所収の論文の初出は以下の通りである。

第1章　「ジェンダー研究」の展開と「ジェンダー法学」の成立（書き下ろし）

第2章　「ジェンダー秩序」の2類型（書き下ろし）

第3章　ヨーロッパ近代の公私二元構成（書き下ろし）

第4章　「法と道徳の分離」にみるジェンダー・バイアス――姦淫罪とその廃止（「近世ドイツの女性と犯罪――姦淫罪とその廃止」『摂南法学』20 [1998] を加筆修正）

第5章　「人道主義」のジェンダー・バイアス――嬰児殺論をめぐって（「近世ドイツの法と女性――嬰児殺をめぐる言説と立法」田端泰子／上野千鶴子／服藤早苗編『ジェンダーと女性』早稲田大学出版部 [1997] を大幅に加筆修正）

第6章　「公共圏」のジェンダー・バイアス――啓蒙期の読書協会（「コミュニケーション過程としての啓蒙主義――18世紀末ドイツの読書協会」前川和也編著『コミュニケーションの社会史』ミネルヴァ書房 [2001] を加筆修正）

第7章　法秩序としての「近代家族」（書き下ろし）

第8章　「逸脱者」としての「未婚の母」と「婚外子」（「婚外子の法的地位とジェンダー――近世・近代ドイツにおける婚外子の扶養請求権」井上達夫／嶋津格／松浦好治編『法の臨界2――秩序像の転換』東京大学出版会 [1999] および「ドイツにおける家族法の『近代化』とジェンダー――『未婚の母』をめぐる立法と判例」『阪大法学』49-3＝4 [1999] を合体のうえ大幅に加筆修正）

第9章　「家族の保護」と「子の保護」の競合――ワイマール～ナチス期の婚外子法改革論（「ワイマール期の婚外子法改革論とジェンダー」『女性史学』12 [2002] を加筆修正）

第10章　生殖管理のジェンダー・バイアス――ナチス優生政策と断種法（書き下ろし）

(3)　本書刊行の経緯

　本書を刊行するにあたっては多くの方々にお世話になった。とりわけ、学会で場を与えられたことの意義は大きい。筆者が「ジェンダー研究」に本格的に取り組みはじめたきっかけは、1994年の比較家族史学会シンポジウム「女性史・女性学の現状と課題（1）」（於：京都橘女子大学）で1報告を担当したことにある。家族の学際的研究を掲げて女性会員が多い比較家族史学会においてすら、本シンポジウムが女性史・女性学を論じる最初の機会だと述べた主宰者の冒頭挨拶は衝撃的であった（田端／上野／服藤編 [1997]『ジェンダーと女性』）。5年後の1999年、筆者は法制史学会ではじめて「ジェンダー」を表題にかかげた研究報告をおこなう機会に恵まれたが、決定的であったのは2003年の法制史学会シンポジウム「ジェンダーの法史学——近代法の再定位・再考」（於：早稲田大学）である。法制史学会企画委員会（当時の委員長は岩野英夫同志社大学教授）の支援と協力を得て、シンポジウムの企画を委ねられた。若輩女性に望外のチャンスを与えてくれた法制史学会と主催校の早稲田大学に深く感謝したい。

　本書は、1994年以降の筆者の研究成果をまとめたものである。最初に学んだ大阪大学文学部西洋史研究室、文学部在籍中から西洋法制史の手ほどきをいただいた林毅大阪大学名誉教授には本当にお世話になった。西洋史から法制史へと転じることができたのは林先生のおかげである。いくら感謝してもしたりない。大阪大学大学院法学研究科では、基礎法学全体の和気あいあいとした研究環境のもと、先輩や親しい友人たちと議論に明け暮れた。いまも良き研究仲間である。関西では大学をこえた研究会活動が活発であり、文学部3年のときから関西中世史研究会やドイツ現代史研究会など、さまざまな研究会でお世話になった。とりわけ、法制史学会近畿部会を通じて多くの先生方からご指導いただいている。なかでも、石部雅亮大阪市立大学名誉教授の学恩ははかりしれない。先生からは、プロイセン一般ラント法・ドイツ民法典など本書のテーマに関わる重要な事項についてお教えいただいた。また、京都大学人文科学研究所の前川和也教授を座長とする共同研究会では、ほぼ毎週、西洋史の最先端の議論にふれ、討議することの醍醐味を存分に味わうことができた。現職場の摂南大学に故塙浩先生の後任として迎えていただくことができたのも、これらの研究会で場を与えられた結果である。少子化のおり大学をとりまく環境はきびしく、教育・会議負担はうなぎ登りであるが、幸い摂南大学法学部では同僚に恵

まれ、仕事は充実している。

　日本ジェンダー学会のシンポジウムでご一緒した野口芳子武庫川女子大学教授を介して、勁草書房から本書の刊行が決まった。同書房編集部の伊藤真由美さんには本当にお世話になった。大学多忙化にかまけ、滞りがちな原稿提出にあわせて急ピッチで編集作業を行っていただいた。また、夫三成賢次は、つねに研究上のパートナーとして痛烈な批判をくれるありがたい存在である。

　今後は、研究対象を戦後ドイツにひろげるとともに、「比較」の視座をいっそう強めていきたい。日本における「近代」と「戦後」の意味を「比較法史学」の観点から追究するのが「ジェンダー法史学」の成熟には欠かせないと考えるからである。

　最後に私事で恐縮であるが、本書を父母に捧げたい。

　　　2005年1月　　　　　　　　　　　　　　　　　　　三成　美保

索　引

ア行

「愛」　68, 72, 172, 183
愛情原則　78, 183, 185, 194
愛の共同体　172, 183
アウクスブルク　83
アカデミー委員会　263, 269
新しい倫理　259
アーヘン　160
アルコール依存症　283, 297
アーレント，H.　73
アンペイド・ワーク　55
安楽死　275, 278, 290-92, 294, 295
「家」　45, 47 - 49, 52, 69 - 71, 75 - 77, 129, 174,
　176, 178, 185, 186, 188 - 91, 196, 216, 217, 232,
　269
［家／近代家族］対立説　188, 190
［家／近代家族］断絶的近代再編説　188
家／近代家族複合型　75, 191
［家／近代家族］併存説　188, 189
［家／近代家族］連続的近代再編説　189
［家］近代創出説　189
「家」制度　2, 76, 188-90, 192, 196, 200, 249
イェーリング　176
イギリス　52, 71, 139, 140, 141, 143, 145, 198,
　273, 280
生きるに値しない生命　293, 294
違警罪　92, 102, 104
医事裁判　275
意思能力　295
石部雅亮　174, 175
慰謝料　84, 99, 102, 209, 219, 227, 228, 237
異性愛主義　7, 13, 14, 197, 202
異性愛＝法律婚＝嫡出家族モデル　197, 201-
　03
一般的他者　62, 66-68, 74, 75, 78
遺伝裁判所　286, 296, 297
稲本洋之助　175
忌むべき生まれの子　203-06, 208, 209, 246
イリイチ，I.　12

インフォームド・コンセント　284, 297
ヴィクトリア女王　46
上野千鶴子　15, 189, 190
ヴォルフ，C.　210-12, 216
内なる優生思想　274, 301
ウーマン・リブ　5, 7, 22, 23
ヴュルテンベルク刑法典　80
ヴュンシュ　227
ウルストンクラーフト，M.　52
うわさ　76, 115, 182
営業の自由　48, 186
嬰児遺棄（捨て子）　113, 125, 301
嬰児殺　40, 45, 49, 85, 90, 102, 110-13, 115-
　28, 131-35, 147, 216, 219, 221, 230, 232, 301
江原由美子　5
エルバーフェルト　155
エールリッヒ，E.　173
エンゲルジング，R.　148, 156
オイコス　70, 71
オーストリア　41, 50, 101, 105, 129, 257, 264
オーストリア一般民法典　248
落合恵美子　79, 113, 178, 189, 190

カ行

鍵の権力　48
学術論集　145
貸本屋　149
加重類型　110, 111, 134
家族社会学　178
家族政策　170-72, 181, 188, 268
家族法　15, 21, 171, 173 - 75, 183, 187, 188,
　191, 197, 198, 201 - 03, 213, 214, 227, 246, 248,
　249, 251-53, 259-61, 265, 269, 271
家族法システム　20, 78, 170 - 73, 181, 183,
　184, 186, 202
カトリック　38-40, 44, 84, 130, 140, 151, 159
家父長制　10, 27, 43, 45, 51, 65, 70, 78, 85, 172
　- 77, 183, 184, 188, 190 - 96, 202, 213, 214, 249,
　252, 259, 260
カリフォルニア州断種法　284

カールスバート決議　144
カロリナ（カール5世の帝国刑事法典）　40,
　86, 104, 110, 125, 292
川島武宜　175, 176
官医　286, 289, 296, 297
姦淫罪　80-82, 85-88, 90-106, 108, 130-32,
　134
姦生子　199, 203, 214
姦通　44, 68, 69, 84, 86, 87, 92, 102, 105, 106-
　09, 125, 129, 135, 183, 203, 229-31, 239, 240,
　245
姦通罪　15, 107, 202, 259
カント, I.　122, 137-39, 147, 157
企業社会　25
規範的人間型　63, 65
宮廷社会　184
ギュット, A.　293
教会裁判　38, 39, 83, 94
教会法　37, 38, 82 - 84, 86, 98, 99, 100, 105,
　203, 205, 206, 210, 213, 218, 246
強制断種　275, 278, 283-85, 298, 299
強制認知　214, 216, 225, 264, 265
共同体異分子　295, 301
キリスト教的ジェンダー規範　37-40, 42, 43,
　49
「キリスト教的＝身分制社会型」ジェンダー秩
　序　35, 36, 38, 39, 42
金城清子　25, 26
近代家族　20, 24, 51, 68, 71, 72, 75, 76, 78, 79,
　170, 172-74, 176-79, 181-88, 190, 191, 196-98,
　202, 246, 249
近代家族システム　184, 187, 188, 191
近代的家父長制　51, 172, 175, 177, 191-93,
　195, 196
クィア理論　14
グージュ, O. d.　31, 52
具体的他者　62, 66-68, 74, 75, 78
クライトマイヤー, W. X. A. v.　92
グラティアーヌス教会法令集　38, 82
クルムカー, J.　267
グレートヒェン悲劇　114
グローティウス, H.　209
ケア　55, 67, 68, 78, 172, 182, 186, 187, 285

敬虔主義　141
経済的市民社会　53, 55, 56, 63 - 66, 71, 73,
　175, 186, 187, 191, 274
刑事犯罪　102, 104
刑事法改革　101, 111, 117, 123
刑事立法論　102
啓明団　147, 160-162, 164
啓蒙主義　92, 117, 120, 123, 137-43, 145, 148,
　150, 152, 156, 157, 159-67, 184, 185, 212, 223
啓蒙絶対主義　140, 141, 143
啓蒙とはなにか　137
月刊評論　137, 145
結婚相談所　286, 287
結社　18, 56, 66, 68, 75-77, 138, 139, 141-45,
　150, 161-67, 182, 185
ゲーテ, J. W.　114, 117
ゲッティンゲン学術文芸雑誌　157
ゲルラッハ, E. L. v.　228, 234, 236, 240
ケルン　159-61, 257
検閲　143, 146, 166
減軽類型　110, 111, 134
原罪　43
合意主義　83, 84
強姦　86, 102, 104, 239, 240, 245, 283, 289
公共圏　18, 20, 42, 53, 54, 56, 58-60, 63, 64, 66
　- 69, 73 - 78, 123, 137, 139, 142, 143, 182, 185,
　274, 279
公共性　58-61, 64, 70, 71, 73-75, 77, 142, 143,
　167, 185-87, 293
公／私　58 - 62, 67 - 70, 73 - 77, 79, 174, 189,
　194, 196
公私二元的ジェンダー規範　20, 42, 51-53,
　82, 108, 167
「公私二元的＝市民社会型」ジェンダー秩序
　35, 41, 42, 51, 202, 203
公衆　143, 147, 153, 286
公生子　199
「公」の3指標　61
［「公」の指標としての］公開性　61, 63, 74
［「公」の指標としての］共通性　61, 64, 74
［「公」の指標としての］国家性　18, 59, 61, 74
公的主体　66, 67, 75, 77, 167, 196
「公」的領域　29, 42, 51, 54, 56, 59, 62, 63, 67,

68, 70, 74, 77-79, 107, 123, 170, 179, 186, 192, 194, 196

コーヒーハウス　143

公法　59

合理的経済人　33, 55, 172, 181, 186

拘留刑　92, 96, 97

公論　18, 56, 66, 69, 131, 139, 142, 143, 145, 147, 159, 166, 167, 182

国民　3, 20, 28, 41, 53 - 55, 64, 65, 73, 74, 117, 120, 170, 180, 184, 186, 188, 190, 192, 222, 223, 257, 259, 262, 269, 281, 282, 285, 286, 290

国民国家　20, 41, 53-55, 64, 74, 170, 180, 184, 190, 192

国民優生法　282

戸主　76, 196

個人主義　9, 77, 173, 174, 192, 248, 287

個人的プライバシー領域　62

国家報知　159

古典的市民社会　191, 280

古典的自由主義　185-87, 271

コブレンツ　152, 160

コミュニケーション　73, 74, 137 - 39, 149, 150, 163, 166, 167

ゴルトン, F.　273

婚姻資金貸与制度　288, 301

婚姻奨励法　288

婚外子（非嫡出子）　28, 49, 55, 94, 99, 100, 111, 122, 127, 129, 130, 132, 181, 197-201, 203-17, 219-21, 223-40, 242, 243, 245-48, 250-59, 261-72, 284, 300

婚外子出生率　50, 99, 100, 104, 127, 197, 232, 235, 257

婚外妊娠　131, 218, 228-30, 234-37, 239, 240, 242, 243, 245

婚前交渉　40, 44, 45, 81, 82, 84, 88, 90-95, 99-106, 108, 129-31, 232, 253

婚前妊娠　50, 94, 99, 100, 103, 108, 128-31, 232

婚約不履行訴訟　94, 98, 99

サ行

再生産　3, 63, 68, 101, 170, 181, 186, 290, 301

齋藤純一　60, 62

サヴィニー, F. C. v.　107, 108, 228, 229, 232 -34, 249, 253

サヴィニー提言　229, 232, 233, 235

雑誌　32, 123, 137 - 39, 142, 145 - 49, 155 - 57, 159, 160, 164, 166, 167, 186, 261, 270

晒し刑　91-94, 96-98, 103, 120, 131

サロン　69, 139, 143, 167

参政権　5, 20, 54, 55, 65

ジェンダー・アイデンティティ　13

ジェンダー・エンパワーメント指数　28, 78

ジェンダー化　65, 66

ジェンダー開発指数　28

ジェンダー関係　18-20, 22

ジェンダー規範　3, 4, 17, 19, 20, 29, 30, 32, 35, 37-40, 42, 43, 45, 47, 49-56, 82, 108, 124

ジェンダー研究　2, 3, 5, 7, 10, 11, 13, 16, 17, 21, 23-25, 27, 29, 31-34, 59, 60, 75, 193, 194

ジェンダー主流化　20, 28, 53

ジェンダー体制　17-20

ジェンダー秩序　17-20, 29, 32, 35, 36, 38, 39, 41, 42, 51, 202, 203

ジェンダー・パースペクティブ　29, 30, 32, 34, 54, 74

ジェンダー・バイアス　3, 10, 13, 19, 21, 28 - 31, 54, 55, 59, 60, 64, 67, 73 - 75, 78 - 82, 104, 105, 110 - 12, 134, 137, 138, 163, 166, 173, 183, 188, 193, 196, 202, 203, 223, 236 - 39, 245, 247, 250, 255, 257, 258, 270-73, 285, 288, 299

ジェンダー法学　2, 11, 22, 25-28, 54

ジェンダー法学会　27

ジェンダー法史学　2, 11, 16, 20-22, 28, 35, 192

ジェンダー要因　20, 36, 37, 42

自己決定　81, 135, 275, 289, 298, 301, 302

持参金　99, 101, 103, 131

事実婚　197, 259

自助原則　78, 183

システム　63, 64, 78

私生子　199

自然子　50, 129, 203, 208, 210, 214

自然法　101, 132, 137, 206, 208-12, 214, 216, 219, 221, 227, 246, 248, 253

私的主体　67

「私」的領域　42, 51, 59, 62, 67-69, 75, 77-79, 108, 123, 179, 184, 186, 190, 192, 194, 196, 274
児童虐待防止法　172
児童の権利条約　197
支払の父　254, 264, 265
シビルの法理　66, 67, 185
私法　59, 174, 175, 225, 248, 249, 254, 271
資本主義　9, 41, 55, 63, 65, 170, 176, 180, 182, 187, 194
市民　33, 47, 51-53, 62-64, 70, 176
市民家族＝女中雇用型　185, 186, 191
市民社会三元モデル　63
市民社会的ジェンダー規範　42, 52, 53
市民社会論　58
市民的公共性　59, 60, 73, 75, 167, 185, 186
市民道徳　106, 108, 183, 245, 281
社会契約　70, 101, 102
社会権　292, 301
社会国家　187, 267, 275, 281, 282, 291, 295
社会ダーウィニズム　278
社会民主党　173, 255, 260, 262, 265, 266, 284, 285
社会問題　140, 246, 252, 257, 280, 282
シャープ　283
宗教改革　40, 41, 82, 85, 142
自由・平等　42, 51, 59, 65, 66, 74, 173, 175, 176, 196
シュタール, F. J.　234-36
シュタイン＝ハルデンベルクの改革　222
出生の汚れ　205, 206
シュテッカー, H.　259, 289
主婦婚　183, 188, 249
シュレスヴィヒ・ホルシュタイン　127
シュレーツアー　157
消極的優生(学)　286-89
少産少死社会　280
娼婦の抗弁　264, 265
女性学　5, 22, 23, 25, 26
女性嫌悪　43
女性差別撤廃条約　25, 197
女性史　2, 22, 279
「女性二分」論　245, 246, 255
女性の名誉　101, 112, 132, 134, 135

職権後見人制度　266
女帝　31
叙品障碍　205
自律性　37, 47, 63, 64, 66, 176, 190, 196
親権　183, 253-55, 260, 261, 264-66, 268, 270, 271
人口革命　280
新高ドイツ語　141, 142, 166
人種衛生学　278-81, 287, 291, 292
身上監護権　254, 265, 266, 268
『新世代』　258, 259, 267
心臓杭刺し刑　110
身体　10, 15, 17, 113 - 16, 132, 258, 285, 292, 301, 302
新勅法彙纂　204, 208
人道主義　110-12, 124
新聞　145, 148, 156, 157, 160, 186
親密圏　20, 42, 51, 53, 58, 59, 62, 63, 65-69, 74 -78, 170, 172, 183, 194, 274
スウェーデン　198, 264, 284, 285
スコット, J.　30
捨て子→嬰児遺棄
ズザンナ裁判　114, 117
スパン, O.　257, 258
スミス, A.　71
生活世界　63, 64, 66, 76, 182
生活パートナーシップ法　77, 198
性差別　2-4, 9, 20, 21, 25, 27, 29, 59, 197
生殖　3, 44, 46, 55, 68, 254, 271, 274, 275, 279, 282, 289, 291, 294, 297
生殖管理　273, 275, 282, 286, 291, 301
生殖管理国家　275, 282
生殖管理法制　286, 291, 301
生殖コントロール　48, 113, 114, 281, 282, 301
生殖パーツ　299, 301
政治的市民社会　53, 63-66, 71, 186, 274
精神障害　280, 283-86, 292
精神遅滞者　283, 284, 297, 300
制度化された親密関係　68, 77, 78
性の二重基準　44, 68, 101, 106, 109, 202, 245, 247, 256
性別分業　51, 52, 66, 67, 72, 182-84, 194
性別本性論　223

セクシュアリティ　10, 12-15, 17, 18, 35, 37,
　39, 43-45, 47, 49, 53, 55, 81, 82, 84, 85, 99, 106,
　108, 290, 300
積極的優生（学）　286-88, 300
セックス　11-13, 15-19, 35
セックス・ワーク　14
絶対移民制限法　283, 284
先天性精神薄弱　298
総合雑誌　156, 157
ソーシャル・フェミニズム　8-10, 194
創世記　43, 44
ソドミー（同性愛・獣姦／反自然的な罪）
　44, 86, 88, 102, 104
損害賠償　218-21, 224, 234, 235, 238-43

タ行

大衆　32, 53, 65-67, 73, 134, 135, 186-88, 191,
　281
大衆家族＝主婦労働型　187, 188
大衆市民社会　191, 280, 282
大衆的公共性　73, 186, 187
多産多死社会　48, 50, 280
他者関係の近代モデル　67
多数当事者(の)子　255, 264-66, 268, 269, 272
堕胎→中絶
タブー　68, 69, 77, 78, 84, 100, 273, 274, 278
試し婚　50, 101, 129
ダン, O.　7, 22, 46, 143, 156, 227
単婚小家族　47, 48, 68, 76, 180, 181, 185, 186,
　197, 249
断種法　273, 275, 276, 282-86, 289, 291-95,
　297
男女共同参画社会基本法　25, 27, 201
男女雇用機会均等法　27
団体　63, 77, 142, 165, 173, 192, 251, 259, 260,
　264-70
父の捜索　213, 214, 225, 231, 235, 253
知的障害　285
嫡出規範　49, 50
嫡出原理　47, 181, 197, 198, 202, 203, 213, 216
中央党　262, 265, 266
中絶（堕胎）　26, 55, 102, 113, 114, 116, 125,
　126, 132, 135, 239, 259, 274, 281, 282, 285, 286,

　289, 290, 300, 301
チューリヒ　85, 130, 249
懲役刑　104, 111, 133
徴兵制　186, 222, 257
追放刑　84, 88, 92, 93, 96, 97, 103, 124, 125
辻村みよ子　31
ツンフト　37, 47, 48, 77, 142, 206
定期刊行物　149, 150, 156, 304
帝国刑法典　80, 108, 183, 289
帝国検閲令　146
手紙　167
溺殺刑　110, 125
デュルメン　143
デンマーク　284, 285
ドイツ・ジャーナル　157
ドイツ帝国　183, 250, 280
ドイツ婦人団体連合　251, 259, 260
ドイツ民主党　259, 262, 270
（ドイツ）民法典　173, 178, 180-82, 183, 186,
　187, 198, 226, 234, 238, 248-54, 259-62, 270-
　72
［ドイツ民法典］第 1 草案理由書　254, 255
ドゥーデン, B.　113
同衾主義　83
同衾報酬　239-42, 245
同性愛　44, 68, 86, 284, 285, 290, 292
同性愛・獣姦→ソドミー
同性カップル　69, 77, 197, 198
同性婚　77
道徳週刊誌　146, 167
読書革命　148, 149
読書協会　137-39, 143, 145, 147, 149, 150-67
独立社会民主党　262
利谷信義　170, 171
トマジウス, C.　132, 137, 145
ドメスティック・バイオレンス　81, 171
ドメスティック・バイオレンス防止法　27,
　171
トリエル　159, 160
トリエント公会議　85, 100

ナ行

内縁　90, 132, 203, 204, 210, 230, 232, 246, 253

中山道子　70
ナチス　248, 250, 261, 263, 267, 268, 271, 273-79, 282-84, 286-95, 299, 301, 302
肉欲犯罪　104, 105, 230, 231
西川祐子　178, 189, 190
ニッパーダイ，T.　143
日本国憲法　201, 302
日本民法　199, 254
ニュルンベルク　110, 126, 129, 207
ニュルンベルク継続裁判　275
ニュルンベルク・コード　276
ニュルンベルク諸法　290
二流労働者　182, 186, 187
任意の親密関係　68, 69, 76-78
人間開発報告書　28
ネルトリンゲン　124, 125

ハ行

売淫子　203, 205
バイエルン　41, 90, 91, 94, 97, 103, 104, 126, 130, 257, 264
バイエルン刑事法典　92, 93, 102-04
バイエルン刑法典　105, 110, 111, 112
バイオエシックス　276
売春　14, 15, 40, 44, 45, 84, 86, 87, 102, 104, 112, 120, 125, 129, 203, 218, 224, 230, 233, 246, 264, 280, 300
罰金（刑）　84, 92, 94, 96-98, 103, 131
バックス法　77
バーデン刑事令　88
パートナーシップ　43, 44, 47, 48, 69, 77, 198
バトラー，J.　13
ハーバーマス，J.　59, 60, 63, 64, 66, 73, 142, 143
母親勲章　301
ハビトゥス　17, 35
バールト　165
ハルトヴィク，W.　142
パンデクテンの現代的慣用　208, 229
秘蹟　40, 82, 83, 85
非対称　42, 51, 59, 75, 194
非嫡出子→婚外子
非嫡出子相続差別規定違憲判決　201

美徳　120, 121, 123, 167, 245
ヒトラー　270, 291, 294
秘密結社　141, 164, 165
秘密婚　83, 84
ビンディング，K.　294, 295
ファウスト　114, 117
ファシスト的公共性　73
フィヒテ，J.　138, 157, 227
風俗犯罪　49, 80-82, 86, 88-90, 102, 104, 105, 108, 207, 253
プーフェンドルフ，S.　210
夫婦別氏制　201, 202
フェミニズム　5-10, 12-14, 22-25, 27, 53-55, 65, 66, 73, 74, 173, 176, 188, 190, 193 - 95, 202, 223, 251, 257-60, 267, 270-72, 285, 289, 301
［フェミニズム］穏健派　8, 30, 52, 259, 260, 267
［フェミニズム］急進派　8, 142, 188, 258, 259, 261, 271, 289, 301
［フェミニズムの］第1の波　5, 7, 66, 202
フェミニズムの第2の波（第2波フェミニズム）　5, 6, 9, 12, 23, 53, 65, 73, 74, 188, 202, 272
フォイエルバッハ，A.　104, 111
福祉国家　187, 191, 285
父権制　193
父性　107, 229, 238, 243, 253, 256, 264, 265, 268
普通法　40, 175, 208, 209, 225, 226, 229 - 31, 237
不貞の抗弁　208, 209, 216, 218, 219, 224, 225, 229, 235, 236, 238 - 42, 245, 246, 251 - 53, 255, 256, 264-67
不品行　119, 129, 224-26, 230, 237, 238, 240, 243-45, 255, 256, 264, 265, 269
不法行為　209, 219, 224, 229, 235, 245
不法行為＝慰謝料弁済論　209, 219
扶養義務　49, 180, 181, 183, 205-10, 220, 223, 229, 235, 237, 238, 246, 252, 253, 255, 256, 261, 269
扶養請求権　204, 206-12, 219, 220, 224, 237, 245, 246, 254, 255
扶養料　204, 207-10, 213, 214, 219-21, 223,

229, 233, 240, 241, 243, 253, 256, 264-67, 269
ブライト，S.　94, 95, 100, 130
ブランク，G.　251
フランクフルト　114, 257, 258
フランス　7, 40, 46, 69, 71, 72, 77, 84, 139, 140, 141, 143, 145, 150, 163, 198, 213, 216, 222, 278
フランス革命　31, 162, 163, 165, 186, 192, 215
フランス人権宣言　31, 52
フランス法　199, 225, 235, 253
フランス民法典（コード・シヴィル）　51, 175, 186, 192, 199, 212 - 16, 226, 227, 229, 233, 246, 248, 253
ブランディス　263, 267
フリーダン，B.　7, 22
フリードリヒ大王　131
フリーメイソン　147, 150, 155, 164
ブルジョアジー　30, 31, 52, 55, 65, 67, 143, 176, 185, 186, 222, 280
ブルンチュリ，J. C.　249
プロイセン　41, 120, 131, 132, 157, 181, 182, 213, 216, 222, 232, 235, 261, 264
プロイセン一般ラント法　104, 132, 210, 212, 213, 215-18, 220, 221, 223-31, 233-37, 243-46, 248, 252
プロイセン刑法典　105-07, 123
プロイセン最高裁判所　238, 242, 243, 245, 247
プロイセン非嫡出子法　223, 226, 228, 234, 236, 238, 239, 251, 253
［プロイセン非嫡出子法］9 条　207, 237-45
プロイセン立法・法律学年報　123, 221
プロテスタント　40, 49, 85, 130, 141, 146, 151, 159, 228
プロト工業化　103
文通　138, 167
兵士の特権　220-23, 239, 247
北京会議　28, 53
ヘーゲル，G. W. F.　71-73
ベーベル，A.　173, 255
ペスタロッチー，J. H.　121
ベッカリーア　119
ベルリン月報　147, 157

ベルリン水曜会　164
ボイマー，G.　259, 267
法女性学　22, 25, 26
法定相続権　199, 200, 204, 213, 218, 243
法と道徳の分離　80-82, 105, 106
法は家庭に入らず　172
法律婚主義　181, 197, 202
保健衛生局　286, 287
ポジティブ・アクション　20
母性　43, 49, 56, 66, 68, 69, 112, 114, 123, 124, 207, 250, 255, 287, 300
母性主義フェミニズム　260, 271
母性保護　30, 65-67, 262, 271, 288, 300, 301
『母性保護』　258, 259
母性保護同盟　259, 267
母体保護法　274
ボダン，J.　46
ホッブズ　70
ホッヘ　294, 295
ホモソーシャル　48, 68, 186
ホモフォビア　68
ボランティア　50, 54, 56, 67, 182, 188
ポリツァイ条令　41, 70, 86, 88, 90, 207
ポルタリス　51
ホロコースト　278, 291, 292
ボン　150, 151, 156, 161, 163, 165
ボン基本法　250

マ行

マインツ　159-61
マインツ・ジャコバン・クラブ　165
魔女　49, 70, 90, 126
マッキノン，C.　10
全き家　47
間引き　116
マルクス，K.　8, 73
マールブルク　150-53, 159, 162
未婚の母　50, 68, 99, 100, 112, 121, 125, 128, 132-34, 197, 212, 213, 215-21, 223-25, 228, 230 -34, 237, 245-47, 250, 255, 258-61, 268, 299
身分制　36, 42, 45, 70, 142, 161, 162, 166, 184, 185, 215
身分制社会　35, 36, 38, 39, 41, 42, 176, 184

身分制的ジェンダー規範　37, 38, 45
ミュンヘン　88, 100, 103, 111, 126, 268-71
ミュンヘン案　270, 271
ミュンヘン民法・民事訴訟法ワーキンググルー
　プ　268
民衆啓蒙　142, 156
民法改正要綱　28, 79, 201
無償ケア労働　67, 78, 172, 182, 186, 187
牟田和恵　76, 189, 190
村上淳一　176
明治民法　191, 199, 200
名誉　49, 54, 91, 101, 103, 112, 118, 120, 122,
　128, 131, 132, 134, 135, 140, 153, 182, 206, 219,
　224, 229, 230, 268
メスマー, F.　269, 270
メンガー, A.　260

ヤ行

山田昌弘　178
優生学　273, 276 - 80, 282, 283, 285, 287 - 89,
　292, 293, 300
優生学＝国家主義＝人種差別　274-76, 279,
　291
優生思想　273-77, 279, 289, 291, 301, 302
優生政策　55, 273, 276, 279, 285, 288, 289, 299
　-301
優生保護法　274
ユースティーニアーヌス法典→ローマ法大全
ヨセフィーナ刑事法典　104

ラ行

ライフサイクル・サーヴァント　49, 129
ライン学術論集　119
ライン法　225, 235
ラディカル・フェミニズム　9, 10, 194
ラメツァン　119
乱倫子　203
理性　123, 134, 138, 139, 153, 165, 166, 176,
　199, 209, 210, 240, 292
リーデル, M.　71
リプロダクティブ・ヘルス／ライツ　10, 55
リベラリズム　70, 71, 73, 176
リベラル・フェミニズム　7, 9, 10
リューベック　150, 151, 154, 155, 163
ルソー, J. J.　51, 52
レーゲンスブルク　83
歴史・政治雑誌　147, 156, 157
連邦補償法　275
労役刑　92, 103
ロック, J.　70
ローマ法　38, 40, 41, 70, 86, 203-08, 210, 213,
　216, 225, 252
ローマ法大全（ユースティーニアーヌス法典）
　40, 204, 208
ローマ法の継受　40, 41, 86

ワ行

ワイマール共和国　262, 263, 292
ワイマール憲法　65, 250, 252, 259, 262, 271,
　293, 301

著者略歴
1956年 香川県生れ
1988年 大阪大学大学院法学研究科博士後期課程単位取得満期退学
現　在 摂南大学法学部教授
主　著 『法の臨界 2――秩序像の転換』（共著，東京大学出版会，1999年）
　　　 『ジェンダーと女性』（共著，早稲田大学出版部，1997年）
　　　 『ステイタスと職業』（共著，ミネルヴァ書房，1997年）

ジェンダーの法史学
近代ドイツの家族とセクシュアリティ

2005 年 2 月 25 日　第 1 版第 1 刷発行
2006 年 6 月 25 日　第 1 版第 2 刷発行

著　者　三成　美保（みつなり　みほ）

発行者　井　村　寿　人

発行所　株式会社　勁草書房（けい　そう）
112-0005　東京都文京区水道 2-1-1　振替 00150-2-175253
（編集）電話 03-3815-5277／FAX 03-3814-6968
（営業）電話 03-3814-6861／FAX 03-3814-6854
精興社・牧製本

© MITSUNARI Miho 2005

Printed in Japan

JCLS ＜㈳日本著作出版権管理システム委託出版物＞
本書の無断複写は著作権法上での例外を除き禁じられています。
複写される場合は，そのつど事前に㈳日本著作出版権管理システム
（電話 03-3817-5670，FAX 03-3815-8199）の許諾を得てください。

＊落丁本・乱丁本はお取替いたします。

http://www.keisoshobo.co.jp

ジェンダーの法史学
近代ドイツの家族とセクシュアリティ

2022年9月20日　オンデマンド版発行

著者　三　成　美　保

発行者　井　村　寿　人

発行所　株式会社　勁(けい)草(そう)書房

112-0005 東京都文京区水道 2-1-1　振替　00150-2-175253
　　　　　（編集）電話 03-3815-5277／FAX 03-3814-6968
　　　　　（営業）電話 03-3814-6861／FAX 03-3814-6854
　　　　　印刷・製本　（株）デジタルパブリッシングサービス

Ⓒ MITSUNARI Miho 2005　　　　　　　　　　AL322

ISBN978-4-326-98532-6　Printed in Japan

|JCOPY|＜出版者著作権管理機構　委託出版物＞
本書の無断複写は著作権法上での例外を除き禁じられています。
複写される場合は、そのつど事前に、出版者著作権管理機構
（電話 03-5244-5088、FAX 03-5244-5089、e-mail: info@jcopy.or.jp）
の許諾を得てください。

※落丁本・乱丁本はお取替いたします。
　　https://www.keisoshobo.co.jp